»Ist es noch gut, für unser Land zu sterben?«

David Ranan

# »Ist es noch gut, für unser Land zu sterben?«

Junge Israelis über ihren Dienst
in der Armee

nicolai

# Inhalt

Für meine Mutter Sylvia Ranan
1919, Frankfurt – 1975, Tel Aviv

# Vorwort

Gleich zu Beginn meiner Amtszeit als Wehrbeauftragter des Deutschen Bundestages hatte ich Gelegenheit, im Rahmen eines offiziellen Israel-Besuches einen Blick »hinter die Kulissen« der Israelischen Verteidigungsarmee zu bekommen. Ich besichtigte damals einen Grenzabschnitt an der sogenannten Green Line, der Demarkationslinie zwischen Israel und dem Libanon. Als ich fragte, ob es möglich sei, einen israelischen Militärstützpunkt zu besuchen, willigte der Betreuungsoffizier des israelischen Verteidigungsministeriums sofort ein. So hatte ich die Möglichkeit, das zu tun, was in Deutschland zu meinen häufigsten Tätigkeiten zählte, nämlich den Soldatinnen und Soldaten einen unangemeldeten Truppenbesuch abzustatten. Nur auf diesem unbürokratischen Wege bekommt man einen ungeschminkten und realistischen Einblick in das »Innenleben« einer Armee.

Als ich dann den Stützpunkt der Armee – ein Feldlager mittlerer Größe – erreichte, bat ich meinen Betreuungsoffizier, mit den Soldaten allein sprechen zu dürfen. Er willigte ein und zog sich sofort zurück. Ich hatte jetzt die Möglichkeit, mit allen Ebenen im Feldlager zu sprechen: mit den Offizieren, den Unteroffizieren und vor allem mit den Mannschaftsdienstgraden und den Rekruten.

Auf den ersten Blick wirkte das Feldlager nicht gerade beeindruckend, bot es ein eher gewöhnungsbedürftiges Bild. Es gab keine befestigten Wege im Lager, sondern nur ausgetretene Sandpfade, und auch die Container, Zelte und das darin befindliche Mobiliar schienen schon bessere Zeiten gesehen zu haben. Die Betten in den Wohnzelten bestanden aus bereits sehr durchgelegenen billigen Schaumstoffmatratzen, und die Spinde sahen ebenfalls ziemlich mitgenommen aus. Kurzum: Der gesamte äußere Zustand des Feldlagers machte auf mich, der ich mit den Verhältnissen in deutschen Feldlagern bestens vertraut war, keinen besonders positiven Eindruck.

Vor dem Hintergrund der beschriebenen Situation machte ich mich bei meinen Gesprächen mit den Soldaten auf große Unzufriedenheit gefasst. Doch weit gefehlt: Die Stimmung war bestens. Ich wurde mit einer Fröhlichkeit und Herzlichkeit empfangen, wie ich dies bei meinen Truppenbesuchen bei der deutschen Bundeswehr in dieser Form selten erlebt hatte. Die Soldaten luden mich sofort zum Essen ein und antworteten mir offenherzig auf sämtliche gestellte Fragen. Es wurde gelacht und gefeixt. Fast hätte in Vergessenheit geraten können, dass wir uns in einem Militärcamp befanden, obwohl jeder Soldat sein Maschinengewehr ständig griffbereit hatte.

Im Gespräch mit einigen Gefreiten wurde mir dann bewusst, weshalb die äußeren Rahmenbedingungen im Feldlager für die Soldaten eine völlig untergeordnete Rolle spielten. Für sie war immens wichtig, dass sie seit vielen Monaten keine nennenswerten Zwischenfälle zu verzeichnen hatten und auch die aktuelle Sicherheitslage ruhig und stabil war. Alles andere war aus Sicht der Soldaten und ihrer Vorgesetzten vollkommen nebensächlich. Im Einsatz sind blank geputzte Stiefel ohne Bedeutung. Eine weitere Beobachtung hat mich bei diesem Besuch sehr bewegt: die Art und Weise, wie die Kameraden miteinander umgingen. Ihr ungezwungenes Verhalten war besonders frappierend im Verhältnis zwischen den Chefs und den ihnen unterstellten Soldaten.

Natürlich habe ich als Außenstehender nur Ausschnitte, einzelne Aspekte des Truppenalltags erfahren können und vermag das gesamte Spektrum des Alltags eines israelischen Soldaten nicht zu beurteilen. Mir ist jedoch sehr bewusst geworden, was es für eine Armee wie die israelische bedeutet, seit nunmehr sechzig Jahren praktisch ununterbrochen im Einsatz zu sein. Für ihre Soldaten ist der militärische Konflikt nicht die Ausnahme – wie in der Definition der meisten anderen Armeen –, sondern die Regel.

In mehrfacher Hinsicht steht die Israelische Verteidigungsarmee international ohne Vergleich da. Ihre Wurzeln reichen bekanntlich bis zu den zionistischen Untergrundorganisationen zurück, die vor der Staatsgründung gegen die britischen Besatzungstruppen kämpften. Aus dieser Identifikation und aus der enormen militärischen Entwicklung der israelischen Streitkräfte erklärt sich ein Selbstbewusstsein der Truppe, das man wohl nirgendwo sonst auf der Welt antrifft.

Aus dem Trauma der Schoah resultiert die absolute Entschlossenheit, nie wieder macht- und schutzlos einer feindlichen Macht ausgeliefert zu sein. Und schließlich gibt es den viel zitierten »David-und-Goliath-Effekt«, der die psychologische Grundverfassung der israelischen Streitkräfte kennzeichnet: das

Selbstbild einer relativ kleinen, aber außergewöhnlich schlagkräftigen und erfolgreichen Armee, die sich gegen mehrere zahlenmäßig überlegene Armeen an allen Landesgrenzen zu verteidigen hat. Vergleichbare geo- und sicherheitspolitische Rahmenbedingungen, wie ihnen Israel ausgesetzt ist, gibt es bekanntlich sonst nirgendwo auf der Welt. Ihre Folgen für das Selbstverständnis Israels und seiner Armee lassen sich unschwer nachvollziehen: Die Konsequenzen aus der eigenen leidvollen Geschichte, gepaart mit der Notwendigkeit, immer anderen militärisch überlegen zu sein – dies bildet die Grundlage für das Wertegerüst der israelischen Armee und ist gleichzeitig der alles überspannende Schirm eines gesellschaftlichen Zusammenhalts.

Selbstverständlich sind auch an der israelischen Armee die großen gesellschaftlichen Umbrüche der vergangenen Jahre nicht spurlos vorbeigezogen. Insbesondere die letzten zermürbenden und auch in Israel höchst umstrittenen militärischen Operationen im Gazastreifen (»Operation Gegossenes Blei«) sowie der zweite Libanon-Krieg haben in den israelischen Streitkräften ihre Spuren hinterlassen.

Alle politischen und gesellschaftlichen Ereignisse und Prozesse des vergangenen Jahrzehnts spiegeln sich in den Beiträgen wider, die David Ranan in diesem Buch versammelt. Hierbei wird das ganze Spektrum der verschiedenen Stimmungen und Mentalitäten innerhalb der israelischen Jugend deutlich. Es kommen junge Soldaten zu Wort, die wie vor sechzig Jahren ohne Wenn und Aber zu ihrem Staat und dessen Verteidigungszwängen stehen. Aber auch die Zweifler, Skeptiker und Verweigerer werden gehört. Auf eine oft sehr berührende Weise sprechen die jungen Menschen nicht nur über ihr Verhältnis zur Armee. Es kommen ihre Hoffnungen und Erwartungen, aber auch ihre Ängste und Befürchtungen zum Ausdruck.

Eines ist in den Beiträgen sehr deutlich: Anders als in vielen anderen Staaten, insbesondere in den überwiegend autoritären bis totalitären Staaten der gesamten Nahostregion, können die Soldatinnen und Soldaten in Israel ihre Meinungen äußern. Auch diejenigen, die ihre guten Gründe haben, den Dienst an der Waffe zu verweigern, und dafür sogar ins Gefängnis gehen.

In einer bemerkenswerten Offenheit schildern die Jugendlichen ihre Motive, sich bewusst für den militärischen Dienst entschieden zu haben oder aber ebenso bewusst und überlegt den Dienst mit der Waffe zu verweigern.

Soldaten sprechen unbefangen über die Möglichkeit, in bestimmten Einsatzszenarien Befehle zu verweigern. Sie sprechen sehr authentisch auch über eigene politische Standpunkte; über ihr Selbstverständnis als Staatsbürger in

Uniform und als Jude in der israelischen Armee. Hierbei wird deutlich, dass die Führungsphilosophie der Israelischen Verteidigungsarmee etliche Parallelen mit dem Prinzip der »Inneren Führung« in der Bundeswehr aufweist. Bestimmte Debatten über mögliche Befehlsverweigerungen, wie sie in den Beiträgen deutlich werden, wären in anderen Armeen unvorstellbar.

Und noch eines zeigen diese Interviews. Anders als in Deutschland genießen die Soldatinnen und Soldaten in Israel eine fast uneingeschränkte gesellschaftliche Akzeptanz. Unabhängig von den jeweiligen politischen Mehrheitsverhältnissen werden die Soldaten von ihren Mitbürgern für ihren teilweise sehr schweren Dienst gewürdigt und mit Empathie und Solidarität bedacht. Dieses ehrliche Interesse der israelischen Gesellschaft ist genau das Gegenteil vom »freundlichen Desinteresse«, mit dem wir es in Deutschland häufig zu tun haben. Gerade deshalb gibt dieses Buch nicht nur einen sehr guten Einblick in die Befindlichkeiten innerhalb der israelischen Streitkräfte. Die können darüber hinaus auch als Grundlage für den längst überfälligen Diskurs über die gesellschaftliche Akzeptanz der Bundeswehrsoldaten in Deutschland dienen.

Reinhold Robbe
Wehrbeauftragter des Deutschen Bundestages a. D.

# Einleitung

Der Auslöser für dieses Buch war ein Besuch vor kurzer Zeit bei israelischen Freunden von mir. Zweien von ihren drei Söhnen war es gelungen, sich aus dem Militärdienst herauszuwinden. Nur der mittlere Sohn hatte sich für den Dienst in der Armee entschieden und leistete einen kompletten dreijährigen Dienst in einer Kampfeinheit ab. Ich spreche von »sich entscheiden«, doch natürlich hatte er sich nicht dafür »entschieden«, beim Militär zu dienen. Der Militärdienst ist Pflicht für die meisten israelischen Männer ebenso wie für unverheiratete Frauen, und seine Pflicht nicht zu erfüllen ist ungewöhnlich. Indem der Sohn meiner Freunde einrückte, folgte er nicht nur dem Gesetz, sondern auch der Norm. Und trotzdem war ich nicht von der Tatsache überrascht, dass – einst fast unmöglich – Einberufungen umgangen werden; das ist mittlerweile nichts mehr Unbekanntes in Israel. Allerdings war ich überrascht, dies in einer in Israel geborenen aschkenasischen (aus Mittel- oder Osteuropa stammenden) und säkularen Familie anzutreffen. Säkulare aschkenasische Juden waren die treibende Kraft bei den erfolgreichen zionistischen Bemühungen, den israelischen Staat und seine Einrichtungen einschließlich ZAHAL[1], der Israelischen Verteidigungsarmee, zu gründen. Es ist auch die Schicht innerhalb der israelischen Gesellschaft, die in der Vergangenheit stets die Elitesoldaten des Landes hervorgebracht hat.

Seit meiner Einberufung im Sommer 1965, zwei Jahre vor dem Sechstagekrieg, hat sich viel verändert. Das Land hat sich verändert, seine demografische Zusammensetzung hat sich verändert, sein Verhältnis zu den arabischen Nachbarn hat sich verändert, und in der Folge hat sich ebenso – im Vergleich zu

---

1 In Kapitälchen gesetzte Begriffe werden im Glossar erklärt. Diese Auszeichnung erfolgt lediglich bei ihrer jeweils ersten Nennung in den einzelnen Kapiteln.

dem, was von Soldaten zu »meiner Zeit« verlangt wurde – das Wesen der Aufgaben verändert, mit denen Kampfsoldaten betraut werden.

Der Anpassungsdruck ist hoch, und manchmal ist der innere Konflikt nicht mehr zu ertragen, so wie für Khalil Givati-Rapp, einen jungen israelischen Soldaten, der, seinem Vater zufolge, hin- und hergerissen war zwischen seinem Pflichtbewusstsein gegenüber Staat und Gesellschaft und dem Gefühl, dass die Armee am Unrecht der Besatzung beteiligt war. Im April 2010 beging der zwanzigjährige Soldat Selbstmord. In seinem Abschiedsbrief schrieb Khalil: »Diese Welt ist voller Übel, Ausbeutung, Ungerechtigkeit und Schmerz. Mein ganzes Leben lang stand ich zwischen der Wahl, etwas dagegen zu unternehmen (obwohl fast alles, was ich tat, ebenfalls bedeutungslos war) oder es aus der Distanz zu beobachten. Vom Augenblick meiner Einberufung an wurde ich immer mehr zu einem Teil jener Seite, die diese Lage verursacht, und damit konnte ich nicht fertig werden [...]«[2]

Um zu verstehen, wie sich junge Israelis mit ihren möglichen Zweifeln und moralischen Bedenken auseinandersetzen und wie Israel mit dem Thema der Motivation für den Militärdienst umgeht, habe ich über fünfzig Israelis im Alter von achtzehn bis dreißig Jahren interviewt. Mit einigen sprach ich im letzten Schuljahr vor ihrer Einberufung, mit anderen nach Beendigung ihres Militärdiensts. Dieses Buch enthält 27 dieser Interviews, gekürzt um die Fragen, die ich gestellt hatte. So sind aufschlussreiche Monologe entstanden, die einige der Probleme, die diese Generation beschäftigen, enthüllen.

In den Monologen äußern sich Jugendliche vor ihrem Militärdienst, und zwar einige, die ganz scharf darauf sind (Ofer, Nadav, Gal), ein ultraorthodoxer Junge, der nicht zum Militär gehen wird (Mosche), einige Dienstverweigerer aus Gewissensgründen oder auch Drückeberger (Noa, Amir, Matan), eine junge Frau, die den Dienst erst verweigern wollte, doch dann ihre Meinung änderte (Dana), sowie ein junger Mann, der ins Gefängnis musste, weil er sich seiner Einberufung widersetzte, und im Nachhinein glaubt, dass dies ein Fehler war (Omer). Zwei der Jugendlichen wurden vor das Militärgericht gestellt und mussten ins Gefängnis, weil sie nicht in den besetzten Gebieten[3] dienen wollten (Ido, Maor); zwei weitere kamen mit ihrem regulären Militärdienst gut zurecht, konnten ihre Aufgaben aber nur noch schwer akzeptieren, als sie eini-

---

2 Zitiert nach Levy, Gideon: In the Line of Duty, in: Haaretz, 21.1.2011
3 Der Begriff »besetzte Gebiete« in diesem Buch bezieht sich auf die Regionen, die von Israel im Sechstagekrieg 1967 erobert wurden und noch immer von Israel besetzt sind.

ge Jahre später zum Reservedienst einberufen wurden (Nir, Daniel). Zu Wort kommen außerdem: einige religiöse Idealisten (Lior, Alon) ebenso wie eine idealistische Kämpferin (Nofar); linksgerichtete Soldaten, die die Besatzung missbilligen und glauben, dass Israel die Siedlungen auflösen und verschwinden sollte, aber eine Weigerung, der Einberufung Folge zu leisten, nicht für rechtmäßig halten (Eran, Dor, Ronen, Roy); und sogar einer, den man vielleicht als »Immoralisten« beschreiben könnte (Eli).

Zu den Aufgaben, die israelische Soldaten in moralische Nöte bringen können, gehören wohl insbesondere jene, die sich aus der Verantwortung ergeben, die Kampfeinheiten während ihres Dienstes in den besetzten Gebieten tragen. Obwohl einige Kampfeinheiten inzwischen auch für Soldatinnen offen sind, bleiben die meisten Funktionen in diesen Einheiten männlichen Soldaten vorbehalten. Am wichtigsten für meine Untersuchung sind daher Männer, die in einer Kampfeinheit dienen oder kurz davor stehen – vor allem sie habe ich als Interviewpartner gewählt.

Israels Militär besteht aus drei Komponenten: einer kleinen Berufsarmee, einer regulären Armee von Wehrpflichtigen und einer großen Reservearmee. Der Wehrdienst ist nach israelischem Gesetz Pflicht; Männer müssen drei Jahre und Frauen zwei Jahre dienen. Diese Pflicht besteht aber nicht für alle israelischen Bürger: Die drei Hauptgruppen, die nicht einberufen werden, sind israelische Araber[4], ultraorthodoxe Juden, die eine Jeschiwa[5] ganztägig besuchen, und Frauen, die angeben, religiös zu sein und aus diesem Grund vom Dienst befreit werden möchten. Diese Gruppen sind über die Jahre angewachsen und umfassen mittlerweile fast vierzig Prozent der israelischen Frauen und mehr als fünfundzwanzig Prozent der israelischen Männer. Es wird geschätzt, dass um 2020 herum die Hälfte der achtzehnjährigen israelischen Männer entweder zu der Gruppe der israelischen Araber oder zu der der Ultraorthodoxen gehören wird.

Soldaten, die ihren regulären Wehrdienst beendet haben, werden Teil der Reservearmee. Viele Männer, insbesondere jene aus den Kampfeinheiten, werden für die Dauer von etwa einem Monat pro Jahr zum Reservedienst eingezogen, bis sie weit über vierzig sind. Für Offiziere sind die Reservedienstzeiten pro Jahr oft noch länger. In Kriegszeiten können die Einberufungszeiträume

---

4 Hier handelt es sich um moslemische und christliche palästinensische Araber, die Bürger Israels sind. Die palästinensische Bevölkerung in den besetzten Gebieten gehört nicht dazu.
5 Eine Hochschule für das Studium der Thora und des Talmuds.

sehr viel ausgedehnter sein. Eine wachsende Anzahl von Männern entschließt sich daher, den Reservedienst zu umgehen, und findet auch Wege, dies zu tun.

Seit 1967 haben israelische Soldaten, die ausgebildet werden, im Falle eines Krieges ihr Land zu verteidigen, eine weitere Aufgabe: die Überwachung der besetzten Gebiete. Um den dadurch eingetretenen Wandel zu verstehen, ist es erforderlich, ins Jahr 1967 zurückzugehen, das Jahr des Wendepunkts. Die folgende kurze Hintergrundskizze wird dem Leser dabei helfen, diese Veränderungen besser nachzuvollziehen und die Umstände zu begreifen, unter denen junge Israelis in den Dienst für ihr Land geschickt werden.

## Die Geschichte Israels in aller Kürze

*Ein sehr kurzer Abriss der israelischen Kriege (und Friedenszeiten)*

| | |
|---|---|
| 1948 | Gründung des Staates Israel |
| 1948–1949 | Unabhängigkeitskrieg |
| 1956 | Sinai-Feldzug |
| 1967 | Sechstagekrieg |
| 1969–1970 | Zermürbungskrieg |
| 1973 | Jom-Kippur-Krieg |
| 1979 | Friedensvertrag mit Ägypten |
| 1979–1982 | Israels Rückzug aus dem Sinai |
| 1982 | Israels Einmarsch in den Libanon und die Vertreibung der PLO aus dem Libanon |
| 1986 | Ausbruch eines organisierten palästinensischen Aufstands – die erste Intifada |
| 1988 | Jordanien tritt seine Ansprüche am Westjordanland an die PLO ab |
| 1993 | Oslo-Abkommen zwischen Israel und der PLO unterzeichnet |
| 1994 | Friedensvertrag mit Jordanien |
| 2000 | Nach dem Scheitern von Camp David II[6] bricht der zweite Intifada-Aufstand aus |
| 2005 | Israels einseitiger Rückzug aus dem Gazastreifen |
| 2006 | Israels zweiter Libanonkrieg |

Juden betrachten das Land Israel als ihre Heimat und den Ort ihrer Herkunft, palästinensische Araber sehen das Land hingegen als das ihrige an. Das ist der Kern der Sache. Das »religiöse Interesse« an dem Land als dem Heiligen Land kommt erschwerend hinzu. Der Bibel zufolge hat Gott dieses Land den Juden verheißen und gegeben. Daran glauben religiöse Juden. Das Christentum lehrt seit Jahrhunderten, dass die Juden ihre Rechte an dem Land verloren hätten, weil sie Jesus nicht anerkannten. In der Tat war die katholische Kirche in der Vergangenheit ein unnachgiebiger Gegner der Gründung einer jüdischen Heimstätte im Heiligen Land. Und für den Islam war ein nicht moslemischer souveräner Staat inmitten eines moslemischen Gebiets schon immer undenkbar. Jerusalem, die Stadt, die von allen drei monotheistischen Religionen als heilig angesehen wird, verkörpert den dreifachen religiösen Anspruch.

Der jüdische Aufstand im 2. Jahrhundert gegen die damaligen römischen Herrscher und die anschließende Vertreibung der jüdischen Bevölkerung aus Judäa hat dazu geführt, dass die Juden seither verstreut in der Diaspora leben. In den nachfolgenden fast 2.000 Jahren haben Juden in verschiedenen Ländern Zuflucht gesucht und um Erlaubnis gebeten, sich dort als Minderheit niederlassen zu dürfen. Insbesondere in Europa aber wurden sie als unerwünschte Minderheit schlecht behandelt. Die Antwort auf dieses Problem des wachsenden Antisemitismus sollte der Zionismus sein, die nationale Befreiungsbewegung des jüdischen Volks: Ins Leben gerufen im späten 19. Jahrhundert, erhob diese Bewegung den Anspruch auf das Land Israel als Heimatland der Juden und als legitimer Fokus für die jüdische Selbstbestimmung in einem nationalen Rahmen. Nach vielen vergeblichen Versuchen, internationale Anerkennung und Unterstützung zu erhalten, gelang es der zionistischen Bewegung im Jahre 1917, die britische Regierung zur Abfassung der Balfour-Erklärung[7] zu bewegen.

6 Gemeint ist der Friedensgipfel für den Nahen Osten in Camp David, bei dem es nicht gelang, ein endgültiges Abkommen zwischen beiden Seiten zu schließen. Das Hauptproblem, das zu einem Scheitern der Verhandlungen führte, war die Forderung der Palästinenser, dass durch die Gründung eines palästinensischen Staates die palästinensischen Flüchtlinge und ihre Nachkommen nicht das Recht verlieren sollten, in Gebiete zurückzukehren und dort zu leben, die heute Teil Israels sind.

7 »[…] die Regierung Seiner Majestät betrachtet die Gründung einer nationalen Heimstätte für das jüdische Volk in Palästina mit Wohlwollen und wird jegliche Anstrengung unternehmen, die Durchsetzung dieses Zieles zu fördern, wobei Klarheit darüber besteht, dass nichts unternommen wird, was die bürgerlichen und religiösen Rechte der existierenden nicht jüdischen Gemeinschaften in Palästina beeinträchtigen könnte […]«.

Als das Osmanische Reich während des Ersten Weltkriegs zusammenbrach, verlor es auch das »Land Israel«. In der Folge, im Jahr 1922, verlieh der Völkerbund Großbritannien das Mandat, Palästina zu verwalten. Dieses Mandat bekräftigte die Balfour-Erklärung und stellte fest, dass »der Mandatsträger verantwortlich für die Inkraftsetzung der ursprünglich am 2. November 1917 abgegebenen Erklärung ist [...]«.

Damit das zionistische Programm verwirklicht werden konnte, mussten Juden nach Palästina ziehen und Land musste beschafft werden, auf dem die Einwanderer sich ansiedeln konnten. Das Land Israel war zwar nicht dicht besiedelt, aber doch auch nicht leer. Es war weitgehend im Besitz abwesender feudaler Grundherren. Von der zionistischen Bewegung wurden Finanzstrukturen aufgebaut, um solches Land zu erwerben. Wo immer möglich, wurde nach und nach ein Teil davon gekauft. Junge Idealisten, von denen viele angefeuert durch sozialistisch-zionistische Ideen nach Palästina kamen, ließen sich auf diesem Land nieder und begannen, es zu bewirtschaften. Die äußeren Umstände waren hart, und die meisten Neuankömmlinge hatten keine Erfahrung mit landwirtschaftlicher Tätigkeit. Hinzu kam, dass die ansässige arabische Bevölkerung die jüdischen Einwanderer nicht gerade mit offenen Armen empfing.

Die Repräsentanten der zionistischen Organisationen erhöhten ihren Druck auf Großbritannien, das gegebene »Versprechen« einzuhalten. Dagegen setzte sich massiv die arabische Seite zur Wehr, die genau dies verhindern wollte. Die Araber hatten kein Verlangen nach einer jüdischen Heimstätte in einem Gebiet, das ansonsten völlig arabisch, völlig moslemisch war. Der arabische Widerstand gegen die jüdischen Siedlungen in Palästina nahm an Gewalt zu, als immer mehr Juden dort ankamen. Zu Wellen extremer Gewalt kam es 1920 und 1921, 1929 sowie in den Jahren 1936 bis 1939. Die Gewalt wurde eingedämmt, hinterließ jedoch ihre Spuren, und Großbritannien leitete Schritte ein, um die Einwanderung von Juden nach Palästina zu beenden, ohne allerdings die Balfour-Erklärung aufzuheben.

Unter dem Druck der Araber schränkten die Briten die Zahl der Einreisegenehmigungen, der sogenannten Zertifikate, für Juden, die sich in Palästina niederlassen wollten, erheblich ein. 1939 veröffentlichte die britische Regierung ihr vom Unterhaus genehmigtes Weißbuch, in dem für die nachfolgenden fünf Jahre die Zahl jüdischer Einwanderer auf 75.000 limitiert wurde; danach sollten keine weiteren Zertifikate ausgestellt werden. Dieser Numerus clausus hatte verheerende Auswirkungen: Viele Menschen hätten vor der Vernichtung durch Nazi-Deutschland bewahrt werden können, wenn man sie nur ins Land gelassen hätte. Unglücklicherweise begrenzte Großbritannien nicht nur die Zahl der Juden, die nach Palästina, sondern auch die Zahl derer, die nach Großbritannien einreisen durften.

*Jüdische Einwanderung nach Palästina*

| | |
|---|---|
| 1882–1903 | 35.000 Einwanderer, überwiegend aus Russland |
| 1904–1914 | 40.000, überwiegend aus Russland, vertrieben durch Pogrome: Viele waren beeinflusst von sozialistischen Ideen. Die ersten Kibbuzim wurden gegründet. |
| 1919–1923 | 40.000, überwiegend aus Russland. Die jüdische Bevölkerungszahl in Palästina stieg auf 90.000 an. |
| 1924–1929 | 82.000, viele davon aus Polen. |
| 1929–1939 | 250.000, viele davon aus Deutschland. Weitere geschätzte 50.000 illegale Einwanderer. 1939 erreichte die jüdische Bevölkerung eine Zahl von 450.000. |

Der organisierte arabische Aufstand von 1936 bis 1939 und das rigorose Vorgehen der britischen Mandatsbehörden gegen die Gründung neuer jüdischer Siedlungen in Palästina führten zur »Turm-und-Palisaden«-Siedlungsmethode. Ziel war es, eine zusammenhängende Kette jüdischer Siedlungen in Gebieten aufzubauen, die von der jüdischen Führung und den vorstaatlichen Organen als strategisch wichtig erachtet wurden. In geheimen Operationen rückten jüdische Siedler an, bauten über Nacht eine Mauer um den ausgewählten Außenposten, errichteten einen Wachturm und »schufen« damit eine neue Siedlung. Unter dem geltenden Mandatsrecht war es nicht möglich, eine bereits bestehende Siedlung aufzulösen. Zwischen 1936 und 1939 wurden mit dieser Turm-und-Palisaden-Methode 52 Siedlungen gegründet. Aus den meisten entstanden später Kibbuzim, von denen viele zu wichtigen Bausteinen bei der Gründung Israels und dem Aufbau seines Wohlstands wurden.

Nach dem Zweiten Weltkrieg waren mehr als 250.000 Überlebende des Holocaust heimatlos und saßen in Lagern für sogenannte Displaced Persons in Deutschland, Österreich und Italien fest. Doch Großbritannien ließ sie noch immer nicht nach Palästina ausreisen.

Im November 1947 billigte die Generalversammlung der UNO – als Reaktion auf Großbritanniens Wunsch, sich des Mandats zu entledigen – den Plan, Palästina aufzuteilen und zwei verschiedene Staaten zu schaffen: einen jüdischen und einen arabischen. Die Araber lehnten den Plan ab, und die Arabische Liga fasste den Beschluss, gegen die Gründung eines jüdischen Staats militärisch vorzugehen. Obwohl sich rechte Gruppen innerhalb der jüdischen Führung gegen den Plan aussprachen, da er den Juden nicht das gesamte Land Israel zusprach, begrüßte ihn die Jewish Agency, die Quasi-Regierung der jüdischen Bevölkerung in Palästina. Das Gleiche galt für die Mehrheit der jüdischen Bevölkerung, die sich nach einem Zufluchtsort für Überlebende des Holocaust sehnte.

Es war keine Überraschung, dass einen Tag nachdem Israel im Mai 1948 seine Unabhängigkeit erklärt hatte, das Land von den Armeen Ägyptens, Jordaniens, Syriens, des Libanon und des Irak angegriffen wurde. Ihr Versuch, die Gründung eines jüdischen Staats zu verhindern, scheiterte. In den vereinbarten Waffenstillstandslinien spiegelte sich das Ergebnis des Krieges wider, bei dem Israel Land hinzugewann, das größer als jenes war, das ihm durch den Teilungsplan zugewiesen worden war. Die arabischen Staaten weigerten sich weiterhin, die Existenz Israels anzuerkennen, und Friedensabkommen wurden nicht geschlossen. Die Palästinenser bezeichnen diesen Krieg, den Israel seinen Unabhängigkeitskrieg nennt, als *naqba*, die Katastrophe.

Im ursprünglichen zionistischen Traum war mehr oder weniger deutlich die naive Hoffnung enthalten, dass die Araber auf irgendeine Weise verschwinden würden. Viele Juden hegten, mit unterschiedlich starken moralischen Bedenken, die Erwartung, dass sich die eine oder andere Lösung hinsichtlich der Existenz einer arabischen Bevölkerung im jüdischen Heimatland finden ließe.[8] Nach Ende des Kriegs von 1948 belief sich die Zahl der palästinensischen Araber in Israel auf rund 160.000, womit sie circa vierzehn Prozent der Bevölkerung Israels ausmachten.[9] Sie hatten das Stimmrecht und waren formal vollwertige israelische Bürger. Doch diese israelischen Araber befanden sich in einer wenig beneidenswerten Lage. Sie waren ihrem Land, Israel, gegenüber zur Loyalität verpflichtet, während sie verständlicherweise im Herzen bei ihren

8  Rund 700.000 Menschen, das ist die Mehrheit der arabischen Bevölkerung, die in den Gebieten lebte, aus denen das Territorium Israels gebildet wurde, flohen oder wurden dazu gedrängt wegzugehen. Sie und ihre Nachkommen sind mittlerweile auf 4,8 Millionen Menschen angewachsen, die beim Hilfswerk der Vereinten Nationen für Palästina-Flüchtlinge als »registrierte Flüchtlinge« geführt werden.
9  Allen demografischen Angaben, gleich ob sie von israelischer oder palästinensischer Seite stammen, ist grundsätzlich mit Skepsis zu begegnen. Sie sind schwer zu überprüfen und werden stets für politische und ideologische Zwecke eingesetzt.

palästinensischen Brüdern waren, die während des Kriegs von 1948 entweder geflohen oder vertrieben worden waren.

Israel auf der anderen Seite war verständlicherweise beunruhigt über einen Bevölkerungsteil, der alle Voraussetzungen besaß, zu einer Fünften Kolonne zu werden. Israel zog seine moslemische Bevölkerung nicht zum Militär ein.[10] Darüber hinaus unterstand die arabische Bevölkerung Israels bis 1966 dem Kriegsrecht. Den arabischen Bürgern Israels das Leben unattraktiv zu machen ist vielleicht das Ergebnis des unausgesprochenen Wunsches der israelischen Regierung, die Araber möchten doch auswandern. Viele taten dies auch. Hin und wieder sprechen einige extrem rechtsgerichtete israelische Politiker das T-Wort aus und reden von der Transferierung israelischer Araber in arabische Länder; dasselbe Ergebnis wäre dadurch zu erzielen, dass man Teile des israelischen Territoriums mit moslemischer Bevölkerung gegen Gebiete im Westjordanland eintauscht, in denen zurzeit jüdische Siedler leben.

## Mit dem Schwert in der Hand

Die Waffenstillstandsvereinbarungen von 1949 zwischen Israel und seinen Nachbarn schufen das, was gemeinhin als Grüne Linie bezeichnet wird. Da die Waffenstillstandsvereinbarungen nie in Friedensverträge mündeten, wurde die Grüne Linie auch nie international als Grenze anerkannt. De facto markiert die Grüne Linie das Gebiet, das die meisten Länder wie auch ein großer Teil der israelischen Bevölkerung als Staatsgebiet Israels ansehen. Hierbei handelt es sich auch um die Grenzlinie von 1967, hinter die sich Israel, wie häufig gefordert, zurückziehen soll.

Auf den Unabhängigkeitskrieg von 1948 folgten regelmäßig Übergriffe auf israelisches Gebiet, hauptsächlich von Ägypten, aber auch von Jordanien und Syrien aus. Gelegentlich trug Israel Vergeltungsangriffe vor. Das Land hielt es für notwendig, seine militärische Stärke seinem Hauptfeind Ägypten gegenüber zu demonstrieren und die ständige Infiltration ägyptischer Terroristen zu beenden. Gemeinsam mit Frankreich und Großbritannien, die besorgt waren wegen der kurz zuvor erfolgten Nationalisierung des Suezkanals durch Ägypten, startete Israel 1956 den Sinai-Feldzug. Ihr Vorhaben wurde aber von den

---

10  Abgesehen von den Drusen.

USA und der Sowjetunion gestoppt, woraufhin Israel die Sinai-Halbinsel, die es erobert hatte, wieder räumen musste.

Das Ägypten Nassers verkündete weiterhin regelmäßig seinen Wunsch, Israel zu vernichten. Ähnliche Tiraden kamen aus Syrien und anderen arabischen Ländern. Sie alle führten einen massiven wirtschaftlichen und diplomatischen Krieg gegen Israel. Viele europäische und amerikanische Firmen gaben dem arabischen Druck nach und boykottierten das Land. Israel hatte keinerlei Grund, militärische Drohungen der Araber zu missachten, und es wäre unverantwortlich von jeder israelischen Regierung gewesen, es zu tun. 1964 wurde die PLO[11] gegründet, eine Organisation, die schwor, Israel zu erobern. Die Fatah[12] schickte 1965 ihre ersten Terroristen nach Israel. Sie überquerten die Grenze vom Libanon und von Jordanien aus. 1966 kam es zu einer deutlichen Zunahme dieser grenzüberschreitenden terroristischen Aktivitäten. Hin und wieder reagierte Israel mit Vergeltungsschlägen. Die Wirtschaft litt zu jener Zeit unter einer Rezession, und die allgemeine Stimmung war pessimistisch. Regelmäßige Anschläge palästinensischer Terroristen steigerten die allgemeine Bedrückung zusätzlich. Ein Witz machte die Runde: Der Letzte, der das Land verlässt, solle das Licht am Ben-Gurion-Flughafen ausmachen. Zum ersten Mal sah sich das Land, das als Heimstätte für die Juden geschaffen worden war, mit einer negativen Einwanderungsbilanz konfrontiert. 1966 wanderten mehr Israelis aus, als Juden nach Israel einwanderten.

Die Armee räumte ein, dass die nächtlichen Hinterhalte, die sie entlang der Grenzen legte, nicht sehr wirkungsvoll waren. Sie ging davon aus, dass man sich bei den Arabern mit Gewalt Respekt verschaffen würde, und forderte energischere Vorstöße auf arabisches Territorium. Die Politiker hielten sie häufig, aber nicht immer zurück. Der Regierung wurde vorgeworfen, zu weich zu sein, und die Armee drängte zum Handeln. Premierminister war zu dieser Zeit Levi Eschkol, der Schwierigkeiten hatte, sich gegen die jüngere Generation testosterongesteuerter Armeegeneräle durchzusetzen – deren Lösung für alles immer nur Krieg war. Jitzchak Rabin sympathisierte als Generalstabschef mit dem militanteren Flügel der Arbeitspartei, und in den Monaten vor dem Sechsta-

---

11  Palestine Liberation Organisation (Palästinensische Befreiungsorganisation)
12  Die Fatah, eine wichtige palästinensische Partei, wurde 1957 gegründet und schloss sich 1967 der PLO an. 1969 wurde Arafat, der Führer der Fatah, Vorsitzender der PLO. Viele Jahre lang operierte die Fatah als militärischer Arm der PLO.

gekrieg provozierte Israel mindestens zwei militärische Zusammenstöße, die außer Kontrolle gerieten.

Eine putschähnliche Aktion zwang Premierminister Eschkol, das Amt des Verteidigungsministers an den einstigen Generalstabschef und Ben-Gurion-Protegé Mosche Dajan zu übergeben, sein Kabinett zu erweitern und die rechte Opposition einzubeziehen. 1977, zehn Jahre später, sollte diese Opposition unter Menachem Begin die Wahl gewinnen und Begin selbst, ein ehemaliger Terrorist[13], Premierminister Israels werden.

Da Israels arabische Nachbarn den neuen Staat nicht anerkannt hatten und da das Gebiet, auf das die zionistische Bewegung ursprünglich ihre Hoffnungen gerichtet hatte, sehr viel größer war als das Gebiet, in dem sich Israel nun wiederfand, hatten einige Israelis immer von einem Groß-Israel geträumt. Die rechtsgerichtete *Cherut*, Begins Partei, sprach sogar stets von beiden Ufern des Jordans. Das erst kürzlich gegründete Königreich Jordanien war selbst ein junges Land. 1948 hatte Jordanien das Westjordanland an sich gerissen, einen Teil des Gebiets, das im Teilungsplan der UN als eigener arabischer Staat vorgesehen war. Die meisten Länder erkannten diese Einverleibung des Westjordanlands in das Staatsgebiet Jordaniens nicht an.[14] Das allgemeine Unbehagen in Israel angesichts der äußerst engen »Taille« des Landes hat es möglicherweise einigen israelischen Politikern und Generälen einfacher gemacht, sich Träumereien hinzugeben und Notfallpläne für eine mögliche Übernahme von Teilen Jordaniens zu schmieden. 1963 hatte der damalige stellvertretende Generalstabschef Rabin Premierminister Eschkol den Jordan als ideale Grenze[15] empfohlen. Verschiedene Machbarkeitsstudien wurden vom Militär erstellt und alternative Pläne entworfen. Da das Westjordanland jedoch dicht besiedelt war, kam wohl auch das Militär zu dem Schluss, dass der Status quo mit dem Westjordanland als Teil des Königreichs Jordanien die beste Variante für Israel war, selbst ohne Frieden.

---

13  Als Kopf der *Irgun*, einer paramilitärischen zionistischen Organisation, die Gewalt einsetzte, um die Briten in Palästina zu bekämpfen, galt Begin bei den britischen Behörden als Terrorist.

14  Lediglich Großbritannien und Pakistan erkannten die Annektierung des Westjordanlands durch Jordanien 1950 an.

15  Dies hätte die Einbeziehung des gesamten Westjordanlands, das sich unter der Kontrolle Jordaniens befand, in das Staatsgebiet Israels bedeutet.

## Der Sechstagekrieg

Nach drei Wochen angespannten Wartens – zuvor hatte Ägyptens Präsident Nasser seine Armee in das entmilitarisierte Gebiet der Halbinsel Sinai einrücken und die Meerenge von Tiran schließen lassen, wodurch Schiffe daran gehindert wurden, den Hafen von Eilat an der Südspitze Israels zu erreichen – handelte Israel. In einem Präventivschlag griff es Ägypten an, woraufhin sich Syrien und Jordanien einschalteten und ihrerseits Israel angriffen. Innerhalb von sechs Tagen gewann Israel den Krieg gegen alle drei Länder. Am 12. Juni 1967 wachte die israelische Bevölkerung in einer neuen Wirklichkeit auf, und die allgemeine Stimmung war die einer überschwänglichen Freude.

Neunzehn Jahre hatte der junge, kleine und verwundbare jüdische Staat existiert, und jetzt endete der Sechstagekrieg mit dem Ergebnis, dass Israel die Herrschaft über die Halbinsel Sinai, die selbst dreimal so groß wie Israel war, sowie über den Gazastreifen, die Golanhöhen und das Westjordanland erlangte. Israel, dem jegliche strategische Weite fehlte, hatte nun das Gefühl, freier atmen zu können. Von der dicht besiedelten Küstenebene, die an einigen Stellen nur fünfzehn Kilometer breit war, rückte das feindliche Gegenüber Jordanien nun hinter den Jordan. Feindliche Gewehre waren nicht mehr aus sechs Kilometern Entfernung auf den Ben-Gurion-Flughafen gerichtet. Die Bewohner der Kibbuzim im oberen Hula-Tal in Galiläa, die von syrischen Panzern auf den Golanhöhen gelegentlich beschossen und ständig bedrohten wurden, sahen den Feind zurückgedrängt: Ihre Felder und ihre Häuser befanden sich nicht länger im Visier der syrischen Schützen. Der Sinai, wohin Präsident Nasser Truppen verlegt und aus dem er die Friedenskontrolleure der UNO vertrieben hatte, war keine Abschussrampe mehr, die die Existenz Israels bedrohte. Aber Israel befand sich plötzlich in der Situation, über etwa eine Million Palästinenser zu herrschen. Der Sinai und der Golan waren nur dünn besiedelt, aber in Gaza und im Westjordanland gab es eine beträchtliche palästinensische Bevölkerung.

Israel jubelte, dass die Warterei vorbei war und dass man den Krieg so schnell, entscheidend und mit relativ geringen Verlusten gewonnen hatte. Schon bald bezog man den großen Gewinn, die neu eroberten Gebiete, in den Jubel ein. Und hier fing das Problem an. Politik, Ideologie und Religion traten auf den Plan, was die Sache erheblich schwieriger machte; hinzu kamen noch die Sicherheitsprobleme. In der Tat schien sich in der kurzen Phase und im Eifer des Kampfes im israelischen Kabinett die Auffassung durchzusetzen, die günstige Gelegenheit zu nutzen. Man war begierig auf Ost-Jerusalem, das sich bis dahin unter jordanischer Kontrolle befunden hatte. Zu diesem Teil der Stadt gehören die Altstadt mit dem Tempelberg, die Klagemauer, die Al-Aqsa-Moschee, der Felsendom und die Grabeskirche, um nur die bekanntesten religiösen Stätten zu nennen. Es gab keine militärische Notwendigkeit, Jerusalem zu erobern, doch der rechtsgerichtete Begin und einige Falken[16] aus der Arbeitspartei waren dafür. Einige Minister schlugen vor, Ost-Jerusalem zu erobern und dann einem internationalen Gremium zur Verwaltung zu übergeben. Premierminister Eschkol geriet in Versuchung; er wollte sogar das gesamte Westjordanland einnehmen. Die Regierung kannte die Auswirkungen einer Eroberung des dicht bevölkerten Gazastreifens und Westjordanlands. Doch es gab keine klare Strategie. Es gab kein methodisches Vorgehen bei der Beschlussfassung, und Israels Kabinett traf folgenschwere Entscheidungen in Gefühlsausbrüchen.

## Der Gazastreifen

Der Gazastreifen, ein kleines Gebiet mit einer Fläche von 354 Quadratkilometern, zurzeit Heimat von 1,5 Millionen Palästinensern, befand sich von 1517 bis 1917 unter der Herrschaft des Osmanischen Reichs. Danach wurde es Teil des britischen Mandats für Palästina. 1948 wurde Gaza von Ägypten besetzt, aber niemals annektiert. Bis 1948 bestand die palästinensische Bevölkerung des Gazastreifens aus rund 85.000 Menschen. Flüchtlinge aus den Gebieten, die später zu einem Teil des Staates Israel wurden, erhöhten die Bevölkerungszahl auf etwa 240.000. Große Flüchtlingslager, die vom Hilfswerk der Vereinten Nationen für Palästina-Flüchtlinge im Nahen Osten (United Nations Relief and Works Agency for Palestine Refugees, kurz UNRWA) betreut wurden und es noch immer werden, haben das Problem verstärkt, anstatt es zu lösen. Ägypten gestattete es den Palästinensern nicht, vom Gazastreifen auf das ägyptische Staatsgebiet zu ziehen, und auch andere arabische Länder empfingen ihre palästinensischen Brüder nicht gerade mit offenen Armen. Das UNRWA wurde 1949 gegründet und nahm 1950 seine Tätigkeit auf. Seiner Webseite zufolge

---

16 Der Begriff »Falke« als Bezeichnung für den kompromisslosen Verfechter einer rechten politischen Linie war – wie sein Gegenbegriff »Taube« – in jener Zeit in Israel noch üblich. Im aktuellen politischen Diskurs spricht man eher von »Rechten« bzw. »Linken«.

gab es 1950 750.000 palästinensische Flüchtlinge; mittlerweile betreut es 4,8 Million Flüchtlinge, die für die Dienste des Hilfswerks infrage kommen. Das Problem am Leben zu erhalten muss wohl einige Karrieremöglichkeiten eröffnet haben. Es gibt sogar ein Denkmodell, nach dem das UNRWA ein eigennütziges Interesse am weiteren Vorhandensein von Flüchtlingen und Flüchtlingslagern hat.

Innerhalb der ersten zwei Jahre nach seiner Gründung nahm Israel 500.000 Einwanderer auf und verdoppelte dadurch fast die Zahl seiner jüdischen Einwohner. Bis circa 1967 ließ es mehr als 1,5 Millionen Immigranten ins Land, zu denen viele Überlebende des Holocaust zählten sowie circa 750.000 Juden aus arabischen Ländern, hauptsächlich aus dem Jemen, dem Irak, Ägypten und Marokko. Im Gegensatz zu den palästinensischen Flüchtlingen von 1948, die von ihren reichen arabischen Brüdern in den berüchtigten Flüchtlingslagern der UNRWA gettoisiert wurden, wurden die jüdischen Flüchtlinge in Israel aufgenommen, ohne in Flüchtlingslager gesperrt zu werden und ohne den Einsatz einer großen UN-Maschinerie.

Der Sinai, der seit 1967 von Israel besetzt war, wurde im Rahmen des Friedensvertrags, der 1979 zwischen Ägypten und Israel geschlossen wurde, an Ägypten zurückgegeben. Ägypten hatte kein Interesse daran, wieder den Gazastreifen mit seinen Problemen zu übernehmen, sodass Israel dort blieb, bis es sich 2005 einseitig aus Gaza zurückzog. Trotz lauter Proteste der rechten Opposition löste Israel die jüdischen Siedlungen im Gazastreifen auf und schickte die 8.000 dort lebenden Siedler in ihre Heimat zurück.

2006 hielten die palästinensischen Behörden Wahlen im Westjordanland und Gaza ab. Nach vielen Jahren der Fatah-Herrschaft gewann die Hamas-Opposition die Wahlen. Trotzdem ist es der Hamas nicht gelungen, die Kontrolle über die palästinensische Autonomiebehörde zu erlangen. Tatsächlich sieht sie sich international, diplomatisch und wirtschaftlich isoliert. Im Juni 2007 vertrieb die Hamas die Fatah aus Gaza, das sich jetzt unter der Herrschaft der Hamas befindet. Diese Organisation tritt für ein militanteres Vorgehen gegenüber Israel ein als die Fatah; entsprechend bleibt der Gazastreifen ein Zentrum militärischer und terroristischer Aktivitäten gegen Israel. Die Nachbarn Israel und Ägypten haben ihre Grenzen zum Gazastreifen geschlossen. Da sich die Hamas im Krieg mit Israel befindet, nimmt Israel für sich das Recht in Anspruch, zur eigenen Verteidigung auch eine Luft- und Seeblockade zu verhängen, um zu verhindern, dass Waffen den Gazastreifen erreichen. Seit dem Sturz Mubaraks hat Ägypten seine Grenze zum Gazastreifen wieder geöffnet.

Israel vertritt die Auffassung, dass es nach seinem Rückzug aus dem Gaza-streifen keine Verantwortung mehr für das Wohlergehen der Bevölkerung trage. Einer anderen Sichtweise zufolge hätte Israel wissen müssen, dass nach einem Abzug aus Gaza nach 38 Jahren Herrschaft das Chaos ausbrechen wür-de; deshalb hätte der Rückzug nicht ohne ein Abkommen mit einer anderen staatlichen Autorität erfolgen dürfen.

## Die Golanhöhen

Die syrischen Golanhöhen, ein Hochplateau, wurden von Israel im Sechsta-gekrieg erobert. Vor 1967 beschoss Syrien von dort den Norden Israels regel-mäßig durch Artillerie. 1973 versuchte Syrien den Golan zurückzuerobern, scheiterte jedoch. Israel annektierte das Gebiet 1981. Obwohl die Weiterent-wicklung der Raketentechnologie die strategische Bedeutung der Golanhöhen verringert hat, gibt es in Israel noch immer großen Widerstand, sie an Syrien zurückzugeben, selbst im Rahmen eines Friedensvertrags. Aufgrund des ho-hen Wassermangels in der Region hat die Kontrolle des Golan als eines wichti-gen Wasserreservoirs auch eine strategische Bedeutung für Israel.

Die israelische Verwaltung des Golan wurde zum einen durch die ohnehin geringe Bevölkerungsdichte sowie durch die Tatsache erleichtert, dass viele Sy-rer während des Kriegs bzw. gleich danach das Gebiet verließen. Etwa 20.000 Syrer leben auf dem Golan, von denen die meisten zur Religionsgemeinschaft der Drusen gehören. Israel hat die jüdische Besiedlung des Golan gefördert, sodass heute zusätzlich rund 20.000 Israelis in circa dreißig Siedlungen im Golan leben.

## Jerusalem und das Westjordanland

Jerusalem gehörte zum Osmanischen Reich bis 1917, als die Türken vertrieben wurden und der Völkerbund Großbritannien das Mandat für Palästina verlieh. In der Stadt, die von allen drei monotheistischen Religionen als heilig ange-sehen wird, gibt es seit 1830 eine jüdische Bevölkerungsmehrheit. 1947, zum Ende des britischen Mandats, stimmten die Vereinten Nationen dem Teilungs-plan von Palästina zu, der die Schaffung zweier Staaten, und zwar eines ara-bischen und eines jüdischen, beinhaltete. Der Teilungsplan sah Jerusalem als eigene Einheit mit einem besonderen rechtlichen und politischen Status vor, die unter der Verwaltung der Vereinten Nationen stehen sollte.

Als man sich am Ende des Krieges von 1948 auf die Waffenstillstandslinien einigte, wurde die Stadt Jerusalem geteilt: Ost-Jerusalem fiel an Jordanien, West-Jerusalem an Israel, das es bald zu seiner Hauptstadt erklärte. Dies wurde international nie anerkannt, und so haben praktisch sämtliche ausländische Botschaften ihren Sitz in Tel Aviv und nicht in Jerusalem.

1967 eroberte und vereinigte Israel die Stadt und annektierte anschließend Ost-Jerusalem. Die Einnahme der Altstadt Jerusalems 1967 löste eine Woge religiösen Eifers aus. Kaum befand sich die Westliche Mauer (Klagemauer) in israelischer Hand, machte sich der Oberrabbiner der israelischen Armee auf den Weg dorthin, begleitet von Hilfskräften und ausgestattet mit religiösem Zubehör wie Bibelrolle, *Schofar* sowie Zeremonienwein. Dort verkündete General Goren, dass die *Schechina* (die Präsenz Gottes besonders im Tempel), die die Westliche Mauer nie verlassen habe, nun die israelischen Streitkräfte als Feuersäule leiten würde, ein Lichtstrahl, der Israel zum Sieg führe. Zum Glück folgten die militärischen Befehlshaber Gorens Ratschlag, jetzt sei der richtige Augenblick, den Felsendom in die Luft zu sprengen, nicht.[17] Allerdings war Generalmajor Uzi Narkis, Oberbefehlshaber der Altstadt, selbst anfällig für emotionalen religiös-nationalistischen Eifer: Kaum war der Krieg beendet, wandte er sich in einem Tagesbefehl an seine Soldaten, in dem er schrieb: »[…] die Söhne Sauls sind in das Land Benjamins zurückgekehrt; die Söhne Jeremias' sind in Anatot; das Land Ephraims ist für die Söhne Ephraims; die Sprache der Bibel wird wieder in den Städten Silo und Nablus, in den Ebenen von Samaria und zwischen den Palmen von Jericho gesprochen; die Söhne Davids werden wieder in Bethlehem und die Söhne Abrahams, Isaak und Jakob, in der Stadt der Höhle der Patriarchen sein.«

Israel war nach seinem spektakulären militärischen Erfolg von Euphorie geblendet. Und schon bald verkündete Israels Oberrabiner Itzhak Nissim, dass niemand in Israel, nicht einmal die israelische Regierung, das Recht habe, einen einzigen Quadratzentimeter des Landes Israel zurückzugeben. In ähnlicher Weise verfügte Rabbi Zwi Jehuda Kook, für die religiöse Jugend eine wichtige, Guru-ähnliche Persönlichkeit, dass die Übergabe »unseres Lands«

---

17 Der Felsendom, ein islamisches Heiligtum und eine der heiligsten Stätten des sunnitischen Islams, wurde im Jahre 690 christlicher Zeitrechnung an dem Ort erbaut, an dem sich der im Jahre 70 von den Römern zerstörte zweite jüdische Tempel befand.

an Nichtjuden sündhaft sei und dass kein Politiker aus Fleisch und Blut das Recht habe, die Politik Gottes abzuändern. Gleich nach dem Krieg von 1967 erfand eine kleine rechtsstehende Partei den Slogan, der diese Stimmung am besten beschreibt: *shetach meshuchrar lo yuchzar*[18] – »Befreites Land wird nicht zurückgegeben«.

Die Arabische Liga hingegen, in dem Schockzustand, in dem sich die arabischen Länder nach ihrer Niederlage befanden, rief auf ihrer Gipfelkonferenz in Khartum im September 1967 ihr berühmtes dreifaches Nein aus: kein Frieden, keine Anerkennung und keine Verhandlungen mit Israel. Khartum schien vielen Israelis zu bestätigen, dass es keinen Partner gab, mit dem man Frieden schließen konnte, und so wuchs die allgemeine Begeisterung in Israel über die neu »erworbenen« Gebiete weiter. Die israelische Regierung wurde von rechts stehenden und religiösen Interessensgruppen massiv unter Druck gesetzt, sie müsse den Aufbau jüdischer Siedlungen im »Land der Väter«, also in den besetzten Gebieten, ermöglichen. Trotz zahlreicher Genehmigungen, die von der Regierung ausgestellt wurden, ging die Gesamtzahl der jüdischen Siedler im Westjordanland 1977, zehn Jahre nach der Besetzung, über 4.000 nicht hinaus.

Von dem Teil des Westjordanlands, das 1967 erobert wurde, hat Israel Ost-Jerusalem sowie einige weitere ehemalige Gebiete im Niemandsland annektiert. Das restliche Westjordanland, von Israel Judäa und Samaria genannt und von vielen anderen als besetzte Gebiete bezeichnet, wird seit der Eroberung 1967 vom israelischen Militär besetzt gehalten.

1988 trat Jordanien seinen Anspruch auf das Westjordanland an die Palästinensische Befreiungsorganisation PLO ab. 1993 einigten sich Israel und die PLO auf ein Abkommen, bekannt geworden unter der Bezeichnung »Osloer Verträge«, das zu einem endgültigen Friedensvertrag zwischen Israel und den Palästinensern führen sollte. Im Rahmen dieser Verträge stimmte Israel zu, seine Armee aus Teilen des Westjordanlands und des Gazastreifens abzuziehen. Demokratische Wahlen wurden festgesetzt, und Israel willigte ein, den Palästinensern stufenweise Autonomie mittels einer vorläufigen palästinensischen Selbstverwaltungsbehörde zu gewähren. Zahal würde der palästinensischen Behörde die Zuständigkeit in den Bereichen Gesundheit, Bildung, soziale Dienste, Kultur und Steuerwesen sowie polizeiliche Angelegenheiten übertragen.

18  Im Hebräischen reimt sich dieser Satz.

In dem Abkommen wurden drei Gebietskategorien, A, B und C, innerhalb des Westjordanlands definiert. Diverse zusätzliche Vereinbarungen wurden seit den ersten Osloer Verträgen zwischen den beiden Seiten unterzeichnet. Derzeit befinden sich rund 17 Prozent des Westjordanlands, in dem circa 55 Prozent der arabischen Bevölkerung leben, unter palästinensischer Kontrolle und Verwaltung; das sind die sogenannten A-Gebiete. B-Gebiete befinden sich unter palästinensischer Verwaltung, aber unter israelischer Kontrolle und decken 24 Prozent des Lands ab, in dem rund 40 Prozent der Bevölkerung zu Hause ist. Auf die C-Gebiete, die 59 Prozent des Landes umfassen, entfällt nur ein Anteil von 5 Prozent der arabischen Bevölkerung. Dies bedeutet, dass der Großteil der palästinensischen Bevölkerung mittlerweile in politischer Autonomie lebt. Die israelische Armee und der israelische Sicherheitsdienst betreten die A- und B-Gebiete weiterhin, wann immer sie es für notwendig erachten. Noch etwas kommt hinzu: Auch wenn ein Großteil der palästinensischen Bevölkerung sich nicht mehr unter tagtäglicher Herrschaft des israelischen Militärs befindet, durchqueren die C-Gebiete palästinensischen Grund und Boden auf eine Weise, die das Leben der Palästinenser erheblich erschwert. Bauern müssen häufig Militärsperren der Israelis passieren, um zu ihren Feldern zu gelangen, und das Zurücklegen kurzer Entfernungen zwischen zwei Dörfern oder Städten kann aufgrund der Barrieren, die Israel über das ganze Westjordanland verteilt hat, Stunden dauern. Unter amerikanischem Druck hat Israel die Bestimmungen erleichtert und viele der Kontrollpunkte abgebaut.

Seit 2002 baut Israel eine Grenzmauer und ein Sicherheitssystem, deren Hauptzweck es ist, den Zugang nach Israel für palästinensische Terroristen und Selbstmordattentäter zu erschweren. Die Sperrmauer wird auf palästinensischem Boden erbaut, lediglich zwanzig Prozent davon wird auf der Grünen Linie, der Waffenstillstandslinie von 1949, errichtet. Sämtliche jüdischen Siedlungen mit hoher Einwohnerzahl befinden sich auf der israelischen Seite der Mauer, und man nimmt an, dass deren Verlauf Israels Zielsetzungen in Bezug auf die endgültigen Grenzen mit dem zukünftigen Palästina widerspiegeln. Und es gibt tatsächlich jene aus dem rechten Lager in Israel, die sich aufgrund einer angedeuteten Grenzziehung, die den Großteil des Westjordanlands ausschließt, schon Sorgen machen.

Die palästinensische Bevölkerung leidet unter der Grenzmauer, während die Mehrheit der Israelis diese befürwortet, da durch sie die Zahl der palästinensischen Infiltrationen und Selbstmordattentate drastisch zurückgegangen ist.

# Religiöse Juden

Die Mehrheit der jüdischen Bevölkerung Israels bezeichnet sich selbst als säkular. Ein großer Teil davon aber versteht sich als traditionell und pflegt noch gewisse religiöse Sitten. Die traditionellen Juden haben ihre eigenen Regeln: Sie halten sich möglicherweise zu Hause an jüdische Ernährungsregeln, aber nicht, wenn sie auswärts essen. Oder sie verzichten vielleicht auf Schweinefleisch und Meeresfrüchte, aber befolgen die restlichen Speisegesetze nicht. Einige pflegen zu Hause ein regelmäßiges Freitagabendritual, fahren aber am Sabbat Auto. Die religiöse Minderheit selbst teilt sich in verschiedene Untergruppen auf.[19]

Als Israel 1948 gegründet wurde, hielten sich die meisten religiösen Juden aus der Politik heraus. Dies hat sich nach dem Sechstagekrieg drastisch geändert aufgrund des religiösen Eifers, der durch den neu erworbenen Zugang zu Stätten wie der Klagemauer in Jerusalem, die für religiöse Juden als heilig oder wichtig gelten, entstand. Ein weiterer Faktor, der dazu geführt hat, dass religiöse Juden ihre Meinung lauter zu Gehör bringen, ist die zunehmende Integration von sephardischen Juden in die Gesellschaft. Die erste Generation der Juden, die in den frühen Fünfzigerjahren aus verschiedenen arabischen Ländern, vor allem aber aus dem Irak und aus Marokko nach Israel kam, fühlte sich ausgegrenzt und gering geschätzt von den aschkenasischen Juden, die die Macht im Lande innehatten. Die sephardischen Juden waren traditioneller ausgerichtet, häufig sogar orthodox, und fühlten sich der damaligen säkularen, sich am Sozialismus orientierenden Elite gegenüber fremd. Ihre Kinder wuchsen mit dem starken Gefühl auf, dass diese säkulare Elite der Aschkenasi ihren Eltern großes Unrecht antat, was noch immer im Dialog zwischen Sepharden und Aschkenasen seinen Widerhall findet. Die erste Generation sephardischer Juden tat, was Juden häufig in der Diaspora taten, sie stimmte für den König. Der »König« zu dieser Zeit war der Führer der Arbeitspartei und Israels erster Premierminister David Ben-Gurion. Die nachfolgende Generation, die im demokratischen Israel aufwuchs, verstand, was Demokratie bedeutet. Sephardische Juden aus traditionellen Familien fühlten sich von der traditionellen Denk- und Redeweise des rechtsstehenden Begin angezogen. Sie wurden von dem

---

19  Dem Zentralen Israelischen Statistikbüro zufolge hat eine Umfrage 2009 ergeben, dass 42 Prozent der jüdischen Bevölkerung sich als säkular betrachtet, 25 Prozent als traditionell, aber nicht so religiös, 13 Prozent als traditionell religiös, 12 Prozent als religiös und 8 Prozent als ultraorthodox.

Mann angezogen, der die Opposition zu den Machtinhabern symbolisierte. Darüber hinaus fühlten sich die sephardischen Juden mit der nationalistischen Agenda des Manns, der stets von jüdischem Stolz sprach, wohler als mit der sozialistischen Sprache der Arbeitspartei. Ironischerweise war die Führerschaft der Cherut, die so reizvoll für die sephardischen Juden in Israel war, auch aschkenasisch. Und erst recht war der Führer der Cherut, Begin, der Inbegriff eines Aschkenasen.

1984 wurde die *Shas* gegründet, eine ultraorthodoxe Partei, die hauptsächlich sephardische Juden repräsentiert und von der manche meinen, dass sie Ähnlichkeiten mit den iranischen Ayatollahs aufweist. Die politischen Führer dieser Partei erhalten ihre Anweisungen von einem geistlichen Oberhaupt, dem ehemaligen sephardischen Oberrabbiner Ovadja Josef. Dem Programm dieser Partei zufolge besteht eines ihrer Hauptziele darin, im Land Israel die Bildung einer ultraorthodoxen Gesellschaft herbeizuführen. Seit ihrer Gründung ist es der Shas gelungen, zwischen neun und fünfzehn Prozent der Sitze in der Knesset, dem israelischen Parlament, zu erlangen. Diese Partei brilliert in der Kunst der Koalitionspolitik, um den Fiskus im Hinblick auf Bildungs- und soziale Leistungen für die eigene Wählerschaft schröpfen zu können. Zu diesem Zweck tut sich die Shas stets mit denen zusammen, die gerade eine Koalition in Israel bilden.

Was den Militärdienst angeht, ist es den Ultraorthodoxen gelungen, einen Sonderaufschub vor der Einberufung zu erhalten. Diese Vereinbarung geht bis zur Gründung des Staates zurück, als Ben-Gurion einwilligte, einer Gruppe von 400 Jeschiwa-Studenten einen Aufschub zu gewähren, solange sie Vollzeitstudenten waren. Das Ziel dabei war, das Wissen über die Thora und den Talmud wieder aufzubauen, das durch die Ermordung vieler Jeschiwa-Schüler und -Gelehrten im Holocaust drastisch zurückgegangen war. Die Zahl der Studenten wurde später auf 800 erhöht. 1977, gleich zum Anfang von Begins Amtszeit als Premierminister, wurden die Schleusen geöffnet, und die Begrenzung bei den Freistellungen für die Ultraorthodoxen wurde aufgehoben. Derzeit liegt der Anteil derer, denen ein solcher Aufschub gewährt wird, bei circa elf Prozent aller jüdischen Achtzehnjährigen. Ihre Zahl steigt: Fünfundzwanzig Prozent der Sechsjährigen, die 2010 mit der Grundschule begonnen haben, kommen aus ultraorthodoxen Familien, deren Kinder nicht zum Militär gehen. Die Ultraorthodoxen haben eine sehr viel höhere Geburtenrate als die säkularen Juden: Während ultraorthodoxe Frauen im Durchschnitt sieben Kinder haben, sind es bei weltlichen und religiösen, aber nicht ultraorthodoxen Frauen

2,3 Kinder. Die ultraorthodoxen Familien haben damit Anspruch auf beträchtliches Kindergeld. Da die Bestimmungen vorschreiben, dass sie nur so lange vom Militärdienst befreit sind, wie sie nicht berufstätig, sondern Jeschiwa-Studenten in Vollzeit sind, führt dieser Aufschub dazu, dass eine stetig wachsende Anzahl von Israelis existiert, die nicht ins Berufsleben eintreten, sondern sich auf Sozialhilfe für ihren Lebensunterhalt verlassen. Es kommt Shas-Politikern, die diesen Teil der Gesellschaft als ihre Wählerbasis ansehen, durchaus entgegen, dieses ultraorthodoxe Biotop zu hegen und damit ihre Wähler weitgehend von Almosen des Staats abhängig zu halten.

Um zu verhindern, dass ihre Kinder mit säkularen Juden in Kontakt kommen, die sie möglicherweise von der ultraorthodoxen Lebensart abbringen könnten, versucht die ultraorthodoxe Führung, den Status quo beizubehalten. Neuerdings werden Versuche unternommen, es den Ultraorthodoxen mit speziellen Vorkehrungen zu ermöglichen, den Militärdienst in einer Art »steriler« Umgebung abzuleisten: Mit festgelegten täglichen Zeiten für religiöse Studien sollen sie den Tag über in einer ausschließlich aus Männern bestehenden Einheit dienen und abends nach Hause zurückkehren, um jeglichen Kontakt mit Soldatinnen zu vermeiden.

Eine sogar noch größere, religiös begründete Ausnahme wird für Frauen gemacht: Frauen, die angeben, aufgrund ihres religiösen Lebensweise dem Militär nicht beitreten zu können, werden vom Dienst befreit. Diese Freistellungsklausel wurde in den vergangenen Jahren von einer wachsenden Zahl säkularer Frauen missbräuchlich in Anspruch genommen, um der Wehrpflicht zu entgehen.

Die religiösen Juden, die nicht ultraorthodox sind, gehen zum Militär und spielen – was einige in Sorge versetzt – eine immer zentralere Rolle in den Kampfeinheiten Zahals. Seit vielen Jahren führt Zahal zusammen mit religiösen Organisationen ein Programm für religiöse Jugendliche durch, das aus einem militärischen Teil und Jeschiwa-Studien besteht. Teilnehmer an diesem Fünf-Jahres-Programm leisten nur sechzehn Monate Wehrdienst und widmen sich den Rest der Zeit dem religiösen Studium. Da sie nur eine kurze Zeit im eigentlichen militärischen Dienst sind, werden sie keine Befehlshaber oder Offiziere. 1987 wurde ein neues Programm ins Leben gerufen, aufgrund dessen religiöse vormilitärische Akademien eingerichtet wurden. Ihr Zweck ist es, den Glauben der Achtzehnjährigen vor ihrem Eintritt ins Militär zu stärken. Teilnehmer an den vormilitärischen Lehrgängen werden zum vollen Wehrdienst eingezogen. Achtzig Prozent ihrer Absolventen schließen sich Kampfeinheiten an (bei der Bevölkerung insgesamt sind es vierzig Prozent) und zwanzig bis fünfundzwanzig Prozent werden Offiziere (während es lediglich sieben bis neun Prozent von allen Soldaten sind).[20]

Ein Ergebnis der Gründung dieser Akademien ist, dass die Hälfte der neuen Offiziere in Kampfeinheiten Zahals religiös ist.[21] Sorgen bereitet in Israel einigen die Tatsache, dass der Großteil dieser religiösen Soldaten politisch eher zum rechten Lager tendiert. Höchstwahrscheinlich lehnen sie die Auflösung der Siedlungen im Westjordanland ab. Sollte es – wie schon in der Vergangenheit – notwendig werden, die Armee einzusetzen, um Siedlungen zu räumen, ist es fraglich, ob die Regierung sich noch darauf verlassen kann, dass Zahal derartige Befehle ausführt. Männer mit großem ideologischem Eifer, die die Armee infiltrieren und verstärkt leitende Posten übernehmen, könnten ein ernsthaftes Problem darstellen.

Dass sich die Möglichkeiten für Religiöse, innerhalb Zahals zu agieren, erweitert haben, liegt auch daran, dass die Militärrabbiner in den letzten Jahren eine andere Rolle übernommen haben. Die traditionelle Aufgabe von Militärrabbinern bestand darin, sicherzustellen, dass Gottesdienste abgehalten wurden und die religiösen Bedürfnisse jener, die sie verspürten, gestillt wurden. Dies ist nicht mehr ihr einziger Aufgabenbereich. Der Oberrabbiner der Armee wies die ihm untergeordneten Rabbis an, dass ihre Rolle nicht mehr, wie in der Vergangenheit, darin bestünde, Wein und Challa zum Sabbat an die Truppen auszuteilen[22], sondern »diese mit Jiddischkeit[23] und Kampfgeist zu erfüllen«.

Der Presse zufolge haben Offiziere und Soldaten berichtet, dass sie sich durch Gespräche mit Rabbis, die ihnen vor der Konfrontation mit Palästinensern Mut zugesprochen haben, »spirituell erhoben« und »moralisch gestärkt« gefühlt hätten.[24] Ein militärisches Rabbinat, das viel stärker in ideologischer Schulung involviert ist, spiegelt eine stille Revolution in Zahal wider. Ist dies die jüdische Version des Dschihad? Es ist besorgniserregend genug, dass überhaupt jemand, ganz zu schweigen von Rabbis, Hass propagiert; aber dass dieser Hass auch in die Armee eindringt, könnte höchst gefährlich werden.

---

20  Amos Harel, in: Haaretz, 15.9.2010
21  Gil Ronen, in: Arutz Sheva, 26.8.2007
22  Wein und Challa (Sabbat-Brot) werden in der religiösen Zeremonie, dem Kiddusch, verwendet, die Freitagabend abgehalten wird, um den Sabbat zu heiligen.
23  Jiddischkeit steht für die jüdische Lebensweise.
24  Haaretz, 26.1.2009

Diese Entwicklung hat sowohl unmittelbare Folgen als auch eine langfristige Wirkung. Unmittelbare Folgen, weil diese Rabbis, die, wie wir gesehen haben, politisch dem rechten Flügel nahestehen und gegen eine Friedensvereinbarung mit den Palästinensern sind, die eine Rückgabe von Land beinhaltet, die Möglichkeit bekommen, ihre Propaganda direkt auf das Schlachtfeld zu tragen. Dies kann sich in Kampfnormen niederschlagen, die von denen abweichen, die Zahal seit Jahren für sich selbst in Anspruch nimmt. Die Broschüren, die vom Rabbinat der Armee während der Operation GEGOSSENES BLEI verteilt wurden, enthielten Aufrufe wie: »Es gibt ein biblisches Verbot, auch nur einen einzigen Millimeter davon [vom Land Israel] an Nichtjuden abzutreten [...] Wir werden es nicht einer anderen Nation überlassen, keinen Finger breit, keinen Nagel lang.« In einer weiteren Veröffentlichung des Rabbinats wurde erklärt: »Wenn man einem grausamen Feind Gnade zeigt, ist man grausam zu untadeligen und ehrlichen Soldaten. Dies ist im höchsten Maße unmoralisch. Dies sind keine Spiele in einem Freizeitpark, wo der Sportsgeist einen lehrt, Zugeständnisse zu machen. Dies ist ein Krieg gegen Mörder. *A la guerre comme la guerre.*«[25]

Je mehr religiöse Menschen sich in der Armee zu Hause fühlen, desto mehr werden auf lange Sicht der Armee beitreten und als religiöse Offiziere eine militärische Laufbahn wählen. Dieser Prozess hat bereits begonnen, und eine ständige wachsende Zahl von orthodoxen Juden gewinnt ein immer größeres Gewicht in Zahal. In einigen Jahren könnten sie den Generalstab der Armee unzulässig beeinflussen und maßgeblich den Auftrag und die Richtung bestimmen, die die israelische Verteidigungspolitik einschlagen wird. Angesichts der Tatsache, dass höhere Offiziere oft danach streben, nach ihrem Ausscheiden aus dem Militär ranghohe politische Posten zu bekleiden, und darin auch unterstützt werden, könnte diese Infiltration der Armee schließlich sogar in eine politische Machtübernahme der Religiösen münden.


## Siedler und Siedlungen

Israels Unnachgiebigkeit nach dem Sechstagekrieg fand ihr Ende 1973 durch den gemeinsamen Angriff von Ägypten und Syrien im Jom-Kippur-Krieg. 1974 unterschrieb Israel ein Truppenentflechtungsabkommen mit diesen bei-

25 Ebd.

den Ländern, wobei Israel die Kontrolle über den Suezkanal an Ägypten abtrat und einen Teil des Golan an Syrien zurückgab. Jordanien, das nicht in diesen Krieg eingetreten war, erhielt keine Beute. Der Arbeitspartei gelang es in den Wahlen 1973, an der Macht zu bleiben, verlor jedoch die Wahlen von 1977. Die Partei, die Israel während der 29 Jahre seit seiner Gründung regiert hatte, büßte nun ihre Hegemonie ein. Die Gründe waren eine verspätete Reaktion auf den erfolgreichen Überraschungsangriff Ägyptens und Syriens auf Israel im Krieg von 1973 sowie ein allgemeiner Wunsch nach Veränderung.

Wenige hätten erwartet, dass Begin und seine rechtsgerichtete Partei die Ersten sein würden, die einen Friedensvertrag mit einem arabischen Land unterzeichnen. Doch sie taten es, und der Sinai fiel an Ägypten zurück. Was die Motive Begins betrifft, spielte der Frieden in seinem Denken sicher eine wichtige Rolle. Sein wahres Interesse könnte jedoch darin bestanden haben, am Westjordanland festzuhalten; und das bedeutendste der feindlichen Länder, nämlich Ägypten, aus dem Spiel zu nehmen, diente dazu, den Druck auf Israel zu verringern. Dies war zweifelsohne ein wichtiger Beweggrund.

Um die Wirkung nach außen noch weiter zu verstärken, wurden Siedler von Regierungskreisen ermuntert, sich der Auflösung der Siedlungen auf dem Sinai gewaltsam zu widersetzen. Dadurch demonstrierte Begin der Welt, wie »unmenschlich« diese Forderung war und dass es überhaupt nicht infrage kam, über eine Räumung der Siedlungen im Westjordanland auch nur nachzudenken.

Darüber hinaus warb Israel unter Begin und seinen Nachfolgern aktiv für die Besiedlung des Westjordanlands durch Juden. Man schätzt, dass 2011 die Zahl der jüdischen Siedler im Westjordanland 300.000 erreicht hat. Und diese Zahl schließt nicht die circa 200.000 Juden ein, die sich in Ost-Jerusalem, einem Gebiet, das sich bis 1967 unter jordanischer Herrschaft befand, niedergelassen haben.

Es gibt unterschiedliche Auffassungen über die Rechtmäßigkeit der Siedlungen nach Maßgabe des internationalen Rechts. Die israelische Regierung hat zur Stärkung der eigenen Position juristische Gutachten eingeholt, denen zufolge die Ansiedlung von Zivilisten in diesen besetzten Gebieten nicht gegen internationales Recht verstößt. Wie immer auch der rechtliche Status der Siedlungen und der Siedler sein mag, Israel steht zweifelsohne alleine da hinsichtlich der Frage, ob die Gebietsannektierung und die Ansiedlung von Zivilisten auf besetztem Land moralisch berechtigt ist. Die internationale Gemeinschaft unterstützt Israel in dieser Frage nicht.

Die öffentliche Meinung in Israel ist in dieser Angelegenheit gespalten. Die Mehrheit der Siedler im Westjordanland sind keine Idealisten, sondern Wirtschaftsmigranten. Israelische Regierungen boten beträchtliche finanzielle Anreize, um Juden ins Westjordanland zu locken. Tatsächlich hätten sich die meisten Siedler keine Unterkunft ähnlichen Standards innerhalb der Grünen Linie leisten können. Daher ist es wahrscheinlich, dass diese »nichtideologischen« Siedler bei einem angemessenen finanziellen Ausgleich kein Problem haben werden, das Siedlungsgebiet zu verlassen. Sie sind klug genug, um zu wissen, dass ihre Entschädigung umso höher sein wird, je lauter sie ihre Meinung äußern.

Anders verhält es sich bei religiösen Juden, die glauben, dass das Westjordanland Teil des Landes Israel ist, das Gott dem jüdischen Volk gegeben hat. Die Extremisten unter ihnen glauben, dass keine Regierung das Recht hat, Boden aufzugeben, den Gott den Juden geschenkt hat. Einige sind bereit, Gewalt anzuwenden, um jegliche Auflösung einer jüdischen Siedlung zu verhindern. Die weniger Extremen werden – mit Bedauern – einen Friedensvertrag akzeptieren, der die Aufgabe von Land beinhaltet. Eine andere Gruppe, die für die Beibehaltung der besetzten Gebiete eintritt, bilden säkulare rechtsstehende Israelis. Sie trauen den Arabern nicht, sie mögen sie nicht und sie geben normalerweise Sicherheitsbedenken als Grund dafür an, weshalb Israel an dem Land, das es 1967 erobert hat, festhalten muss. Zu dieser Gruppe gehören auch viele der mehr als eine Million russischer Juden, die seit 1989 nach Israel eingewandert sind.

Wenn Israelis vom linken oder rechten Flügel oder Lager sprechen, dann beziehen sie sich selten auf die Ansicht einer Person in Bezug auf das Eigentum der Produktionsmittel oder der Aufteilung der Ressourcen. In der Kluft zwischen Links und Rechts dreht sich alles um die Beziehung zu den Palästinensern und in diesem Zusammenhang um die Fragen, wie man mit dem Terrorismus umgehen, was mit den Siedlungen geschehen und wie eine endgültige Vereinbarung mit den Palästinensern aussehen sollte. Menschen werden als »links« angesehen, wenn sie der Meinung sind, dass ein palästinensischer Staat im Westjordanland und in Gaza gegründet und die dort errichteten Siedlungen aufgelöst werden sollten.

Der rechte Flügel war sehr geschickt darin, das Problem der Sicherheit als Begründung für die fortdauernde Besetzung ins Spiel zu bringen. Sicherheit ist auch das Argument, das vom Durchschnittsisraeli vorgebracht wird, der nicht religiös und kein Siedler ist. In einem Land, in dem Sicherheit eine Hochreligion ist, trauen sich nur wenige, diese infrage zu stellen. Es stimmt, dass Israels Taille extrem schmal ist, doch das Gegenargument besagt, dass Frieden mehr Sicherheit bietet als Land. In dem besetzten Land lebt schließlich auch eine große arabische Bevölkerung, die nicht möchte, dass ihre Heimat von Juden besetzt wird. Tatsächlich haben viele pensionierte Generäle, höhere Offiziere und ehemalige Chefs des Mossad und des Sicherheitsdiensts offen gesagt, dass es in Israels Sicherheitsinteresse läge, die besetzten Gebiete zu verlassen. Und doch ist Sicherheit der erste Grund, den ein Israeli nennen wird, an den besetzten Gebieten festzuhalten.

Gier spielt ebenfalls eine Rolle. Viele mögen es einfach nicht, etwas aufzugeben, von dem sie glauben, es festhalten zu können. Es gibt auch eine emotionale Verbindung vieler Israelis zum Konzept der Eroberung eines Landes durch seine Besiedlung; es ist ein tief verwurzeltes Konzept, das zurückreicht bis zu dem erfolgreichen Versuch der Zionisten, eine jüdische Heimstätte in Israel zu gründen. Viele der rechtsstehenden Siedler verstehen nicht – oder geben vor, nicht zu verstehen –, wieso ihre Siedlungen anders bewertet werden sollten als jene der heroischen vorstaatlichen »Turm-und-Palisaden«-Zeit.

Als Israel 2005 jüdische Siedlungen im Gazastreifen im Rahmen seines einseitigen Rückzugs aus dem Gebiet auflöste, mussten rund 8.000 Siedler ihr Zuhause verlassen. Sein Heim zu verlieren, ist niemals einfach, aber nachdem sich die Siedler in dem Wissen in diesem Gebiet niedergelassen hatten, dass Israel es vielleicht nicht würde halten können, mussten sie immer damit rechnen, dass dies eintreten würde. Es kam der Regierung Scharon sehr gelegen, der Welt zu beweisen, wie herzzerreißend dieser Vorgang war und welche politischen Schwierigkeiten er bereitete. Erst versetzte man die Siedler in emotionalen Aufruhr und schickte anschließend die Armee, um sie hinauszuwerfen. Im Gegenzug entlohnte die Regierung diese Siedler großzügig, sie erhielten Land innerhalb Israels zum Ausgleich für die Fläche, die sie aufgeben mussten, sowie erhebliche finanzielle Entschädigungen.

Seit Israels Rückzug nutzt die Hamas den Gazastreifen, um Raketen auf Israel zu feuern. Für jene, die gegen die Auflösung von Siedlungen sind, sind solche Raketenangriffe eine willkommene Gelegenheit zu behaupten, dass die Räumung von Siedlungen das Abschießen von Raketen erst möglich mache. Das ist irreführend: Als Abschreckungsmittel fungierte die israelische Armee, die im Gazastreifen stationiert war, und nicht die 8.000 Siedler, die in ihren Gewächshäusern Blumen und Gemüse anbauten. Ganz im Gegenteil war der Schutz der Siedler eine zusätzliche schwere und unnötige Last für Zahal. Auch wenn das oben zitierte Argument falsch ist, wiederholen es viele Israelis dennoch, ohne nachzudenken.

Im März 2010 ergab eine Meinungsumfrage, dass 21 Prozent der Siedler der Auffassung sind, dass eine generelle Auflösung der Siedlungen durch die israelische Regierung mit Gewalt, auch mit Schusswaffen, bekämpft werden sollte. Tatsächlich gestehen 54 Prozent der Siedler der Regierung nicht die Entscheidungsgewalt darüber zu, die Siedlungen zu räumen.[26] Einige Siedlungen sind eine Brutstätte illegaler Aktivitäten mit einer hohen Bereitschaft der dort Lebenden, gesetzwidrig zu handeln. Die Lobby der Siedler ist in den israelischen Parteien gut vertreten und hat auch die Armee unterwandert. Es wurde festgestellt, dass 13 Prozent aller Kompaniechefs im aktiven Dienst von Zahal aus Siedlungen stammen. Damit sind sie, bezogen auf ihren Anteil in der israelischen Gesamtbevölkerung, stark überrepräsentiert.[27] Und es stellt sich die Frage, ob viele dieser Kompaniechefs einen Befehl zur Räumung von Siedlungen überhaupt akzeptieren würden.

## Die Verweigerung des Wehrdienstes

Der andauernde Kriegszustand zwischen Israel und einigen seiner Nachbarn hat bei der jüdischen Bevölkerung Israels zu einem allgemeinen Konsens darüber geführt, dass es notwendig für das Land sei, eine Armee zu haben, und dass es notwendig für seine Bürger sei, in ihr zu dienen. Vielleicht war es ein »Luxus«, den die Israelis genossen: Im Gegensatz zu Amerikanern, die eingezogen wurden, um zu kämpfen und manchmal auch in fernen Ländern wie Korea und Vietnam zu sterben, sind die Israelis mit der Erzählung eines Kampfes um Unabhängigkeit aufgewachsen, der dazu diente, endlich eine Heimstätte für die Juden zu sichern, eines Kampfes, der nur deshalb notwendig war, weil die umliegenden arabischen Staaten sich der jüdischen Heimkehr widersetzten. Also Kampf als Notwendigkeit, um Familie und Zuhause zu schützen.

Ablehnung des Wehrdienstes aus Gewissensgründen, Drückebergerei oder Widerstand gegen Krieg überhaupt sind ziemlich neue Erscheinungen in der israelischen Gesellschaft: Sie waren selten und stellten kein ernsthaftes Pro-

26  Haaretz, 31.3.2010
27  Amos Harel, in: Haaretz, 29.9.2010

blem in Israel dar. Die nahezu uneingeschränkt geltende positive Einstellung zum Wehrdienst fing jedoch in den letzten Jahren ein wenig an zu bröckeln.

2009 rief das Erziehungsministerium, durch diesen Einstellungswandel aufgeschreckt, ein Programm ins Leben, aufgrund dessen Hunderte Oberste der Armee an sämtliche Gymnasien geschickt wurden, um den Lehrern »beizubringen«, wie man die Kinder für den Militärdienst motiviert. Zwei Direktoren, die den Offizieren keinen Zutritt für solche Indoktrinierungsveranstaltungen gewähren wollten, machten Schlagzeilen und mussten sich im Erziehungsministerium rechtfertigen.

Das Ministerium veröffentlicht auch Tabellen, in denen Schulen hervorgehoben sind, die eine besonders hohe Verpflichtungsrate haben. Israels Erziehungsminister erklärte: »Eines der Ziele des Erziehungsministeriums für das kommende Jahr ist es, für den Militärdienst zu werben. […] Wir schätzen Schulen, die eine hohe Verpflichtungsrate nachweisen, und glauben, dass dies ein Zeichen für eine qualitätsvolle Ausbildung ist.«[28]

In der Einleitung zu ihrem Buch *Legitimacy and Commitment in the Military* weisen Thomas C. Wyatt und Reuven Gal darauf hin, dass, »wenn Regierungen anfangen, sich mit der Zahl der Kriegsdienstverweigerer und Drückeberger zu beschäftigen, anstatt sich um die Zahl der Opfer auf dem Schlachtfeld zu sorgen, diese Kriege zu anderen Kriegen werden«[29]. Man kann, glaube ich, sehen, dass genau dies in Israel geschieht.

Dor, einer der Interviewpartner im vorliegenden Buch, erklärt: »Das Hauptproblem besteht darin, dass die Armee heute, nach meinem Empfinden, lauter hochpolitische Dinge tut.« Egal, ob es einem gefällt oder nicht, als Soldat führt man eine Regierungspolitik aus, über die es keinen Konsens in Israel gibt.

2002 äußerte sich Michael Ben-Yair, ein ehemaliger Generalstaatsanwalt, dahingehend, dass die Weigerung, in den besetzten Gebieten zu dienen, »ein Akt des Gewissens sei, der gerechtfertigt und in jeder demokratischen Regierungsform anerkannt ist«, und dass »nach dem künftigen Urteil der Geschichte eine solche Weigerung die Tat war, die unser moralisches Rückgrat wieder gefestigt hat«[30]. In diesem Artikel, den er fünf Jahre nach seinem Ausscheiden

---

28 Arutz Sheva, 19.8.2009
29 Wyatt, Thomas C. und Gal, Reuven: Legitimacy and Commitment in the Military, Greenwood Press, Connecticut 1990, S. IX
30 Ben-Yair, Michael: The War's Seventh Day, in: Haaretz, 3.3.2002. Ben-Yair war Generalstaatsanwalt von 1993 bis 1996.

als Generalstaatsanwalt verfasste, spricht Ben-Yair von der Transformationskraft des siebten Tages des Sechstagekriegs, des Tages, der noch nicht vorbei sei und der Israel von einer moralischen Gesellschaft in eine Gesellschaft verwandle, die ein anderes Volk unterdrückt. Ben-Yair erwähnt »die schwerwiegenden Hinweise, die wir über Handlungen von Zahal-Angehörigen in den besetzten Gebieten bekommen haben […], die schmerzhaften Erscheinungen, die die Besetzung und unser Kampf, sie zu verlängern, mit sich bringt […]«, und erklärt, dass »eine schwarze Flagge über diesen Taten schwebt«. Durch die Verwendung dieses Begriffs verweist der ehemalige Generalstaatsanwalt auf die Entscheidung eines israelischen Gerichts von 1958, dass die Ausführung offenkundig rechtswidriger Befehle von den Soldaten verweigert werden müsste, Befehle, über denen eine Warnhinweis mit der Aufschrift »verboten« wie eine schwarze Flagge schweben müsste.

Die Meinung Ben-Yairs ist die einer Minderheit oder – nicht einmal das – die einer extrem kleinen Minderheit. Die israelische Gesellschaft hat ihre Kinder zur Armee geschickt, um diese Unterdrückung durchzuführen, und sie tut es weiterhin. Sogar jene, die dies als offensichtlich rechtswidrig betrachten, ganz zu schweigen von denen, die sich einfach nur unwohl damit fühlen oder dagegen sind, akzeptieren dies als unumgänglich.

Das erste Mal, dass Zivilisten gegen die Kriegspolitik der Regierung protestierten, war während des Libanon-Kriegs. Israel marschierte 1982, während der Amtszeit Begins als Premierminister und Scharons als Verteidigungsminister, im Libanon ein. Die angegebene Begründung für den Krieg war, die PLO, die sich im Libanon festgesetzt hatte, im Zaum zu halten. Arafat und seine PLO hatten versucht, die Macht über Teile Jordaniens an sich zu reißen, bis König Hussein 1970 genug hatte und sie in blutigen Kämpfen, bei denen mehr als 3.500 Palästinenser getötet wurden, vertrieb. Im Libanon, der schwächer als Jordanien war, gelang der PLO, woran sie in Jordanien gescheitert war. Die PLO nutzte den Libanon als Basis, um Angriffe auf Israel zu organisieren. Mit seinem Libanon-Krieg versuchte Israel, die PLO von seiner nördlichen Grenze zu vertreiben. Es sollte achtzehn Jahre dauern, bis sich Israel komplett aus den Verwicklungen mit dem Libanon gelöst hatte.

Jesch Gvul, was »Es gibt eine Grenze« bedeutet, ist eine israelische Friedensgruppe, die 1982, kurz nach dem Einmarsch Israels im Libanon, gegründet wurde. Damals unterzeichneten 3.000 Reservesoldaten die Petition von Jesch Gvul, und rund 150 von ihnen wurden wegen Befehlsverweigerung vor das Kriegsgericht gestellt. Jesch Gvul führte seine Aktivitäten während der ersten Intifada[31] fort. Über die Jahre hin hat die Friedensgruppe durch die Unterstützung von Soldaten, die Befehle repressiver oder aggressiver Natur verweigern, gegen die Besatzung gekämpft. Jesch Gvul wird sogar von den Linken als extrem angesehen.

Es bedurfte eines Unfalls, durch den 74 Soldaten bei einem Zusammenstoß zweier israelischer Armeehubschrauber umkamen, um die erste Antikriegsbewegung von unten entstehen zu lassen, die »Vier-Mütter-Bewegung«. 1997, fünfzehn Jahre nach dem Einmarsch Israels in den Libanon, wurde in einer erregten öffentlichen Debatte der Rückzug gefordert. Erst nach weiteren drei Jahren und einem Regierungswechsel wurde die Armee abgezogen.

Zu weiteren Gruppen, die sich gegen die Besatzung aussprechen, gehören: PROFIL CHADASCH (»Neues Profil«), die denjenigen ihre Hilfe anbieten, die der Einberufung zum Militär entgehen wollen. OMETZ LESAREV (»Mut zu verweigern«) wurde 2002 als eine Organisation von Reserveoffizieren und -soldaten gegründet, die es ablehnen, jenseits der Grenzen von 1967 zu dienen, aber »weiterhin Zahal in jedem Einsatz zur Verfügung stehen, der der Verteidigung Israels dient«. SCHOVRIM SCHTIKA (»Das Schweigen brechen«) wurde im März 2004 von einer Gruppe Soldaten gegründet, die in Hebron dienten. Sie haben es sich zur Aufgabe gemacht, Aussagen von Soldaten zu veröffentlichen, um auf diese Weise die israelische Öffentlichkeit mit den Situationen des alltäglichen Lebens in den besetzten Gebieten vertraut zu machen. LOCHAMIM LE-SCHALOM (»Kämpfer für den Frieden«) wurde gemeinsam von Palästinensern und Israelis gegründet. Diese ehemaligen aktiven Kämpfer – als Soldaten in der israelischen Armee oder als palästinensische Kämpfer – erklären: »[Wir] weigern uns, weiter an diesem gegenseitigen Blutvergießen teilzunehmen. Wir werden nur noch auf gewaltlose Art und Weise agieren, damit jede Seite die Möglichkeit erhält, die nationalen Bestrebungen der anderen Seite zu verstehen. Wir betrachten Dialog und Aussöhnung als die einzigen Mittel, um die israelische Besatzung zu beenden, das Siedlungsprojekt zu stoppen und einen palästinensischen Staat zu gründen, mit seiner Hauptstadt in Ost-Jerusalem, an der Seite des Staates Israel.«[32]

Einige Proteste, die eine starke öffentliche Aufmerksamkeit erregt haben, haben sich der Form des offenen Briefes bedient, der an den jeweiligen Pre-

---

31 Palästinensischer Aufstand gegen die israelische Besatzung von 1987 bis 1993
32 www.cfpeace.org

mierminister gerichtet war. Der erste Brief wurde bereits 1970 von einer Gruppe von ZWÖLFTKLÄSSLERN verfasst. Sie schrieben Golda Meir, der damaligen Premierministerin, und protestierten gegen die Besatzung und gegen den Zermürbungskrieg, der zwischen Israel und Ägypten entlang des Suezkanals geführt wurde. Seither gab es noch viele ähnliche solcher Briefe. Einige der Unterzeichner dieser Schreiben haben sich auch geweigert, der Einberufung zum Militärdienst zu folgen oder in den besetzten Gebieten zu dienen. Es herrschte große Bestürzung, als im Jahr 2003 eine Gruppe von mehr als zwanzig Reservepiloten einen Brief an den Oberbefehlshaber der Luftstreitkräfte schrieb, in dem sie erklärten, dass sie sich weigern würden, Einsätze zu fliegen, bei denen gezielte Attentate verübt werden sollten: »Wir, sowohl ehemalige als auch aktive Piloten, [...] lehnen es ab, illegale und unmoralische Angriffe von der Art, wie Israel sie in den besetzten Gebieten durchführt, zu vollstrecken.«[33] Einige Monate später unterschrieb eine Gruppe von dreizehn Reservisten des Matkal-Kommandos, der KOMMANDOEINHEIT DES GENERALSTABS, einen Brief, in dem sie ihre Weigerung, in den besetzten Gebieten zu dienen, verkündeten. Das Matkal-Kommando gilt als die elitärste aller Kommandoeinheiten Zahals. »Wir können nicht weiter schweigen«, schrieben sie und fügten hinzu, dass die militärischen Aktivitäten Israels in den besetzten Gebieten »Millionen von Palästinensern der Menschenrechte« beraubten und »das Schicksal Israels als eines demokratischen, zionistischen und jüdischen Landes« gefährdeten.[34]

## Kriegsdienstverweigerer aus Gewissensgründen

Obwohl es nach dem Gesetz nicht zulässig ist, dass Kriegsdienstverweigerer vom Militärdienst befreit werden, hat Zahal ein Komitee gegründet, um solche Fälle zu prüfen. In der Praxis jedoch gibt die Armee kaum jemandem die Chance, eine Freistellung aus Gewissensgründen für sich in Anspruch zu nehmen. Die Gerichte haben die Haltung der Armee bestätigt, dass selektive Verweigerung nicht unter die Definition von Pazifismus fällt. Damit sind bereits alle ausgeschlossen, die gegen die Besatzung, aber willens sind, innerhalb der Grenzen der Grünen Linie zu dienen. Es schließt zusätzlich jene aus, die ihre Verweige-

33  Guardian, 25.9.2003
34  Haaretz, 22.12.2003

rung politisch begründen, die das Vorgehen Zahals in den besetzten Gebieten ablehnen und deshalb nicht einmal innerhalb der Grünen Linie dienen wollen.

Die Armee scheint nachsichtiger mit Reservesoldaten zu sein, die sich weigern, in den besetzten Gebieten Militärdienst zu leisten. Viele wurden vor das Kriegsgericht gestellt, doch häufig wird ein örtlicher Befehlshaber, der einen Reservesoldaten seit vielen Jahren kennt, versuchen, auf dessen politische Ansichten Rücksicht zu nehmen, und ihn nicht ins Gefängnis schicken.

Zahal versucht, Kriegsdienstverweigerung aus dem Licht der Öffentlichkeit herauszuhalten. Sie bestraft jene, die eine politische Angelegenheit daraus machen, und ist nachsichtiger mit denjenigen, die den »grauen Weg« nehmen, um dem Militärdienst zu entgehen. Deshalb ist es wahrscheinlich, dass Unterzeichner von veröffentlichten Schreiben an den Premierminister oder den Generalstabschef vor das Kriegsgericht gestellt und zu einer Gefängnisstrafe verurteilt werden, wenn sie bei ihrer Meinung bleiben und nicht dienen. Sie erhalten normalerweise mehrere Chancen, sich anders zu entscheiden, und werden jedes Mal, wenn sie es nicht tun, wieder ins Gefängnis geworfen, bis die Armee irgendwann beschließt, sie aufgrund von »Untauglichkeit« freizustellen.

Der »graue Weg« zur Freistellung geht in den meisten Fällen über die Militärpsychiater. Auf diese Weise wird aus einer ideologischen Angelegenheit ein medizinischer Fall. In der Vergangenheit galt eine psychiatrisch begründete Freistellung als etwas, wofür man sich schämen musste. Das ist mittlerweile nicht mehr der Fall. Die Statistiken sind nicht eindeutig, jedoch gibt es eine wachsende Zahl tauglicher Männer, die Wege finden, nicht eingezogen zu werden oder, wenn sie einmal beim Militär sind, entlassen zu werden, bevor sie die vollen drei Jahre gedient haben. Es ist kein Geheimnis mehr, dass das Militär und die israelische Regierung sich wegen der Zunahme von »Refuseniks« in den vergangenen Jahren Sorgen machen.

Es gibt allerdings auch Verweigerung im rechten Milieu, und die genießt sehr viel öffentliche Aufmerksamkeit. Gemeint sind jene Gruppierungen, die Soldaten davon überzeugen wollen, sich Befehlen zur Räumung jüdischer Siedlungen zu widersetzen. Mehrere Male schon wurde Zahal beauftragt, jüdische Siedler zwangszuevakuieren, die der Regierungsanordnung, Siedlungen in den besetzten Gebieten aufzulösen, nicht nachkommen wollten. In einigen Fällen wurde ein ganzes Gebiet, wie zum Beispiel der Gazastreifen 2005, von Israel geräumt. Manchmal, wenn auch selten, geht die Regierung tatsächlich gegen illegale Siedlungen vor, die ohne Erlaubnis gegründet wurden. Die jüdischen

Siedler, die es der israelischen Regierung so schwer wie möglich machen wollen, wenden israelischen Soldaten gegenüber, die ihre Pflicht erfüllen, häufig Gewalt an. »Ein Jude vertreibt keinen Juden«, lautet ein einprägsamer, höchst emotionsgeladener Slogan, der erfolgreich eingesetzt wurde, um die Wankelmütigen anzuspornen. Viele rechts stehende Soldaten sind hervorgetreten und haben erklärt, dass sie sich an diesen Evakuierungen lieber nicht beteiligen wollen. Und bei verschiedenen Gelegenheiten haben weitere Soldaten ihren Standpunkt offen vertreten und gesagt, dass sie Befehle, eine jüdische Siedlung aufzulösen, nicht befolgen würden, da sie solche Befehle für rechtswidrig halten.

Wie die links stehenden Gymnasialschüler haben sich auch rechts stehende und religiöse Zwölftklässler in Petitionen dafür ausgesprochen, keine Befehle zu befolgen, die nach Ansicht ihrer Rabbis gegen das jüdische Gesetz verstoßen. In einer Petition an den Verteidigungsminister im Dezember 2009 erklärten 200 Jugendliche, dass ihre Loyalität zur Bibel an erster Stelle stehe und über jedes Gesetz bzw. jeden Befehl hinausreiche.[35] Einige Rabbis haben tatsächlich verfügt, dass die Auflösung einer jüdischen Siedlung oder die Vertreibung von Juden aus ihrem Zuhause überall im Land Israel gegen das religiöse Gesetz verstoße.

Zahal versucht, Soldaten, deren Familien in den besetzten Gebieten leben, nicht für solche Aufgaben einzusetzen, jedoch muss die Frage gestellt werden, ob die israelische Regierung auf ihre Armee zählen kann, wenn sie beschließen sollte, sich aus dem Westjordanland zurückzuziehen. Zu diesem Zeitpunkt sieht es nicht danach aus.


## Die Veränderung

Das Jahr 1967 veränderte alles. In einem Krieg heißt es töten oder getötet werden, und Armeen trainieren ihre Soldaten darauf, extreme Gewalt bei der Erfüllung ihres Auftrags anzuwenden. 1967 begann Israel, seine Kampfsoldaten zur Überwachung der neu besetzten Gebiete einzusetzen. Von Soldaten, die dafür ausgebildet werden, im Krieg zu töten, wird nun erwartet, Besatzungsaufgaben auszuführen. Die Überwachung von Zivilisten in einer militärisch besetzten Region war eine ganz neue Aufgabe für die Armee; eine Aufgabe,

35 Haaretz, 24.12.2009

die durch die Anwesenheit einer stetig wachsenden Zahl jüdischer Siedler im Westjordanland nicht erleichtert wurde.

Die Jugendlichen, die jetzt eingezogen werden, lernten nie ein anderes Israel kennen. Mittlerweile wurden alle israelischen Soldaten in diese Situation hineingeboren. Sie kannten niemals ein Israel ohne besetzte Gebiete, ein Israel ohne Selbstmordattentäter, ein Israel ohne Soldaten, die an Absperrungen und Kontrollposten eingesetzt werden. Sie kannten niemals eine Armee, die nicht regelmäßig nach Gutdünken in die Häuser von Palästinensern eindringt, eine Armee, die nicht regelmäßig mit dem Sicherheitsdienst, dem Schabak, zusammenarbeitet, die die palästinensische Bevölkerung kontrolliert. Sogar die Eltern vieler Soldaten von heute – von denen viele nach 1967 geboren wurden oder nach Israel kamen – kannten kein anderes Israel.

Dies ist die Wirklichkeit, zu der achtzehnjährige Israelis gehören und in der sie aufgerufen sind, ihren Militärdienst zu leisten.


## Zur Terminologie in den Monologen

Der Zweck der »halb strukturierten«, also den Beteiligten viel Spielraum lassenden Tiefeninterviews, aus denen die folgenden Monologe hervorgegangen sind, bestand darin, die Ansichten hinter bestimmten Erscheinungen, die man in den letzten Jahren in Israel beobachten konnte, zu verstehen und zu zeigen. Eine erhebliche Flexibilität in den Interviews war von vornherein beabsichtigt; so konnten sie sich gemäß der Dynamik der Gespräche entwickeln. Die Interviewten erzählen jeweils *ihre* Geschichte, es wird nicht der Anspruch erhoben, dass die wiedergegebenen Ansichten exakt die Meinungen der israelischen Gesellschaft repräsentieren. Die Auswahl der Interviewpartner spiegelt das Interesse des Fragenden und seinen Wunsch, die Veränderungen, die in Israel stattgefunden haben, offenzulegen.

In den Monologen beziehen sich die Interviewten auf verschiedene Institutionen, die den meisten Israelis bekannt sind. Einige davon sollten den nicht israelischen Lesern erklärt werden. Die spezielle Terminologie des Militärs wird im Glossar auf Seite 265 bis 271 erläutert.

Um ihren siebzehnten Geburtstag herum werden jüdische Bürger in Israel für ihre erste Musterung ins Musterungsamt gerufen. Dabei unterziehen sie sich einer körperlichen und psychometrischen Untersuchung. Auf der Basis dieser Tests legt die Armee das medizinische »Profil« fest mit einer Zahl zwischen 21 und 97. Nur jene mit Profil 82 oder höher können als Kämpfer in den Eliteeinheiten dienen. Diejenigen mit Profil 21 werden aus medizinischen Gründen vom Dienst freigestellt. Zusätzlich zur Erstellung des medizinischen Profils werden eine psychometrische Einstufung und eine komplette Kompatibilitätsklassifizierung vorgenommen. Auf dieser Grundlage ordnet die Armee zukünftigen Soldaten einer bestimmten Einheit zu.

Nach wenigen Monaten werden die zukünftigen Soldaten dann aufgefordert, an verschiedenen Tests und Prüfungen teilzunehmen, um ihre Tauglichkeit für bestimmte Einheiten zu ermitteln. Alle mit einem Profil von 82 und aufwärts und einer ausreichenden Kompatibilitätseinstufung werden zum »Feldtag«, auch bekannt als TAG DER KOMMANDOEINHEITEN, eingeladen. Hierbei handelt es sich um die erste Prüfung für Zahals oberste Elitekommandos. Bei erfolgreichem Abschneiden werden sie später zu weiteren Auswahlverfahren für spezifische Kommandoeinheiten wie die Elite-Infiltrations- und Informationseinheit, das Matkal-Kommando oder das Flottenkommando, FLOTTILLE 13, berufen. Irgendwann erhalten jene, die nicht für eine Eliteeinheit ausgewählt wurden, ein Antragsformular, den MANILA, auf dem sie andere Einheiten nach ihrer Präferenz markieren können.

Um ihre Chancen zu erhöhen, beim Tag der Kommandoeinheiten wie auch bei anderen Auswahlverfahren zu bestehen, fangen viele junge Israelis im Alter von fünfzehn oder sechzehn an zu trainieren, entweder alleine oder indem sie an teilweise recht teuren Kursen teilnehmen. Diese Kampffitnesskurse, die die Jugendlichen häufig zwei- oder dreimal die Woche besuchen, werden von ehemaligen Kämpfern der Elitekommandos geleitet, die die Kinder durch ein hartes Training führen, um sie abzuhärten und robuster zu machen.

In den meisten Fällen gelingt es der Armee, alle Vorbereitungen für die Einteilung des zukünftigen Soldaten abgeschlossen zu haben, während er noch Zivilist ist.

Die Armee ist berechtig, Jugendliche mit achtzehn einzuziehen. Alle, die noch zur Schule gehen, werden nicht einberufen, solange sie die Schule nicht abgeschlossen haben. Die Armee gewährt einer begrenzten Anzahl an Jugendlichen, die das Bedürfnis haben, ein FREIWILLIGES SOZIALES JAHR einzulegen, bevor sie in die Armee eintreten, einen Aufschub von einem Jahr zwischen Abitur und Armeebeitritt. Mehrere der Interviewpartner berichten von ihrem freiwillig absolvierten sozialen Jahr (Yuval, Omer, Eran, Dor). Hierzu gehören Aushilfe und Betreuung in Schulen und in Jugendvereinen in benachteiligten Vierteln, Arbeit in Freiwilligenorganisationen wie dem Naturschutzverein oder als Leiter in Jugendbewegungen. Manchmal schließen sich Teilnehmer an den Aktivitäten des sozialen Jahres kleinen Gruppen oder Kernen (»gar'in«), wie sie genannt werden, an, die nach dem Freiwilligenjahr beim Militärdienst, wo sie in derselben Einheit dienen, weiterbestehen.

Einige derjenigen, die ihren Wehrdienst gerne verschieben möchten oder die das Gefühl haben, noch nicht reif genug für den Militärdienst zu sein, machen von der Möglichkeit Gebrauch, ein Jahr bei einer VORMILITÄRISCHEN AKADEMIE zu absolvieren. Die ersten dieser Akademien wurden für religiöse Männer geschaffen. Ziel der Armee war es, mit diesem neu etablierten Programm den religiösen Glauben der Jugendlichen zu stärken und sie gleichzeitig auf den Militärdienst vorzubereiten. Ihren Glauben zu stärken wird als wichtig erachtet, um die Mitarbeit des religiösen Establishments zu gewinnen, das stets Angst davor hatte, dass Jugendliche während ihres Militärdiensts den Glauben verlieren. Diese Akademien werden von Rabbis geleitet, die den Wehrdienst für eine religiöse Pflicht halten. Später wurden auch vormilitärische Akademien geschaffen, die nicht auf einem religiösen Fundament ruhen. Säkular ausgerichtete Lehrgänge wie das »Rabin-Vormilitärische Vorbereitungsprogramm zur Ausbildung gesellschaftlicher Führerschaft« setzen häufig hohe Ziele, um Jugendliche zu Führungskräften sowohl im Militär als auch später im zivilen Leben auszubilden. Ofer und Alon beschreiben die Funktion dieser Lehrgänge. Dana schildert, welche Rolle ihre Akademie dabei gespielt hat, als sie sich von einer Kriegsdienstverweigerin zu einer Person wandelte, die der Armee beitreten und sogar in einer Kampfeinheit dienen wollte.

Der ERSATZDIENST ist ein freiwilliger Dienst für jene, die vom Militärdienst befreit wurden. Die Mehrheit der Freiwilligen besteht aus jüdischen Frauen, die eine religiöse Einstellung angegeben haben, um freigestellt zu werden. Arabische Israelis werden nicht vom Militär rekrutiert, und einige arabische Jugendliche arbeiten ehrenamtlich für diesen zivilen Dienst. Unlängst haben Kriegsdienstverweigerer aus Gewissensgründen diesen Zivildienst als Alternative auch für sie gefordert. Der Ersatzdienst wird vom Staat jedoch ausdrücklich nicht als Alternative zum Militärdienst angesehen und ist deshalb nur jenen zugänglich, die ungeeignet sind oder freigestellt wurden. Zwei der Interviewten (Amir, Matan), die nicht eingezogen werden wollten und denen es gelungen ist, freigestellt zu werden, haben sich freiwillig zu einem Zweijahresprogramm des Ersatzdienstes gemeldet und helfen in Schulen aus.

# Monologe

Aus dem Hebräischen übersetzt von Ruth Achlama

# Ofer

Neunzehnjähriger Teilnehmer an einem vormilitärischen Lehrgang

Ich bin echt begeistert vom Militärdienst. Hatte schon sehnsüchtig darauf gewartet, endlich eingezogen zu werden und Soldat zu sein und zu tun, was ich kann. Ich habe einen großen Bruder, anderthalb Jahre älter als ich, und der hat damit angefangen, dass man es zum Piloten bringen sollte. So ein Glitzern am Himmel. Pilot – das ist der Gipfel des Ruhms, das ist ZAHAL in Reinkultur. »Die Guten gehen zu den Fliegern.« Doch dann kam für mich dieses »wow, es gibt außer der Luftwaffe noch Kommandoeinheiten, in die du es vielleicht schaffen könntest. Fang an zu trainieren«. Und so bin ich schon in der neunten Klasse in einen KAMPFFITNESSKURS gegangen. Damit habe ich bis zur zwölften Klasse weitergemacht. Die Älteren trainierten für die Einberufung, um in die Einheiten zu kommen, die sie anstrebten, und ich war in der Phase »Kommando, wow«. Ich hab Kommandoeinheiten im Internet gesucht und die paar Sachen gelesen, die man über sie und ihre Einsätze erfahren kann, und hab mir Clips auf YouTube angesehen. Die Kampfsoldaten in den Kommandoeinheiten sind keine x-beliebigen Typen, das sind Menschen, die härtere Bedingungen aushalten können. Sie können höhere Anforderungen erfüllen. Ich hab mir gesagt, »wow, wenn ich mich dranhalte, schaff ich das vielleicht«. Über die Jahre lernst du, dass es nicht nur auf körperliche Fitness ankommt. Aber bei mir fing es damit an, dass ich auch die Leute im Kampffitnesskurs super fand. »Ja, ich geh zur MAGLAN, ich geh zur KOMMANDOEINHEIT DES GENERALSTABS, ich stell ein Trainingsprogramm auf, um fit zu werden.«

Zur Musterung bin ich froh und begeistert angetreten. Während andere den Tag möglichst schnell hinter sich bringen wollten, war ich ganz wild darauf. Ich dachte, wenn ich beim Interview besser bin, wenn ich die richtigen Dinge sage, nehmen sie mich ganz vielleicht. Was wusste ich damals schon? Ich hatte von der FLOTTILLE 13 gehört und gelesen und mir in den Kopf gesetzt, dass ich da hin will. Ich bin am Meer aufgewachsen. Ich kann besser schwimmen als andere. Als ich meinem Vater sagte, dass ich wohl gern zum Marinekommando gehen würde, meinte er: »Prima, nur zu.« Ich hab die Website der Marine angeklickt, die Rubrik der Einheiten, zu denen man sich freiwillig meldet, und habe einen Brief aufgesetzt. Ich hab ihnen geschrieben, dass mein Vater bei der

Marine gewesen ist, dass ich gern etwas für den Staat tun wollte und an der Flottille 13 interessiert wäre.

Die erste Einberufung, die ich erhielt, war für Fliegeranwärter. Ich durchlief die ersten Prüfungsblocks. Im psychologischen Teil, bei dem siebzig Prozent durchfallen, geriet ich in Euphorie: »Das wär's, *ich bin Flieger.*« Beim zweiten Teil überstand ich die ärztlichen Untersuchungen, bis die Farbenblindheit an der Reihe war. Ich bin nur leicht farbenblind, ein Grenzfall, aber mit dem Fliegerkurs war es aus.

Seinerzeit erfuhr ich von den VORMILITÄRISCHEN LEHRGÄNGEN und fand das interessant. Ich sagte wow, das wird mich sicher besser auf den Wehrdienst vorbereiten. Ich komm dann reifer, tauglicher dort an, kann es weiter bringen. Ich könnte ein besserer Vorgesetzter werden, bessere Werte vermitteln.

Ich bin jetzt in einer vormilitärischen Akademie, einer der drei führenden im Land. Wir sind vierzig Teilnehmer, davon etwa ein Drittel Religiöse, die gemeinsam in einem Gebäude untergebracht sind und ein Gemeindeleben führen. Der Lehrgang soll auf den Wehrdienst und das spätere Zivilleben vorbereiten. Er verfolgt praktisch die Vision, eine mustergültige Gesellschaft im Staat Israel zu schaffen. Wir, die kommende Generation, sollen eine gute, eine bessere Generation sein, eine Generation, die die Verteidigung managt, sich kümmert, ehrenamtlich tätig wird, sich engagiert, nicht solche Typen, die nur an sich selbst denken, bloß auf Karriere, Hi-Tech, Familiengründung aus sind.

Das Interessante an unserem Lehrgang ist, dass er nicht einfach auf den Wehrdienst, auf Ausbildung und freiwilligen Einsatz vorbereitet, sondern dass er das auf höchstem Niveau tut. Wir haben dreimal pro Woche Training, bei einem Coach, der in der Einheit EGOS gedient hat. Einmal die Woche haben wir Thai-Boxen. Das ist auch vorteilhaft für den Fall, dass wir uns oder andere während der ehrenamtlichen Tätigkeit bei der ZIVIL-WACHE verteidigen müssen. Nachts halten wir Wache und gehen Streife im Stadtzentrum. Das tun wir im Rahmen der Zivil-Wache. Außerdem machen wir Ausflüge und Märsche, die unter anderem unsere Bindung an das Land und den Zionismus stärken sollen. Zum Beispiel haben wir bei der Tour »Auf den Spuren der PALMACH« die Hymne der Palmach gesungen und der Palmach die Treue geschworen. Das war furchtbar aufregend.

Zur Vorbereitung auf den Wehrdienst haben wir Navigation gelernt und uns im Gelände bewegt, auf dem Golan, mit Landkarten und Kompassen. Einen Tag hab ich alle um vier Uhr früh zu einem nicht angekündigten Einsatz aufgescheucht. Das war eine Überraschung für die anderen Teilnehmer, aber sie haben es gut aufgenommen. Nur die Ausbilder waren eingeweiht. Da war ich mit der Aufgabe eines Gruppenchefs konfrontiert. Interessant, ein Junge von achtzehn Jahren, was verstand ich schon davon? Jetzt musste ich zwei Ausbilder und 39 Kursteilnehmer auf dem Marsch zum Berg Mizpe Ha-Jamim führen. Ich war allein. Ich war der Befehlshaber. Nach ein paar Minuten kapierst du, was du zu tun hast. Alle schauen dich an und alle warten dienstbereit auf deine Anweisungen. Dann stellt sich dieses gute Gefühl ein, dass du sie jetzt führst und dass du weißt, was du machen musst. Kein Mensch möchte um vier Uhr morgens aufwachen. Was scheucht der uns denn jetzt auf? Alle murmeln bloß, lass mich, ich will schlafen. Doch dann wirkt der Gruppendruck und alle stellen sich im Halbkreis auf, und ich mache Zeitvorgaben, und statt der anderthalb Stunden, die das sonst dauert, brauchtest sie nur acht Minuten. Warum? Weil Ordnung herrscht, weil Regeln bestehen und weil alle wissen, was zu tun ist.

Wir arbeiten ehrenamtlich sowohl für Senioren als auch für Jugendliche in Tel Aviv. Wir kümmern uns um einsame alte Menschen, haben im Lehrgang beschlossen, ihnen bei Problemen zu helfen, mit denen sie nicht fertig werden, ihnen zum Beispiel eine zerbrochene Fensterscheibe auszuwechseln oder einen verklemmten Rollladen zu reparieren. Das sind Dinge, die der Staat nicht löst. Wir haben ihnen unsere Telefonnummer gegeben, und einen Tag in der Woche kommen wir gratis, um zu helfen. Außerdem besucht jedes Paar im Lehrgang einmal pro Woche den alten Mann oder die alte Frau, die die beiden zugeteilt bekommen haben. Meine Partnerin und ich bringen einer Seniorin bei, den Computer zu bedienen. Aber das Wichtige dabei ist, sie zu besuchen, wenn es ihre Familie nicht tut. Wir sind eigentlich für diese Frau da. An anderen Tagen machen wir Kinder- und Jugendarbeit. Jeder Lehrgangteilnehmer hat einen Jungen oder ein Mädchen im Alter von sechs bis sechzehn Jahren zur Betreuung bekommen. Es sind meist Kinder aus zerrütteten Familien oder notleidende Kinder oder solche, die körperlich oder seelisch misshandelt wurden, deren Gefühle verletzt sind. Wir kommen vor allem, um sie zum Lachen zu bringen, ihnen Freude zu machen, mit ihnen auszugehen, ihnen zu zeigen, dass es auch ein besseres Leben gibt.

Aufgrund des Lehrgangs erwäge ich jetzt einen Richtungswechsel, denke an was anderes, nicht an Kommandoeinheiten.[1] Denn jetzt meine ich, dass es

---

1 Nach dem Interview ist der Befragte Soldat geworden, will nun doch versuchen, in eine Elite-einheit aufgenommen zu werden, und durchläuft die entsprechende Ausbildung.

kein Problem sein dürfte, in eine Kommandoeinheit zu gelangen, aber dass es doch eigentlich darauf ankommt, was für die Armee wichtig ist. Jeder Soldat wird dir sagen, egal wo du dienst, Hauptsache, du setzt dich voll ein und bist Kampfsoldat. Ich hab angefangen, darüber nachzudenken. Darauf ist dieser Vorbereitungslehrgang auch angelegt, er soll dich zu Führungsaufgaben qualifizieren, dich auf Befehlsführung und Offizierslehrgang vorbereiten. Ich hab mir gesagt, vielleicht ist es gar nicht meine Aufgabe, ganz nach oben zu kommen, vielleicht sollte ich lieber unten sein, um die, die unten sind, nach oben zu bringen. Vielleicht sollte ich diejenigen führen, die eigentlich gar nicht einrücken wollen, sollte ihnen meine Motivation vermitteln und sie in den Kampf führen. Vielleicht sollte ich deswegen zur Infanterie einrücken. Ich geh trotzdem noch zum TAG DER KOMMANDOEINHEITEN, aber ich meine, auch wenn ich ein Auswahlverfahren bestehe und was bekomme, unterschreibe ich eine Verzichtserklärung. Darüber habe ich letzthin nachgedacht. Alles ist wichtig, aber wenn sie einen während dieses Jahres speziell auf Führungsaufgaben und Offizierslehrgang vorbereiten, dann sollte einer wie ich, der so viel Dienstmotivation besitzt, vielleicht die Leute befehligen, die sich schwertun oder die nicht wollen?

Wenn ich zur Infanterie gehe, soll ich dann ganz unten anfangen oder lieber oben oder in der Mitte? Ein Freund von mir hat mich auf die Idee mit der KFIR oder der GIVATI gebracht. Es ist bekannt, dass die Bataillone dieser beiden Brigaden, Kfir und Givati, einen grottenschlechten Ruf haben. Ich habe die Idee von den Fallschirmjägern ins Spiel gebracht. Du hast recht, Fallschirmjägerbataillone – das sind nicht gerade unmotivierte Leute. Wir denken jetzt im Lehrgang daran, als Gruppe einzurücken. Wir sind qualifizierte Leute, also setzen wir doch auf Führungspositionen mit annehmbaren Dienstbedingungen. Wir strengen uns hier schließlich nicht für nichts und wieder nichts an. Wir wollen es weit bringen, und wir wollen unsere Untergebenen sehr weit bringen. Da verdienen wir schließlich …

Du fragst mich nach moralischen Bedenken. Womit ich mich schwertun werde? Meine Mutter nennt mich »Schönheitskönigin«, weil ich den Weltfrieden will. Ich will nicht, dass wir bombardiert werden, und ich will auch keine Araber umbringen. Ich habe nichts gegen sie, es sei denn, sie wollen mich umbringen. Die Araber möchten einfach nur hier leben. Auch wir möchten hier leben. Also lasst uns nicht zu rechts oder zu links sein. Ich werde nicht »Tod den Arabern« brüllen und auch keine anderen extremen Dinge tun. Ich möchte nicht zu links oder was klingen. Warum? Damit ich nicht etwa Mitleid mit ihnen kriege, wenn sie uns tatsächlich bombardieren. Nicht sie, die Hamas, die bei ihnen das Sagen hat.

Du fragst nach dem Befehl, »KNOCHEN ZU BRECHEN«, während der ersten Intifada, ob der offensichtlich rechtswidrig gewesen ist. Ein offensichtlich rechtswidriger Befehl ist ... ein Befehl, der wirklich die rote Linie überschreitet. Diese Linie ist sehr nebulös. Man soll sie angeblich kennen. Weil man es nicht erklären kann, weil alle möglichen Situationen eintreten können, sollte man genau wissen, wann ein Befehl eine rote Linie überschreitet. Wenn dein Vorgesetzter dir eine Anweisung erteilt, die mit dem Gewissen unvereinbar ist, wie etwa: »Bring den da um, weil er mich beschimpft hat«, dann ist das ein offensichtlich rechtswidriger Befehl. Einfach so jemanden umbringen? Ich werde nach der sittlichen Vernunft handeln. In der Schule haben wir darüber gesprochen und auch im Lehrgang. Ich hab auch darüber gelesen. Ich weiß nicht genug über den Befehl in der ersten Intifada, »Knochen zu brechen«, werde der Sache gern nachgehen. Aber auf Anhieb kann ich dir sagen, dass es auf den Einzelfall ankommt. Wenn Araber dich mit Steinen oder sonst was bewerfen, das dich verletzen kann, und du nicht auf sie schießen darfst, aber sie dich weiter mit Steinen bombardieren, wie sollst du sie dann zum Weggehen bewegen? Sollst du mit Steinen zurückwerfen? Ich kenne einen Fall, in dem man Araber, die mit Steinen schmissen, gepackt und übel verprügelt und in die Kakteen geworfen hat, das gab dann eine große Geschichte in den Nachrichten. Genau da verläuft die nebulöse Grenze, die keiner endgültig kennt. Was ich davon halte? Ich habe mir noch keine feste Meinung gebildet. Ich wusste nicht so recht, was ich sagen sollte. Einerseits war ich für jenen Soldaten. Was denn? Hätte er flüchten sollen? Willst du, dass Soldaten türmen, weil man sie mit Steinen bewirft? Wie sollst du Wache halten, wenn man dir keine Möglichkeit gibt, die Angreifer zu stoppen? Steine zurückzuwerfen finde ich einfach blödsinnig. Ihnen einen ordentlichen Schlag aufs Haupt zu versetzen nützt nichts, weil sie einfach weitermachen. Was hätte ich getan, um der Sache ein Ende zu machen? Ich habe mir noch keine feste Meinung gebildet. Ob ich damit einverstanden bin? Teils. Es gibt irgendwo eine Grenze. Ich finde nicht, dass man ihnen die Glieder brechen sollte, aber ich bin sicher, man darf ihnen mit ein klein wenig Gewalt beibringen, dass sie keine Steine mehr werfen sollten.

Im Lehrgang haben wir ein Seminar über Verweigerung und Drückebergerei. Ich weiß, glaube ich, nicht genug, um mit der Armee uneins zu werden. Vielleicht würde es mir wehtun, wenn ich Menschen aus ihren Häusern verjagen müsste, aber ich meine, wenn ich seinerzeit beim Militär gewesen wäre, hätte ich es getan. Meines Erachtens bestand ein berechtigter Grund, die Leute aus GUSCH KATIF »zu vertreiben«, denn sie saßen eigentlich auf den Böden von Arabern, aber tatsächlich war das Ergebnis sehr schmerzhaft. Moralisch gesehen muss man die Gebiete zurückgeben. Sie gehören uns nicht. Ich rechtfertige überhaupt keine Siedlungen. Sie befinden sich auf Land, auf dem sie nicht sein sollten. Wenn die Rückgabe der Gebiete die Sicherheit gefährdet, dann kann es sein, dass man den Rückzug wegen »Lebensgefahr« unterlassen sollte. Das Problem besteht darin, dass sie überall dort, wo wir abgezogen sind, wo wir ihnen ihr Land wiedergegeben haben, eben diese Gebiete benutzen, um gegen uns vorzugehen. Da haben sie noch ein Fenster, durch das sie uns bombardieren können.

Ich sammle vorerst Informationen über Menschen, die von Besatzung und Gewissen reden. Auch wer nicht in den Gebieten sein will, muss einsehen, dass wir immerhin die Israelische *Verteidigungs*armee sind, und wenn wir Israel nicht verteidigen, dann werden so einige Staaten uns mit Vergnügen angreifen. Guck dir die Bedrohung aus dem Gazastreifen an, die Familien, die bombardiert werden. Was willst du denen sagen? Was, wenn es deine Familie erwischt? Jeden Tag kommt was in den Nachrichten, von einer Katjuscha oder einer Grad oder einer Kassam. Warum muss ich Verwundete oder Sachschäden in meinem Land hinnehmen? Wie soll ich dulden, dass jemand neben uns schlichtweg Raketen auf uns abschießt?

Vor rund zwei Monaten gab es für ein paar Wehrdienstverweigerer, die wussten, dass sie deswegen im Gefängnis landen werden, eine Sympathie-Demo. Sie kamen mit Aufrufen, die den Staat kritisierten und gegen die Besatzung waren. Sie kamen mit Trommeln und sangen »Wir rücken nicht ein, genug mit der Besatzung« und mehr solchen Quatsch. Ich habe meine Leute vom Lehrgang zu einer Gegendemonstration geführt. Wir haben für Zahal gesungen und erklärt, wir seien stolz darauf, einzurücken. Man hat mich gefragt, was ich von den Verweigerern hielte, und ich habe gesagt, für diese Leute hätte ich nun gerade ein bisschen Respekt übrig. Warum ein bisschen Respekt? Weil sie wenigstens nach dem handeln, was sie glauben. Meines Erachtens ist das blödsinnig, aber sie halten sich wenigstens an das, was sie glauben. Aber – deinem Staat nicht zu dienen, dein Land nicht zu lieben, nichts beizutragen, deine Geschwister, deine Familie, den Staat nicht zu verteidigen, das kommt mir lächerlich vor. Ich will mich auch nicht als Trottel fühlen, weil ich den Wehrdienst angetreten habe. Einer von unseren Leuten kann gut reden, mit viel Charisma, also haben wir ihn reden lassen: »Wir treten den Wehrdienst an, und wir werden das Land verteidigen, und wir lassen nicht zu, dass solche Menschen in unserem Staat sind. Wem's nicht passt, der soll gehen ...« Ich persönlich bin nicht der Meinung, dass jeder, der nicht zum Militär geht, hier abhauen soll. Ich denke, der meint es selbst nicht so. Es würde mir schwerfallen, jemanden zu achten, der den Wehrdienst verweigert. Denn das sagt etwas über ihn aus. Was denn, weißt du dein Land nicht zu schätzen? Weißt du überhaupt, was wir durchgemacht haben? Wer bist du denn, dass du nicht einrückst und mit anpackst? Hältst du es für selbstverständlich, dass du hier lebst? Weißt du, wo du dich befindest? Meines Erachtens sind das Menschen, die nicht genug wissen, die nicht das Gesamtbild sehen. Das ärgert mich sehr.

# Guy

Achtzehnjähriger in der letzten Schulklasse,
ein paar Monate vor dem Einrücken

Vor dem ersten Musterungsbescheid habe ich nicht viel ans Militär gedacht.
Ich war mit dem Abitur und solchen Dingen beschäftigt. Am Ende der elften
Klasse denkt man dran, aber bloß so zum Spaß. Bei der ersten Einbestellung
fängst du an, was ins Auge zu fassen. Mir war nicht von Anfang an klar, dass ich
Kampfsoldat werden wollte. Mir war klar, dass ich es so weit bringen wollte wie
irgend möglich, so weit, dass es mich zufriedenstellt, ob nun in einer Kampfeinheit oder nicht. Ich will mich nach besten Kräften einbringen, möglichst viel für
die Armee und für mich tun. Ich will beim Militär was Interessantes machen,
wo es doch auch so viele langweilige Jobs gibt. Ich will eine Aufgabe, die mich
fordert, bei der ich neue Dinge zu sehen bekomme, bei der ich mich selbst ken-
nenlerne. Wenn ich es mir hätte aussuchen dürfen, wäre ich gern beim Armeesprecher gelandet. Das interessiert mich, und ich finde es ungeheuer wichtig.
Nicht direkt Armeesprecher, aber in einer Armeeeinheit, die sich in diploma-
tischer Hinsicht für den Staat Israel einsetzt. Ich glaube ungeheuer an Diploma-
tie und ich glaube ungeheuer an ihre Bedeutung. Mich reizt das besonders bei
der aktuellen Weltlage. Also an diese Aufgabe hätte ich gedacht, eine Aufgabe,
bei der du erklären kannst, welche Idee hinter unserem Staat steht. Aber wenn
es Nachrichtendienst geworden wäre oder was anderes, wozu ich was beitragen
könnte, worin ich viel besser wäre, dann auch das mit Freuden. Zufällig führt
der Weg, den ich mir ausgesucht habe und für den die Armee mich vorgesehen
hat, in eine Kampfeinheit. Das ist alles furchtbar ungewiss. Ich setze jetzt auf
die 669. Ein Nachbar und auch ein Cousin von mir sind bei der 669, ich kenne
Leute dort. Das ist echt wichtig bei der Armee, weil du ja ins Unbekannte gehst.
Du musst dich beraten, denn eine Aufgabe kann sich total bombig anhören,
ohne es dann immer zu sein. Es lohnt sich, Meinungen einzuholen. Ich hatte
eine Einbestellung zur Fliegerausbildung, aber ich wollte nicht. Flieger sind
zwar enorm angesehen, aber das heißt auch, zehn Jahre mit dem Militär verheiratet zu sein. Ich seh mich da nicht, nie nach Hause kommen, weiß nicht.
    Wenn ich die 669 nicht kriege, versuch ich's mit den Fallschirmjägern.
Ich will zu den BRIGADE-SPEZIALEINHEITEN, also zu den kleinen Einheiten,

das kommt mir nett vor. MAGLAN, OREV, das klingt super. Aber ich will auch sehen, ob es vielleicht was Interessantes beim Nachrichtendienst gibt. Ich hab PROFIL 97, aber es lohnt sich ein Versuch.[2] Ich bin dafür, möglichst viele Türen zu öffnen, vielleicht stolpere ich in eine interessante Aufgabe.

Ob ich keine Angst vor der körperlichen Anstrengung habe? Ich glaube an mich, und ich habe keine Angst schlappzumachen. Körperliche Fitness ist was Flexibles, und ich habe festgestellt – sobald ich in der Gruppe trainiere, entfalte ich Bärenkräfte. Das gehört zum Schönen beim Militär. Ich hab auch zwei Jahre lang KAMPFFITNESSKURSE gemacht. Das war mein Sport, und ich bin ein Mensch, der Sport treiben muss. Ich schwimme schrecklich gern, mach schrecklich gern Judo. Jahrelang war ich in verschiedenen Sportgruppen, bis ich in der elften Klasse wegen des Lerndrucks aufgehört habe. Um überhaupt irgendwelchen Sport zu treiben, bin ich in den Kampffitnesskurs gegangen. Das fand ich klasse. Es hat mir viel Spaß gemacht, mit Freunden, die einen bis zum Geht-nicht-mehr mitreißen, das ist nett.

Meine Eltern möchten, dass ich Erfolg habe und dass ich froh bin, ansonsten ist es ihnen egal. Mein Vater ist kein Flieger-Vater, der will, dass sein Sohn auch Flieger wird. Sie sind pragmatisch: »Geh zum Militär, pass auf dich auf, hab Freude, siehe es als ein Erlebnis, denk dran, dass man diesen Weg nun mal geht.« Sie interessieren sich nicht übermäßig für meine militärischen Aufgaben. Ihnen ist wichtig, dass mir gefällt, was ich bekommen habe.

Du kannst deinen Dienst absitzen, von morgens bis abends Eis am Stiel verkaufen, andererseits kann der Dienst das Tollste auf der Welt sein, denn sie sagen dir: Komm zu uns, zeig Motivation, streb nach oben, wir versprechen dir, in dich zu investieren. Sie sagen dir, lass uns zusammenarbeiten, partnerschaftlich. Du möchtest quasi unbedingt was für den Staat tun, du möchtest was bringen, du möchtest einrücken, du hast Motivation, dann gehst du hin und sagst dir, na los, versuchen wir's. Man muss bedenken, dass die Armee die größte Organisation im Land ist und dass sie dort tatsächlich das nötige Geld haben, um was in dich zu investieren. Sie können dir Kurse und Erfahrungen bieten, an die du sonst im Leben nicht rankommst, egal wo du bist. Wer hätte denn gedacht, dass du in drei Jahren tauchen können wirst, Fallschirmspringen, Snappling [von Felsen abseilen], oder dass du dann Sanitäter sein wirst, wer

---

2 Soldaten mit Profil 97, der höchsten Tauglichkeitsstufe, werden möglichst in Kampfeinheiten geschickt, während man für die oft sitzende Tätigkeit beim Nachrichtendienst auch physisch schwächere Soldaten und Soldatinnen verwenden kann.

hätte das geahnt? Wer hätte geahnt, dass du quasi Spion sein wirst, quasi die Fähigkeiten von James Bond erwirbst? Ich meine, ich sag das bloß mal so, aber die Armee gibt dir sehr viel. Ich persönlich meine, man sollte das ausnutzen, denn die Armee möchte selbst, dass du das ausnutzt. Ich glaube, das ist der richtige Weg.

Der Beitrag für den Staat ist selbstverständlich, denn das ist Pflicht. Sie fragen dich nicht: »He, Junge, möchtest du was für den Staat beisteuern?« Nein, sie fragen dich echt nicht, sondern bestimmen: »Junge, du spendierst drei Jahre deines Lebens dem Staat.« Dieser Parameter ist vorgegeben – nicht vorgegeben ist, auf welche Weise. Ich gehe von der Annahme aus: Super, ich steuere was für den Staat bei, ich gebe meine drei Jahre, aber ich will auch mein volles Potenzial verwirklichen, ich möchte in dieser Zeit vorankommen. Viele denken, die Armee würde dir dein Leben blockieren, und zwar in einem kritischen Moment, was auch stimmt. Draußen in der Welt kommen die Leute voran, gehen aufs College, durchlaufen die Uni eins, zwei, drei bis zur Promotion, und du läufst in Uniform durch Sanddünen. Aber ich sehe das anders. Ich betrachte es echt nicht als Zeitverschwendung. Du gehst hin und benutzt die Armee, und die will auch, dass du sie ausnutzt.

Den Wehrdienst irgendwie zu umgehen kommt für mich nicht in Frage. Das hat schon was mit Werten zu tun. Ich glaube, dass die Armee wichtig ist. Ich will wirklich, wirklich mitmachen, will dazugehören, und deshalb ist mir der Dienst persönlich wichtig. Ich halte die pazifistische Bewegung für unzulässig, und deshalb muss man sie meines Erachtens ablehnen. Ich sage nicht, dass diese Leute lügen, aber es gibt auch viele, die sich drücken möchten. Früher hat man die Einberufung sehr viel ernster genommen, heute heißt es eher mal: »Gut, es werden schon andere tun.« Früher war viel mehr Ideologie im Spiel, ZAHAL hatte einen weit höheren Stellenwert. Aber ich lebe nicht in einem solchen Umfeld. In der Lage, in der wir uns befinden, in dem Land, in dem wir leben, lässt sich der Pazifismus nicht vernünftig rechtfertigen. Es besteht auch kein Grund, so was zu rechtfertigen. Was soll das denn heißen? Ich hab auch keine Lust, jemanden zu verletzen, aber es gibt Werte, die darüber stehen: die Wahrung der Sicherheit des Staates, ohne den das jüdische Volk, glaube ich, nicht fortbestehen kann. Ich war heftig gegen den Brief der ZWÖLFTKLÄSSLER und habe alles Mögliche unternommen, wie zum Beispiel über Facebook. Bei Facebook kannst du ja viel reinsetzen, das erklärt sozusagen deinen Standpunkt. Du sprichst direkt mit Pazifisten. Ich stand im Dialog mit einer Initiatorin des Briefs der Zwölftklässler. Ich verstehe sie nicht, versteh nicht, wo diese

Arglosigkeit herkommt, diese Dummheit, ich begreif nicht, wo das herstammt. Wie ein Mensch schon achtzehn Jahre seines Lebens hinter sich haben und immer noch so dumm und naiv sein kann: »Komm, wir machen Frieden, machen alle *Peace*, fahren wir doch mit den Arabern auf ein und derselben Straße[3], und dann haben wir Frieden«, all solche Träume, die ja an sich sehr schön sind, ich hab die auch.

Man darf nicht vergessen, dass wir uns in einer hochgefährlichen Lage befinden. Punkt. Der Islam und die extremistischen Bewegungen greifen immer mehr um sich. Die europäischen Staaten stehen allem, was sie nicht selbst angeht, worunter sie nicht selbst leiden, völlig neutral gegenüber. Demografisch gesehen, wegen deren hoher Geburtenrate, wird ganz Europa langsam muslimisch. Letzten Endes werden wir noch das Land mit dem geringsten Prozentsatz an Muslimen, gemessen an der Gesamtbevölkerung, sein.

Ob es was gibt, was ich verweigern würde? Es gibt Dinge, die ich nicht fertigbringe, aber ich weiß nicht. Es heißt zum Beispiel, die KOMMANDOEINHEIT DES GENERALSTABS würde solche Dinge machen, solche Morde im Geheimen, solche gezielten Tötungen, ich weiß nicht, ob ich so was tun könnte. Ich halte unsere Armee für sehr, sehr moralisch. Ich kenne keine andere Armee der Welt, die moralischer wäre. Länder wie die Schweiz oder Schweden können uns problemlos kritisieren – aber wenn wir die Streitkräfte von Russland, der Türkei oder Deutschland zum Vergleich heranziehen? Ich kenne Armeen aus der Geschichte. Was die Arbeit an den Kontrollpunkten angeht? Das sind schreckliche Situationen. Furchtbar. Wie dieser Soldat, der einen Araber am Kontrollpunkt einfach so umgebracht hat. Ich war total schockiert. Oder wie manche Leute sich gegenüber den Arabern benehmen. Das Problem ist, sobald du jemandem Macht verleihst, rastet er aus. Das sind Jungs von 18 bis 22 Jahren, denen man Macht in die Hand gibt, und manchmal toben sie sich damit aus. Und es passieren Dinge, die nicht passieren sollten, Missachtung, Indifferenz, Demütigungen und Pannen. Das kommt irgendwie von ganz kleinen Leuten.

Meine Familie, wir sind von der Linken. Die Familie kommt von der Arbeitspartei, hat jetzt Kadima unterstützt. Ich glaube nicht an die Rückgabe der Golanhöhen und von Orten wie Ariel[4], die irgendwie schon Städte sind. Ich kenn mich damit nicht so aus, will also nicht einfach so daherreden. Man muss

---

3 Die israelische Armee hat im Westjordanland einige Landstraßen für Araber gesperrt.
4 Siedlung, die 1978 gegründet wurde und mittlerweile Stadtstatus erhalten hat. Die Bevölkerungszahl betrug 2010 rund 18.000.

klug vorgehen. Ja, ich bin für den Siedlungsstopp. Die Räumung von Gaza war völlig berechtigt, bloß nicht so, wie es gelaufen ist, wie man jemand aus seinem Haus rausschmeißt. Die sind ziemlich verarscht worden. Aber es gab da nur 50.000 gegenüber anderthalb Millionen Arabern. Ach ja, bloß 8.000?[5] In der Westbank gibt's mehr Juden. Wenn wir das Gebiet räumen, entsteht Platz für die Errichtung eines palästinensischen Staates, den ich für richtig halte. Ich finde, man muss die Palästinenser einen Staat gründen lassen. Ich bin nicht sicher, dass es ihnen gelingen wird.

5 Siehe dazu im Glossar unter Gusch Katif.

# Gal

Achtzehnjährig, in der letzten Schulklasse,
drei Monate vor seinem Einrücken

Meine Eltern stehen rechts. Anfangs dachte ich, das muss so sein, aber später merkte ich, dass ich persönlich auch eher dahin tendiere. Ich bin nicht politisch aktiv, aber ich interessiere mich für Nachrichten und das, was im Land vor sich geht. Bisher durfte ich noch nicht wählen, weil ich bei den letzten Wahlen noch keine achtzehn Jahre alt war, aber mich berührt alles, was hierzulande und in der Welt passiert. Ich bezeichne mich als politischen Menschen. Ich bin rechts. Stark rechts, aber nicht radikal. Likud.

Ich soll in drei Monaten einrücken und befinde mich jetzt in den fortgeschrittenen Stadien der Auswahltests für die Einberufung. Du fragst, ob es etwas gibt, vor dem ich mich beim Militärdienst fürchte. Wovor ich bei der Einberufung Angst habe, etwa vor einem Krieg oder einem Militäreinsatz oder einem Hinterhalt oder was? Ich halte das nicht für Angst. Ich meine, das ist eher Adrenalin als Angst. Vielleicht fühlt sich das wie Angst an, aber es ist eigentlich keine. Ich denke, es gibt auch nicht so viel Grund zum Fürchten, denn die Ausbildung ist hervorragend, nicht nur in den Elitekommandos, auch bei den Fallschirmjägern und überall. Aber wenn du moralische Dilemmas meinst, dann fallen mir als Erstes die Kontrollpunkte ein. Ich meine, die Frage der Ethik stellt sich vor allem an den Kontrollpunkten. Da stehen die Jungs wirklich unter Druck, Jungs in meinem Alter, die sich nicht so recht auskennen und etwas in Stress geraten. Ich finde es in Ordnung, junge Soldaten an die Kontrollpunkte zu schicken, denn trotz allem Stress wirst du dabei durch Erfahrung reifer und kommst dann besser damit zurecht. Mir ist klar, dass die an den Kontrollpunkten am Anfang nicht so recht wissen, was sie tun sollen. Dann passiert allerlei, wie zum Beispiel mit der, die einen Soldaten am Kontrollpunkt mit einem Messer angegriffen hat. Schau, sie bilden uns nicht nur zum Kämpfen aus, sondern auch dazu, den Staat zu verteidigen. Im Kriegszustand bedeutet das Kämpfen, und im jetzigen Zustand heißt das eine Frontlinie bewachen oder einen Hinterhalt legen oder an einem Kontrollpunkt stehen.

Vor zwei Jahren habe ich angefangen, in Vorbereitung auf den Wehrdienst Kampffitnesskurse zu machen. Anstelle von Basketball kam Kampffähigkeit, und ich fand das klasse. Das ist wie ein ständiger Arbeitskreis, das ist kein Kurs für begrenzte Zeit. Das ist eine Kampffitness-AG, um sich auf den Wehrdienst vorzubereiten, bei der du genau die Dinge trainierst, die sie dir dann bei den Auswahlverfahren abverlangen und auch beim Wehrdienst selbst. Dazu gehören viel Rennen und Robben und Klettern und allerlei Spezial- und Gruppenaktivitäten, und das ist ganz anders als alles, was ich vorher gekannt habe. Man trainiert ein, zwei oder drei Mal pro Woche. Ich glaube, dass ich mir damals zum ersten Mal Gedanken über den Wehrdienst gemacht habe.

Der Wille, Kampfsoldat zu werden, ist nicht im Kurs entstanden, den hatte ich schon vorher. Das hängt sehr vom Umfeld ab, es ist nicht nur dein eigener Antrieb, es kommt viel von Freunden dazu, auch von etwas älteren Freunden, die schon dienen. Die beeinflussen dich und öffnen dir Türen. So erfährst du von den verschiedenen Möglichkeiten. Die Kampfeinheiten, die ich durch meine Freunde kennengelernt habe, fand ich sehr attraktiv. Das lag auch an meinem Bruder, der in der FLOTTILLE 13 war, und zuerst wollte ich auch gern zur Flottille 13. Als ich klarer sah und mehr über den Wehrdienst erfuhr, wollte ich erst recht zur kämpfenden Truppe. Meine Eltern halten meinen Entschluss, zur kämpfenden Truppe zu gehen, für das Richtigste. Meine Mutter ist zwar ein bisschen besorgt, aber mein Vater ist, glaube ich, sehr dafür.

Am TAG DER KOMMANDOEINHEITEN, den die Armee veranstaltet, einem Tag von Fitness- und Eignungstests, wurde ich für die KOMMANDOEINHEIT DES GENERALSTABS, für das MATKAL-KOMMANDO eingeteilt. Zuerst war ich etwas enttäuscht, weil ich nicht die Flottille bekam, wo ich unbedingt hin wollte, aber schließlich hab ich mir gesagt, worüber sollte ich denn enttäuscht sein? Dass ich das Auswahlverfahren für die Matkal-Spezialkräfte bekommen habe? Dafür sollte man eigentlich danke sagen. Und wie ich vorher versessen auf die Flottille war, wurde ich jetzt versessen auf die Matkal-Kommandoeinheit. Die nächste Stufe, das Auswahlverfahren, hat vor drei Wochen stattgefunden. Es dauerte fünf Tage, und nach drei Tagen haben sie mich rausgeschmissen.

Warum ich rausgeschmissen wurde? Ich hab so meine Vorstellungen, aber man kann's nicht wissen, weil sie's nicht sagen. Sie sagen nichts, gar nichts. Ich hab diese und jene Vermutung, vielleicht war ich nicht entschieden genug, hab ihnen nicht genug gezeigt, dass ich das will. Vielleicht ist das ein etwas kindischer Gedanke, obwohl ich das nicht finde.

Wenn man mir heute freie Wahl bei der Einheit ließe, würde ich immer noch Flottille 13 sagen. Flottille 13, das sind Kampfschwimmer, das ist was ganz anderes. Schon bei GADNA TAUCHEN bin ich schrecklich gern getaucht.

Hat mich fasziniert, dass das was ganz anderes ist. Das ist ein tolles Erlebnis. Abgesehen vom Tauchen sind sie mit uns auf allen möglichen Booten rumgekreuzt, und das hat mich noch mehr gefesselt. Darauf war ich noch mehr scharf. Nachdem ich am Tag der Kommandoeinheiten in das Auswahlverfahren für das Matkal-Kommando kam, änderte ich völlig meine Meinung, ich war nicht mehr auf die Flottille versessen, das war vorbei, sondern wurde genau so versessen auf die Matkal. Ich hab mir gesagt: Los, peilen wir das an, und wie toll, und das ist wirklich eine hervorragende Wahl. Bei der Matkal ist das meiste geheim, im Prinzip weißt du gar nichts und hast keine Ahnung, was die so machen. Ich weiß, die Einheit führt Einsätze durch, und ich weiß, dass sie dort haufenweise Lehrgänge haben, worauf ich besonders scharf war. Sie sind geheim, aber es gibt alle möglichen Bücher, die ehemalige Mitglieder über ihre Einsätze veröffentlicht haben. Ich kenne auch Leute, die dabei waren. Ich kann's nicht erklären, aber das hat mich gereizt.

Es gibt ein gemeinsames Auswahlverfahren für das Matkal-Kommando, für SCHALDAG und für 669. Bei der Ankunft habe ich gesagt, dass ich zur Matkal will. Einen Tag später hat sich meine Einstellung geändert, ich weiß nicht warum: Jetzt wollte ich die Kommandoeinheit weniger, lieber Schaldag oder 669. Irgendwas missfiel mir. Obwohl ich es wirklich weit bringen möchte, störte mich das irre Konkurrenzstreben im Auswahlverfahren. Vielleicht hatte deshalb bei mir die Anspannung nachgelassen. Ich bin mehr fürs Team, für Teamgeist. Ich möchte weit kommen, aber ich mag den Konkurrenzkampf an sich nicht. Beim Auswahlverfahren für die Flottille beispielsweise gibt es mehr Märsche, wo einer den anderen mitzieht und man zusammen Krankentragen schleppt und viel mehr gemeinsam macht. Es geht nicht darum, den Kameraden neben dir auszustechen, weil du willst, dass er's nicht schafft, aber du. Ich hatte den Eindruck, dass diese enorme Konkurrenz für die Matkal typisch ist. Genau wusste ich es ja nicht, weil das geheim ist. Ich hab das so verstanden, dass bei dem Matkal-Kommando jeder dem andern ein Bein stellen möchte und dass das eigentlich kein Team ist. Da wünschte ich mir eher Schaldag oder 669, denn das ist nicht mehr so geheim. Du weißt besser, was sie machen, und es herrscht mehr Mannschaftsgeist. Aber wenn du mich jetzt fragst, wo ich hin will, würde ich wohl immer noch sagen: Flottille.

Ob die Aufgaben der Einheiten auch eine Rolle spielen? Du fragst nach 669, die eine Rettungseinheit ist, im Vergleich zu DUVDEVAN, einer Einheit, deren Mitglieder die arabische Bevölkerung infiltrieren und hauptsächlich palästinensische Verdächtige festnehmen sollen. Ich würde wohl die 669 vorziehen. Der große Bruder eines sehr guten Freunds von mir hat in der 669 gedient, und er erzählt uns haufenweise Geschichten über Kurse, die sie machen, und über Rettungsaktionen und alles Mögliche, was sich sehr interessant anhört. Alle möglichen Geschichten, bei denen du wirklich dabei sein möchtest. Ich sag nicht, dass Duvdevan uninteressant ist, ich hab einfach viel mehr über 669 erfahren, und daraufhin wollte ich sie. Ich bin sicher, wenn sie mir Geschichten über Duvdevan erzählt hätten, hätte ich gesagt: super. Wow.

Keinen Wehrdienst leisten? Ich finde es unzulässig, nicht zu dienen. Wirklich. Das ist wie 90 fahren, wo nur 50 erlaubt ist. Das ist Gesetz, warum betrachtet man das nicht genauso. Man darf keinen Menschen ermorden, das ist ein Gesetz in Israel. Auch wenn dir das nicht passt, ist nichts zu machen. Es gibt eine Schülerin in einem der umliegenden Moschawim[6], ich nenne ihren Namen nicht, die gehört zu den Initiatoren des Briefs der ZWÖLFTKLÄSSLER, was eigentlich eine Schande ist. Sie schreibt in dem Brief, unser Staat sei ein faschistischer Staat und wir führten ein Militärregime und es gäbe Ungerechtigkeit gegenüber … Ich kann das nicht wiederholen, mir steigt das Blut zu Kopf, wenn ich darüber rede. Schau, früher hat man von Haus aus viel mehr auf den Wehrdienst hin erzogen, und ich weiß nicht, wie und warum das plötzlich verschwunden ist. Früher haben sie dir gesagt, dass du mit achtzehn Jahren zur Armee gehst, und das Wort Drückeberger hast du nicht mal gehört.

Den Dienst in den Gebieten abzulehnen, leuchtet mir noch irgendwo ein, wenn für den Verweigerer die Ethik an erster Stelle steht. Also tu's vielleicht und versuch dadurch, von innen her Einfluss zu nehmen. Ich bin ein ziemlich toleranter Mensch, hab wirklich kein Problem damit, jeder hat seine Meinung. In Ordnung, sollen sie ihn anderswo hinschicken, auch wenn es keine so wichtige Aufgabe ist, beim Militär lässt sich immer eine Aufgabe finden. Aber volle Freistellung vom Wehrdienst nun wirklich nicht, echt nicht. Du lebst in diesem Land, und bis zum Alter von achtzehn Jahren versorgt dich der Staat mit allem, und jetzt, wo du dem Staat helfen sollst, passt es dir nicht?

Man muss erst mal gründlich prüfen, dass die Verweigerung nicht ein Weg ist, sich zu drücken. Es gibt Menschen, die gehen zum Militärpsychologen – das ist eigentlich ein Witz in der Armee, total irre –, um sich dem Dienst zu entziehen. Wer sich drücken will, der macht das so. Man muss sehen, dass es

---

6  In der Siedlungsform des Moschaw (Plural: Moschawim) arbeitet jede Siedlerfamilie – anders als beim Kibbuz – in ihrem eigenen Betrieb und wohnt in einem eigenen Haus.

nicht so läuft, dass jemand beispielsweise sagt, er will aus moralischen Gründen nicht in den Gebieten dienen, und dann prompt für einen Tagesjob in Tel Aviv[7] eingeteilt wird. Das ist einfach Drücken vor der Pflicht. Wenn jemand auf der anderen Seite wirklich sagt, ich kann keine Siedlungen räumen[8], sagen wir ein Religiöser, der Verwandte in den illegal errichteten Außenposten hat und Siedlungen räumen muss wie beim Abzug aus dem Gazastreifen[9] und das nicht kann, dann ist das in Ordnung, völlig okay, aber er soll weiter dienen und seine drei Jahre ableisten. Übrigens bin ich auch nicht für die Freistellung der Ultraorthodoxen[10]. Ich finde, das sollte man überhaupt nicht zulassen. Ich meine, sie sollten auch dienen, obwohl sie sehr religiös sind. Außerdem schadet es bloß der Wirtschaft, dass all die Steuergelder für die Jeschiwot draufgehen und deren Studenten nicht arbeiten. Wenn sie zum Militär gingen, würde das nur Gutes bringen. Es geht nicht, dass sie gar nichts tun. Aber das lässt sich nicht so schnell ändern, meine ich. Jede Veränderung kann die Lage nur besser machen. Aber die Orthodoxen werden das wohl nicht zulassen. Das gäbe ein Mordsdurcheinander. Wenn das Gesetz geändert wird, bleibt ihnen nichts anderes übrig, aber auch wenn sie dann keine andere Wahl hätten, glaube ich nicht, dass das durchgezogen wird. Das heutige Gesetz ist schon so zur Konvention geworden, dass die Ultraorthodoxen sich daran gewöhnt haben, und wenn man das Gesetz ändert, gibt das, meine ich, bloß Unruhen und es kommt nichts Gutes dabei heraus.

Wenn einer meiner wirklich engsten Freunde mir erzählen würde, dass er aus Gewissensgründen nicht einrücken könne – würde ich ihm dann die Freundschaft aufkündigen? Nein, würde ich nicht, aber ich würde ihn mit anderen Augen betrachten, vor allem dahingehend, ob ich mich auf ihn verlassen kann. Ich kann damit leben, es macht mir nichts aus, mit jemandem rumzulaufen, der eine andere Weltanschauung hat oder Pazifist ist. Aber dieses Mädchen vom Brief der Zwölftklässler – das sind Dinge, die meines Erachtens an Gesetzesbruch grenzen. Den Staat als »faschistischen Staat« zu bezeichnen …

---

7 Militärische Tätigkeit im Tel Aviver Hauptquartier, die keine Übernachtung in der Kaserne erfordert.

8 Gemeint ist der Beschluss der Regierung, jüdische Siedlungen zu räumen. Wo die Siedler sich der Räumung physisch widersetzen, wird die Armee eingesetzt, um den Beschluss mit Gewalt zu vollstrecken.

9 Siehe im Glossar unter Gusch Katif.

10 Bezieht sich auf die Regelung, die es den Studenten bestimmter Jeschiwot ermöglicht, keinen Wehrdienst zu leisten.

Ist das nicht gesetzeswidrig? Ich finde es schrecklich, die Leute glauben zu machen, wir wären kein demokratischer Staat. Ich denke, mit ihr könnte ich nicht befreundet sein. Sie ist furchtbar auf ihre Ansichten fixiert, ist keine, die das beiseitelassen kann, und ich glaube, ich könnte es auch nicht beiseitelassen. Aber ich kenn eine Linke, die in der Welt rumreist und auf Englisch darüber referiert, wie arm die Araber angeblich dran sind und wie man sie schädigt und diese Ungerechtigkeit – mit der habe ich weniger ein Problem. Ihre Ansichten ändern nichts an ihrem Charakter. Stimmt, sie schadet Israel damit, dass sie in der Welt rumfährt und solche Vorträge hält, aber ihr Charakter ist in Ordnung. … Vielleicht auch der von der mit dem Brief …

# Mosche

23-jähriger Ultraorthodoxer, zwei Wochen vor seiner Hochzeit

Ich stamme aus einer ultraorthodoxen Familie. Meine Eltern sind ziemlich liberal. Sie würden nichts dagegen unternehmen, wenn mein Bruder oder ich zum Militär wollten. Sie würden deswegen keinen Krieg führen. Aber wie in einem säkularen Haus der Junge üblicherweise einrückt, tut er es in einem ultraorthodoxen Haus üblicherweise nicht. So läuft das. Mein jüngerer Bruder, zwanzig Jahre alt, studiert auch in der Jeschiwa. Er ist schon verlobt. Er hat mir gesagt: »Was kriegt man beim Militär? 800 Schekel? Ich geh schwarzarbeiten und hab mehr.« Die Armee zahlt nicht viel. Nur wer Kampfsoldat wird, bekommt viel. Mein Bruder hat nicht diese Ideologie, aber er ist auch nicht anti. Er hat einfach beide Möglichkeiten.

Wo ich mich befinde, im ultraorthodoxen Sektor, besteht eine Regelung. Es heißt nicht »vom Militärdienst befreit«, sondern man beantragt einen Aufschub. Wenn du den Status eines Talmudstudenten hast, reichst du alle halbe Jahr ein Aufschubgesuch ein. Als sie den Staat gründeten, hat David Ben-Gurion sich mit dem Präsidenten der ultraorthodoxen Bevölkerung getroffen, der ihm sagte, es gebe junge Männer, die den ganzen Tag studierten, »deren Beruf die Thora« sei, und die müsse man vom Wehrdienst befreien. Ben-Gurion hat die Auffassung akzeptiert, dass das keine Drückeberger sind, und hat bestimmt, dass diese Talmudstudenten das Recht auf Freistellung haben, solange sie sich dem Thorastudium widmen. Sie sind nicht gegen die Armee oder gegen den Staat. Auch früher, in Polen oder Russland, in Ländern, in denen Juden lebten, haben sie nicht in den Truppen dort gedient. Auch da haben sich junge Männer Tag und Nacht der Thora gewidmet. Jetzt gibt es hierzulande über 20.000 junge Männer, die diesen Status haben, dass »ihr Beruf die Thora ist«, dass sie nicht einrücken. Ich meine, es sind sogar mehr.[11]

Die Ultraorthodoxen glauben eigentlich nicht an den Staat. Nicht, dass sie gegen den Staat sind, aber sie halten sein Bestehen nicht für notwendig. Sie haben das Konzept der Staatsgründung nicht unterstützt. Rabbiner Kook,

---

11  Tatsächlich sind es an die 50.000.

der die BNE AKIVA vertrat, hat die Gründung eines jüdischen Staates für das jüdische Volk und seine Institutionen wie z. B. die Universitäten jedoch befürwortet, er hat auch die Gründung einer Armee unterstützt. Rabbiner Kook sah in der Staatsgründung den Beginn der Erlösung und glaubte ideologisch, es sei eine Mizwa, ein religiöses Gebot, den Staat zu gründen, und es sei eine Mizwa, dass wir ein eigenes Land hätten, und es sei eine Mizwa, in der Armee zu dienen. Das war nicht die Sicht der ultraorthodoxen Rabbiner. Der Chason Isch, seinerzeit die größte Autorität für die ultraorthodoxe Bevölkerung, hat hierzulande den Grundstein für das organisierte ultraorthodoxe Judentum nach der Schoah gelegt. Ben-Gurion hat sich mit dem Chason Isch getroffen und ihn zu überzeugen versucht, aber der hat ihm mit einem Gleichnis geantwortet: Wenn zwei Züge, ein vollbeladener und ein leerer Zug, auf demselben Gleis aufeinander zurollen – welcher muss dann zurücksetzen? Wer wird wem Respekt zollen? Und im übertragenen Sinn: Wie viele Jahre besteht der Zionismus? Sechzig Jahre, bei der Staatsgründung. »Wir kommen mit zweitausend Jahren an. Gebt uns den Weg frei.« Wer auf eine ultraorthodoxe Jeschiwa geht, eine »schwarze Jeschiwa« im Straßenjargon, der dient nicht in der Armee. JESCHIWOT HESDER sind nicht ultraorthodox, das sind Jeschiwot vom Rabbiner Kook. Die, die mit KIPPOT SRUGOT rumlaufen, gehen zum Militär.

Voraussetzung für den Aufschub ist die Registrierung bei einer ultraorthodoxen Jeschiwa. Du gehst zur Musterung mit einer Erklärung, die in Anwesenheit eines Rechtsanwalts unterzeichnet worden ist, dass du an einer ultraorthodoxen Jeschiwa eingeschrieben bist. Meist engagieren die Jeschiwot einen Anwalt, der allen Jungs das Formular abzeichnet. Jeder ultraorthodoxe junge Mann muss sich alle sechs Monate mit einer aktualisierten Erklärung auf dem Musterungsamt seines Bezirks einfinden. Es gibt einen festen Tag, an dem die jungen Ultraorthodoxen kommen und den Aufschubbescheid der Armee erhalten. Wenn du das nicht tust, verlierst du den Status des Talmudstudenten und wirst zum Fahnenflüchtigen.

Als Student einer ultraorthodoxen Jeschiwa erhielt ich Aufschub. Ich habe weiter in der Jeschiwa studiert, wollte aber ein bisschen raus, wollte ins Ausland, wollte in Amerika studieren. Das war mein Hauptmotiv. Ich hatte Freunde, die das gemacht haben, und ich dachte mir, es wäre nicht schlecht, dort zu studieren. Für Talmudstudenten ist das mit den Auslandsreisen etwas problematisch. Für jede Reise braucht man eine Genehmigung vom »Rat der Jeschiwot«, auch wenn es nur für eine Woche zu einer Hochzeit ist. Es dauert lange, bis man die Genehmigung erhält. Wenn ich Aufschub habe, benötige ich auch die Genehmigung des Militärs, um ins Ausland zu fahren. Wenn dein Beruf die Thora ist, kannst du nicht einfach verschwinden. Ich wusste, dass der Staat mich nicht weglassen würde. Man kann eine kurze Reise unternehmen, aber wenn ich losgefahren und nach einem halben Jahr zurückgekommen wäre, hätte man mich festgenommen. Ich wäre als Fahnenflüchtiger ins Land zurückgekehrt.

Ich hatte es satt, alle halbe Jahr anzustehen, um Aufschub zu erhalten. Also habe ich mich um eine Änderung meines Status' bemüht. Ich wollte die Freistellung erreichen – PROFIL 21. Ich hab mich ein bisschen als Spinner verkleidet. Wie man das macht? Ich bin etwas verwahrlost angekommen, hab ihnen erzählt, ich hätte Schweres durchgemacht, hab ihnen alle möglichen Märchen aufgebunden. Sie haben das geschluckt. Ich hab ihnen gesagt, ich käme mit den starren Regeln nicht zurecht, sie hätten mich bei der Jeschiwa rausgeworfen, und ich wüsste nicht weiter und hätte soziale Probleme. Vorher hatte ich den Status aufgegeben, ihnen nämlich keine Bestätigung von der Jeschiwa mehr gebracht. Dann wurde ich zum Militär einberufen. Ich hab ihnen gesagt, die Jeschiwa wolle mich rausschmeißen. Ich habe sehr gute Geschichten vom Stapel gelassen. Der Militärpsychologe hat mich geprüft und mir Profil 21 gegeben.

Profil 21 bedeutet ungeeignet für den Wehrdienst, nicht verrückt. Ich weiß nicht genau. Das ist einer, von dem sich die Armee nicht viel verspricht. Auch unter den Säkularen gibt's solche. Die Armee entdeckt kein Potenzial bei ihnen. Ich geb dir ein Beispiel. Wenn einer sagt, er würde nachts ins Bett machen, würde nachts pinkeln, dann nehmen sie ihn nicht beim Militär. Sie halten ihn für einen Menschen ohne Verstand. Du stellst dich dort auch entsprechend armselig dar. Jetzt siehst du mich mit Brille. Ich bin ohne Brille angekommen. Du sagst ihnen, du hättest Ängste und würdest nachts ins Bett machen. Die Armee denkt nicht, dass du verrückt bist, aber sie denkt, dass du bei ihr nicht reinpasst. Du spielst ihnen ein paar Tricks vor, dann stellen sie dich frei.

Ich hab also die Freistellung erhalten und mich um das Visum für Amerika gekümmert. Ich bin fast zwei Jahre in Amerika auf der Jeschiwa gewesen.

Ich versteh ein bisschen was von Rechtswissenschaft – nicht besonders viel –, aber als ich meine Erklärung unterschrieben habe, um Profil 21 zu bekommen, habe ich die Buchstaben u. D. neben meinen Namen gesetzt. Das bedeutet »unter Druck« oder »zeitweilig unter Druck«. Ich wusste, das würde mir helfen, wenn ich da wieder rauskommen wollte. So handle ich, wenn ich was tue, bei dem ich mir nicht hundert Prozent sicher bin. Wenn ich halb verrückt bin, kann mir das alle möglichen Dinge vermasseln, ich könnte Schwierigkeiten bekommen, einen Waffenschein oder einen Führerschein zu erhalten. Ich geb dir auch einen Tipp: Wenn sie dich was unterschreiben lassen und du nicht ganz sicher bist, schreib u. D.

Ach, ich weiß nicht, was ich dir auf die Frage antworten soll, ob die umfassende Freistellung der Ultraorthodoxen vom Militär berechtigt ist. Ich habe oft darüber nachgedacht. Beantworten kann ich das nicht. Es gibt einen in der ultraorthodoxen Gemeinschaft, den Rabbiner Sternbuch, der hat gesagt, dass die Situation an einen Kriegszustand erinnere, bei dem alle einberufen werden. Bis zum Zeitalter der Aufklärung hat es keine Säkularen gegeben, alle hielten den Sabbat, die Feiertage, die Tradition. Damals brauchte man nicht viele Talmudstudenten, weil alle die Tradition wahrten. Jetzt, da ein großer Teil des Volkes dem Heiligen, gelobt sei er, den Laufpass gegeben hat, da die meisten Juden auf der Welt assimiliert sind, ist das ein geistiger Kriegszustand, und im Kriegszustand muss man viele Reservisten einberufen. Deshalb braucht man viele Talmudstudenten.

Ich habe Kameraden, die mit mir in der Jeschiwa gewesen sind, aber eines Tages die Nase voll vom Lernen hatten. Die lernstarken Jungs gehen nicht zum Militär. Es gab ein paar, denen das Studieren schwerfiel oder denen es nicht zusagte. Andererseits wollten sie den ultraorthodoxen Sektor nicht verlassen. Da sind sie zur ultraorthodoxen Nachal[12] gegangen. Ich bedaure es ein bisschen, dass ich nicht beim Militär gewesen bin, ein bisschen, nicht viel.

---

12 Nachal Charedi – ein Infanteriebataillon, in dem man den ultraorthodoxen Soldaten ihre gewohnte Lebensweise ermöglicht: An ihren Standorten wird keinerlei Ausbildungsfunktion von Frauen wahrgenommen, auch sonst haben Frauen keinen Zugang. Es gibt täglich feste Gebetszeiten, Stunden für das Thorastudium unter Anleitung von Rabbinern, besonders koscheres Essen und so weiter. Der Dienst umfasst zwei Jahre Kampfeinsatz und ein Jahr Studium. Trotzdem ist es der Armee kaum gelungen, Ultraorthodoxe für den Wehrdienst zu gewinnen, und es gibt nur wenige Anwärter für dieses Bataillon.

# Yuval

Neunzehnjähriger, aus einem Kibbuz stammend,
ein halbes Jahr vor seinem Einrücken

Ich bin jetzt im FREIWILLIGEN SOZIALEN JAHR, und Ende des Jahres rücke ich ein. Ehrlich gesagt, habe ich mir kaum Gedanken darüber gemacht, was ich beim Militär machen soll, nicht in der elften Klasse und noch nicht mal in der zwölften. Wenn ich ehrlich sein soll, war die Armee für mich immer ein Thema, über das ich nicht so gern gesprochen habe. Die Kumpels haben dauernd darüber geredet, aber ich mach mir immer noch Gedanken, ob ich wirklich Kampfsoldat werden will. Darüber bin ich mir echt etwas unschlüssig. Ich hab die Sache mit dem Militär nicht immer kapiert, und es hat mich nicht besonders interessiert.

Schon von klein auf hatte ich eigentlich immer furchtbare Angst vor der ganzen Angelegenheit mit Krieg, Töten und so weiter, bin wohl damit aufgewachsen. Ich habe wahrscheinlich Angst, als Kampfsoldat zu dienen. Wenn die Sprache darauf kam, hab ich immer gesagt – ey, nur zum Spaß, ich will mich nicht wirklich drücken, ich versteh auch, wie wichtig der Dienst ist –, hab so zum Spaß gesagt, »ich werde mich überhaupt drücken«. In meinem Umfeld herrschte die Ansicht, wer keinen Wehrdienst leistet, wird nicht in die Gesellschaft aufgenommen und zählt nicht. In meinem Kibbuz treten die meisten Jungs nicht nur den Wehrdienst an, sondern gehen auch in die kämpfende Truppe.

Nicht allen habe ich gesagt, dass ich Angst habe. Wie kommt das wohl rüber, dachte ich besorgt. Denen, denen ich näherstand, habe ich gesagt, dass ich Angst habe. Sie betrachteten es aus ihrem Blickwinkel, werteten es nicht als Angst, sondern als Bereitschaft, das Nötige zu tun. Ich stimmte ihnen auch zu, dass nichts zu machen ist. Wir leben hier, und unser Staat ist wirklich auf den Wehrdienst angewiesen.

Die wichtigsten Gespräche habe ich mit einem Jungen geführt, der so kämpferisch sein wollte, wie er irgend konnte, aber auch mich verstand, meine Sicht. Für ihn ging es nicht darum, möglichst viele in seiner Dienstzeit umzubringen, sondern er hoffte, seine Kameraden während des Wehrdienstes umstimmen zu können, damit die, die nichts anderes im Kopf hatten, als so viel wie möglich umzubringen, schließlich kapierten, dass die Lage sich ändern und der Krieg aufhören müsste.

Ich habe auch mit meinem Jugendleiter im Kibbuz über meine Ängste gesprochen. Er hat mich verstanden und mir erzählt, in meinem Alter hätte er auch Ängste gehabt. Er hat sie überwunden und sich nicht davon beeinflussen lassen. Mit den Eltern habe ich nicht über meine Sorgen gesprochen, auch nicht mit meinem Bruder, obwohl meine Eltern mir immer gesagt haben, für sie sei es auch in Ordnung, wenn ich nicht zur Armee gehen wollte. Ich weiß nicht, wie sie darauf gekommen sind, dass ich vielleicht nicht hingehen will.

Bei der Musterung habe ich der psychologischen Analystin gesagt, ich hätte keine besonderen Präferenzen, aber auch keine volle Motivation, in der kämpfenden Truppe zu dienen. Ich bin nicht sicher, aber ich meine, ihr auch gesagt zu haben, dass ich Angst hätte, als Kampfsoldat zu dienen.

Ich bin jetzt in einer Kerngruppe und werde wohl zur NACHAL gehen. Ich sage mir einerseits, dass ich Angst habe und nicht sicher bin, dass ich eine Waffe tragen möchte, aber andererseits weiß ich, dass ich mich abschalten, die Dinge beiseitelassen kann, in dem Gedanken, dass es halt so kommt, wie es kommen muss. Ich habe kein Problem mit körperlicher Fitness. Aber die Waffe, das Gerät an sich, was richtet das an? Ich habe auch Angst vor dem ganzen hierarchischen System. Ich habe mich gefragt, ob ich Pazifist bin, aber ich kann mich kaum als solcher bezeichnen. Ich habe mit einem Freund gesprochen, der sich darin auch nicht sicher ist. Wir haben darüber geredet, dass die Waffe zur Selbstverteidigung wichtig ist, aber ich kann das für mich selbst schlecht nachempfinden.

Über andere moralische Probleme habe ich mir nicht so viele Gedanken gemacht, hab nicht darüber nachgegrübelt. Weiß nicht, warum. Ich habe Freunde, die dienen, aber mit denen habe ich nicht über dieses Problem gesprochen. Zufällig dienen meine guten Freunde auch nicht in den Gebieten.

Ich halte mich für einen Linken. Links bedeutet für mich, mit den Völkern hier in unserer Umgebung zusammenzuleben. Das ist ein kompliziertes Thema, mit dem ich mich nicht so auskenne. Ich betrachte mich als Linken. Das äußert sich in … in meinem Willen, dass hier, meine ich …, was anderes kommen wird, ein anderes Leben, meine ich … Das bedeutet, meine ich, die Gebiete zurückzugeben, auch das. Ich kann es nicht ausdrücken, das ist mir noch nicht ganz klar geworden. Deshalb komm ich auch durcheinander. Beim HASCHOMER HATZAIR haben sie mit uns darüber gesprochen, aber du musst dir deine eigene Meinung bilden. Ich glaube auch, dass die Gebiete nicht unter unserer Verwaltung stehen sollten, aber was für sicherheitspolitische Auswirkungen das hat und was es bedeutet, kann ich schlecht beurteilen. Für den Frieden müssen wir Verzichte leisten, aber die Landesverteidigung ist ausschlaggebend für unser Leben, und deshalb bin ich hier hin- und hergerissen. Ich glaube, wir müssen auf die Gebiete verzichten. Nein, ich meine nicht, dass sie uns gehören, sie sind momentan in unserer Hand. Ich kenne in der Bewegung auch Genossen, die meinen, man müsste die Gebiete behalten. Der Haschomer Hatzair vertritt keine einheitliche Meinung. Ob man die Siedlungen räumen soll? Das sind Fragen, mit denen ich mich nicht viel beschäftigt habe.

Es ist etwas peinlich, dass ich keine klare Meinung habe. Ich glaube, Freunde von mir beschäftigen sich mehr mit diesen Fragen. Ich knie mich da weniger rein. Vielleicht bin ich selbst nicht mit mir im Reinen. Vielleicht denke ich weniger über schwierige Dinge nach, wenn ich nicht spezifisch danach gefragt werde.

# Noa

Achtzehnjährige junge Frau nach Schulabschluss und
vor der Einberufung

Ich bin im Emek Chefer aufgewachsen, einer Gegend, in der der Prozentsatz
der Rekruten sehr hoch ist. Man beschäftigt sich viel mit dem Militär. Fast alle
treten den Wehrdienst an, und ganz, ganz viele gehen zur kämpfenden Truppe.
Ich hab keinen gekannt, der so wie ich dachte, bis ich die Leute traf, die jetzt mit
mir bei den Zwölftklässlern sind. Solche Freunde hatte ich vorher nicht.
Ich war in keiner Jugendbewegung, und bis vor zwei Jahren wusste ich nichts
von Politik. Hatte von nix eine Ahnung. Hatte auch keine linken Freunde. Als
ich mit etwa sechzehneinhalb Jahren den ersten Musterungsbescheid erhielt,
fing ich an, ans Militär zu denken. Mein Gefühl sagte mir, dass ich nicht in das
System eintreten kann, ohne zu wissen, was dort passiert. Vorher hatte ich mich
nicht damit befasst. Ich habe Informationen gesammelt. Diese Nachforschungen haben mir vor Augen geführt, dass Besatzung herrscht. Daraufhin wollte
ich das nicht mitmachen. Ich bin bei meiner Mutter aufgewachsen und habe
keine älteren Geschwister. So hatte ich gar keine Verbindung zur Armee. Es
hat mich wohl auch nicht interessiert, und ich hab mich nicht damit beschäftigt.
Das ist damals plötzlich über mich hereingebrochen, und ich hab angefangen
zu überlegen, was man da macht.

Weil ich keine Freunde hatte, die so wie ich dachten, und ich nicht mal so
jemanden kannte, habe ich im Internet gesucht. Ich dachte mir, dass gewiss
noch mehr Menschen in diesem Dilemma stecken, in der Lage, in der ich mich
befand, und dass man sicher was machen kann. So bin ich bei Profil Chadasch gelandet, wo sie uns sehr helfen. Die haben mich an die Zwölftklässler
verwiesen.

Der Brief der Zwölftklässler ist ein Dokument, das fast jedes Jahr in der
einen oder anderen Fassung herauskommt. Zum ersten Mal, glaube ich, 1979.
Jedes Jahr tut sich spontan eine Gruppe von Jugendlichen zusammen, die dieselben Werte und Ideologien vertreten. Die Mitglieder der Gruppe verfassen
einen Brief und gehen damit an die Presse. So haben wir uns auch organisiert,
haben einen Brief mit unseren Werten und Ansichten verfasst und sind damit
an die Öffentlichkeit gegangen. Die Idee dahinter ist, Bewusstsein zu wecken,

und das ist in meiner Sicht das Wichtigste. Hauptsächlich geht es um Widerstand gegen die Besatzung. Das ist eigentlich der springende Punkt. Wir wollen das Bewusstsein dafür wecken, dass es Menschen gibt, die wie wir denken, abweichend von der üblichen Linie. Jeder von uns hat persönlich noch ein paar Dinge, die ihm wichtig sind. Aber hauptsächlich ist von der Besatzung und der Regierungspolitik die Rede. Der Brief besagt, dass wir die Besatzung nicht mitmachen. Das sind die beiden wichtigsten Dinge: über die Besatzung reden und darüber, dass wir sie nicht mitmachen.

Die Zeitungen schrieben, ich würde zur Wehrflucht aufrufen – das tue ich wirklich nicht. Ganz und gar nicht. Ich will nicht, dass die Leute so denken wie ich, ich will, dass die Leute denken. Denn die Leute, die Jugendlichen vor der Einberufung, denken an gar nichts. Sie schwimmen mit dem Strom. So hat man es ihnen ihr Leben lang beigebracht. Sie denken keinen Augenblick daran, wo sie hingehen und was sie eigentlich tun. Ehe sie beispielsweise in die Gebiete kommen, denken sie nicht daran. Sie denken an gar nichts, und ich möchte, dass die Leute denken. Wenn jemand vor der Einberufung nachdenkt und daraufhin findet, dass die Besatzung der richtige Weg für ihn ist, dann bitte schön! Der ist mir lieber als einer, der gar nicht darüber nachdenkt, sondern einfach mit dem Strom schwimmt. Schau, es ist schwer, innezuhalten und nachzudenken. Genauso ist mir ein Verweigerer von der Rechten, der nicht bereit ist, jüdische Siedlungen zu räumen, lieber als einer, dem alles egal ist.

Nein. Ich versuche niemanden zu überzeugen. Ich will nicht, dass man so denkt wie ich. Du hast recht, ideal wäre, wenn alle so denken würden wie ich, denn wenn ich an eine bestimmte Ideologie glaube, dann meine ich natürlich, sie ist die beste. Aber ich versuche nicht, andere dazu zu überreden, so wie ich zu denken, das halte ich schlicht für ineffektiv. Ich finde wirklich, dass es das Wichtigste ist, nachzudenken. Ich arbeite momentan einfach darauf hin, dass möglichst viele Menschen erfahren, dass Besatzung herrscht. Denn die Menschen wissen es nicht. Mein Verstand würde mir sagen: Wenn du weißt, dass es Besatzung gibt, dann ist klar, dass Besatzung nicht in Ordnung ist. Aber so läuft das nicht. Du fragst, was soll das heißen: Die Leute wissen nicht, dass Besatzung herrscht? Fakt ist, dass ich in einer Gesellschaft gelebt habe, in der kein Mensch eine Ahnung davon hatte, dass Besatzung herrscht, dass Menschen unter einer Militärverwaltung leben. Sie wissen nicht, was dort geschieht, sie sind nie dort gewesen, sie wissen nicht, wie die Menschen dort leben. Im Fernsehen stellen sie das nicht als Besatzung dar, sondern zeigen, dass es Terroristen gibt und dass die Soldaten uns vor ihnen schützen müssen.

Der Brief hat keinen spezifischen Adressaten, wurde aber an den Minister-präsidenten und an die Minister geschickt. Es ist eher eine Deklaration als ein Brief. In der Praxis bedeutet dieser Brief, dass die, die ihn wirklich, wirklich mit verfasst haben – in unserem Fall sind das vier Leute –, dass wir uns weigern einzurücken. Wir haben einen Einberufungstermin und haben uns nicht auf anderem Weg um Freistellung bemüht. Wenn der Tag unserer Einberufung kommt, verweigern wir und landen im Gefängnis. Das heißt, wir zahlen den Preis.

Die meisten Leute, die den Brief unterschreiben, gehen nicht zum Militär, kommen mit PROFIL 21 frei. Sie teilen unsere Werte und Ansichten, sie den-ken wie wir, wagen es jedoch nicht laut zu verkünden, meine ich. Sie sagen gar nichts und kommen im Stillen frei. Das nennt man graue Verweigerung.

Es ist nicht so schwierig, einen Ausweg zu finden. Mädchen können sagen, sie seien religiös. Für Jungs ist die Sache etwas komplizierter. Jungen müssen den Armeepsychologen überzeugen, dass sie untauglich sind, und dann be-kommen sie Profil 21. Ich – persönlich – mag das nicht. Ich kann es allerdings verstehen, ich versteh das sehr, sehr gut, denn wir zahlen einen Preis, und die anderen entscheiden sich einfach dafür, ihn nicht zu bezahlen. Ich verstehe es, aber in meinen Augen ist das eine Art von Feigheit, und es bringt keinen Nut-zen, außer dem persönlichen Nutzen. Die sagen niemals: »Ich bin nicht ein-gerückt, weil ich gegen die Besatzung bin.« Sie unterschreiben nur den Brief, sagen aber sonst nichts davon, die meisten nicht.

Bei Profil Chadasch helfen sie Leuten, die vom Wehrdienst befreit werden wollen. Sie haben auch mir geholfen, den Antrag bei der Gewissenskommis-sion zu stellen. Das ist eine Kommission für Pazifisten, die es gibt, weil das Wehrdienstgesetz eine Dienstbefreiung für Pazifisten vorsieht. Wehrdienst-verweigerer aus Gewissensgründen schicken einen Brief mit einer Erklärung, und dann werden sie an die Gewissenskommission verwiesen. Ich habe einen Brief geschrieben und erklärt, woran ich glaube, und vor allem, dass Gewalt aus meiner Sicht nicht die Lösung ist. Ich kam vor die Kommission, konnte sie aber nicht überzeugen.

Ich habe ERSATZDIENST beantragt, gleich das erste Mal, als ich mit der Ar-mee zu tun bekam, sowohl vor der Gewissenskommission als auch schriftlich. Aber das hat keinen interessiert. Ich wollte es wirklich. Mein Gesuch wurde abgelehnt: Sie haben mich nicht freigestellt. Auch mein Widerspruch kam nicht durch. In der Kommission saßen Offiziere und auch Leute ohne Uniform. Ich stand allein acht Mann gegenüber. Ich musste zwei Zeugen mitbringen, die bezeugen sollten, dass ich wirklich dieser Ansicht war. Die Zeugen wurden auch jeder für sich hereingerufen. Die Kommission war furchtbar. Es war beleidigend, mehr als das, demütigend. Ich habe mit ihnen über eine zivile Gesellschaft gesprochen, eine weniger militante Gesellschaft, aber die stecken so in der Armee drin, dass sie das Leben gar nicht mehr anders betrachten können. Sie waren unfähig, mir zuzuhören. Sie hörten mich gewissermaßen gar nicht. Ihre Fragen waren eine Zumutung, beleidigend. Zum Beispiel habe ich ihnen gesagt, ich wäre gegen Kriege und Gewalt, und darauf haben sie mir vorgeschlagen, für eine »kampfunterstützende« Aufgabe einzurücken. Als hätten sie gar nicht hingehört. Soviel ich weiß, hat es vor drei Jahren einen Wechsel an der Spitze des Heerespersonalamts gegeben, und seither spricht die Gewissenskommission keine Freistellungen mehr aus. Vorher kam man anscheinend ziemlich leicht frei.

Du fragst, warum ich keine Aufgabe außerhalb der besetzten Gebiete übernehme, zum Beispiel als Sanitäterin in Tel Aviv? Weil in meinen Augen jede Schraube im Getriebe dem Ganzen dient. Aus meiner Sicht brauchen wir eine andere Armee. Wenn die Armee anders wäre, würde ich im Prinzip einrücken. Wenn wir eine Armee wie in der Schweiz hätten, hätte ich vielleicht keinen großen Wirbel darum gemacht und wäre eingerückt. Dort ist es leichter, und da wäre ich nicht bereit gewesen, den Preis zu bezahlen, den ich jetzt zahle. Da ist was Ideologisches im Spiel und es gibt ein Dilemma, aber das Dilemma ist weniger schwer in Ländern wie der Schweiz. Ich kann wirklich nicht sagen, ob ich in der Situation vor 1967 eingerückt wäre, als es noch keine besetzten Gebiete gab. Ich denke viel darüber nach, ich kann das schwer beantworten, ich weiß es nicht.

Ich bezeichne mich selbst als Pazifistin, nicht im Brief, nicht in der Gruppe, sondern privat. Wenn keiner in den Krieg ginge, gäbe es keinen Krieg. Stimmt, ohne Armee wären wir vielleicht besetzt worden. Ich sage nicht, man sollte die Armee auflösen, das würde unsere Existenz gefährden. Aber wenn wir jetzt ein bisschen von der Militanz abrücken und aus den Gebieten abziehen würden, wäre unsere Existenz nach meiner Ansicht nicht in Gefahr.

Keiner in meiner Umgebung möchte, dass ich ins Gefängnis gehe. Meine Mutter meint, wenn ich wirklich daran glaube, wenn ich das wirklich glaube und bereit bin, den Preis dafür zu zahlen – Gefängnishaft und auch einen gewissen gesellschaftlichen Preis –, dann hält sie das auch für den richtigen Weg. Überhaupt findet meine Mutter, ich müsste tun, woran ich glaube. Sie ist eine apolitische Frau und ich war das früher auch.

Als ich auf die Schule ging, habe ich nichts davon gesagt. Ich hab das geheim gehalten. Bei politischen Diskussionen habe ich kein Wort gesagt. Ich hatte Angst, denn ich wusste, was passieren würde. Der Brief wurde im Oktober veröffentlicht, als ich die Schule schon abgeschlossen hatte. Als eine meiner Lehrerinnen davon erfuhr, hat sie gesagt – nicht zu mir, aber gesagt hat sie's –, sie schämte sich, dass ich ihre Schülerin gewesen war. Ich wusste, dass man mich so betrachten würde, und habe lieber nichts gesagt. Ich habe gute Freunde, die mich so nehmen wie ich bin, egal was, auch wenn sie mir nicht zustimmen. Meine beste Freundin ist ziemlich rechts in ihren Ansichten. Wir vermeiden politische Debatten. Meine meisten engen Freunde akzeptieren mich, weil man »dagegen nichts machen kann«. Ich habe Bekannte, die eindeutig die Beziehung abgebrochen haben, die nie mehr mit mir sprechen werden. Ich hatte einen sehr, sehr engen Freund, der in eine Kampfeinheit gegangen ist und jetzt in den Gebieten dient. Seit seiner Einberufung haben wir uns nicht mehr gesprochen, zum einen weil er kaum Urlaub bekommt, aber vielleicht auch wegen meiner Einstellung. Nicht, dass ich keine Freunde hätte. Nicht jedes Mal, wenn ich mich mit Freunden treffe, wird über Politik geredet. Am Anfang taten wir es, weil die Sache noch heiß war, weil es viel Wirbel darum gab, aber langsam ebbt das ab.

Als der Brief raus war, haben Leute meine Telefonnummer herausgesucht und mich angerufen, um mich anzuschreien, haben mir gesagt, ich sei eine Verräterin. Auch in E-Mails, die auf die Adresse der Gruppe einlaufen, werden wir angegriffen. Ich bin sicher, es gibt Arbeitgeber, bei denen ich keinen Job bekommen würde. Bei den Demonstrationen, die wir veranstaltet haben, haben sie uns mit Eiern beworfen. Ausgerechnet ein Talmudstudent aus einer Jeschiwa hat geschrieben, er stimme zwar nicht mit unseren Ansichten überein, sei aber für unser Recht, sie auszudrücken. Sympathisanten kommen hauptsächlich aus dem Ausland.

Mein Einberufungstermin ist im Februar. Ich melde mich im Einberufungszentrum und verweigere. Dann werde ich wegen Befehlsverweigerung verurteilt und komme für einige Zeit ins Gefängnis. Das ist ein Vorgang, den die Armee ein paar Mal wiederholt. Du wirst aus dem Gefängnis entlassen, zum Dienstantritt aufgefordert, verweigerst, wirst verurteilt, und die Sache geht von Neuem los. Die Armee plagt dich ein paar Monate, und dann stecken sie's auf und befreien dich vom Wehrdienst. Mit den Jungs machen sie es ähnlich. Von den 160 Unterzeichnern sind nur vier bereit, ins Gefängnis zu gehen, drei Mädchen und ein Junge. Ich möchte auch nicht ins Gefängnis gehen, wirklich nicht. Aber ich habe mich entschieden, nicht zu lügen: nicht zu erklären, ich sei religiös, oder einfach zu heiraten oder zum Militärpsychologen zu gehen und mit Profil 21 rauszukommen.

Was ich von dem Bar-Rafaeli-Syndrom[13] halte? Ich finde die allgemeine Wehrpflicht nicht richtig, aber solange sie besteht, sollte man sich ihr nicht aus Bequemlichkeit entziehen, weil man keine Lust hat, weil es einem nicht passt. Ich finde, es gibt selbstverständlich einen Unterschied zwischen einem, der aus Gewissensgründen nicht einrückt, und einem, der sich aus Bequemlichkeit drückt.

13  Bar Rafaeli, Model und Schauspielerin, heiratete wenige Tage vor ihrem Einberufungstermin einen 23 Jahre älteren Freund ihrer Eltern. Als Ehefrau wurde sie vom Militärdienst befreit, und gleich darauf ließ sie sich scheiden. Bar Rafaeli ist auch wegen ihrer drei Jahre dauernden Partnerschaft mit Leonardo DiCaprio bekannt.

# Nadav

Achtzehnjähriger, in der letzten Schulklasse

Ich weiß nicht, warum mir das erst dieses Jahr einfällt, vielleicht weil ich Zwölft-klässler bin, aber allein schon der Name »Brief der ZWÖLFTKLÄSSLER« – wenn ich sage, das macht mich wütend, dann ist das ein Understatement. Mit wel-chem Recht behauptet ein Trupp Zwölftklässler, »*die*« Zwölftklässler zu sein? Egal, welche Motive sie verfolgen, und vielleicht stimme ich denen sogar zu oder auch nicht, aber das ist nicht der springende Punkt, letzten Endes nennen sie ihren Brief »Brief der Zwölftklässler«. Ob nun gewollt oder nicht, bezie-hen sie mich und alle anderen Zwölftklässler hierzulande in ihren Brief mit ein. Denn es ist ja schließlich der Brief der Zwölftklässler. Woher nehmen sie sich dieses Recht? Ich weiß es nicht. Ich habe eine Mitverfasserin des Briefes ge-fragt, und sie ist ausgewichen. Ich bekam keine Antwort. Sie haben den Brief abgeschickt, unter der Überschrift »Brief der Zwölftklässler«.

Der Brief der Zwölftklässler ist kein neues Phänomen. 1970 wurde der erste Brief veröffentlicht, und 1979 kam der Brief der verweigernden Piloten und da-nach gab es noch und noch. Fast jedes Jahr kam dieser oder jener Brief heraus, der zu irgendeiner Dienstverweigerung aufrief, ZAHAL auf die eine oder andere Weise schlechtmachte, sei es berechtigt oder unberechtigt. Jedes Jahr gibt es zwanzig bis dreißig Unterzeichner, manchmal nur zehn, gelegentlich kommen auch bloß zwei mit dem Brief raus. Das ist nichts Ernstzunehmendes, und man schreibt dem nie viel Bedeutung zu. Jedes Mal kommt das kurz in den Nach-richten, in dem Stil »ein Brief der Zwölftklässler ist wieder veröffentlicht wor-den«, aber das verschwindet schnell wieder von der Tagesordnung.

Dieses Jahr war das nicht ganz so. Der Brief war wirklich sehr extrem im Vergleich zu den Vorjahren. Es hatten diesmal auch viel mehr Leute unterzeich-net, es geht um circa achtzig Unterschriften. Aufgrund des Kommunikations-wissenschaftskurses, den ich in der Schule besuche, kann ich dir sagen, dass das *Timing* der Veröffentlichung, damit etwas es in die Nachrichten schafft, auch Glückssache ist und davon abhängt, welche anderen interessanten Themen in der betreffenden Woche anstehen. Dieses Jahr ist das tatsächlich bei allen Me-dien ganz groß rausgekommen. Es kann nicht angehen, dass jedes Jahr so ein Brief kommt und bloß hier und da eine schwache Reaktion auslöst. Warum mich das so aufbringt? Ja, es sind nur achtzig, aber ihre Zahl steigt von Jahr zu Jahr, und jedes Jahr erhalten sie mehr Unterstützung und werden stärker wahrgenommen. Sie sind nur achtzig Leute, aber anfangs kamen sie so groß raus, dass sie erheblichen Einfluss hätten gewinnen können. Das hätte andere mitreißen können, die Zahl hätte sich nicht nur verdoppeln oder verdreifachen können, es hätte tausend, dreitausend oder fünftausend Menschen erreichen und sie dazu bringen können, nachzudenken und ihre Meinung zu ändern. Achtzig oder sogar zweihundert Leute sind keine kritische Masse, aber sobald die Zahl weiter steigt und in die Tausende geht, wird das sehr kritisch. Und das ist das Problem.

Manche haben zugegeben, dass dieser Brief der Zwölftklässler sie zum Denken angeregt hat. Wir wissen ja alle, dass es alle möglichen Grundsätze der Demokratie gibt, die im Widerstreit miteinander stehen. So steht das Recht auf freie Meinungsäußerung dem Recht auf Wahrung des guten Rufs gegenüber oder die Redefreiheit dem Tatbestand der Verhetzung. Der Brief der Zwölft- klässler grenzt meines Erachtens an Verhetzung. Schließlich haben sie die Ju- gendlichen zur Wehrdienstverweigerung aufgerufen. Das stand vielleicht noch nicht ausdrücklich in dem Brief, aber hinterher, in Interviews und auf Presse- konferenzen, haben die Unterzeichner gesagt, sie würden nicht einrücken, und haben alle aufgerufen, sich ihrem Kampf anzuschließen. Sie waren vorsichtig genug, nicht direkt zur Wehrdienstverweigerung aufzurufen.

Ich stamme aus einer Mitte-links-Familie und glaube, dass ich auch so bin. Mein großer Bruder steht sehr weit links. Wenn du heute sagst, du bist ein Lin- ker – dann sieh dir an, was für Gesichter du gezeigt kriegst. Ich werde manch- mal, in Gesprächen, mit fast vorwurfsvollem Pathos gefragt: »Was, du bist ein Linker?« Darauf sage ich ja und werde gleich anders angesehen, in dem Stil: »Wie kannst du denn links sein? Guck doch, was um dich her vorgeht. Lebst du eigentlich in diesem Staat?«

Klar sind wir mit diesem Brief nicht einverstanden, und ich benutze hier nicht umsonst die Mehrzahlform. Ich kann deutlich und ohne Zögern sagen, dass die erdrückende Mehrheit, an die 99 Prozent der Leute hier im Emek, dem Jesreeltal, einrücken. Die meisten derer, die es nicht tun, sind aus gesundheit- lichen Gründen befreit. Mir war klar, dass der Großteil des Emek selbstver- ständlich mit meiner Meinung übereinstimmt, dass es natürlich furchtbar wich- tig ist, einzurücken, um den Staat und seine Einwohner zu verteidigen. Schau, man hat uns unseren Staat nicht auf dem Silbertablett serviert. Man hat uns nicht gesagt: Ach, wir haben hier ein Stück Land, kein Problem, kommt, wir geben es euch. Unsere Väter und Großväter haben knochenhart für diesen Staat gearbeitet. Haben gekämpft und ihr Leben hingegeben.

Nach meiner Ansicht zumindest – egal, welche Meinungen die Unterzeichner vertreten, und möglicherweise liegen sie mit dem meisten richtig – ist der Brief selbst nicht zu rechtfertigen. Nach allem, was wir über Zahal wissen – und es gibt vieles, was wir nicht wissen – ist klar, dass Zahal Verstöße begeht. Zahal ist eine moralische Armee und doch begeht sie Kriegsverbrechen. Das ist erwiesen, das sind keine Dinge, die ich mir ausgedacht habe, und auch die Unterzeichner nicht. Die Armee tut – möglicherweise – viele verbotene Dinge, aber ich bin trotzdem sicher, dass Zahal viel weniger Verbotenes tut als unsere Feinde. Der Staat und auch die Armee befinden sich im Krieg gegen verschiedene Guerillaverbände. Das ist kein normaler Krieg. Wenn man sich die Kriegsgesetze ansieht, findet man kein Gesetz, das Guerillaverbände betrifft. Es ist kompliziert, wenn ein Guerillaverband aus bewohntem Gebiet kämpft, in dem nicht alle Einwohner diesen Verband unterstützen oder sich auch nur mit ihm identifizieren. Natürlich möchten wir diesen Einwohnern keinen Schaden zufügen, sie haben uns nichts Böses getan. Aber manchmal kommst du in eine Situation, in der dir nichts anderes übrig bleibt. Das heißt, du musst bewusst riskieren, dass du entweder ein paar Zivilisten triffst oder dass der Raketenabschusstrupp, der sich in der Zivilbevölkerung versteckt hat und den du ausschalten möchtest, dir eben jetzt eine Grad-Rakete auf Aschkelon oder Beer Scheva abfeuert. Das ist sehr, sehr kompliziert. Zahal stellt viele Erwägungen an, und in vielen Fällen bleibt keine andere Wahl. Wirklich nicht.

Ich bin für Pluralismus und Meinungsvielfalt in der Öffentlichkeit, das ist sehr gut. Ich respektiere die Auffassungen jener Jugendlichen, und ich will auch keinem eine Meinung aufzwingen. Aber ich verstehe nicht, und ich habe mich wirklich, aber erfolglos, bemüht, zu verstehen, wie es angehen kann, dass sie keinerlei Vorstellung davon haben, wie existenzwichtig die Armee für uns ist. Ohne Zahal würde unser Staat nicht existieren. Wir haben genug Feinde, die uns zu Fall bringen möchten. Es gibt genug Menschen, die uns hier nicht haben wollen. Ohne die Armee wären wir heute eindeutig nicht hier. Ich wäre nicht hier und dieses Haus stände heute nicht hier. Der Staat Israel kann nicht fortbestehen ohne Zahal und ohne Rekruten für Zahal und ohne Zwölftklässler, die einrücken wollen, weil sie dieses Haus schützen und ihren Beitrag für den Staat und seine Bürger leisten wollen, aus Engagement, aus freiem Willen. Es ist dein Haus. Wenn du es nicht verteidigst, wer dann? Die Wehrdienstverweigerer bezeichnen Zahal als »militante Besatzungsarmee« und tun so, als handele es sich um eine kriminelle Organisation. Ich habe nicht gesagt, dass ihre Auffassungen falsch sind, ich habe meine Meinung über was anderes geäußert – über ihren Aufruf, nicht einzurücken.

Ihr Protest ist legitim. Ich sage nur, jede Veränderung muss von innen kommen, nicht von außen. In die Armee eintreten, aufsteigen – und unter uns gesagt: Wenn du einen hohen Rang beim Militär oder in der Regierung erreicht hast, kannst du etwas mehr bewirken als ein Trupp von achtzig Teenagern. Ich halte es für effektiver, von innen her was zu verändern. Wenn du die Option hast, ins System hineinzukommen und intern Veränderungen einzuleiten, ist das meines Erachtens viel wirkungsvoller und viel gezielter.

Damals, nach der Veröffentlichung des Briefs der Zwölftklässler, lauteten die Überschriften in den Zeitungen und im Internet: »Wo steht die heutige Jugend?« oder: »Wo ist die Ideologie?«, »Wo sind die Werte geblieben?« Warum sollen alle Zwölftklässler des Landes – in deren Namen ich momentan zu sprechen meine –, warum sollen wir die Leidtragenden sein und diese Anwürfe einstecken, praktisch wegen dieser achtzig Schüler, die den Brief unterzeichnet haben? Ich habe nicht gesagt, sie hätten diesen Brief nicht schreiben dürfen. Es ist ihr volles Recht. Aber es war mir wichtig, dass die Leute eine abweichende Meinung zu hören bekamen. Ich wollte unterstreichen, wie wichtig der Wehrdienst ist und wie unlogisch und gedankenlos es ist, den Dienst zu verweigern.

Unser Entschluss, einen Gegenbrief rauszugeben, hat keine 45 Minuten gebraucht. Viel weniger. Innerhalb von 45 Minuten fingen wir schon an, ihn aufzusetzen und Leute anzusprechen, um ihn an die Öffentlichkeit zu bringen. Es begann in einer Kommunikationswissenschaftsstunde in der Schule, als ein Freund mir den Brief der Zwölftklässler zeigte. Er war wirklich wütend – ihn hat das furchtbar aufgeregt. Wir sahen ein, dass wir blitzschnell mit unserem Brief rauskommen mussten. Das Thema stand gerade auf der Tagesordnung, und wenn wir Widerhall in der Öffentlichkeit finden wollten, mussten wir sofort handeln. Was wollten wir letzten Endes? Wir wollten eine öffentliche Debatte lostreten. Es sollte nicht um uns gehen, sondern um die Sache.

Wir haben ungeheuer schnell gehandelt. Ich habe gesagt, ich sei nicht bereit, für die Jugend des Jesreeltals zu sprechen, ohne diese Jugend unterschreiben zu lassen. An jenem Tag veranstaltete der Kreisrat gerade einen großen Ausflug im Gedenken an drei Gefallene des zweiten Libanon-Kriegs. Ich und der Freund, mit dem ich unseren Brief organisierte, packten einen großen Haufen Blätter für Unterschriften ins Auto und sprachen uns unterwegs mit den Veranstaltern des Ausflugs ab, sodass wir genau in dem Moment ankamen, als sie ihren Übernachtungsort erreichten. Wir hatten eine halbe Stunde Zeit, alle Namen der Teilnehmer einzugeben, und sind mit über vierhundert Unterschriften wieder dort abgefahren. Nur zwei haben nicht unterschrieben. Am nächsten Tag haben wir die wichtigsten Schulen im Emek abgeklappert, haben nicht nur die Zwölftklässler unterschreiben lassen, sondern auch die Schüler der elften Klassen, die schon für die Einberufung erfasst wurden. Natürlich konnten wir nicht alle Zwölftklässler des Jesreeltals erreichen, aber die überwiegende Mehrheit schon. Ich stieß auf drei, die sagten, sie wollten nicht unterschreiben. Zwei waren der Meinung, unsere Reaktion werde den verweigernden Zwölftklässlern nur zu mehr Publicity verhelfen. Und einer dachte schlichtweg, man brauche keinen Wehrdienst zu leisten. Vorher hatte ich nicht gewusst, wie stark man im Jesreeltal gewillt ist, einzurücken, sich einzubringen, etwas beizutragen. Wie wichtig es den Leuten ist und wie sehr sie sich hier an Werten orientieren. Zumindest, was das Militär und die Verteidigung des Staates angeht, ist das hier ungeheuer stark ausgeprägt.

Ich lebe in einer Gesellschaft, in der die meisten meiner Freunde das PROFIL für Kampfeinheiten haben. Ich erhielt den Titel »Profilnik«, habe zu meinem größten Bedauern kein Kämpferprofil. Ich habe Profil 64, das heißt, für Kampfunterstützung, Nachrichtendienst und so weiter geeignet. Ich hatte davon geträumt, Pilot zu werden. Warum? Als ich klein war, haben mir alle möglichen Leute gesagt, »du wirst mal Flieger«. Ein kleiner Junge, dem man sagt, du wirst mal Flieger, der sagt, ich werde mal Flieger. Warum nicht? Das fand ich ganz toll. Ich wollte das bis zu dem Augenblick, in dem ich erfuhr, dass ich keinerlei Chance habe, weil ich an starkem Asthma leide. Vom fünfzehnten, sechzehnten Lebensjahr an wusste ich schon, dass ich kein Kampfsoldat werden würde. Derzeit bin ich für zwei geheime Einheiten vorgesehen, über die ich nichts weiß. Erst bei der Einberufung werde ich Näheres darüber erfahren.

In unserer Deklaration haben wir geschrieben: »Wir betrachten den Wehrdienst als existenzielle Notwendigkeit und sehen ein, dass sich die Sicherheit und Unabhängigkeit des jüdischen Volkes im Land Israel ohne Hilfe der Verteidigungsarmee unter keinen Umständen garantieren lässt. Wir möchten die Angehörigen der Streitkräfte, die uns schützen, unserer Unterstützung versichern und zu gegebener Zeit auch selbst in ihre Reihen einrücken, in dem ehrlichen Willen, uns freiwillig für den Staat einzusetzen und nebenbei Moral, Ethik und Humanismus hochzuhalten.«

Das ist natürlich theoretisch, wenn du mich fragst, was ich mal machen werde, wenn ich einen Befehl erhalte, mit dem ich nicht einverstanden bin. Im

Moment bin ich noch Schüler der zwölften Klasse und kein Soldat. Ich glaube, ich wäre frech genug, zu meinem Vorgesetzten zu gehen und zu sagen: »Bist du sicher, dass es richtig ist, die Sache so anzupacken?« Kann sein, dass ich dafür auch was abbekommen würde [*kichert*]. Ich würde gern glauben, dass einer, den man zu meinem Vorgesetzten gemacht hat, auch die erforderlichen Führungsqualitäten besitzt. Ich meine, beim Einsatz Streit vom Zaun zu brechen ist sogar noch schlimmer, als einen fehlerhaften Befehl zu befolgen. Bei Gefahr eine unstabile Lage herbeizuführen ist das Allerschlimmste. Wenn auf sehr hoher Ebene einer erfahren genug ist, um beispielsweise die Entscheidung zu treffen, dass jemandes Haus zerstört oder Menschen evakuiert werden müssen oder was weiß ich, dann hat er, so weh es tut, genug Informationen, um zu wissen, warum er so entschieden hat. Die Leute haben ihre Gründe, alles hat seinen Grund, und ich hoffe und möchte glauben, dass der Grund gut genug ist. Es gibt diese Aufgabenträger, sie wurden ernannt und haben ihr Wissen. Auch wenn ich mit bestimmten Dingen nicht einverstanden bin, hat es meines Erachtens keinen Sinn, alles anzugreifen und abzulehnen. Das meine ich natürlich nur, wenn es um relativ kleine Dinge geht.

Ich bin links oder, genauer gesagt, Mitte-links. Aber ich meine, die Räumung des Gazastreifens 2005 war einer der schlimmsten Geschichten, die wir in unserem Staat gehabt haben. Ich möchte glauben, dass die Besatzung nur dem Namen nach eine ist. Ja, ich bin ein Linker, ich bin Mitte-links, das hört sich sonderbar an, ich weiß. Die Besatzung ist eine Tatsache, zweifellos besteht sie. Wir sind präsent in den Gebieten. Ich meine, es ist nur dem Namen nach eine Besatzung, weil es sich nicht um eine imperialistische Besatzung handelt. Uns bleibt nichts anderes übrig. Ich nenn dir eine völlig hypothetische Lage: Mal angenommen, wir sind aus allen Gebieten abgezogen – glaubst du, die sind dort imstande, sich selbst zu regieren? Im Moment dürfen wir nicht aus dem Westjordanland abziehen. Ich bin sehr dafür, dass es später so kommt. Ich meine, die Siedler müssen die Siedlungen räumen, aber nicht in diesem Augenblick. Früher dachte ich, der Abzug aus den Gebieten würde viel zum Friedensprozess beitragen, es würde viel bringen, wenn wir auf so und so viel zugunsten des »Feindes« verzichten würden. Beide Seiten sind an demselben Stück des Kuchens interessiert, und das liegt dem Problem und dem Konflikt zugrunde. Ich meine wirklich, dass man zusammenleben kann, aber nicht jetzt, in der augenblicklichen Lage. Stimmt, die Siedler stören das Zusammenleben. Aber ich hatte die Räumung der Siedlungen im Gazastreifen 2005 für gut gehalten, und da habe ich mich getäuscht. Ich sehe keinen vernünftigen Grund, die Siedlungen in diesem Stadium zu räumen. Das wäre nichts als eine krasse und brutale Provokation. Ich sehe keinerlei Veranlassung dazu. Nützen würde es sicher nichts.

# Amir

Zwanzigjähriger

Warum ich nicht beim Militär bin? Ach … das ist eine Idee, die sich entwickelt hat, ich hab nicht gleich gewusst, dass ich nicht hingehen würde. Ich weiß noch, dass mich der Gedanke an den ERSATZDIENST immer fasziniert hat, gleich damals, als ich zum ersten Mal von dieser Alternative zum Wehrdienst hörte.[14] Das fand ich sehr schön. Ich wusste schon in der elften Klasse, dass ich nicht bereit war, in einer Kampfeinheit zu dienen, hauptsächlich aus ideologischen Gründen. Aufgrund welcher Ideologie? Man kann sagen, aus egoistischen Motiven. Wenn man mich zur kämpfenden Truppe verpflichten würde? Dann würde ich mich weigern, und sie hätten nicht die Energie, es mit mir aufzunehmen. Ja, wenn sie mir sagen würden, »du gehst zur Panzertruppe, zur GOLANI, zur GIVATI«, wäre ich zweifellos bereit, ins Gefängnis zu gehen, um da nicht hinzugehen. Bei der Musterung haben sie mich gefragt, was passieren würde, wenn sie mich zur kämpfenden Truppe schicken würden, und ich habe ihnen gesagt, ich würde alles tun, um dem zu entgehen. Sie haben nicht weiter nachgefragt, aber vielleicht hätte ich ihnen auch gesagt, dass ich bereit gewesen wäre, ins Gefängnis zu gehen, wenn sie mich gefragt hätten.

Die körperliche Herausforderung hat mich nicht abgeschreckt. Ich hatte kein Problem mit der Fitness. Die höhere Wahrscheinlichkeit zu sterben hat vielleicht mitgewirkt, aber das hat mich nicht groß beschäftigt. Als ich klein war, vielleicht doch. Als ich Vaters Geschichten vom Militär hörte, hat es mich vielleicht etwas abgeschreckt. Ich erinnere mich an eine Geschichte von meinem Cousin, die sicher mit erklärt, warum ich nicht in eine Kampfeinheit gehen wollte. Er erzählte mir, er habe einmal ein Geschoss auf ein verlassenes Wohnviertel abgefeuert, ohne überhaupt zu wissen, was er da traf. Warum mich das abgeschreckt hat? Na, von wegen mit schwerem Geschütz, verlassenem Viertel – woher weiß er, was dort vor sich geht, wie kann einer abdrücken, ohne zu wissen, was er im Fadenkreuz hat? Er weiß, wohin es zeigt, aber woher weiß er,

---

14 Die Darstellung des Ersatzdienstes als »Alternative« ist irreführend, denn der Staat Israel lässt wehrdienstpflichtigen Männern keine Alternative.

dass niemand in diesem Gebäude ist? Er hat so leicht dahingesagt: »Sie haben es mir befohlen, also hab ich's gemacht.« War das Viertel wirklich verlassen? Wie kann man bloß? Anfangs war das verschwommen, aber bei näherem Nachdenken wurde mir klar, dass hier was krumm ist. Wie kann man so ein massives Geschoss abschießen auf … Natürlich hat er auch bei Einsätzen in Gaza Geschosse abgefeuert, und er hat keine Ahnung, wie viele Familien oder Soldaten oder echte Terroristen er getötet hat. Das ist vorbei. Er weiß es nicht.

Ich sage nicht, dass ich antimilitaristisch bin und dafür eintrete, die Armee aufzulösen und zu sagen, es langt. Ich glaube nicht, dass Israel ohne Streitkräfte existieren kann. Aber ich wehrte mich gegen den hohen Stellenwert, den die Armee im Land einnimmt, und ich rang mit der Frage, welche Position ich zu diesem Thema beziehen sollte. Ich war zweifellos nicht bereit, eine Waffe zu tragen. Ich glaube nicht, dass die Dinge so laufen müssen, und ich will da nicht mitmachen. Deshalb sage ich, dass meine Erwägungen egoistisch sind. Ich sage nicht allen: Werft die Waffen weg. Ich sage nur, dass ich die Waffe wegwerfe. Was passieren würde, wenn alle die Waffen wegwerfen würden? Das ist eine gute Frage. Ehrlich gesagt, wäre ich neugierig. Besorgt? Ich weiß nicht, ob besorgt. Kann man nicht wissen. Mir hat es auch nicht gepasst, ein bewaffnetes Symbol zu sein. So als Symbol rumzulaufen? In Dienstuniform? Ich in Militäruniform, mit einer Waffe in der Hand? Wenn es gar keine Streitkräfte gäbe, würde ich vermutlich nicht mehr leben. Ich weiß, dass hier ein Widerspruch besteht. Ich hab dir gesagt, ich bin ein Egoist.

Es war mir aber wichtig, einen Beitrag für den Staat zu leisten. Ich betrachte das nicht als Pflicht, es entspringt meinem Willen, mich einzubringen. Gerade in diesem Alter kann man sehr viel geben, sich ein paar Jahre einsetzen und wirklich etwas beitragen. Vielleicht hab ich das ein bisschen mit Freunden und mit den Eltern besprochen, aber nicht viel. Ich hatte mir meine Meinung schon gebildet, da hat mein Umfeld nicht mitgewirkt. Ich war allerdings in der Jugendbewegung. Ich bin hingegangen, weil ich Ausflüge machen wollte und gehört hatte, dass man dort Mädchen kennenlernt. Später habe ich an einem Seminar zum Thema Toleranz teilgenommen und fing an, mich mit den Inhalten und Werten der Bewegung zu befassen. Ich wurde aktiv, habe einen Führungskurs mitgemacht und wurde Gruppenleiter. Als Leiter habe ich große Betonung auf Werte gelegt. Bei einem Treffen, das dem Rabin-Mord gewidmet war, habe ich mich beispielsweise nicht mit Gedenkkultur beschäftigt, sondern das Thema des politischen Mordes in den Vordergrund gestellt. Ich wollte den Mitgliedern beibringen, Fragen zu stellen. Es ist sehr wichtig, die Dinge zu hinterfragen.

Ich erinnere mich, dass ich schon bei der Musterung, in der elften Klasse, gesagt habe, dass ich nicht bereit sei, in die kämpfende Truppe zu gehen, aber gern auf andere Weise dienen würde. Ich war mir des Potenzials, das ich einbringen konnte, bewusst und erklärte, ich würde gern in eine Nachrichteneinheit gehen, keiner kämpfenden natürlich. So dachte ich damals. Die psychotechnischen Tests habe ich gut bestanden. Hatte dabei höchstens zwei Fehler, hegte keine Zweifel, dass ich da ausgezeichnet war. Ich hab die Ergebnisse abgewartet. Wollte sehen, welche Einbestellung ich erhalten würde. Bei der Musterung müssen sie mir trotz allem zugehört haben, denn obwohl ich Profil 97 habe, wurde ich nicht zum Tag der Kommandoeinheiten einbestellt. Schau, ich habe tolle Fähigkeiten und auch meine Qualifikationsgruppe[15] ist hoch. Als ich schließlich die Freistellung erhielt, sagte mir der Militärpsychologe, mit meinen Voraussetzungen hätte ich Pilot werden können. Die haben mir einen Ausbildungsgang vorgeschlagen, den viele kriegen, der mich zum Logistikoffizier gemacht hätte. Ich bekam aber auch eine angeblich sehr begehrte Einberufung zu den Narzissen.[16] Bei dieser Einberufung muss man als Erstes ins Internet gehen und persönliche Daten eingeben, und in diesem Stadium haben sie mich ausgesiebt. Als ich die persönlichen Daten eingab, flog ich irgendwie raus. Ich weiß nicht, warum man mich ausgesiebt hat, obwohl ich hervorragende Fähigkeiten mitbrachte. Ich habe Faxe geschickt, habe herauszufinden versucht, ob es nicht doch noch einen Weg gäbe, aber ich merkte, dass sie praktisch nicht mit sich reden ließen. Das hat meine Dienstmotivation eindeutig gedrückt.

Wäre ich eingerückt, wäre ich wohl in der allgemeinen Einberufung gelandet, in der alle landen, die nicht vor dem Einberufungstermin klassifiziert wurden.[17] Dort wäre ich wer weiß wo hingekommen. Ich sah, dass ich beim Militär nicht viel finden würde, wo ich mein Potenzial ausnützen könnte, und wenn du schon mal Soldat bist, kommst du schlecht wieder raus. Ich habe mich gefragt, wo ich in dieses System reinpassen könnte. Andererseits habe ich immer

---

15  Erste Klassifizierung, die den Militärdienstanwärtern bei der Musterung gegeben wird. Die Qualitätsgruppe basiert auf dem Ergebnis des psychotechnischen Tests, einer Note, die den Bildungsgrad bezeichnet, und einer weiteren, die Testexperten über die Eignung zum Militärdienst vergeben.

16  Militärakademische Programme zur Ausbildung von Forschungsoffizieren beim Nachrichtendienst. Sie beginnen mit einem Universitätsstudium und verpflichten zu sechs Dienstjahren als Berufsoffizier.

17  Eliteeinheiten, gleich ob kämpfend oder nicht, suchen, klassifizieren und wählen ihre Anwärter im letzten Schuljahr aus, vor der Einberufung zum Wehrdienst.

an Ersatzdienst gedacht. Ersatzdienst statt einem Wehrdienst, bei dem ich nie wüsste, was mit mir werden würde, und all das, zumal ich nicht sicher war, ob ich dem Militär groß vertraute. Vor allem dieser Zweifel hat mich bewogen, den Ersatzdienst zu wählen, das war eine Option, die mir zusagte. Ich begriff, dass ich dort viel beitragen konnte. Ich wusste, dass ich neben meinen überdurchschnittlichen Mathematikkenntnissen auch hervorragende pädagogische Fähigkeiten mitbrachte.

Von da an ging alles sehr schnell. Als ich sah, dass ich beim Militär keinen richtigen Ansprechpartner hatte, war mir klar, dass ich freikommen wollte. Meine Mutter war sehr gegen meine Entscheidung, keinen Wehrdienst zu leisten. Warum? Hauptsächlich, weil es die Norm ist. Mein Vater hatte kein Problem damit. In der Zeit hatte ich auch mehrere Gespräche mit einem Psychologen. Es begann mit Fragen zum Wehrdienst, führte auch zu anderen Themen, aber als ich mich entschieden hatte, gar nicht zum Militär zu gehen, diskutierte ich es mit ihm. Der Vorwand dafür, dass ich zum Psychologen gegangen bin, war der Militärdienst. Ich war bereits sicher, dass ich freigestellt werden wollte, hatte aber noch nichts in der Sache unternommen. In keiner Phase meiner Bemühungen um Wehrdienstbefreiung habe ich auch nur ein einziges Mal lügen müssen. Ich musste nicht den Irren spielen oder so was.

Wie der Psychologe zu dem Ergebnis gelangte, dass ich mich nicht für den Wehrdienst eigne? Ich muss mal nachdenken … Zunächst war da mein Widerwille gegen den Dienst in einer Kampfeinheit – da habe ich Ausreden – ich spreche von Ausreden im Spaß – vorgeschoben, zum einen ideologische und zum anderen hab ich es natürlich mit einer gewissen Angst erklärt. Auch vom Charakter her passe ich vielleicht nicht so gut in starre Systeme. Wie er genau zu seinem Befund gelangt ist, musst du ihn selber fragen. So ganz genau weiß ich es nicht. Wohl hauptsächlich aufgrund meines Wesens. Wegen meiner Auffassung, wegen meines Verhaltens, was mich anzieht oder abstößt, was ich gut oder schlecht finde, wozu mein Charakter passt und wozu nicht. Aber was dort richtig gepunktet und den Militärpsychologen beeinflusst hat, waren die psychoanalytischen Tests, die ich gemacht habe.

Im nächsten Stadium hat der Psychologe seinen Brief ans Musterungsamt übersandt. Sie haben mir eine Vorladung zum Militärpsychologen geschickt. Der hat mir allerlei allgemeine Fragen gestellt, wollte unter anderem wissen, ob ich Schwierigkeiten beim Geschlechtsverkehr hätte. Diese führen angeblich zu chronischer Depression. So sehen das die Militärpsychologen. Ich sagte Nein, weil ich keine Schwierigkeiten habe. Er fragte mich, ob ich, Gott behüte, mal einen Selbstmordversuch unternommen hätte, und ich verneinte auch das. Bei dem ganzen Gespräch mit ihm habe ich meine Ehre nicht befleckt. »Gut, warum dann also?«, fragte er, und ich habe ihm erklärt, was ich dir erklärt habe. Vielleicht bin ich etwas mehr darauf herumgeritten, dass mir die Eingewöhnung in starre Rahmen möglicherweise schwerfallen würde. Vielleicht habe ich das Thema Ideologie ein klein wenig zugespitzt.

Obwohl ich ein Jahr zuvor bei der Musterung noch gesagt hatte, ich wäre bereit, nichtkriegerische Aufgaben zu übernehmen, fragte mich der Militärpsychologe nicht nach den Klassifizierungen und nicht nach dem Interview bei der ersten Einbestellung. Er hat mich nicht nach der Möglichkeit gefragt, zur nichtkämpfenden Truppe zu gehen. Er hat sich meine Ansichten angehört und gesagt: »Gut, du weißt, dass ich dich freistellen werde.« Ehrlich gesagt, hatte ich nicht gedacht, dass es so glatt gehen würde. Und er hat unterschrieben. Ich wurde unter dem Paragrafen »ungeeignet« freigestellt und nicht durch Herabsetzung des Profils. Wenn ich mich entschließen sollte, doch noch einzurücken, und Motivation hätte, würden sie den Eintrag in seiner Akte wohl für mich streichen. Mein Profil ist unangetastet geblieben. Es ist kein Profil 21. Der Militärpsychologe hat mir erklärt, ich könnte es mir noch anders überlegen. Ich bin da ziemlich verblüfft weggegangen, weil alles so schnell überstanden war. Das war die Geschichte der Freistellung.

Bei mir ist es sehr leicht über die Bühne gegangen, im Vergleich zu anderen, die ich kenne. Frag andere hier in der Wohnung, bei denen ging das nicht so glatt. Ich bin ein Ausnahmefall. Meines Erachtens hat es daran gelegen, dass ich alles einfach ganz ruhig und nach den bürokratischen Vorschriften gemacht habe. Meine Strategie für die Freistellung bestand eigentlich darin, grau zu erscheinen, weder schwarz noch weiß. Ich weiß nicht. Jedes meiner Probleme für sich hätte wohl nicht viel bewirkt, aber ihre Gesamtheit hat die Leute anscheinend zu dem Schluss geführt, dass sie eine problematische Persönlichkeit vor sich haben. Ich weiß natürlich nicht genau, was.

Ich meine, ohne dass darüber gesprochen würde, geht Israel von der Wehrpflichtarmee zum Berufsheer über. Wer wirklich will, kann sich freistellen lassen. Es ist eine ganze Prozedur, aber es ist machbar. Jeder schafft es auf seine Weise. Nur wenige entschließen sich, einen Brief der ZWÖLFTKLÄSSLER zu unterschreiben, aber jeder kann freikommen. Wenige werden wirklich verhaftet, weil sie freigestellt werden wollen, aber damit nicht durchkommen.

Ich kenne ein Mädchen, das bei dem Brief der Zwölftklässler mitgewirkt hat. Ich kenne ihre Ansichten nicht genauer, aber herzlichen Glückwunsch.

Sie zieht in einen sehr schönen Krieg, wenn sie bis zum Ende durchhält. Hervorragend. Ich habe großen Respekt davor. Meines Erachtens sind diese Leute sehr extrem. Es besteht zwar viel Ähnlichkeit zwischen meinen Ansichten und denen dieser Leute, und ich unterstütze sie entschieden, aber sie stehen weiter links als ich. Unser Staat driftet langsam extrem nach rechts, und die Rechte ist stark im Aufwind. Als Gegengewicht bin ich hochzufrieden mit den Zwölftklässlern, und ich schätze auch ihr Vorgehen sehr. Politisch habe ich nie rechts gestanden, aber meine Auffassungen sind weiter nach links gerückt. Die Operation GEGOSSENES BLEI hat mich beinah in die Depression gestürzt, als ich davon hörte. Ich war auch auf der Demonstration in Scheich Dscharach und habe diesen »Außenposten« freiwillig gegen die Ausschreitungen der Rechten bewacht.[18]

Um zu provozieren, wenn von ZAHAL die Rede ist, sage ich immer zum Spaß, ich würde mich drücken. Bloß um die Leute herauszufordern [*lacht*], denn ich weiß, dass ich mich nicht drücke. Warum ich mich nicht für einen Drückeberger halte? Weil sich drücken bedeutet, äh, dabei geht es um, äh, ich weiß nicht, ob das eine genaue Definition ist, aber äh … äh … es bedeutet, sich der Verantwortung zu entziehen, mehr oder weniger. Sich drücken bedeutet, sich vor jeglichem Dienst zu drücken. Die Bezeichnung Drückeberger gilt nicht für jemanden, der Ersatzdienst leistet. Ich betrachte mich nicht als Drückeberger.

Leute, die mich nicht kennen, würden mich als antizionistisch bezeichnen. Als ich Fremden erzählte, dass ich nicht zum Militär gehe, versuchten sie mich umzustimmen. Aber die kennen mich halt nicht. Israel ist eine sehr kampffreudige Gesellschaft. Die meisten Leute, die einen Hass auf Drückeberger haben, kennen anscheinend keinen einzigen Drückeberger. Auch in meiner Jahrgangsstufe habe ich Rufe wie »ein echter Israeli drückt sich nicht« und all diesen Scheiß gehört. Aber sobald ich mit einem aus meiner Klassenstufe geredet habe, hat er gesagt: »Oho, super, nur zu.« Auch von den Schreiern hat mich keiner mit Sanktionen belegt. Selbst von den Extremisten habe ich nichts

---

18  Scheich Dscharach ist ein Jerusalemer Stadtteil, in dem jüdische Siedler Häuser besetzt und deren palästinensische Bewohner vertrieben haben. Es geht um Gebäude jüdischer Eigentümer, die nach dem Unabhängigkeitskrieg von 1948 auf jordanischem Gebiet verblieben. Unter jordanischer Herrschaft wurden palästinensische Flüchtlinge darin untergebracht. Die Palästinenser sind bereit, auf die Gebäude zu verzichten, wenn sie dafür verlassenen palästinensischen Besitz in den Grenzen des Staates Israel erhalten. Dem stimmt Israel nicht zu. Eine kleine Gruppe israelischer Linker demonstriert immer wieder gegen die Besetzung dieser Häuser durch Juden.

darüber zu hören bekommen, dass ich Ersatzdienst leiste. Ich bin auf eine der kampffreudigsten Schulen gegangen. In meinem Jahrgang – wir waren sieben Klassen – bin ich der einzige Junge, der Ersatzdienst statt Wehrdienst leistet. Nach meiner Ansicht rührt die ganze Geschichte, von wegen zur kämpfenden Truppe zu gehen oder nicht, im Wesentlichen daher, dass die Leute es nicht anders kennen.

Umgekehrt? Was mich bewegen würde, eine Beziehung abzubrechen? Wenn ein guter Freund etwas täte, das ich unmoralisch fände? Er wäre immer noch mein Freund. Die Freundschaft würde nicht darunter leiden. Ich würde meine Meinung sagen. Ich weiß nicht – wenn mein Freund jemanden erstechen würde, würde das die Freundschaft vielleicht doch beeinträchtigen. Ja, würde es wohl. Wenn mein Freund Siedler würde, würde ich ihn gewiss nicht dort besuchen, aber wenn er in die Stadt käme, würde ich mich ohne Weiteres mit ihm ins Café setzen und mit ihm reden. Solange er nicht ein Messer gezückt und jemanden erstochen hat.

Ob Leute von der Linken zum Grenzschutz gehen sollten? Ja, beim Grenzschutz sind sie am härtesten, und wenn Linke da mitmachten, würde sicher eine Verbesserung eintreten. Ja sicher. Ich weiß nicht, vielleicht habe ich mich geirrt, vielleicht kann man der Gute bei den Bösen sein, das ist eine große Frage. Solange man's nicht versucht hat, weiß man es nicht.

# Matan

22-Jähriger

Ich überlege manchmal, was im Kopf eines Arabers vor sich geht, wenn er in einen Bus steigt und einen Soldaten in Uniform sieht. Sogar im Kopf eines Arabers in Jerusalem, der mich in Zivilkleidung joggen sieht und sich denkt, ich würde vielleicht trainieren, um fit für den Wehrdienst zu werden. Welche feindselige Haltung das weckt.

Ich kann nicht damit leben, dass Menschen, die ihre schwangere Frau ins Krankenhaus bringen oder auch einfach nur mal aus dem Haus kommen wollen, durch zehn Kontrollpunkte müssen. Das ist ein irrer Wirbel, und für alles brauchen sie Genehmigungen. Ich möchte nicht, dass in dem Staat, in dem ich lebe, oder in dem Volk, dem ich angehöre, so was passiert. Ich weiß nicht, wie das politische Programm aussieht, aber praktisch, im Gelände, werden die Rechte der Menschen mit Füßen getreten. Damit kann ich nicht leben.

Ich habe beschlossen, nicht bei einer Organisation mitzumachen, die anderen Menschen Schaden zufügt. Das ist zumindest der Ausgangspunkt. Ich habe viel darüber nachgedacht, ob es moralischer ist, zum Militär zu gehen oder nicht, und habe letzten Endes beschlossen, dass es richtiger ist, nicht zum Militär zu gehen. Ich gehe nicht zur Armee, aber ich leiste ERSATZDIENST. Ich arbeite mit gefährdeten Jugendlichen.

Der Mythos von der Sicherheit taucht hierzulande fast bei jeder Diskussion auf. Es gibt haufenweise Sicherheitsmythen. Es erhebt sich natürlich die Frage, ob man ganz ohne Streitkräfte auskommen könnte. Das geht wohl nicht auf einen Schlag. Aber ich meine, eine Änderung wird erst dann eintreten, wenn die Menschen etwas dafür tun. Wenn wir es mit dem vergleichen, was im Internet passiert: Leute haben angefangen, unerlaubt Dateien runterzuladen, und die Inhaber der Rechte für die Musikstücke oder Computerprogramme oder Filme haben gelernt, damit umzugehen. Und dann tritt eine Veränderung ein. Wenn es wegen Überkonsum in Israel kein Wasser geben wird, wird man Wasser aus der Türkei importieren. Es gibt immer Lösungen, auch für die Sicherheit. Situationen, die sehr, sehr akut sind, lösen Veränderungen aus, das geschieht zwangsläufig. Wenn immer weniger Leute einrücken, gibt es eine politische Einigung.

Meines Erachtens müsste man die Wehrpflicht abschaffen. Jeder, der nicht zum Militär gehen will, müsste freigestellt werden. Es gäbe eine Berufsarmee, und so entstände auch ein Unterschied zwischen Armee und Staat. In Israel sind Armee und Staat kaum voneinander getrennt, fast alle Regierungschefs waren hohe Armeeangehörige. Mich stört die eingefahrene Ansicht im Land, dass alle hier Wehrdienst leisten müssen. Das kommt meiner Meinung nach aus der Absicht, uns als Gesellschaft um die Armee aufzubauen und die Armee im öffentlichen Bewusstsein zu halten. Ganz zu schweigen davon, dass viele Leute in der Armee eigentlich ihre Zeit vergeuden. Nimm zum Beispiel das Erziehungscorps der Armee. Ich bin nicht sicher, ob wir Soldatinnen als Lehrerinnen usw. brauchen. Manchmal brüsten wir uns damit, dass unsere Armee als einzige ein Erziehungscorps hat, aber andererseits gibt es die auch bei den Terrororganisationen.

Du fragst, ob es nicht besser wäre, einzurücken und zu versuchen, ein »guter« Soldat zu sein, der verhindert, was beispielsweise an den Kontrollpunkten abläuft. Mir scheint, wenn ein paar Gesinnungsgenossen gemeinsam an ein und dieselbe Stelle gingen, könnte tatsächlich eine gewisse Veränderung eintreten. Aber ich meine, ein Einzelner kann nichts bewirken oder verändern. Ich denke, ein Einzelner innerhalb einer andersgearteten Gruppe, das frustriert bloß. Du fängst schließlich nicht an, an die Passanten Bonbons auszuteilen. Das ist eine komplizierte Situation, ich hab ziemlich viele Geschichten über die Lage an den Kontrollpunkten gehört. Das ist eine surrealistische Szenerie: Siedler kommen an und werfen Steine auf Palästinenser. Du als Soldat am Kontrollpunkt bemühst dich, sie zum Aufhören zu bewegen. Unterdessen verliert ein Araber die Nerven und tut was. Du stößt den Araber zurück. Und eine Million Kameras fotografieren das. Das ist surrealistisch.

Ich habe früh angefangen, über diese Themen nachzudenken. Als ich in der siebten Klasse war, habe ich gesagt, ich würde nicht zur Armee gehen. Ich erinnere mich, dass ich in der neunten Klasse ganz durcheinander war. Ich war in keiner Jugendbewegung, abgesehen von einer gewissen Zeit in der MERETZ-JUGEND und im Wanderzirkel des Naturschutzbundes. In der zwölften Klasse, nach der POLENFAHRT, habe ich sehr viel über das Thema nachgedacht und beschlossen, erst ein FREIWILLIGES SOZIALES JAHR zu machen und dann zum Militär zu gehen. Im sozialen Jahr waren wir ungefähr halbe-halbe. Nach und nach bekam ich das Gefühl, dass ich eher denen zustimmte, die nicht zur Armee gingen. Ich bin zum Militärpsychologen gegangen, habe ihm gesagt, ich sei durcheinander, hab einen Brief geschickt, und dann wurde ich freigestellt.

Es ist recht einfach. Wenn man sich stark genug gegen das System stemmt, wird man freigegeben. So wie ich es sehe, geht es bei mir zur einen Hälfte darum, mein persönliches Problem zu lösen, und zur anderen Hälfte, die Lage im Land zu verändern. Ich meine nicht, dass das Handeln einer Einzelperson eine Veränderung auslöst, aber ich glaube, dass ich ein Teil des Anfangs einer Veränderung bin.

Du fragst, warum ich das nicht zum politischen Thema gemacht habe wie die, die sogar ins Gefängnis gehen. Das hat was Populistisches. Ich habe nichts gegen diese Leute, aber mit der Methode ernten sie viel Opposition und Hass. Zumal sie, wenn der Dienst in den Gebieten das Problem ist, verlangen könnten, woanders zu dienen. Es gibt genug Aufgaben außerhalb der Gebiete. Aber ich bin gegen das ganze Militär. Wenn ein gerechter Frieden erreicht ist, werde ich bereit sein, in eine Armee einzurücken, die für den Notfall bereitsteht, für den Fall, dass wir angegriffen werden und es Krieg gibt.

Ich bin kein Pazifist, der sagt, ich würde auf keinen Fall eine Waffe anrühren. Aber nicht in die Gebiete gehen und trotzdem in der Armee dienen, löst meines Erachtens nicht das Problem. Ich betrachte die Armee als Ganzes. Als Organisation dient sie ganz und gar dem Ziel, die Gebiete zu behalten. Es geht nicht darum, dass ich durch den Dienst in den Gebieten den Palästinensern schade, allein schon durch mein Einrücken in die Armee füge ich ihnen Schaden zu. Die Armee ist zum Problem des Landes Israel geworden: all diese Sprüche, dass das Volk die Armee aufbaut und die Armee das Volk aufbaut. Wenn ich in die Armee gegangen wäre, hätte ich vermutlich als Lehrer gedient, denn ich bin ein Einzelkind und wäre daher nicht zur kämpfenden Truppe geschickt worden. Aber auch das will ich nicht. Ich will nicht in Uniform unterrichten. Das hat ein faschistisches Element an sich. Der Tatsache, dass die Armee sich mit Erziehung beschäftigt, bedeutet nicht, dass sie gut und moralisch ist. Für mich ist das ätzend.

Es wurde hart für mich nach der Entscheidung. In den ersten Monaten danach fiel es mir äußerst schwer, darüber zu sprechen, es publik zu machen. Ich habe mich sehr zurückgezogen. Es ist eine Art Coming-out, und es hat lange gedauert, bis ich damit herausgekommen bin. Die Menschen, die mir nahestehen, wussten es zumeist, aber es fiel mir schwer, mit Fremden darüber zu reden, von meinen Ansichten zu erzählen oder mit anderen zu diskutieren.

Meinem Vater hat es nicht so viel ausgemacht. Es entsprach so ziemlich seinen Ansichten, und ich nehme an, dass mein Vater auch ein Faktor war, der auf mich eingewirkt hat. Meiner Mutter hat der Gedanke gar nicht gefallen.

Sie findet im Grunde, dass der Staat mich neunzehn Jahre versorgt hat und es nun Zeit wird, etwas zurückzuzahlen. Meine Antwort darauf lautet, dass ich Ersatzdienst leiste.

Die meisten meiner Freunde dienen in Kampfeinheiten, bei den U-Booten und in den verschiedenen Kommandoeinheiten. Von ihnen habe ich oft gehört, dass sie kein Problem mit mir haben. Die Freunde haben mich relativ gut akzeptiert. Sie unterscheiden zwischen Jobs, die man lieber macht, und solchen, die weniger beliebt sind, und sie finden meine Arbeit mit geistig Behinderten in Ordnung. Eine junge Frau beispielsweise, die im Rahmen des Ersatzdienstes Sekretärin in der Poliklinik wird – das ist eine Arbeit, die ohnehin für Geld getan werden würde, wozu braucht man sie dann dort. Dasselbe gilt für Mädchen, die Sekretärinnen im Verteidigungsministerium werden. Ich hatte zwei Freunde, die wirklich ihre Schwierigkeiten mit mir hatten. Dem einen fällt es immer noch schwer, und er kommt immer auf die Frage, warum eigentlich er und ich nicht. Aber er mag mich wirklich und ist darüber hinweggekommen.

# Dana

22-Jährige

Ich habe einen interessanten Prozess durchlaufen, einen Entdeckungsprozess voller Einsichten über meinen Wehrdienst. Ich betrachte das Ganze als eine kontinuierliche Entwicklung, nicht als plötzlichen Umschwung. Meine Eltern sind beide Berufssoldaten, beide trugen Uniform und kamen immer sehr spät nach Haus. Ich bin auf Militärstützpunkten aufgewachsen und war als kleines Mädchen wohl etwas böse auf das, was sich ZAHAL nennt, weil mir das ein bisschen meine Eltern geraubt hat. Unsere Schule hat eine der höchsten Rekrutierungszahlen des Landes. Viele Piloten, viele Offiziere. Der Wehrdienst, der hier als selbstverständlich aufgefasst wird, geht mit einer Art linken Atmosphäre einher. So habe ich das damals gesehen, während ich es heute nicht mehr links nennen würde.

Meine Gymnasialzeit verlief wechselhaft. Schon in der achten Klasse wusste ich, dass ich kein Abitur machen wollte. Mein Leben und Tun folgte weniger konventionellen Bahnen. Ich merkte: Wer wirklich was lernen will, der ist in der Schule fehl am Platz. Ich habe mir alternative Einrichtungen gesucht wie die Demokratische Schule. Aber auch das war nicht das Richtige. Ich habe mich viel mit gesellschaftlichen und auch politischen Themen befasst. Eine Zeit lang leitete ich Feldkurse des Naturschutzbunds. Ich fand den »Salon Masal«, einen Tel Aviver Treffpunkt von Sozialaktivisten. Die Einstellung ist dort anarchistisch, mit Interesse an feministischen und ökologischen Themen und so. In die Schule ging ich kaum noch. Meine damaligen Freunde waren Pazifisten und Linksradikale. Ich rede von der Zeit, als sechzehn, siebzehn Jahre alt war.

Das war die Atmosphäre, in der ich angefangen habe, an den Wehrdienst zu denken. Ich habe mich gefragt, ob es richtig ist, überhaupt einzurücken. Ob das, was Zahal tut, richtig ist, und ob man, falls nicht, dieses Tun durch die Aufnahme des Wehrdienstes womöglich noch unterstützt. Ich meine, so in der elften und zwölften Klasse war ich mir ziemlich sicher, dass ich nicht einrücken würde. Ich bewertete Zahal nach allerlei Schlagworten über die Besatzung. Ich orientierte mich an Filmen und Bildern, die wir uns in meiner Tel Aviver Clique ansahen, von Soldaten, die unschuldige Zivilisten verprügeln. Ich hatte wohl kein besonders fundiertes politisches Bewusstsein und habe die Komplexität nicht erkannt. Nicht, dass solche Dinge nicht vorkommen, aber die Sache ist nicht so einfach. Damals fand ich es schwierig, einzurücken und Teil eines so gewalttätigen Systems zu werden. Ich hielt Zahal für den Hauptfaktor der gewaltvollen Situation im Nahen Osten. Wenn ich Soldaten sah, habe ich mich gefragt, wie sie so einem System dienen können.

Meine Eltern waren immer sehr aufgeschlossen. Haben immer mit mir geredet. Haben sich immer um Verständnis bemüht und Fragen gestellt. Die Gespräche mit ihnen waren sehr aufbauend. Als sie hinter meine Gedankengänge kamen, haben sie mir nicht im Weg gestanden. Meine Mutter machte sich Sorgen darüber, was ich nach dem Wehrdienst machen sollte, wie die Gesellschaft mich anschauen würde. Ich fand – und so habe ich es den Eltern erklärt –, dass das meine Entscheidungen nicht beeinflussen sollte. Meinen beiden Eltern war wichtig, dass ich aus den richtigen Gründen handelte. Andererseits habe ich es gegenüber meinen Eltern nie auf die Spitze getrieben: »Zahal tötet Kinder.« Ich fand es unpassend, das in ihrer Anwesenheit anzusprechen, sie waren schließlich Militärs.

Ich bin echt allergisch gegen Gewalt, bin auch Vegetarierin. Aber ich bin keine Pazifistin. Ein Pazifist ist einer, der unter keinen Umständen Gewalt gegen einen anderen rechtfertigt. Ich habe langsam begriffen, dass das nicht geht. Alles, was mit Moral zu tun hat, muss von der konkreten Situation her beurteilt werden. Es gibt keine pure Moral und falls doch, dann ist sie fürs tägliche Leben irrelevant. Du kannst sagen, es sei unmoralisch, auf einen anderen Menschen zu schießen, egal was. Aber wenn du vor einem Kindergarten stehst und jemand mit einer Schusswaffe ankommt, um die Kleinen niederzumähen, ist es dann immer noch unmoralisch, auf ihn zu schießen? Oder wäre es unmoralischer, nicht auf ihn zu schießen? Ich fand die pazifistische Einstellung zu puristisch. Vielleicht gibt es Pazifisten, die sich nicht so definieren.

Ich begann mein Selbstbild zu hinterfragen, dachte aber immer noch, dass das Militär nichts für mich wäre. Ich wollte gewissermaßen kein Blut an den Händen haben. Ich hatte auch große Angst vor dem Drill und vor dem, was das dem Menschen antut. Ich mochte schon den schulischen Rahmen nicht, fand die Machtverhältnisse in der Schule schädlich und pädagogisch ganz falsch. Erst recht fürchtete ich das Armeesystem mit seiner strengen Hierarchie, ein System, das im Grunde nicht demokratisch ist. Ich hatte Angst vor dem, was das aus mir machen würde, und dachte daran, Ersatzdienst zu leisten. Ich würde tun, was die Gesellschaft allen abverlangt, aber nicht auf die konventionelle Weise beim Militär, sondern auf dem alternativen Weg des Ersatzdienstes.

Ich hatte alle möglichen Ideen für den Ersatzdienst, beschloss aber, vorher noch ein FREIWILLIGES SOZIALES JAHR einzulegen. Warum? Das ist eine Gelegenheit, etwas für die Gesellschaft zu tun und auch etwas zu lernen und Erfahrungen zu sammeln in einem Lebensabschnitt, in dem man noch keine Verpflichtungen hat. Ein freiwilliges soziales Jahr ist purer Einsatz in den Armenvierteln, als Hilfskraft in Schulen, Suppenküchen und Ähnlichem. Das soziale Jahr und die VORMILITÄRISCHEN LEHRGÄNGE eröffnen jungen Leuten höchst interessante Möglichkeiten. Ich habe viel nachgedacht und mich schließlich für einen vormilitärischen Lehrgang entschieden. Was mich an dem Lehrgang interessiert hat, war das Element der Ausbildung. Ein Jahr, um soziale Führungsqualitäten zu erwerben. So präsentieren sich die meisten Lehrgänge, als Vorbereitungskurs, der den weiterbringt, der in der Gesellschaft, in der er lebt, nicht nur in der Armee, etwas bewirken, die Gesellschaft, der er angehört, verbessern möchte. Der Gedanke hat mir zugesagt.

Meine damaligen Vorstellungen, dass der Staat im Grund rassistisch sei, und die postzionistische Kritik, die den Zionismus als einen Vorgang der Eroberung und Enteignung darstellt, hatten zu meiner Abneigung gegen den Wehrdienst beigetragen. Ich kam zur vormilitärischen Akademie mit der Erklärung, dass ich nicht einrücken würde. Ich fand es sehr humanistisch, nicht in der Armee zu dienen, aber es war problematisch, weil sie eigentlich keine Wehrunwilligen in den Lehrgang aufnehmen. Ich habe dieses Thema von Anfang an mit dem Leiter der Akademie diskutiert. Ich hatte keine Angst, mich mit den Ideen der anderen auseinanderzusetzen, und dachte, wenn meine Ideen wirklich richtig sind, würde ich auch die Verantwortlichen in dem Lehrgang überzeugen, dass Menschen, die aus meinen Motiven nicht einrücken, in Ordnung sind. Zuerst hielt ich das auch für aussichtsreich.

Mein damaliger Freund teilte meine Weltanschauung, dass Israels militant-militaristische Haltung an der Lage schuld sei, und den Willen, Gewaltanwendung zu vermeiden. Er sorgte sich mehr um den gesellschaftlichen Aspekt, darum, dass man ihn daraufhin nicht akzeptieren würde, er keine Arbeit fände, all die Dinge, die man denen androht, die daran denken, nicht einzurücken. Dieses Problem hatte ich nicht. Ich habe gesagt, ich tue, was ich für richtig halte, wird schon in Ordnung gehen.

Irgendwann während des Lehrgangs ist eine interessante Entwicklung eingetreten. Die humanistische Auffassung, die ich vorher hatte, wurde durch die Unterrichtsmethode dort auf die Probe gestellt. Wir bekamen Unterricht über Armee und Gesellschaft, über die Komplexität des Wehrdienstes, über die Reinheit der Waffen[19]. Im Lehrgang bekam ich eine andere Sicht auf die Geschichte und auf Staat und Gesellschaft. Der Lehrgang ist nach Jitzchak Rabin benannt und stand unter dem Motto: »Der Geist der Zweiten und Dritten Alija«[20]. Nach und nach ging mir auf, dass der zionistische Gedanke einer der humanistischsten war, der mir je begegnet ist. Vorher war Zionismus eher ein Schimpfwort für mich. Das war die bedeutende Veränderung, die ich durchgemacht habe. Das zeigte sich auch in Gesprächen mit meinem Freund. Er war nicht im Lehrgang und blieb bei den Meinungen, die ich früher auch vertreten hatte. In unseren Diskussionen fragte er: »Was ist denn mit dir passiert? Aus dir ist ja eine Imperialistin geworden, eine nationalistische, gewaltsame Besatzerin, und was soll dieser Patriotismus?« Ich habe ihm meine Sicht der Dinge nahezubringen versucht, aber das hat nicht geklappt. Das hat schließlich auch zur Trennung geführt. Wir haben uns wirklich sehr geliebt, konnten aber mit diesem Ideengegensatz nicht leben.

Je mehr ich den Dingen nachging und darüber lernte, desto stärker identifizierte ich mich mit den grundlegenden Ideen des Zionismus und den (sozialistischen) zionistischen Strömungen, die die Akademie uns nahebrachte. Jetzt sah ich mich als Fortführerin dieses Gedankenguts, wollte es nicht mehr bekämpfen. Ich tat mich immer noch etwas schwer mit dem Wehrdienst. Ich habe viele Gespräche mit Freunden geführt und viel über Prinzipien nachgedacht. Mir war ziemlich klar, dass der Staat Israel Streitkräfte braucht. Bei all den Problemen, die ich damit hatte, begriff ich: Wenn alle so handeln wie ich, gibt es hier bald keinen Staat mehr. Das ist kein verantwortungsbewusster Weg.

Als ich dann den MANILA-Fragebogen bekam, wurde mir klar, dass ich mich entscheiden musste. Damals dachte ich, dass das, was mir beim Militär fragwürdig vorkam, hauptsächlich die Aufgabe des Kämpfers betraf. Es mag naiv klingen, aber deshalb dachte ich, bei einer Aufgabe in der kämpfenden Truppe am meisten bewirken zu können. Bei meinem ersten Musterungsbescheid, den ich noch vor dem Lehrgang erhielt, hatte ich mir alle Türen offengelassen. Ich hatte ihnen nicht gesagt, dass ich nicht einrücken wollte. Sonst

19 »Reinheit der Waffen« oder »Reinhaltung der Waffen« bezeichnet bei den israelischen Streitkräften eine hohe Kampfmoral, der gemäß die Waffen zu keinerlei unnötigen oder gar verbrecherischen Einsätzen benutzt werden dürfen.

20 Alija, wörtlich »Aufstieg«, bedeutet im Zusammenhang mit einer Zahl die jeweilige Einwanderungswelle seit Ende des 19. Jahrhunderts. Die Zweite Alija kam vor dem Ersten Weltkrieg und begründete die Kibbuz-Bewegung, die Dritte folgte nach dem Ersten Weltkrieg, bereits in der britischen Mandatszeit.

hätte ich mir den Zugang zum Lehrgang verbaut. Ich glaube nicht, dass eine Kampfaufgabe meinem Wesen in irgendeiner Weise entspricht, aber damals hielt ich das für das Richtigste. Ich dachte sogar daran, zum Grenzschutz zu gehen, der Menschlichkeit am dringendsten zu brauchen schien. Den Leuten draußen und vor allem meinem Freund kam ich wie umgekrempelt vor. Mir selbst erschien es als direkte Fortsetzung meiner humanistischen Einstellung.

Ich habe mit vielen Kampfsoldatinnen gesprochen, habe richtig Nachforschungen über die Aufgaben von Kämpferinnen angestellt und im Manila-Fragebogen um eine Kampfaufgabe für Frauen nachgesucht. Ich wurde zum Auswahltest einbestellt. Ich investierte viel, trainierte vorher und kam sehr gut vorbereitet, um den Auswahltest zu bestehen. Ich absolvierte die Fitness- und Ausdauertests gut und hatte auch das Gefühl, dass mein Gespräch mit der Psychologin sehr gut gelaufen war. Ich verließ das Auswahlverfahren mit einem hervorragenden Gefühl. Und doch war ich gescheitert. Ich erhielt einen Brief, dass ich das Auswahlverfahren nicht bestanden hatte, aber du kriegst keine Erklärung. Ich war sehr neugierig, worüber ich gestolpert war, und eine Freundin, die im Musterungsamt diente, guckte es für mich nach. Wie sich herausstellte, war ich nicht bei den Fitnessprüfungen durchgefallen, sondern wegen »Übersensibilität« für ungeeignet befunden worden. Erst später, als ich beim Militär anfing, begriff ich, welche seelischen Herausforderungen der Dienst als Kämpferin mir abverlangt hätte. Die Prüfer hatten offenbar recht.

In der Akademie ermuntert man die Mädchen, zum Grundausbildungscorps zu gehen, und dort hat man mich hingeschickt. Im Großen und Ganzen ist das eine angenehme und gute Einheit, und den Lehrkörper des Kurses bildeten besonders nette Mädchen. Der Kurs und die Grundausbildung waren hart für mich. Ich tat mich schwer mit dem militärischen Drill, besonders während der Grundausbildung. Mit Disziplin und Autorität hatte ich meine Probleme. Ich wurde Lehrunteroffizierin und brachte Soldaten aus den Minderheiten[21] und jüdischen Soldaten aus Äthiopien Hebräisch bei. Die Aufgabe war hochinteressant, und ich fand sie schön, aber mit dem Militärischen hatte ich weiter Schwierigkeiten.

Bei der Wehrentlassung hatte ich das Gefühl, einen wichtigen und sinnvollen Dienst geleistet zu haben. Überhaupt erfüllt das Ausbildungscorps nach meiner Ansicht eine immense Aufgabe in der Armee. Aber natürlich hatte ich

---

21 Beduinen, Drusen, Tscherkessen.

bei der Entlassung das Empfinden, dass ich keinen übergroßen Einfluss auf die Armee ausgeübt, die Welt nicht übermäßig verbessert hatte. Ich hatte das System durchlaufen, wie Tausende andere vor mir.

Meine Ansichten über die Besatzung haben sich nicht geändert. Aber ich habe längst die Auffassung aufgegeben, dass die Armee für alles Unrecht in unserem Land verantwortlich ist. Sie ist nicht frei davon. Es gibt höchst problematische Dinge. Man muss politisch vorgehen, um sie zu ändern. Ob Wehrdienstverweigerung legitim ist? Ich persönlich respektiere Leute, die aus Gewissensgründen verweigern. Andererseits verachte ich das weitverbreitete Phänomen der Wehrflucht. Man muss sehr deutlich zwischen Verweigerern aus Gewissensgründen und Drückebergern unterscheiden. Ganz zu schweigen von den Drückebergern, die nicht zum Militär gehen wollen, weil sie lieber ihre Karriere fördern möchten. Das kann ich nicht akzeptieren. Das ist unmoralisch. Das sind Blutsauger der Gesellschaft. Das bedeutet, in den Brunnen zu spucken, aus dem man getrunken hat. Verweigerer sind bereit, für ihre Auffassungen einen persönlichen Preis zu zahlen, nach den demokratischen Spielregeln. Es ist ein Riesenunterschied für mich, ob jemand zum Militärpsychologen oder ins Gefängnis geht. Ersteres betrachte ich als großen Schlag gegen die Demokratie. Ich finde es nicht richtig, das System zu belügen. Wenn sie das System umgehen, nehmen sie nicht den Einfluss, den sie anstreben. Sie verbessern die Demokratie nicht. Sie nutzen nicht die Instrumente, die der Staat ihnen bereitstellt, weil sie den persönlichen Preis nicht zahlen möchten. Mein Ex hat nicht verweigert, weil er nicht im Gefängnis sitzen wollte. Es ärgert mich, dass sie sich dem Staat entziehen und deshalb nichts bewirken. Sie verlieren ihre Legitimation.

Ich habe Achtung vor Verweigerern aus Gewissensgründen, obwohl ich ihrem Weg nicht zustimme. Ich stimme ihnen völlig zu, dass vieles von dem, was Zahal tut, problematisch ist, dass manche Maßnahmen der Menschenrechtskonvention widersprechen oder etwas verletzen, was ich für gerecht und gut halte. Ich glaube nicht, dass die Verweigerung da Abhilfe schafft. Allerdings schärft sie das Bewusstsein. In einer Gesellschaft, die Reservisten hoch achtet und in der der Wehrdienst zum Konsens gehört, meine ich: Wenn eine Welle punktueller Verweigerung einsetzen würde, könnte das was bewirken. Mir sind die Verweigerer lieber, die nicht bereit sind, in den Gebieten zu dienen. Letzthin denke ich manchmal, es sei vielleicht richtig, solche Einsätze selektiv zu verweigern. Aber ich bin nicht sicher. Schließlich hat der Staat diese Siedlungen gegründet. Dort leben Menschen. Ich habe mir noch keine feste

Meinung dazu gebildet. Ist es richtig, Familien dort anzusiedeln und sie dann nicht zu verteidigen?

Wenn ich früher von Leuten hörte, die an den Kontrollpunkten standen und Araber mies behandelten, meinte ich, sie seien sicher rassistisch oder hitzköpfig oder furchtbar nationalistisch. Als dann Freunde von mir schwierige Situationen bewältigen mussten und ich von ihnen Dinge hörte, die für mich haarsträubend und übel klangen, fing ich an darüber nachzudenken, warum sie das tun. Warum sie sich ein Denksystem zurechtlegen, um zu rechtfertigen, was sie da machen, weil es angeblich das kleinere Übel ist.

Menschen bauen sich immer ein System, um mit Dingen klarzukommen, die sie tun müssen. Ein Soldat, der im Einsatz ist – wie beim Dienst an einem Kontrollposten oder in Hebron – und ihn heil überstehen will, kann sich kaum kritisch damit auseinandersetzen. Er kann sich kaum fragen, warum er das überhaupt mitmacht. Auch der Entwicklungsprozess, der Sozialisationsprozess, den der Soldat durchmacht, spielt eine große Rolle. Da sind mächtige Einflüsse am Werk, die ihm nicht viel Raum für die moralische Bewertung der Maßnahmen lassen, die er durchzuführen hat.

Ich meine, die Diskussion, die wir in der Akademie über GEGOSSENES BLEI geführt haben, war sehr wichtig und sehr gut. Nur, wie das nach draußen gedrungen ist, war problematisch, vor allem, weil die Beteiligten nicht gefragt wurden, bevor man damit an die Presse ging. Das war sehr hart für die Betroffenen. Man konnte sie identifizieren. Was in der Diskussion zur Sprache gekommen war, lieferte klassisches Material für Sätze, die aus dem Zusammenhang gerissen werden. Das Gespräch war nicht für die breite Öffentlichkeit bestimmt gewesen. Es war eine interne Diskussion, die nach den Regeln des Lehrgangs geführt wurde. Danny, der Leiter unserer vormilitärischen Akademie, hatte dem Generalstabschef Meldung gemacht und um ein Treffen gebeten. Der Generalstabschef hat dieser Bitte und auch einer zweiten nicht stattgegeben. Da hat Danny gedroht, damit an die Presse zu gehen, und hat es getan. Das ist legitim, er hätte es nur kluger anstellen müssen. Das hat den Lehrgang in ein schiefes Licht gerückt, und die Kameraden hatten es schwer in ihrem Bataillon. Es gab eine militärpolizeiliche Ermittlung in der Sache, und die Kameraden wurden in eine Ecke gedrängt. Angeblich hat man sich emsig bemüht, die Dinge unter den Teppich zu kehren. Ja, es war wichtig, dass sie in die Medien kamen, aber … es hat nicht dazu geführt, dass die Wahrheit wirklich ans Licht kam. Es hat dazu geführt, dass die Kameraden in ihren Einheiten mit dem Rücken zur Wand standen. Es hat eine Hetzkampagne gegen sie entfacht.

Du fragst mich, was mit Zivilcourage ist? Es scheint mir keine Frage der Zivilcourage zu sein. Es ist kompliziert. Die Beziehungen zwischen dem Lehrgang und GIVATI sind heikel. Vielleicht hätte Danny sich an den Brigadechef wenden müssen, ehe er an die Presse ging, statt die Kameraden reinzureißen. Diese Kameraden sind Befehlshaber und man muss das persönliche Element verstehen. Im Lehrgang hatten wir das Gefühl, man wollte Schlagzeilen machen, ehe man das Problem zu lösen versuchte.

# Omer

Dreißigjähriger Lehrer

Als ich auf dem Gymnasium war, wollte ich unbedingt einrücken und was Kämpferisches machen. Ich dachte, ich würde zu den Fliegern gehen oder zur FLOTTILLE oder zur KOMMANDOEINHEIT DES GENERALSTABS. So ging das die ganze Gymnasialzeit über. Gleichzeitig reifte in mir der Wunsch, etwas für die Gesellschaft zu tun. Seinerzeit sah ich darin keinerlei Widerspruch. Deshalb trat ich ein FREIWILLIGES SOZIALES JAHR an, bei dem man den Wehrdienst um ein Jahr aufschiebt und soziale Aufgaben übernimmt. Ich gab Nachhilfestunden in einem Internat für Kinder, die nicht zu Hause sein können.

Ich hatte in der Schule eine Klasse übersprungen und wollte das freiwillige soziale Jahr nicht mit Älteren ableisten. So blieb mir ein Jahr zwischen Gymnasium und sozialem Jahr, in dem ich im Ausland herumreiste. Ich war ein halbes Jahr in den USA und zwei Monate in Europa – eine Zeit, in der ich neue Perspektiven bekam. Und da habe ich mich gefragt, ob das Militär wirklich zu meinen Werten passt, zu den Werten, an die ich glaube. Obwohl ich immer noch dachte, dass ich einrücken würde, fragte ich mich jetzt, ob das der richtige Platz für mich war: Kämpfen und dadurch einen Beitrag für die Gesellschaft leisten?

Schon vorher, beim Interview auf dem Musterungsamt, als ich sechzehn Jahre alt war, fragte mich die Interviewerin, was ich machen wollte, und ich sagte, ich wolle dorthin, wo ich am meisten für die Gesellschaft tun könne. »Gut«, sagte sie, »dann schreibe ich kämpfende Truppe.« Das kam mir etwas eigenartig vor und hat bei mir was aufblitzen lassen, denn sonst würde ich mich sicher nicht mehr daran erinnern. Aber es leuchtete mir auch irgendwie ein, und es war mir egal, dass sie kämpfende Truppe schrieb. Und doch kam es mir komisch vor, dass unter allen Dingen, die man für die Gesellschaft tun kann, die kämpfende Truppe am selbstverständlichsten war. Ich dachte mir damals, dass ich in der Armee etwas für die Gesellschaft tun wolle.

Während des freiwilligen sozialen Jahrs gelangte ich zu dem Schluss, dass ich den größten Beitrag nicht in der Armee, sondern im Erziehungswesen leisten könnte. Ich habe das soziale Jahr in einer Schule für Jugendliche, die aus dem Raster gefallen waren, gemacht. Dort bekam ich etwas mehr Selbstsicherheit als Erzieher. Für den Militärdienst dachte ich an die NACHAL. Denen, die im Rahmen einer Nachal-Kerngruppe einrücken, gestattet die Armee, rund die Hälfte der Dienstzeit einem sogenannten »Projektabschnitt« zu widmen. Ich entschied mich dafür, zu einer Kerngruppe der Nachal zu gehen, und sagte mir [*lächelt*]: Ich hab anderthalb Jahre, um Menschen zu helfen, und anderthalb Jahre, um Menschen zu töten, und so gleicht sich das aus. Ich wollte damals zur Kerngruppe »Moschaw-Jugend«. Diese Gruppe, der ich hätte angehören sollen, leistete die Kerngruppenzeit, den Projektabschnitt, in einer Ortschaft im Süden und half auch in Beduinendörfern und in anderen Orten der Gegend. Das hatte ich vor.

Ein paar Monate vor der Einberufung hörte ich vom »Nachbar-Verfahren«[22]. Ich erfuhr davon, als ZAHAL praktisch schon damit aufgehört hatte. Aber als ich davon hörte, fiel bei mir der Groschen: Ich war nicht bereit, einer Armee anzugehören, die Menschen als Schutzschilde missbraucht. Heute sehe ich das weit vielschichtiger, aber damals sah ich das so. Obwohl ich einen Entwicklungsprozess schildere, war das ein Wendepunkt. Plötzlich ging mir auf, dass Zahal nicht die »moralische Armee« ist, dass dort viel Unmoralisches geschieht. Vorher, als ich in Europa unterwegs war und mit Leuten über das Geschehen in Israel redete, habe ich Israel immer in Schutz genommen. Plötzlich spürte ich, dass das umschlägt, dass ich nicht mehr dort stehe. Als ich das begriffen hatte, fing ich an, die Berichte von B'TSELEM zu lesen, und ich meine – ich bin mir zeitlich nicht ganz sicher –, es hätte auch Berichte von MACHSOM WATCH gegeben. Ich las Berichte über das, was in den Gebieten vorgeht, verband es mit dem, was ich vorher gelesen hatte, und so hat sich das bei mir gefestigt. Ich hatte eine lange Liste von Dingen, mit denen ich beim Militär nicht einverstanden war, wegen denen ich keinen Wehrdienst leisten wollte. Weil ich nicht bereit war, diese Dinge zu tun, beschloss ich, gegen das israelische Gesetz zu verstoßen und nicht einzurücken.

Ich schrieb einen Brief an den Generalstabschef und an den Verteidigungsminister. Es war ein persönlicher Brief, nicht Teil des Briefs der ZWÖLFTKLÄSSLER, den ich später unterschrieben habe. In dem Brief habe ich die Dinge aufgezählt, wegen denen ich nicht einrücken wollte. Ich erinnere mich nicht, eine Antwort erhalten zu haben. Aber ich habe auch nicht so groß auf eine Antwort

---

22  Bei diesem Verfahren wird ein Nachbar oder ein Verwandter eines Verdächtigen, der sich in einem Haus verschanzt, von Soldaten aufgefordert, bei dem Terroristen an die Tür zu klopfen und ihn zur Aufgabe zu bewegen. Zahal ging davon aus, dass der Terrorist nicht auf seine Nächsten schießen würde.

gewartet. Ich habe den Brief geschrieben, um mit mir und meinem Vorgehen im Reinen zu sein. Erst nachdem ich den gesamten Entwicklungsprozess durchlaufen hatte, entdeckte ich die Zwölftklässler. Als ich den ganzen Salat angerichtet hatte, erzählte mir meine Mutter von einer Bekannten, deren Sohn ebenfalls den Wehrdienst verweigert hatte, und hat uns miteinander verlinkt. So entdeckte ich, dass ich nicht allein stand. Ich habe Verbindung zu diesen Leuten aufgenommen, obwohl ich gesellschaftlich nicht so sehr zu den Linken passte [*kichert*]. Das Ganze hatte was militant Linkes an sich. Es gab ein paar Leute, mit denen ich persönliche Beziehungen aufnahm, aber ich habe mich politisch nicht weiter engagiert und hatte mit den Treffen und Demonstrationen nicht so viel am Hut.

Ein Freund, mit dem ich gegen Ende des freiwilligen sozialen Jahrs viel zusammen war, hat einen ähnlichen Prozess durchgemacht. Er beschloss ebenfalls zu verweigern. Ich meine, in unseren Gesprächen sei es auch stärker auf Verweigerung hinausgelaufen. Aber ich hatte schon vorher viel nachgedacht, mir Dinge notiert. Als ich die Auslandsreise antrat, nach dem Gymnasium, habe ich angefangen, mir allerlei Gedanken aufzuschreiben. Ich hab das dann überarbeitet, auch mit Freunden besprochen.

Mein Vater war Pilot bei der Luftwaffe, ich bin auf Militärstützpunkten aufgewachsen [*lacht*], aber in den kritischen Jahren wohnten wir schon im Moschaw. Das Gymnasium habe ich im Kibbuz absolviert. Das war zwar ein Kibbuz des HASCHOMER HATZAIR, aber ich glaube kaum, dass die links orientierte Schule meine Entscheidung über die Einberufung beeinflusst hat. Als dem Direktor der Schule zu Ohren kam, dass ich nicht dienen würde – es war zwei Jahre nach Schulabschluss –, bestellte er mich zu einem Gespräch ein und erklärte mir, warum ich einrücken müsste. Ich glaube nicht, dass mich das irgendwie beeindruckt hat. Vielleicht besteht eine gewisse Dualität in der säkularen, zionistischen, linken Erziehung des Haschomer Hatzair – auch in meinem Elternhaus, in dem die Werte der Menschenwürde hochgehalten wurden [und man trotzdem gegen die Wehrdienstverweigerung in besetzten Gebieten war]. Wir sind nicht damit aufgewachsen, dass ein jüdischer Staat einen eigenständigen Wert darstellt. Ich weiß noch, dass es 1998, zum fünfzigsten Jahrestag der Staatsgründung, ein Projekt gab, bei dem alle Gymnasien die Unabhängigkeitserklärung unterschreiben sollten. Davor gab es eine ganze Unterrichtseinheit über die Unabhängigkeitserklärung. Ich fragte meine Lehrer, wie es angehen könne, dass in der Erklärung einerseits steht, dass alle im Staat gleiche Rechte hätten, ohne Unterschied von Religion, Abstammung und Geschlecht, und dass andererseits von einem jüdischen Staat die Rede sei. Ich habe diese Frage ein paar Mal gestellt, ohne dass die Lehrer sie hätten beantworten können.

Gemeinnützige Tätigkeit, Menschenwürde und Gleichberechtigung galten daheim als die führenden Werte. Ganz bestimmt hat es bei uns zu Hause keine rassistischen Äußerungen gegeben. Die Wertvorstellungen waren eher universal als zionistisch. Würde ich mein Elternhaus als links bezeichnen? Weiß nicht. Ich weiß nicht, wie ich es damals definiert hätte. Als ich mich zur Verweigerung entschloss, habe ich es wirklich nicht als links betrachtet. Heute schon. Mein Vater hat sich schwergetan mit meiner Verweigerung. Er hat es nach und nach akzeptiert. Er lebt sein Leben nach seinem Glauben und hat akzeptiert, dass ich mein Leben nach meinem Glauben lebe. Anfangs ist es ihm sehr schwergefallen. Du musst verstehen, ich stamme aus einer Familie, in der viele Onkel und Cousins Piloten gewesen sind. Auch meine Mutter hatte es nicht leicht damit. Aber sie sagte, sie würde akzeptieren, was ich täte, würde mich praktisch unterstützen. Politisch hat sie meinem Vorgehen nicht zugestimmt, aber sie hat gesagt, ich müsste selbst entscheiden, und sie stände hinter mir. Meine beiden Eltern hofften, ich würde den Wehrdienst antreten, aber sie haben praktisch keinen Druck auf mich ausgeübt. Es hieß nicht: »Wenn du nicht einrückst, reden wir nicht mehr mit dir« oder so was. Ob sie es in ihrem gesellschaftlichen Umfeld schwer hatten? Nein, wirklich nicht. Mein Vater hat seine Urkunde [*lächelt*], seine zwanzig Jahre als Luftwaffenpilot. Also auch, wenn ich minus drei Jahre gegeben habe, tut das der Gesamtsumme keinen Abbruch. Auch in der Gesellschaft war ich gut angesehen, sowohl bei den Freunden meiner Eltern als auch im Moschaw. Das mag manche Leute überrascht haben, aber im Freundeskreis hat es meinen Eltern keine Probleme bereitet.

Am Tag der Einberufung bin ich auf dem Musterungsamt erschienen. Seinerzeit gab es viele Verweigerer. Ein paar waren mir vorausgegangen, und es gab fast zeitgleich fünf Verweigerer, von denen der letzte zwei Wochen vor mir ins Gefängnis kam. Im Einberufungszentrum kannte man das schon, und es gab bereits Richtlinien für den Umgang mit Verweigerung. Ich kam, in der Tasche das persönliche Zeug, wie man so zur Einberufung kommt. An dem Tag wurde für die Artillerie einberufen, und man schickte alle in einen Unterstand, um ihnen einen Film über die Artillerie vorzuführen. Ich habe gesagt, ich würde nicht einrücken und mir den Film nicht ansehen. Ich hab dort noch einen entdeckt, der nicht einrückte. Er war Pazifist und Buddhist, und ich verweigerte aus anderen Gründen. Ich kann mich nicht erinnern, ob er sich damals schon als Buddhist bezeichnet hat, aber ich meine ja. Unsere Verweigerungsgründe waren jedenfalls verschieden. Meine Gründe waren politisch und seine – ich weiß nicht, ob religiös die präzise Definition ist – seine Gründe waren religiöspazifistisch.

Wir saßen beide da. Jemand kam an und fragte, ob wir einrücken wollten, was wir mit Nein beantworteten. Sie kannten schon die Verfahrensregeln, führten uns ab in die Verhaftungszellen. Sie waren sehr nett, ich habe diese Leute bei der Verhaftung sehr positiv in Erinnerung. Sie haben mich zu vierzehn Tagen Haft verurteilt und per Bus ins Militärgefängnis 4 gefahren. Nach den zwei Wochen wurde ich entlassen und bekam einen neuen Einberufungstermin zwei Tage später. Die Sache ging von Neuem los, ich wurde wieder wegen Befehlsverweigerung verurteilt, bekam vierzehn Tage Strafe aufgebrummt. Beim dritten Mal wurde ich zu 28 Tagen Gefängnis verurteilt.

Im Gefängnis wurde ich auch als Verräter beschimpft, aber es war nicht besonders schlimm. Einige meiner Mithäftlinge saßen ein, weil sie Palästinenser in den Gebieten verprügelt hatten. Die ernteten Beifall, wenn sie sagten, warum sie im Gefängnis gelandet waren. Die waren superrechts. Ich habe mit meinen politischen Ansichten nicht hinterm Berg gehalten und die auch nicht. Wie ich mit denen gut Freund sein konnte? Das habe ich mich damals auch gefragt. Ich schätze, letzten Endes habe ich den Menschen vor Augen und nicht seine Taten. Ob der Mensch nicht die Summe seiner Taten ist? [*Kichert.*] Ja. Ich merkte, dass ich mit ihnen reden konnte, es war mir nicht sehr unangenehm. Es gab unangenehme Episoden, aber im Ganzen war es mir unangenehmer, sie zu ignorieren, als mit ihnen zu reden. Ich meine, es hat damals zumindest was bewirkt. Ich spreche von Typen, die in den ersten Tagen sehr stolz auf ihre Taten waren, solchen, die gar nicht darüber nachdachten, was sie getan hatten. Manche sagten mir, nach unseren Gesprächen meinten sie, dass ihr Handeln doch nicht richtig gewesen sei.

Ich glaube, die Vorgesetzten im Gefängnis schätzten mich, weil sie Achtung vor Leuten haben, die bereit sind, für ihre Weltanschauung und ihre Werte zu leiden. Aber sie akzeptierten mich auch deshalb, weil ich ihnen keine Probleme machte. Sie haben mich wirklich anständig behandelt. So hatte ich bei einem meiner Gefängnisgänge die Rasierklingen, die man dort nicht mitnehmen darf, in der Reisetasche vergessen. Im Gefängnis bekommt man eine Klinge, mit der man sich kaum rasieren kann. Der Vorgesetzte, der die Tasche durchsuchte, sah die Klingen, sah, dass ich es war, und ließ mich damit durch. Sie haben mich wirklich ordentlich behandelt.

Gegen Ende dieser Zeit schickten sie mich zu einem Gespräch in das Personalamt im Hauptquartier. Sie brachten mich in Handschellen zur Kiriya[23]. Ich war doppelt gefesselt, mit Handschellen an beiden Händen und auch an einen Polizisten. Sie hielten mich wohl für gefährlich. Aber unterwegs habe ich mich mit den Polizisten unterhalten, und sie haben mir während der Fahrt die Fesseln abgenommen, weil sie begriffen, dass ich ungefährlich bin [*kichert*].

Beim Interview in der Kiriya wurde ich gefragt, warum ich nicht einrückte, wo meine roten Linien lägen. Ich habe gesagt, ich wolle keine Waffe anrühren und keine Grundausbildung machen. Sie schlugen mir vor, im Zivilschutz zu dienen und Gasmasken auszuteilen. Damit war ich einverstanden. Das ist Zeitvergeudung, aber ich hielt es für moralisch unbedenklich. Das habe ich dann neun Monate lang gemacht, bis meine Einheit aufgelöst wurde. Damals hat auch der Leiter des Heerespersonalamts gewechselt, und damit änderte sich auch die Einstellung der Armee. Mir wurde mitgeteilt, dass man mich als Nächstes auf einen Militärstützpunkt schicken müsse, wo ich zu manchem verpflichtet gewesen wäre, was ich seinerzeit nicht zu tun bereit war. Ich ging zum Militärpsychologen und kam auf diese Art frei. Ich habe die ganze Geschichte erzählt, auch ein bisschen Theater mit Depression und so aufgeführt, aber im Großen und Ganzen habe ich einfach die Geschichte erzählt, hab nur meine Gefühle etwas dramatischer dargestellt. Ich meine, dass mein Vater auch bei einem der Gespräche dabei war, und danach kam ich noch zu einem Psychiater. Nach dem Psychiater hat eine Ärztekommission mein Profil herabgestuft, und ich wurde freigestellt. Damit war die Sache erledigt. Alles in allem ist die Freistellung recht flott über die Bühne gegangen.

Nach der Dienstentlassung bin ich einige Zeit zu den Treffen von PROFIL CHADASCH gegangen. Da wird viel geredet, ich kann mich nicht erinnern, dort was Wichtiges getan zu haben. Ich hatte das Gefühl, meine Energie am falschen Platz einzusetzen. Man sprach viel darüber, dass es keine Wehrpflicht geben sollte, und wollte dauernd zeigen, wie militant das Land sei. Ich fand dieses Vorgehen richtig, aber nicht wichtig genug. Es ist in Ordnung, einen demokratischen Staat zu kritisieren, das ist wichtig, aber ich fand nicht, dass ich dort meine Energien einsetzen sollte.

Inzwischen habe ich meine Einstellung geändert. Wenn ich heute in derselben Lage wäre, würde ich vermutlich für den Wehrdienst optieren. Es fällt

---

23  Das Hauptquartier der israelischen Streitkräfte in Tel Aviv.

mir schwer, aber ich schätze die Lage sehr viel komplexer ein. Eine einzige Links-Rechts-Achse erscheint mir zu simpel. Ich weiß nicht, ob das ein Rechtstrend ist. Kann sein, dass ich in dieser Sache im gesamtisraelischen Strom mitschwimme. Wenn es auch ERSATZDIENST und weitere Möglichkeiten gäbe, fände ich das besser, aber wenn ein junger Mensch mich heute um Rat fragen würde, würde ich ihm nicht empfehlen, den Wehrdienst zu verweigern. Ganz sicher würde ich ihm das nicht sagen.

Wenn mich jemand ansprechen würde, der so denkt wie ich damals vor der Einberufung, würde ich versuchen, ihm die Komplexität der Lage vor Augen zu führen. Ich würde ihm sagen, er solle nach seinen Wertvorstellungen handeln. Ich glaube immer noch, dass Menschen ihren Werten treu bleiben sollten, solange sie bereit sind, den Preis dafür zu zahlen, aber ich würde versuchen, die Komplexität aufzuzeigen. Wenn der Fragesteller auf eine entschiedenere Antwort drängen würde, wüsste ich nicht, was ich ihm raten sollte. Ich halte die mittlere Lösung einer NACHAL-Kerngruppe, an die ich damals dachte, für annehmbar. Aber es ist nicht nur die Politik von oben, die das Geschehen in den Gebieten bestimmt. Viel hängt auch von den Leuten vor Ort ab. Heute empfinde ich fast ein bisschen Reue. Wenn ich hingegangen wäre, hätte ich vielleicht anders gehandelt, als es dort passiert. Schließlich sind es die einfachen Soldaten, die die Arbeit tun, und wenn Soldaten mit anderen Wertvorstellungen hingingen, würde die Arbeit möglicherweise humaner ablaufen.

Damals vertrat ich extremere Auffassungen als heute. Ich dachte, es gibt Gute und Böse und entweder sind die dort die Bösen oder wir sind es. Damals dachte ich, wir seien die Bösen. Jetzt meine ich, das »Nachbar-Verfahren« war keine derart üble Maßnahme, bei der man Leute als menschlichen Schutzschild benutzt, sondern eigentlich eher vernünftig, denn wenn der Nachbar als Erster reingeht, schießen die drinnen nicht auf ihn. Das ist logisch, und wenn ich mich nicht täusche, ist tatsächlich nie auf solch einen Nachbarn geschossen worden. Obwohl der Oberste Gerichtshof das Verfahren für unrechtmäßig erklärt hat, setzt Zahal es anscheinend noch ein. Das weiß ich, weil Freunde von mir es angewendet haben. Ich meine, der Oberste Gerichtshof sagt zu Recht, dass es gegen die Menschenrechte verstößt, aber damals dachte ich, es sei eindeutig unmenschlich, und jetzt finde ich es nicht unmenschlich. Ich habe nicht das Gefühl, dass man dabei gar nicht an die Menschen gedacht hat.

Es ist eine schwierige Frage. Es verstößt gegen die Menschenrechte, und ja, es ist, äh … ich weiß nicht, ich glaube nicht, dass die Definition »unmenschlich« hier passt. Es ist kompliziert. Viel komplizierter, als ich es damals gesehen habe. Damals sah ich den Jungen, der gar nichts getan hatte und dessen Leben man irgendwie gefährdete. Eigentlich sah ich es so, als wollten die Soldaten praktisch, dass man eher auf ihn schoss als auf sie. Ich bin der Sache nicht gründlich nachgegangen, aber ich meine, es ist keiner je beschossen worden. Das ist keine Willkürmaßnahme. Es ist eine Methode, andere Menschen zu schützen. Auch wenn die einen Soldaten sind und die anderen Zivilisten. Das ist eine komplexe Situation, wenn man gegen Zivilisten kämpft, gegen Menschen, die keine Uniform tragen, gegen Menschen, die nicht in Militärstützpunkten sitzen, sondern in Privathäusern.

Im Moment muss man zum Schutz Israels handeln und zum Schutz der Menschen, die hier leben. Die Siedlungen schützen? Das ist kompliziert. Ich weiß nicht, was ich tun würde, wenn man mir sagte, ich müsste in Hebron stehen und die Siedler in Hebron schützen. Da geschehen schreckliche Dinge, um Menschen zu schützen, die nach meiner Ansicht gar nicht dort sein sollten. Ich weiß nicht, wofür ich mich in dem Fall entscheiden würde. Ein Glück, dass das nicht mehr zur Debatte steht. Sonst wäre es furchtbar schwierig. Diese Arbeit wird derzeit getan – ich sage nicht, dass sie getan werden muss, denn vielleicht gibt es eine Möglichkeit, aus den Gebieten abzuziehen, aber jedenfalls nicht in diesem Augenblick, das muss sich entwickeln. Und dann kommt man zu der Frage, ob man einrücken und »der gute Soldat« sein soll, um »die bösen Soldaten« aufzuwiegen [*lacht*.] Das hört sich übel an. Aber die Verteidigungsarbeit sollte man human verrichten, und da kommt es darauf an, wer letzten Endes an den Kontrollpunkten steht und wer der Soldat ist, der auf der Straße geht oder im Panzer fährt. Ein Freund von mir aus dem Gymnasium war Panzerkommandeur und hat mir erzählt – in einem bestimmten Stadium haben sie damit aufgehört –, aber bis dahin haben sie, wenn sie durch die Straßen fuhren, das Panzerrohr etwas seitlich gedreht, damit es die Verkehrsschilder umhaute. Einfach so zum Spaß. Es genügt, dass er später damit aufgehört hat, genug, dass der Kommandeur dieses spezifischen Panzers es nicht mehr macht. Dann bleiben mehr Verkehrsschilder stehen.

Ich glaube, man sollte nicht die Dunkelheit bekämpfen, sondern mehr Licht schaffen. Das stammt nicht von mir. Ich weiß nicht mehr, wer das gesagt hat. Man sollte die Energie dafür einsetzen, die guten Dinge zu vermehren, und weniger dazu, die bösen Dinge zu bekämpfen. Zum Beispiel mehr Friedensaktionen gemeinsam mit den Palästinensern unternehmen und weniger Demonstrationen gegen die Besatzung. Letztere passen gewiss besser zu meinem Wesen, aber ich meine, historisch gesehen hat sich das Erstere als effizienter erwiesen.

# Eran

23-Jähriger im Gap Year nach seinem Wehrdienst

Ich bin in einem Kibbuz des HASCHOMER HATZAIR aufgewachsen. Als ich in der zwölften Klasse war, habe ich im Rahmen der Regionalschule die POLEN-FAHRT mitgemacht. Wir sollten einen Gedenkakt abhalten – wenn ich mich nicht irre, in Treblinka –, aber dann sollte er aufgeschoben werden, weil es dort gerade eine Zeremonie von der ZAHAL-Delegation »Zeugen in Uniform« gab. Mir hat das nicht gepasst, dass der Gedenkakt deshalb vertagt wurde und dass unsere Gruppenleiter uns ermunterten, die Zeremonie gemeinsam mit der Militärabordnung abzuhalten. Mir fiel es seinerzeit schwer, das »wir sind hier« gerade auf diese derbste, auf militärische Weise zu begehen. Ich bin mir nicht sicher, ob die Armee gar keine Abordnung hinschicken sollte, aber ich wollte nicht Teil einer Militärabordnung sein. Also bin ich der Zeremonie ferngeblieben.

Seinerzeit hat es mir nicht gefallen – jetzt bin ich da weniger entschieden –, so militärisch aufzutreten. So ein Gedenkakt sagt mir nicht zu, und mit dem militärischen Auftritt tat ich mich damals noch schwerer, schon wegen des ganzen »habt Acht, rührt euch« und auch wegen der Texte, die vorgetragen wurden. Das klang so wie: »Sie wollten uns töten, und jetzt zeigen wir's ihnen« oder: »Ihnen zum Trotz stehen wir hier mit Militär.« Schau, ich lehne das nicht ab, aber das Militärische hat mich seinerzeit sehr gestört.

Das passte wohl auch zu meiner ganzen damaligen Einstellung zur Armee. Auch heute bin ich nicht so begeistert von allem, was mit der Armee los ist. Ich bin mit manchem, was die Armee tut, nicht einverstanden.

Von einem bestimmten Alter an hat man den Wehrdienst immer im Hinterkopf. Als meine Mitschüler nach und nach zur Musterung einbestellt wurden, begann ich mich auch damit zu befassen. Ich habe mich schon früh mit Nachrichten und der politischen Lage beschäftigt, habe mich vielleicht stärker dafür interessiert als meine Freunde. Ich habe Zeitungen gelesen und Nachrichten gehört. Die Armee wurde eingesetzt, um Dinge zu tun, die ich nicht hätte mitmachen wollen, und das an Orten, von denen ich nicht sicher war, dass die Armee dort stationiert sein sollte. Aber ich machte wohl einen Unterschied zwischen der Armee und den Politikern. Auch damals habe ich nicht der Armee die Schuld gegeben, aber heute tue ich es noch weniger. Mehr den Entscheidungsträgern.

Der Kibbuz hat nichts organisiert, was uns auf die Anforderungen der Armee vorbereitet hätte, gewiss nichts Tiefgründiges oder Horizonterweiterndes. Auch wenn ich daran dachte, nicht einzurücken, war ich wohl in keinem Augenblick drauf und dran, tatsächlich zu verweigern, wenn ich es rückblickend betrachte. Man muss immer das Wirkungsvollere tun. Ich wusste also, dass ich einrücken würde, hatte aber ein Problem damit. Ich erwog auch andere Möglichkeiten, ob ich bei irgendeinem Ersatzdienst mehr bewirken könnte. Ich überlegte, ob ich was Nützlicheres tun könnte, als Wehrdienst zu leisten. Da war auch die Frage, welches Echo das auslösen würde: Wie würde es aufgenommen werden, wenn ich glaubte, dass die Armee dort nicht sein sollte, und deshalb nicht hinging – abgesehen davon, dass ich dann mit mir im Reinen wäre. Das ging mir durch den Kopf, obwohl ich nicht verweigert hätte.

Was diese Gedanken ausgelöst hat? Die Herrschaft über mehr als eine Million Menschen und die tagtägliche Anwesenheit unter Leuten, bei denen wir nach meiner Auffassung nicht sein sollten. All das, was an den Kontrollpunkten geschieht, und die ganze Besatzung überhaupt. Die Kontrolle über die Versorgung mit Strom, Wasser und Grundnahrungsmitteln. Wir sind nicht immer allein schuld an allem. Ich habe die Frage hin- und hergewälzt, wo ich trotzdem mithelfen könnte. Habe mich gefragt, ob sich die Situation verbessern würde, wenn ich nicht diente – nicht nur für mich persönlich, weil ich mir sagen könnte, ich hab da nicht mitgemacht, sondern allgemein. Ich dachte damals und ich denke heute noch, dass das der falsche Weg ist. Ich habe es mir gründlich überlegt, hab auch mit Freunden geredet. Schau, mir war unbehaglich wegen der Besatzung, doch letzten Endes fand ich, dass nicht in der Armee zu dienen die Sache nicht voranbringt. Aber es geht nicht nur nach der Vernunft. Nicht alles geschieht bewusst.

Am Ende der zwölften Klasse wurde mir klar, dass ich einrücken würde. Ich war nie sicher, ob ich mit dem Akt des Wegbleibens, mit der Wehrflucht einverstanden war. Dabei wäre mir nun auch nicht wohl gewesen. Hör mal, du wächst hierzulande in dem Bewusstsein auf, dass es falsch ist, nicht zur Armee zu gehen. Davon musst du dich erst mal lösen, wenn du diesen Weg beschreiten möchtest. Das ist ein Schritt, bei dem ich nie sicher war, ob er richtig ist. Wehrdienstverweigerung hat meiner Ansicht nach den politischen oder kulturellen Diskurs über die Besatzung nie bereichert, eher umgekehrt, es entsteht ein Antagonismus. Die öffentliche Diskussion darüber, ob bestimmte Leute wegen dem, was in den Gebieten vorgeht, einrücken oder nicht einrücken – vor allem diese ZWÖLFTKLÄSSLER mit all diesen Briefen der Zwölftklässler – , all das ist nach meiner Meinung der Sache nicht förderlich, und auch die Wellen, die das in den Medien schlägt, tragen nichts Gutes dazu bei. Selbst bei denen, die meinen, dass Israel nicht in den Gebieten sitzen sollte, hat der Brief der Zwölftklässler nicht unbedingt ein positives Echo gefunden. Es hat auch Briefe hochverdienter Leute gegeben, etwa von Piloten, aber ich glaube kaum, dass sie die öffentliche Debatte groß vorangebracht haben. Außerdem war ich Zwölftklässler, kein Pilot. Mir ist kein einziger Brief in Erinnerung, der ein positives Echo im Hinblick auf den Abzug aus den Gebieten ausgelöst hätte.

Wenn man früher zur NACHAL ging, hat man einen Teil seines Dienstes in jungen Kibbuzim geleistet. Heute ist der »Projektabschnitt« des Nachal-Wehrdienstes nicht mehr Kibbuzim gewidmet, sondern pädagogischen Tätigkeiten in der Jugendbewegung oder in Horten. Ich habe mich für die »Prozente«[24] entschieden, das bedeutet Kurse und Befehlsführung anstelle des Projektabschnitts. Das heißt, ich war drei Jahre lang im Bataillon, während meine Kameraden anderthalb Jahre im Bataillon dienten und danach anderthalb Jahre Projekt machten. Damals war es mir wichtig, drei Jahre regulären Dienst als Kampfsoldat abzuleisten. Als ich auf »Prozente« ging, fand ich das logischer, als es mir heute erscheint. Ich dachte, ich hätte dann mehr Einfluss auf die Soldaten, wenn es zu heiklen Situationen käme. Ich füge mich nicht gut in starre Formationen ein, wollte deshalb eigentlich nicht Offizier werden. Ich dachte, ich würde es vielleicht zum Feldwebel bringen. Da hat man ja auch Einfluss, auf einen Zug.

Ich war ein halbes Jahr in Hebron und zweimal ein halbes Jahr an der Nordgrenze. Meine Soldaten in Hebron stammten größtenteils aus religiösen Kerngruppen. Hebron war kein Spaß, aber es erfüllte teilweise die Erwartungen, aufgrund deren ich zum Gruppenführerkurs gegangen war: Ich erhielt Verantwortung, die bei mir besser aufgehoben war als bei einigen meiner religiösen Soldaten. Ehe wir beispielsweise auf Fußpatrouille gingen, erklärte ich den Soldaten das Gelände und repetierte mit ihnen die Regeln für den Gebrauch der Schusswaffe für den Fall, dass ein Bewaffneter sich einem Ort näherte, an dem er nicht sein durfte. Es gibt geregelte Anweisungen: Erst gibst du einen

---

24  Bei der Nachal muss sich ein bestimmter Prozentsatz der Soldaten für Führungsaufgaben entscheiden, während die anderen die Hälfte ihrer Dienstzeit gemeinsamen Projekten widmen dürfen.

Warnruf ab, danach schießt du in die Luft, und dann erst schießt du auf die bewaffnete Person. Einer der Soldaten antwortete mir, er würde sofort das Feuer eröffnen, obwohl das regelwidrig sei. Alle Soldaten kennen die Befehle. Also sagte ich ihm, dass er bei mir eben nicht damit durchkäme, und wenn er es trotzdem täte, wenn er etwas Befehlswidriges tun sollte, würde ich dafür sorgen, dass er als Befehlsverweigerer behandelt würde. Ja, ich war der Vorgesetzte. Warum es dann nicht genügte, dass ich ihm Anweisung erteilte, warum ich ihm drohen musste? Das läuft nicht so glatt. In den Bataillonen gibt es eine Hierarchie der Vorgesetzten und Untergebenen, aber du musst dich dauernd durchsetzen. Schau, die Soldaten waren ziemlich lange mit mir zusammen, sie kannten meine Meinungen und ich ihre. Es gab keine Debatten oder Diskussionen, die wir nicht schon durchgehechelt hätten. Also war letzten Endes alles mehr oder weniger in Butter. Nein, er hat mich nicht auf die Probe gestellt, er hat einfach seine Meinung gesagt. Vielleicht hat er es ein wenig zugespitzt, und ich wollte die Sache schnellstmöglich beenden und ihm sagen, dass so was bei mir nicht vorkommt. Damit war die Sache erledigt. Hauptsache, man macht deutlich, dass es gegen die Regeln verstößt. Ich habe auch klargemacht, dass ich es keineswegs akzeptiere. Der Soldat, den ich als Nächsten fragte, gab mir schon die richtige Antwort. Ich habe es nicht in der Schwebe gelassen.

Du fragst mich, ob wir etwas getan haben, wogegen ich war, und meine Antwort lautet: Solange wir dort sind, müssen wir so handeln. Ich finde einfach, dass wir nicht dort sein sollten. Eine Fußpatrouille in der Stadt ist kein Zuckerlecken. Du stoppst den gesamten Verkehr, keiner kommt weiter ohne deine Genehmigung. Hör zu, es hat mir keinen Spaß gemacht, Kontrollpunkte zu errichten, Leute anzuhalten, Familien mitten in der Nacht aus dem Schlaf zu reißen und rauszuholen. Diese Hausdurchsuchungen haben mir keinen Spaß gemacht. Ich glaube kaum, dass meine Soldaten es gern getan haben, aber ich weiß, einige von ihnen – ich will nicht sagen, dass sie Spaß daran hatten, ich bin sicher, dass keiner Spaß daran hatte, den Leuten das Haus übel auf den Kopf zu stellen, aber einige haben es aus überschüssiger Energie getan. Schau, das war eine Zeit, in der interne Kämpfe zwischen Palästinenser-Clans in Hebron wüteten. Von unbemannten Flugzeugen aus sah man sie mit Granatwerfern, PK-MGs und Kalaschnikows in der Stadt rumlaufen. Wir suchten meist Häuser auf, bei denen offensichtlich Kriegsgerät rein- und rausgeschafft wurde. Da habe ich begriffen, warum man die Durchsuchungen vornahm. Aber das ist nicht die Frage. Die Frage lautet, warum sind wir hier, und nicht, warum handeln wir hier so. Wir haben Gespräche darüber geführt.

Es gab dort auch Soldaten, die so links waren wie ich oder noch mehr. Wie es Kerngruppen von BNE AKIVA gibt, gibt es auch welche der Moschaw-Jugend, die zum Teil quasi links sind. Ich hatte zum Beispiel eine Diskussion mit einem Soldaten über die Frage, ob seine Stationierung in Hebron ihn korrumpiere. Ich stimmte ihm zu, dass es einen korrumpieren kann, meinte aber, es sei besser, dass wir hier sind und nicht nur der Rest der Einheit. Wenn ich nicht hingehe, dann fragt sich, wer es an meiner Stelle tut. Zwei Monate nach unserer Ablösung hatte die Militärkripo schon vier Mal gegen die GOLANI ermittelt. In unserem halben Jahr dort wurde kein einziges Ermittlungsverfahren eröffnet.

# Shay

Dreißigjähriger, lebt im Ausland

Schon als Kind wollte ich Pilot werden. Und tatsächlich wurde ich nach dem ersten Musterungsbescheid zu den Prüfungen für Fliegeranwärter zugelassen. Ich habe alle Stadien und Aufnahmeprüfungen überstanden, aber beim Auswahlverfahren bin ich durchgefallen. Ich hatte mich nicht darauf vorbereitet und war wohl nicht fit genug. Vielleicht wollte ich es auch nicht genug.

Weil ich eine Fachoberschule besucht hatte, kam ich zur Luftwaffe und wurde zu einem Kurs für Hubschraubertechniker geschickt. Ich habe den Kurs mit Auszeichnung beendet und sollte Bordtechniker werden. Stattdessen landete ich bei einer Flugstaffel, in der die meisten Heimschläfer waren und einige wenige die Hauptlast trugen. Im Gegensatz zur kämpfenden Truppe, bei der alle für alle eintreten, sind bei der Luftwaffe lauter Individualisten. Ich war enttäuscht, dass ich die Aufgabe nicht bekam, und litt darunter, mit Leuten zusammen zu sein, die eine ruhige Kugel schoben und ungesellig waren. Eine unerfreuliche Atmosphäre. Ich hatte keinen einzigen Freund in der Einheit. Warum ich nicht zur kämpfenden Truppe gegangen bin? Ich wollte kein Kampfsoldat werden. Ich wollte das Prestige des Piloten haben und hoffte, als Bordtechniker wenigstens durch die Hintertür reinzukommen.

Nach einem halben Jahr begriff ich langsam, wo ich steckte. Das ist ein Reifeprozess, der bis heute andauert. Ich verlor weitgehend die Motivation. Die Armee deprimierte mich ziemlich. Es ging hart auf hart. Zuerst versuchte ich, diesen Job auf normalen Wegen loszuwerden. Ich gehörte nicht zu denen, die Tische umschmeißen. Ich stellte es klüger an. Ich schützte medizinische Probleme vor, und tatsächlich wurde mein Profil auf 72 herabgestuft. Profil 72 hätte mich für den Job untauglich machen sollen, aber bei der Luftwaffe musste ich noch eine Kommission des Stützpunktkommandeurs durchlaufen. Ich stand einem ganzen Trupp Offiziere gegenüber, die mich nicht kannten, geführt vom Stützpunktkommandeur. Das war ein beschämender und demütigender Auftritt, und der Kommandeur sagte mir, ich käme nur über seine Leiche von diesem Posten frei. Wir blickten einander fest in die Augen, und ich begriff, dass ich den schwierigen Weg einschlagen musste. Also ging ich zum Militärpsychologen. Ich entwickelte einen Hass aufs Militär. Ich merkte, dass ich da partout nicht mehr mitmachen wollte. Innerhalb von drei Monaten war ich raus aus der Truppe.

Das war nicht einfach. Es war eine Zeit mit vielen Streitigkeiten, Familienproblemen, Scharmützeln gegen die ganze Umgebung. Was ich tat, war unüblich, um es milde auszudrücken. Mein Vater, der ehemalige Kampfsoldat, war wütend. Meine Schwester, deren Mann ebenfalls Kampfsoldat war, sprach drei Jahre lang nicht mit mir.

Meine Sicht war egoistisch. Ich betrachtete die Armee als Zeitvergeudung. Ich hatte nichts davon. Ist es legitim zu sagen: Sollen die andern doch für mich sterben? Nein. Was wäre, wenn alle so reden würden wie ich? Vielleicht würde dann alles gut werden? Ich möchte nicht mal in Selbstverteidigung auf einen anderen schießen. Ich möchte nicht für jemand anders Krieg führen. Ich empfinde nichts Jüdisches oder Israelisches.

Vielleicht hätte ich mich um einen humanitären Dienst bemühen sollen. Vielleicht hätte ich davon auch was gehabt. Ich habe mit vielen Menschen gestritten. Mein Hass auf die Armee hat sich zu einem Hass auf den Staat entwickelt. Ich fing an, in der Welt herumzureisen. Mit der Zeit habe ich eingesehen, dass man besser den Mund hält, um des lieben Friedens willen, statt mit dem Kopf durch die Wand zu wollen. Don Quichotte kann irgendwann mal allein dastehen. Es war eine Jugendrevolte. Ich streite mich immer noch, so bin ich halt. Ich bin weiterhin mit Israel verbunden. Ja, ich lebe in Holland und lese jeden Tag eine israelische Zeitung. Die Wut verwandelt sich in Wehmut. Vielleicht wird daraus mit der Zeit ein Sich-Abfinden.

Ich halte den Staat für rassistisch. Wenn ich mal Kinder habe, werden meine Enkel Entschädigung zahlen, wie die Enkel der Nazis sie meiner Großmutter gezahlt haben. Der Staat begeht Verbrechen und weiß es auch.

# Lior

28-jähriger Student, verheiratet

Mein Vater war bei der GOLANI, und meine Mutter, die aus religiösem Hause stammt, hat nicht gedient. Ich bin mit den Geschichten meines Vaters über die Golani-Brigade aufgewachsen, über den Jom-Kippur-Krieg, den Zermürbungskrieg[25] davor, und all diese Geschichten waren tatsächlich wichtig für mich. Irgendwie war mir seit jeher klar, dass ich einrücken würde, und zwar in die kämpfende Truppe, je kämpferischer, desto besser. In der siebten oder achten Klasse fing ich an, vom Fliegen zu reden. Ich und einer meiner Freunde waren ganz wild darauf. Und zu Beginn der zwölften Klasse bekam ich tatsächlich eine Einbestellung zur Vorauswahl für die Pilotenausbildung. Ich machte alle Fliegertests, bestand und kam im Juli 2005 in den Pilotenkurs.

Nach rund sieben Wochen war es aus mit dem Fliegerkurs. Mal ehrlich, die Fliegerei ist nichts für mich [*kichert*]. Ich steuerte kurz ein Flugzeug, war schlecht darin, und da haben sie mich rausgeschmissen. Als ich das Flugzeug flog, fuhren wir Geisterbahn, und als der Ausbilder flog, befanden wir uns auf einem netten Segeltörn in der Karibik. Das ist ein sehr häufiges Phänomen. Viele Kandidaten fangen an, und nach den sogenannten »Checks« geht etwa die Hälfte ab. Ich war schlecht, und sie haben mich früh rausgeworfen, bei der ersten Gelegenheit [*kichert*].

Danach landete ich im Einberufungszentrum. Ich habe versucht, Beziehungen spielen zu lassen, um in die MAGLAN zu kommen, aber vergeblich. Ich hoffte auf eine Kommandoeinheit, doch stattdessen bot der zuständige Offizier mir die KFIR an. Die Leute dort sind nun wirklich ganz unten, und ich wollte nicht. Es hieß, ich hätte keine andere Wahl, aber ich weigerte mich. Sie sagten mir, ich solle in den Bus mit den Kfir-Anwärtern steigen, aber ich tat es nicht. Sie schickten mich zur Vorverhaftung, eine Erfindung zur Einschüchterung junger Rekruten, drohten mir Haft an, und ich habe gesagt, sie würden mir keine Angst einjagen. Im nächsten Stadium boten sie mir Panzertruppe,

---

25 Krieg an der ägyptischen Front, der im März 1969 begann und etwa anderthalb Jahre dauerte, wobei Ägypten – erfolglos – versuchte, Israel zum Rückzug aus dem Sinai zu bewegen, den es im Sechstagekrieg besetzt hatte.

Artillerie oder Kampfpioniere an. Da habe ich die bedeutendste Entscheidung meines Lebens gefällt, ohne irgendwas darüber zu wissen: Ich wusste, Kanoniers kämpfen aus der Distanz, also sagte ich nein. Zu den Pionieren wollte ich nicht, weil da ein paar Assis saßen, die dauernd sagten: »Wir gehen nur zu den Pionieren.« Also hab ich mir gesagt, mit denen will ich nichts zu tun haben. Blieb halt die Panzertruppe. Ich hab mich damit aufgemuntert, dass da auch Technologie im Spiel ist und dass es einen neuen Kampfpanzer gibt, von dem alle reden. An dem Abend kam ich zu der Panzertruppe. Ich bat darum, mit dem neuen Kampfpanzer zu arbeiten, und wurde angenommen. Ich habe gleich die Offizierslaufbahn eingeschlagen und wurde nach einem Jahr und acht Monaten Panzertruppenoffizier.

Ich war ein halbes Jahr in Gaza und dann noch zwei Monate auf den Golanhöhen. Danach kehrte ich auf den Stützpunkt zurück und wurde Ausbildungsleiter von Rekruten – der dankbarste Posten, den ich kenne, der beste, den ich je versehen habe. Ich genoss es sehr. Danach kam ich als Ausbilder an die Zentrale Offiziersschule Bahad 1 – das ist eine sehr fordernde Aufgabe, für die Anwärter wie für dich selbst sehr anspruchsvoll, sehr fordernd, sehr förderlich für den Reifungsprozess. Nach acht Monaten hat der Brigadekommandeur mir angeboten, einen Kompanieführerkurs zu machen und Berufssoldat zu werden. Obwohl ich früher vorgehabt hatte, einige Jahre als Zeitsoldat dranzuhängen, war mir auch bewusst, dass sich der Dienst eines Berufssoldaten schwer mit einer Familie verbinden lässt. Ich stand damals vor der Hochzeit und wollte mich nicht länger verpflichten, als ich es wegen des Offizierslehrgangs tun musste.

Abgesehen von den sechs Monaten in Gaza habe ich keinen Einsatzdienst geleistet. Das ist echt bedauerlich, hör mal, ich bin nicht zur Armee gegangen, um abseits zu sitzen. Während des zweiten Libanon-Kriegs war ich im Offizierslehrgang. Da hatte man das Gefühl, etwas zu verpassen. Alle, die nicht im Führungslehrgang waren, waren im Krieg. Und während der Operation Gegossenes Blei war ich Teamleiter in Bahad 1. Alle guten Kameraden gingen rein nach Gaza, meine Soldaten, die Rekruten, gingen rein und ich nicht. All die Kameraden, die ich in der Einsatzkompanie hatte, gingen rein und ich nicht. Ich steckte in Bahad 1 fest. Das war zwar eine wichtige Aufgabe, ein heiliger Dienst, aber hör mal, das frustriert. Rückblickend betrachtet, bedauere ich es weniger. Hör mal, in dem halben Jahr in Gaza habe ich viel geleistet. In Gaza kannte ich das Gelände wie meine Westentasche. Ich war immer als Erster drin. Mein Zug bekam immer die besten Aufgaben, aus meiner Sicht zumindest. Möglich, dass der Kompaniechef mir mehr zugetraut hat, vielleicht habe ich ihn stärker beeindruckt, vielleicht habe ich mich immer vorgedrängt. Es gab immer einen Wettbewerb zwischen den Zugführern, und ich war immer auf Feindberührung aus.

Ob ich Angst gehabt habe, die Armee könnte mir etwas abverlangen, das ich moralisch nicht vertreten könnte? Ich hielt es für nicht gerechtfertigt, etwas moralisch Falsches zu tun. Wenn aus einer Straße mit einer RPG auf mich geschossen wurde, habe ich erst zurückgeschossen, wenn ich sah, dass niemand neben dem Schützen war. Obwohl es völlig gerechtfertigt gewesen wäre, das Feuer zu erwidern, denn der andere hielt die Waffe ja noch schussbereit auf der Schulter. Aber nur wenn ich mit eigenen Augen sah, dass keiner neben ihm war, habe ich geschossen. Ob ich als Panzersoldat schieße, ohne zu wissen, wer sich in einem Haus befindet? Das kommt immer wieder vor, aber letztlich weiß man, sie kämpfen aus der Zivilbevölkerung, und du kannst das Schießen nicht ganz vermeiden. Man muss punktuell die Entscheidung treffen, ob man jetzt schießen soll, weil das der richtige Augenblick ist, in dem man am wenigsten Zerstörung anrichtet. Ich kann nicht einfach kehrtmachen, ich habe eine Mission zu erfüllen. Schau, der schießt auf mich, um mich in die Flucht zu schlagen, damit der Mann neben ihm eine Kassam auf Kinder in Sderot abschießen kann. Wo liegt hier der Unterschied? Ich finde nicht, dass sein Kind mehr wert ist als mein Kind. Man schießt nicht einfach so. Wenn du ein Terrorist bist und auf mich schießt, werde ich handeln, um dir die Möglichkeit zum Töten zu nehmen. Wenn er auf Sderot schießt, schieße ich auf ihn, um ihn zu töten.

Ich sehe ein Kind mit Gewehr in drei Kilometern Entfernung, was heißt Kind, das ist ein Junge von fünfzehn Jahren, der auch ein Scharfschütze sein kann, und ich muss entscheiden, ob das ein Spielzeuggewehr ist oder nicht. Manchmal ist es nur ein Spielzeuggewehr, das ist mir mindestens dreimal passiert. Wenn er aus dieser Entfernung schießt, gefährdet mich das zwar nicht, aber wenn er auf den Panzerkommandeur, der den Kopf draußen hat, schießt, kann er ihn umbringen. Als Erstes prüfst du, ob die Lage wirklich dem Anschein entspricht. Du musst entscheiden, ob es sich um eine Waffe handelt oder nicht. Das ist dein moralisches Problem, ob du auf einen Trupp Kinder schießt oder nicht.

Wer uns jetzt mit dem Goldstone-Bericht[26] angreift, sollte sorgfältig prüfen, wie andere Staaten vorgehen. Zum Beispiel die USA in Afghanistan. Ich

---

26 Im Gefolge der Operation Gegossenes Blei setzten die UN eine Untersuchungskommission

glaube kaum, dass die ZAHAL-Vorschriften für die Eröffnung des Feuers in einer anderen Armee der Welt ihresgleichen haben. Wenn bei den amerikanischen Streitkräften ein Soldat sein Leben für gefährdet hält, dann schießt er auf den Menschen vor ihm, auch wenn nicht klar ist, ob der bewaffnet ist, er schießt, um ihn zu töten. Bei uns darfst du das Feuer nur erwidern, wenn der andere auf dich schießt. Wir handeln nach unseren Werten, und was unsere Werteskala betrifft, können wir bis auf die Bibel zurückgehen. Ich bin als säkularer Mensch aufgewachsen, ich glaubte nicht an Gott, aber an die Bibel, akzeptierte die Bibel als Leitfaden für zwischenmenschliche Beziehungen und für das menschliche Gewissen. In der letzten Zeit bin ich irgendwo zur Religion zurückgekehrt, ich glaube an Gott, und in meinen Augen zumindest gibt es so was. Aber ich betrachte mich nicht als religiösen Menschen.

Was ich von Verweigerung und Wehrflucht halte? Sag mal, wenn dein Kind sich weigert, in die Schule zu gehen, lässt du es dann machen? Der Drückeberger betrachtet den Militärdienst als dumme Pflicht, die ihm nicht passt. Wer soll den Staat verteidigen? Wo waren die in den letzten vierzig Jahren? Man muss eine Lösung dafür finden, denn so kann es nicht weitergehen, eine originellere Lösung, als die Leute einfach ins Gefängnis zu stecken. Wenn einer sagt, »das fällt mir schwer«, und mit allen möglichen Tricks zum Militärpsychologen geht, dann braucht man ihm meines Erachtens nicht nachzugeben, aber wenn es tatsächlich eine Gewissenssache ist, dann soll er seinen Beitrag halt da leisten, wo er es kann. Wenn sie ERSATZDIENST leisten, geht das in Ordnung. Einen ultraorthodoxen Tramper habe ich mal gefragt, ob er weiß, warum er nicht einrückt. Der hat mir geantwortet, er könne nicht einrücken, weil seine Mutter dann Angst bekäme. Das bringt mich auf die Palme. Schau, viele von den Ultraorthodoxen, die als Talmudstudenten freigestellt sind, studieren eigentlich gar nicht die Thora, höchstens ein oder zwei Jahre und fertig. Meine Güte, ich gebe drei Jahre für meinen Staat. Wenn einer einrückt, und sei es nur zum Dienst im Tel Aviver Hauptquartier, nahe von zu Hause, dann ist das achtbar. Auch wenn es die kleinste und dümmste Aufgabe ist, tut er was Wichtiges. Einer, der gar nicht einrückt, ist nur eine Belastung für die Gesell-

unter der Leitung von Richard Goldstone ein, die Menschenrechtsverletzungen auf beiden Seiten nachging. Der Bericht stellte vor allem fest, dass Israel und die Hamas absichtlich und systematisch darauf hingearbeitet hätten, die Zivilbevölkerung zu treffen – ein Verstoß gegen das Kriegsvölkerrecht, das beide Seiten auffordert, zwischen Kombattanten und Zivilisten zu unterscheiden.

schaft. Wenn er gegen die Besatzung ist, soll er Lehrer-Soldat werden oder Sozial- oder Kulturbeauftragter für Dienstbedingungen. Wenn du wirklich nicht bereit bist zu kämpfen, zwingt die Armee dich nicht.

Verweigerung von der Rechten, wenn es darum geht, Siedlungen zu räumen, muss man mit der Wurzel ausrotten. Ich bin nicht für die Räumung jüdischer Siedlungen, aber wenn ich in eine solche Situation käme, würde ich den Befehl ausführen, mit Tränen in den Augen, aber ausführen. Andererseits sollte Zahal einen Soldaten nicht hinschicken, um ausgerechnet die Siedlung, in der er oder seine Familie wohnt, zu räumen. Das wäre ein unmoralischer Auftrag. Aber im Allgemeinen müssen Befehle befolgt werden. Es kann nicht jeder Soldat herkommen und bestimmen, was er macht und was nicht. Du möchtest was verändern, du möchtest Einfluss nehmen, dann tu es über die Knesset, bei den Wahlen. Das ist der gesetzliche und anerkannte Weg. Der Junge, der bei der feierlichen Rekrutenvereidigung an der Klagemauer ein SCHILD GESCHWENKT hat, das ist reine Idiotie. Wo führt das hin? Zur Spaltung.

Ich glaube nicht, dass das Volk, das neben uns wohnt, in der Lage ist, zu seinem Wort zu stehen. Sieh dir an, was in Gaza passiert ist. Wir liefern ihnen Wasser, Strom, Brot, sie leben mit dem Schekel, haben, soviel ich weiß, keine palästinensische Währung. Sie sind von der israelischen Wirtschaft abhängig. Es gibt einen regen Warenaustausch zwischen dem Gazastreifen und Israel. Und trotzdem fliegen weiter Kassam-Raketen und Mörsergranaten herüber. Wenn man den Siedlungsbau stoppen will, muss das nicht auf einen Schlag geschehen, und wenn man unsere Bautätigkeit stoppt, dann auch ihre. Die Palästinenser bauen vorn und hinten illegal, unaufhörlich, wo immer sie können. Im Moment leben wir beide auf demselben Stück Boden, und wir beide behaupten, Eigentümer dieses Bodens zu sein. Nein, dass das 1967 besetzt wurde, ist nicht so relevant. Aber es gibt Wunsch und Wirklichkeit. Man möchte beide Seiten zum Wünschenswerten führen. Wünschenswert ist, dass wir hier allein und in Ruhe leben: Das ganze Land gehört uns, alle können lächeln, es herrscht Frieden mit allen Nachbarstaaten, und man kann auf dem Landweg über Syrien und Türkei bis nach Spanien fahren. Die Wirklichkeit sieht so aus, dass noch ein Volk neben uns lebt und dass die wohl kaum weggehen werden, es sei denn, hier würde sie jemand vertreiben, und so was sollte man meines Erachtens nicht tun. Falls es einen freiwilligen Transfer gäbe, wäre das super, wenn nicht, muss man zu einer Übereinkunft gelangen, das Gelände in unseres und ihres aufteilen, wonach dann jeder auf seinem Gebiet lebt. Hör mal, wir sind kein Volk, das mordet. Wir sind ein Volk, das ermordet wurde, nicht mordet.

Du fragst mich, ob meine Ansichten über die Gebiete mit meiner Religiosität zusammenhängen, und die Antwort lautet, dass ich mich nicht als religiösen Menschen betrachte. Schau, mir scheint es klar zu sein, dass ein religiöser Mensch eine sehr starke Bindung an das Land hat. Sein Glaube führt ihn dazu, den Staat zu schützen, genau wie mein Glaube mich dazu führt, den Staat zu schützen. Du siehst es ihren Augen an. Es ist der Glaube daran, dass es unser Staat ist. Nicht wegen der Kippa, sondern wegen der Werte, mit denen sie aufwachsen. Im Gegensatz zur religiösen Jugend, die mit Ausflügen, Heimatliebe, Thora aufgewachsen ist, wächst die säkulare Jugend mit Reality-Serien, mit »Big Brother« auf, bei denen man den anderen ausschalten muss, um Erfolg zu haben. Ich habe zu Hause keinen Fernseher. Wir haben ihn bewusst abgeschafft. Du siehst junge Rekruten zur Grundausbildung antreten, diejenigen von den Jeschiwot und die, die woanders herkommen – meist siegen die Religiösen. Was heißt siegen? Bei denen sind die Werte selbstverständlicher, tiefer verwurzelt, sie wissen, was sie sich im Leben abverlangen wollen. Du siehst die säkulare Jugend ankommen und vor deinen Augen zusammenbrechen. Du musst sie neu formen. Am Ende der Grundausbildung oder des Ausbildungswegs hast du schon einen anderen Menschen vor dir. Demgegenüber kommt die zionistisch-religiöse Jugend mit Werten und weiß, was sie will. Neben ihnen zu kämpfen ist großartig, egal, was ringsum geschieht, egal was überhaupt. Das Problem sind all die Leute, die einrücken und – statt zu überlegen, »was kann ich für den Staat tun?« – denken, »was tut der Staat für mich?«. Das sind die, die eine Computer-Einheit anstreben, damit sie hinterher einen Beruf in der Tasche haben, oder die zur Waffenmeisterei wollen, um ein Handwerk zu lernen. Es ist keine Invasion, aber in zwölf Jahren werden sich die ganzen höheren Dienstgrade praktisch aus den Reihen der religiösen Zionisten rekrutieren, aus denen der Kippot srugot.

Ich bin zwar rechts, aber sehr gegen die Fanatiker auf beiden Seiten. Ich glaube fest, dass dieses Land uns gehört, dass man diesen Grund und Boden nicht aufgeben, sondern bebauen sollte. Wir müssen verhandeln und, wenn nicht Frieden, doch eine bilaterale Verständigung über ein Zusammenleben erreichen, damit nicht dauernd wir schießen und sie schießen. Das passiert doch hier. Kinder führen die Gefechte der Großväter, Bibel gegen Koran, das sind Dinge, die nie enden. Das ist, was man eine Kette des Blutvergießens oder einen Kreis des Blutvergießens nennt. Das ist vollständig überflüssig.

Bei der Einberufung war ich ein Kind, was wusste ich schon. Ich wollte Pilot werden, und als das nicht ging, wollte ich in das Kommando, in dem meine Brüder waren. Wenn du mich heute fragst, weiß ich, dass es wichtig ist, Offizier bei der Panzertruppe oder Offizier bei der Infanterie zu werden und Leute auszubilden. Die heutige Jugend kennt nicht mal den ganzen Text der »Hatikwa«[27]. Die Leute gehen auf Ausflug, klettern in den Bus und schalten sofort ihr iPod an. Ein Freund von mir leitet POLENFAHRTEN für Schüler, und er erzählt mir, dass es sogar dort so ist. Deshalb möchte ich auch künftig mit Jugendlichen arbeiten. Ich habe vor, Psychologie und Pädagogik zu studieren und mit Kindern und Jugendlichen zu arbeiten. Wenn ich nicht Kompaniechef bei der Armee werden kann, weil ich mein Familienleben nicht beeinträchtigen möchte, kann ich woanders etwas bewirken.

27  Israelische Nationalhymne

# Alon

28-jähriger Student, orthodox, verheiratet, zwei Kinder

Ich habe eine Jeschiwa der BNE AKIVA besucht. In der Erziehung von Bne Akiva war die Armee immer ein Motto, ein Ideal, ein sehr wichtiger Wert. Auch bei der Erziehung, die ich zu Hause bekam. Das ist etwas, das ganz natürlich kommt. Das war auch so ein persönlicher Test für mich, den ich unbedingt bestehen wollte. Das wuchs natürlich mit dem Sendungsbewusstsein und so weiter. Ich meine, das hängt stark vom sozialen und pädagogischen Umfeld ab.

Wann ich angefangen habe, an die Armee zu denken? Das hat in der elften Klasse begonnen, mit sechzehn Jahren, als ich davon träumte, in die FLOTTILLE einzurücken. Deshalb wollte ich am Ende der elften Klasse zum GADNA TAUCHEN gehen. Die Vorbereitung darauf hat mich physisch, aber vor allem seelisch und geistig beschäftigt. Wenn du so was willst, gehst du's ernsthaft an. In unserer Clique, dem Bevölkerungskreis, aus dem ich stamme, dem zionistisch-religiösen Sektor, ist die Armee ein Dauerthema, man spricht darüber. Der Wehrdienst, welche Einheit besser ist, wo man dienen soll, wo es schwerer ist, was man in dieser oder jener Einheit macht, das sind alles Gesprächsthemen. Das beschäftigt einen sehr, beschäftigt einen ungeheuer. Das gehört zu dem Wertekanon, nach dem wir erzogen werden. Die Armee ist Ideal und Mission. Und von der Religion her erhält das noch einen Mehrwert. Wir betrachten den Staat als etwas, worauf wir 2000 Jahre gewartet haben, wirklich als Weg, um die Erlösung voranzubringen. Wir befinden uns erst 62 Jahre nach der Staatsgründung, das ist ein Meilenstein, nach der Verbannung, nach der Schoah. Jetzt haben wir die Gelegenheit, einen Staat aufzubauen, mit Knesset und Regierung, Ministerien und Armee. Dazu will jeder nach bestem Können beitragen. Das zeigt sich stark in der Armee. Es gibt Siebzehn- und Achtzehnjährige, die ihre jugendliche Kraft verschwenden, und es gibt jene, die sie bündeln und die Richtung einschlagen, die ich für richtiger halte: für die Allgemeinheit, für den Staat.

Gerade als ich zum Gadna Tauchen gehen sollte, hatte ich ein Problem bei den medizinischen Untersuchungen, das mich seinerzeit untauglich dafür machte. Das hat mich nicht losgelassen, und ich wollte nicht nachgeben. Ich habe Briefe an den Marinekommandeur und an den Chef der Flottille geschickt, mindestens fünf förmlich abgefasste Schreiben. Ich wollte nicht locker-lassen, es war sehr instinktiv, aber es half alles nichts. Ich ging nicht zur Gadna, sondern widmete mich weiter dem Unterricht. Ich war kein sportlicher Junge, und Sport interessierte mich wirklich nicht. Aber jetzt wurde die Vorbereitung auf den Wehrdienst langsam zur Macke. Ich nahm deshalb an einem KAMPF-FITNESSKURS teil, der bei uns in der Jeschiwa²⁸ abgehalten wurde.

In der zwölften Klasse gibt es viele Jungs, die noch nicht richtig reif sind. Sie wissen noch nicht, was in der Armee läuft. Insgesamt unterscheidet sich das Leben in der Armee sehr wesentlich von dem in der letzten Schulklasse, sagen wir es mal so. Bis dahin tust du, was du willst, du tobst dich aus, und dann kommst du zur Armee und auf einen Schlag ist alles anders. Das ist ungeheuer schwierig. Aus diesem Grund ist es für manche Kumpels nicht gut, von der zwölften Klasse gleich zum Militär zu gehen. Bei uns rücken nicht alle nach der zwölften Klasse ein, manche schieben den Wehrdienst auf und gehen vorerst auf die Jeschiwa. Eine weitere Option, die ich gewählt habe, ist der VORMILITÄ-RISCHE LEHRGANG. Nach dem Gymnasium wollte ich mich lieber noch geistig festigen. Ich wollte noch Zeit haben, um Thora zu lernen, wollte mir Zeit neh-men, nicht unter Druck geraten. Ich fand, dass ich noch nicht reif zum Einrü-cken war und auch noch gern dort sein wollte, wo ich die Initiative ergreifen und Thora lernen konnte. Wenn ich Thora sage, bedeutet das eigentlich, sich stärker mit dem zu beschäftigen, woran wir glauben. In der Gymnasial-Jeschiwa bist du, was Thorastudien anbelangt, auf die Tests, auf das Abitur ausgerichtet, bist auch im Kopf auf Schüler getrimmt. Du kannst dich nicht ernsthaft sol-chen Fragen widmen wie: Was will ich, warum lebe ich in diesem Staat, warum soll ich dem Staat dienen, und warum ist es mir wichtig, religiös zu bleiben, wa-rum eine religiöse Lebensweise einhalten, ein geregeltes Familienleben führen und so weiter. Die anderthalb Jahre vor dem Wehrdienst, im Lehrgang, lassen dir Freiraum dafür, ohne anderweitige Ablenkungen. Du bist allein und hast diesen Weg selbst gewählt.

Die Lehrgangsteilnehmer leisten definitiv alle vollen Wehrdienst. Über fünfzig Prozent werden Offiziere. Heute gibt es schon Absolventen, die Oberstleutnant oder Oberst sind. Abgesehen davon ist es praktisch eine Jeschi-wa. Der militärische Aspekt ist natürlich sehr wesentlich, und deshalb landen

---

28  Eine Jeschiwa ist eine Hochschule zum Studium von Thora und Talmud. Hier ist eine Jeschi-
    wa fürs Sekundarschulalter gemeint, die das Studium der heiligen Schriften mit weltlichen
    Fächern verbindet, die fürs Abitur erforderlich sind.

dort andere Kumpels als die Jungs, die sich beispielsweise für eine Jeschiwat Hesder entscheiden. Beim Lehrgang dreht sich auch viel ums Militär. Die Gespräche auf den Fluren und auf den Stuben gehen darum: »Wann ist der Tag der Kommandoeinheiten?«, »Wann findet das Auswahlverfahren statt?« So geht das meistens. Lebensmittelpunkt ist hier die Thora, eindeutig. Aber du bereitest dich auch seelisch auf die Armee vor. Der Unterricht ist darauf ausgerichtet, dass du begreifst, warum du zur Armee gehst und was du in der Armee machst. Das ist ein integraler Teil des Unterrichts. Du wirst vom Glauben her darauf vorbereitet, wie du mit dem Wehrdienst umgehst, der ja aufreibend ist. Ein gläubiger, religiöser Mensch lebt ja tagtäglich mit der Religion und der Tradition. Das ist anders, wenn du beim Militär bist. Du kannst nicht einen Monat lang in diesem ganz anderen Umfeld frei herumlaufen und dann wieder vier Tage in Religion und Tradition machen. So funktioniert das nicht. Es gibt Unterrichtsstunden, die sich genau damit befassen, sogar mit technischen, halachischen[29] Fragen. Es gibt halachische Probleme, die beim Militär auftauchen, aber nicht im Zivilleben.

Ich wusste, dass ich irgendwann zum Tag der Kommandoeinheiten einbestellt werden würde. Das geht einem durch den Kopf. Du weißt, du willst das. Heute weiß ich außerdem, dass das Körpertraining auch der mentalen Seite zuträglich ist. Die körperliche Bereitschaft verbessert den seelischen Aspekt. An dem Tag selber fühlte ich mich nicht gut. Ich überstand den Tag, aber erfolglos, ich bin durchgefallen. Ich nahm das sehr schwer. Doch ich sagte mir, okay, ich geh zur Golani oder zu den Fallschirmjägern, auch da kann man eventuell ein Auswahlverfahren bestehen und zum Fallschirmjägerkommando oder ins Golani-Kommando kommen. Ich strebte immer noch etwas an, wo man das Gefühl hat, sein Können ausschöpfen zu können. Darum geht es. Ich beschloss, den Lehrgang noch ein bisschen fortzusetzen, den Wehrdienst aufzuschieben, weil ich noch studieren wollte. Einem Lehrgangsabsolventen gelang es, mir die Einbestellung zu einem weiteren Tag der Kommandoeinheiten zu verschaffen. Am Ende wurde ich in die Duvdevan aufgenommen, und da diene ich als Offizier.

Warum Offizierskurs? Noch einmal: Sendungsbewusstsein. Mir war klar, dass ich weiterkommen wollte, dahin, wo die wichtigste, die intensivste Arbeit

---

29 Die Halacha (»Norm«) bezeichnet die Gesamtheit der rechtlichen, ethischen und rituellen Bestimmungen des jüdischen Lebens.

geleistet wird. Ich hatte das Gefühl, mein Potenzial nicht voll auszuschöpfen, ich wollte mehr sein als bloß Kampfsoldat bis ans Ende des Wehrdienstes. Das Ego, Offizier zu sein? Zweifellos spielt das irgendwo herein, aber ich liebte die Armee einfach. Wo ich auch war – ich habe mich wohlgefühlt. Es gibt Kumpels, für die das Militär eine sehr negative Erfahrung ist. Für mich war es schwierig, aber diese Schwierigkeit tat mir persönlich gut. Schwierigkeiten formen einen. Alles in allem ein konstruktiver Ort. Alles in allem ist es mir gut gegangen.

Warum nennst du unser Handeln gewalttätig? Dann ist alles Uniformtragen gewalttätig. Ich hatte Kameraden im Team, bei denen mir klar war, dass sie nicht so dachten wie ich, in jeder Hinsicht, glaubensmäßig, politisch, aber ich hatte nie Probleme, sie einzusetzen. In meinem Trupp wie auch als Kämpfer unter meinem Befehl. Mir persönlich ist nichts untergekommen, was ich aus moralischen Gründen nicht zu tun bereit gewesen wäre. Manche Leute sind beim Wehrdienst mehr Dilemmas begegnet. Es gibt auch auf der anderen Seite Dilemmas, wohlgemerkt, Räumungen usw. Ich persönlich war nicht damit konfrontiert. Ich kann dir sagen, mir ist im Verlauf des Dienstes klar geworden, dass das, was ich mache, sein muss. Unter Feuer und auch allein mit wenigen Kämpfern in feindlichem Gebiet war mir klar: Wenn ich es nicht tue, dann kommt der nächste Anschlag in Tel Aviv oder in Natania. Mir war klar, dass das, was ich tue, das Richtigste ist – seelisch, moralisch, geistig, in jeder Hinsicht. Auch wenn du weißt, dass du gefährliche Dinge tust, dass du dich vielleicht selbst aufopferst – mir war klar, warum ich es tue. Auch als Ehemann, der eine Frau zu Haus hat, war es mir klar. Ich hatte nie ein Problem.

Von den sechzehn Mann meines Teams waren vier religiös. Von den vier im Team, die zum Offizierslehrgang gingen, waren drei religiös. Heute gibt es schon Trupps mit siebzig Prozent Religiösen. Das bewegt sich zwischen dreißig und siebzig Prozent. Das ist sehr viel. Früher war das nicht so. Selbst vor fünf Jahren war es noch nicht so. Leute wie ich erhalten unsere Art Erziehung und wollen ihren Wertekanon im Leben umsetzen, und das zeigt sich in der Armee. Ich meine, einer, der nicht so ist wie ich, hat einen anderen Wertekanon. Nichts zu machen: Im Alter von achtzehn Jahren ist der erste Wertetest die Armee. Danach kann man sich auch in anderen Bereichen bewähren: in der Industrie, in der Familie. Außerdem hat die Armee sich über die Jahre mehr Vertrauen bei unseren Leuten erworben. Anfangs gab es eine Barriere, heute hat sich das geändert.

Religiöse Jugend hat mehr Motivation. Das sieht man sehr stark in der Armee. Ich habe es beim Wehrdienst gesehen, und ich sehe es während der Reservedienstzeiten. Religiöse sind eher bereit, persönliche Opfer zu bringen. Ich spreche natürlich im Allgemeinen, ich will niemandem etwas anhängen. Ich hatte säkulare Kameraden, die einer ganz anderen Welt entstammten und doch hervorragend waren. Mein bester Freund, die Nummer eins im Trupp, war ein großartiger Mensch, der einem gänzlich anderen Milieu entstammte. Aber allgemein gesprochen, gruppenspezifisch, zeichnet sich ein deutliches Phänomen ab: In den letzten fünf, sechs Jahren stehen die Leute aus meinem Sektor, dem zionistisch-religiösen Bevölkerungsteil, an den härtesten, schwierigsten Plätzen, wo man mehr opfern, sich stärker einbringen muss. Ich glaube, das beruht auf unserem Lebensweg, auf dem, was ich im Elternhaus, in der Gymnasial-Jeschiwa, im vormilitärischen Lehrgang verinnerlicht habe.

Ich als religiöser Offizier bin – anders als der Rabbiner, der aufs Schlachtfeld kommt und den Glauben stärkt – Befehlshaber. Dass ich eine Kippa auf dem Kopf habe, äußert sich nur in meinem Wertekanon und in meinem Handeln. Als Vorgesetzter ist mir klar, dass meine Soldaten bei mir andere Dinge und Verhaltensweisen gesehen und aufgesogen haben, als sie es bei einem säkularen Vorgesetzten getan hätten. Ob das besser ist, hängt vom Level der Leute ab, aber das ist kaum messbar. Ich glaube, dass ich einen Mehrwert einbringe, dass ich meine Aufgabe besser erfülle, mit mehr Sendungsbewusstsein, mehr Opferbereitschaft, mehr Verantwortung für die Zukunft. Der Unterschied rührt von der Quelle, aus der ich schöpfe, und das äußert sich später in der Fähigkeit, Opfer zu bringen. Ich glaube, den Säkularen etwas vorauszuhaben. Das ist der Vorteil. Mehr Tiefgang.

Du fragst nach der Einmischung von Rabbinern bei der Operation GEGOSSENES BLEI? Ich kenne das persönlich von den Kameraden, die dabei waren. Das waren ergänzende Instruktionen. Man kann darin eine Art Bestärkung sehen. Früher war das Militärrabbinat ein läppisches Beiwerk, Plakate am Anschlagbrett. Heute hat das Rabbinat auch eine pädagogische, traditionelle, moralische Stellung bezogen, kümmert sich nicht bloß darum, die Küche für Pessach koscher zu machen. Der Oberste Militärrabbiner hat bestärkende Worte gesprochen, sagen wir mal, er hat die Soldaten wirklich bestärkt. Wenn ein Soldat in den Kampf zieht und sieht, dass sein Rabbiner zu ihm runter auf den Sammelplatz kommt, bewegt das was bei ihm. In biblischen Zeiten ist das praktisch genau so abgelaufen. Ein Priester hat den Krieg gesegnet. Auch das Gefecht ging so vor sich – die Bundeslade kam herab und zog den Truppen voraus. So war es. In den Medien hat man das in eine ganz bestimmte Richtung gerückt. Man kann eine Situation aus vielen Blickwinkeln betrachten.

Der religiöse Zionismus hat begriffen, dass die Thora und der Glauben, in deren Licht wir erzogen werden, sich im Staat und in öffentlicher Tätigkeit niederschlagen müssen – du kannst es nicht beim Glauben im Herzen belassen, es gibt auch Dinge, die getan werden müssen. Das äußert sich stark in der Armee. Hier hat es einen wahren Durchbruch gegeben. Deshalb siehst du bei uns viele junge Leute, die meinen, sie könnten in diesem frühen Lebensabschnitt das, woran sie glauben, praktisch umsetzen. Wir hinken immer hinterher. Vor dreißig, vierzig Jahren waren es die jungen Leute aus dem Kibbuz. Wo sind sie heute? Unsere Strömung, der religiöse Zionismus, hat seine Zeit gebraucht. Vielleicht siehst du das in fünfzehn oder zwanzig Jahren auch in der Politik und in der Öffentlichkeitsarbeit. Dort siehst du heute nicht besonders viele Leute wie mich. Ich denke, in fünfzehn bis zwanzig Jahren werden wir auch dort angekommen sein.

Ich sehe keinen Bezug zwischen der Existenz der Gebiete und dem stärkeren Engagement meines Bevölkerungskreises. Bei den Rabbinern, mit denen ich in Verbindung stehe, und in der Welt, aus der ich komme, sind Judäa und Samaria nicht der Grund, die Armee als Wert zu betrachten. Das wird bei uns nicht diskutiert. Wir glauben, dass dieser Staat uns gehört und dass er für das jüdische Volk Bedeutung besitzt. Der Staat ist bedeutsam als integraler Bestandteil von Thora und Glauben. Jerusalem, die Rückkehr hierher, die Erlösung – das sind Grundsteine des Glaubens. Das hängt ohnehin mit dem Schutz und der Verteidigung des Staates, der Heimat, des Volkes zusammen. Ich wohne in Judäa und Samaria, wie meine Eltern in Petach Tikwa oder in Tel Aviv wohnen. Wenn ich vom ganzen Land Israel spreche, ist das genau so, als wenn ich vom ganzen Volk Israel rede oder von der Sicherheit Israels, das steht für mich auf demselben Blatt, im selben Wertekanon. Dieselben Menschen, die meinen, man dürfe Judäa und Samaria nicht aufgeben, denken auch, dass man Schtula oder Sar'it[30] im Norden nicht aufgeben darf.

Das ganze Thema der Ultraorthodoxen, die nicht einrücken, ist nicht leicht für mich. Einerseits habe ich Verständnis für das Ideal, mit dem sie ihr Fernbleiben vom Militärdienst begründen, und habe kein Problem damit. Ich akzeptiere es und kann sehr gut damit umgehen. Ich spreche von einem, der die Thora studiert, weil er glaubt, dass er damit das Volk Israel schützt. Daran glaube ich, und ich halte es nicht für problematisch, dass er Thora studiert hat,

---

30  Ortschaften innerhalb der israelischen Grenzen von 1967.

während ich meinen Wehrdienst geleistet habe. Das betrachte ich als gleichwertig. Andererseits kann ich beim Wehrdienst oder bei den Reservedienstzeiten umkommen, und diesen Leuten passiert das nicht. Ich verstehe sie, aber es fällt mir schwer. Trotzdem weiß ich nicht, ob ich die Regelung aufheben würde. Ich halte das Thorastudium für wichtig, ich glaube daran, und ich glaube auch, dass es den Staat stärkt. Ich rede von einem, der sich hinsetzt und die Thora studiert. Was mich wurmt, ist, dass viele Ultraorthodoxe das ausnutzen, um schwarz zu arbeiten und allerlei krumme Dinger zu drehen. Gegen die bin ich eindeutig. Aber ich lebe damit.

Nein, man kann Ultraorthodoxe, die Thora studieren und deshalb nicht einrücken, nicht mit Pazifisten gleichsetzen. Auf der praktischen Ebene ist das vielleicht vergleichbar. Die Quelle, aus der die Einstellung stammt, macht den Unterschied. Pazifisten, die wegen aller möglichen Werte irgendwo sogar mich ablehnen, sind für mich nicht akzeptabel. Manche leisten Ersatzdienst, das ist schon mal was. Schau, mir ist es lieber, dass so einer nicht in meiner Truppe ist, sondern Ersatzdienst leistet. Wenn du nämlich stürmen musst, und der hat Angst oder hält den Einsatz nicht für richtig, dann stürme ich womöglich noch allein vor. Wenn du unter Beschuss gerätst oder was, dann geben dir die Kameraden und das, was du bist, den nötigen Antrieb.

Meine Motivation und die des anderen Soldaten unterscheiden sich darin, was der andere im Kopf und im Herzen hat. Der Unterschied rührt von dem, was ich denke, woran ich meinen Wehrdienst festmache. Ob du verstehst, dass das von einer höheren Macht kommt, dass das etwas Großes ist, das mit deinem Leben, deinem Glauben, deiner Geschichte und deinem Volk zu tun hat. Das hängt mit dem Willen zusammen, diese drei Jahre jetzt zu geben, und wenn schon, dann so gut wie möglich. Ich negiere nicht die Quellen, aus denen säkulare Soldaten ihre Motivation schöpfen. Ich negiere das nicht, aber auch wenn das einer vorzüglichen Quelle entstammt, kann der säkulare Soldat das, meine ich, weniger umsetzen. Mag sein, dass das im Unbewussten auch bei ihm vorhanden ist, er aber nicht weiß, wie er es umsetzen soll. Warum will ich hier dienen, warum muss ich die drei Jahre geben, obwohl mein Mitschüler vom Gymnasium es nicht tut? Vielleicht kann er das nicht auf die Reihe bringen, und wir können es. Uns fällt es leichter, das auf die Reihe zu bringen, weil wir daran glauben. Wir wachsen in diesem Glauben auf. In dieser Hinsicht haben wir es leichter.

# Nofar

29-jährige Studentin, als Kind mit ihren Eltern
aus Äthiopien eingewandert

Ich war auf einem religiösen Gymnasium, und als ich damit fertig war, habe
ich angefangen, Überlegungen in verschiedene Richtungen anzustellen. Mein
erster Gedanke war, ERSATZDIENST zu leisten, wie unter uns religiösen Mädchen meist üblich. Meine erwachsenen Brüder haben Wehrdienst geleistet, und
ich beschloss, Ersatzdienst zu machen und nicht zur Armee zu gehen. Ich interessierte mich besonders für den Naturschutzbund. Ich war immer im zionistischen Sinn mit dem Land verbunden und machte gern Ausflüge. Ich wollte
auch meinen Staat kennenlernen, seine Landschaften, ihn auf Schusters Rap-
pen erkunden, wie man so sagt. Ich ging zu den Klassifizierungsprüfungen, um
für den Ersatzdienst beim Naturschutzbund angenommen zu werden, kam zu
meinem großen Bedauern aber nicht durch. Seinerzeit hat mich das sehr geär-
gert und eigentlich dazu gedrängt, nun doch Wehrdienst zu leisten. Ich wollte
seit jeher was für den Staat tun. Und wenn ich schon zur Armee gehe, dachte
ich, dann aber richtig, als Kampfsoldatin. In einem klimatisierten Büro sitzen
und Papierkram erledigen kam für mich nicht infrage.

Mein kleiner Bruder sieht die Armee schon mit ganz anderen Augen. Er hat
sich einen bequemen Job ausgesucht, einen, bei dem er nebenher arbeiten und
Geld verdienen kann. Ganz anders als meine Weltanschauung und die meines
älteren Bruders. Wir haben nicht darüber nachgedacht, wie wir die Dienstzeit
für unsere eigenen Interessen ausnutzen könnten. Mein älterer Bruder und ich
waren stärker von der äthiopischen Kultur beeinflusst, was die Treuepflicht
gegenüber dem Staat anbelangt. Vielleicht waren wir auch mehr vom zionistischen Gedanken erfüllt als mein jüngerer Bruder, der schon im Land geboren
ist. Ich weiß es nicht.

Nach der Musterung erhält man eine Informationsbroschüre und einen
Brief von der Armee, der dem Wehrdienstanwärter mitteilt, wofür er oder sie
aufgrund der Prüfungen geeignet ist. Es gab dort viele höchst interessante Aufgaben, aber die Aufgabe der Kampfsoldatin im Grenzschutz ist – nachdem ich
darüber gelesen und mich informiert hatte – eine wirklich praktische Aufgabe
im Gelände. Das ist eine Aufgabe, bei der man kämpft, wenn es sein muss, und

für mich ist den Staat verteidigen gleichbedeutend mit kämpfen. Dabei ist anzumerken, dass mein älterer Bruder auch Kampfsoldat beim Grenzschutz war. Der Grenzschutz ist die Kampfeinheit der Polizei. Von meinem Bruder hatte ich – als Kind – gehört, dass er in den Gebieten war und gekämpft hat, aber ich wusste nicht wirklich, welche Aufgabe er versah.

Ich strebte die allerkämpferischste Aufgabe an. Vor Dienstantritt machte ich die Eingangstests, um sicherzustellen, dass ich kampftauglich bin. Zu meiner Zeit war die kämpferischste Aufgabe, die Frauen offenstand, der Grenzschutz. Frauen konnten auch zu den Pionieren gehen, aber das war kein Kampfeinsatz, wie ich ihn mir wünschte. Das waren mehr technische Aufgaben wie Bomben oder Sprengsätze entschärfen. Ich wollte wirklich draußen im Gelände sein und die Bürger Israels verteidigen. Ins Gelände gehen und sie schützen – ich wusste nicht so genau, was das bedeutete.

Vor Dienstantritt fantasierte ich davon, die körperlich anstrengendste und schwerste Grundausbildung zu durchlaufen. Ich arbeitete zur Vorbereitung sogar an meiner Fitness. Ich wusste, dass ich es physisch nicht leicht haben würde. Ich wusste, dass ich hohe körperliche Anforderungen würde bewältigen müssen. Ich hatte keine seelischen Hürden erwartet. Ich war sehr selbstständig und hatte keine Angst davor, fern von zu Hause zu dienen und an Wochenenden auf dem Stützpunkt zu bleiben. Es war mir wichtig, mich selbst zu beweisen.

Als wir im Einberufungszentrum ankamen, wurde uns gesagt, dass jede, die Kampfsoldatin werden wolle, sich noch vor der Grundausbildung für neun weitere Monate verpflichten müsse. Statt ein Jahr und neun Monate sollte ich zweieinhalb Jahre dienen. Nicht wenige Mädchen haben aus diesem Grund verzichtet. Ich unterschrieb. Die Grundausbildung war sehr hart. Neben der körperlichen Anstrengung musste ich mich dort auch mit dem psychischen Druck abfinden. Bloß nicht zusammenklappen. Rückblickend weiß ich, dass das zur Ausbildung gehört, denn du kannst kein Kämpfer sein, ohne dich auch seelisch damit auseinanderzusetzen. Tatsächlich erlaubte ich mir nicht schlappzumachen, sagte mir, die Schmerzen würden vorübergehen, und ich würde nicht lockerlassen und nicht erklären: »Zum Teufel, das muss ich nicht«, und die Sache hinschmeißen.

Erst nach der Grundausbildung, wenn du ordentlich trainiert bist, verstehst du, was es bedeutet, das Land zu verteidigen. Was mich interessierte, war der routinierte Umgang mit der Waffe und die Verantwortung, die mit dem Waffengebrauch und dem Schießen auf Menschen verbunden ist. Ich wollte die anspruchsvollste, interessanteste und schwerste Aufgabe. Mir war bewusst, dass ich mit einer Bevölkerung konfrontiert sein würde, die gegen die Juden ist und dem Staat schaden möchte. Vor der Einberufung hatte ich nicht bedacht, dass das manchmal auch bedeutet, von der Schusswaffe Gebrauch zu machen. Daran denkst du nicht, bevor du einrückst.

Zuerst diente ich in der Einheit, in die ich sehr gern aufgenommen werden wollte. Wir waren vier Frauen in der Einheit, die sonst nur aus Männern bestand, teils Berufssoldaten, teils Wehrpflichtige wie ich. Zu der anstrengenden Arbeit kam die Anstrengung, dich als Kämpferin zu beweisen. Alle wussten, dass ich die Grundausbildung genauso absolviert hatte wie die Jungs, die mit mir angefangen hatten, aber wir Mädels mussten auch noch beweisen, dass wir im Kampf nicht weniger gut waren als die Jungs. Wenn dir was wehtut, sagst du nicht, dass du Schmerzen hast, damit sie Gott behüte nicht denken, als Kämpferin tut es dir mehr weh als einem Kämpfer. Auch die Kämpfer mussten sich bewähren, aber das war, weil sie neu waren und beweisen mussten, dass sie in die Einheit gekommen waren, weil sie gute Kämpfer waren. Die Kämpferinnen hatten eine zusätzliche Beweislast, weil sie Frauen waren. Auch da haben wir uns nichts nachgegeben. In der Grundausbildung war der Kampf ums Durchhalten Privatsache. Aber in der Einheit hielten wir Mädels eisern zusammen. Manchmal musste ich mir wirklich auf die Lippen beißen bei allen möglichen chauvinistischen Sprüchen, die die Kämpfer so von sich gaben. Wir Mädels sprachen einander Mut zu, um unter den Sprüchen der Kämpfer nicht mental schlappzumachen, sondern ihnen zu beweisen, dass wir mehr wert waren, als sie glaubten.

Während des Dienstes wurde ich mit der Wucht der Terroranschläge konfrontiert. Diese Aufgabe machte ungewöhnliche Einsätze erforderlich, und das hat mich professionalisiert und interessiert. Wie waren sehr professionell. Nachdem du einen Menschen festgenommen hast, bringst du ihn dorthin, wo er hin soll, schlägst ihn aber nicht mehr, wenn er gefesselt ist. Ich weiß, dass das vorkommt, aber ich persönlich habe es – auch als Teamleiterin – nicht zugelassen.

Die Kämpfer, die bei mir waren, redeten im Stil von: »Los, die muss man zusammenschlagen«, und haben sie verbal gedemütigt. Verbale Demütigungen waren die Norm. Aus Hass. Aus dem Hass heraus, den du deinen Feinden entgegenbringst. Aber physisch haben sie sie nicht fertiggemacht. Ich bin nicht sicher, ob das ein moralisches Problem ist, aber ich habe nicht zugelassen, dass Kämpfer die Araber in den Gebieten am Kontrollpunkt demütigten. Wenn beispielsweise ein Araber, der festgenommen werden musste, frech wurde, konnte ich es kaum mit ansehen, wenn Grenzschützer ihn – nachdem er verhaftet war – demütigten. Es geht nicht unbedingt um körperliche Gewalt. In den meisten Fällen waren die Grenzschützer reif genug, um ihren Frust nicht in jugendlicher Weißglut abzureagieren. Mir fiel es schwer, Leute zu demütigen. Schließlich ist der Mann schon verhaftet, was soll dann also die Demütigung.

Es gab Situationen, in denen mein Vorgesetzter sich sehr auf mich verließ und mir sehr vertraute und mich als Teamleiterin einsetzte, obwohl ich keinen Befehlsführerkurs absolviert hatte. Die Kämpfer, die bei mir waren, verstanden die rote Linie. Wenn man an den Kontrollpunkt muss, geht man an den Kontrollpunkt, tut seine Arbeit. Keiner fängt mir da an, die Leute anzuspucken, keiner fängt mir an, sie zu beschimpfen. Zumindest wenn sie mit mir loszogen, kannten sie die Grenzen. Und deshalb respektierten sie mich tatsächlich. Sie haben mich nicht ausgegrenzt, sondern respektiert, denn ich habe mich nicht als Lehrerin aufgespielt.

Wir redeten nicht über diese inneren Konflikte, gewiss nicht ich als Kämpferin. Die Kämpfer achteten mich sehr als Kämpferin, und ich achtete sie. Ich habe, wenn nötig, Verweise erteilt, aber die Verweise waren logisch begründet. Ich bin zu einem Kämpfer gegangen und hab ihn angesprochen: »Sag mal, bist du ein Kleinkind …? Was gibst du dich mit Quatsch ab …? Sei professioneller.« Ich habe ihnen nicht gesagt, das sei unmoralisch, sondern das sei unprofessionell. Ich meine, die Sache mit der Moral hängt mit dem Menschen zusammen. Ich fang nicht an, die Kämpfer zu ändern oder sie moralischer zu machen. Das sah ich nicht als meine Aufgabe an. Aber ich habe nicht geschwiegen, wenn ich auf ein Verhalten stieß, das mir unmoralisch vorkam. Ich habe die Jungs nicht auf der pädagogischen Ebene getadelt, sondern die mangelnde Professionalität ihres Vorgehens verspottet. So kam das besser an, und die Kämpfer betrachteten mich weniger als ihre Feindin. Kämpferinnen oder Kämpfer, die unmoralisches Handeln kritisierten, waren weniger gut angesehen, fast wie Kollaborateure. Sie gehörten nicht richtig zum Kameradenkreis. Außerdem traute man ihnen nicht, wenn es zum Einsatz ging, aus Angst, sie könnten einen verpfeifen. Ich wäre gar nicht erst in solche Situationen gekommen, aber jeder Kämpfer, der mit mir in den Einsatz ging, wusste, dass ich hundert Prozent professionell bin und mich nicht mit Blödsinn abgeben will. Ich wollte nichts, was mich in Schwierigkeiten verwickelte oder zu unprofessionellem Handeln verleitete.

Neben der laufenden Arbeit mussten wir unter anderem spontan zu Festnahmen ausrücken. Es gab auch Schnelleinsätze nach Bombenanschlägen, und es gab Demonstrationen israelischer Araber[31], zum Teil sehr heikle Demonstrationen. Während meiner Dienstzeit war die politische Lage nicht einfach. Du hörst von Demonstrationen im Fernsehen, kannst dir aber nicht vorstellen, wie die Wirklichkeit für die Polizisten, die Grenzschützer aussieht, wie sie einem massiven Steinhagel erfolgreich begegnen, wie sie mit so einem Mob fertigwerden. Das Fernsehen zeigt nicht den Einsatz der Kämpfer, die in vorderster Reihe stehen müssen und die Steine abbekommen. Als ich das erste Mal zu so einem Vorfall mit Steinhagel abkommandiert wurde, hatte ich, ehrlich gesagt, richtig Angst. Ich sah diesen Mob, der einem nachrennt und einen mit Steinen bombardiert. Das war im Wadi Ara, dort gibt es relativ feindselige arabische Dörfer. Das war meine erste Demonstration. Danach kamen andere. Als Kämpferin in einer Spezialeinheit war ich in einer Truppe, die gegen Steinewerfer vorging. Mit der Zeit gewöhnst du dich daran, mit der ganzen Schutzpanzerung am Leib.

Warum der Grenzschutz in dem Ruf steht, den er hat? Vielleicht erzähle ich dir ein wenig von der Dienstzeit meines Bruders, um es verständlich zu machen. Zur Zeit meines Bruders dienten sie sehr viel in den Gebieten. Mein Bruder hatte es mit der Bevölkerung in den Gebieten zu tun, wo du kapierst, dass du ohne Gewaltanwendung keine Abschreckung erzielst. Das habe ich später auch verstanden, als ich selbst diente. Aber ich wollte nicht mit Gewalt abschrecken. Ich war für Gewaltanwendung, wo es nötig war, aber Abschreckung kann auch aus Achtung entstehen. Ich respektiere dich, dafür respektierst du mich. Wenn der Respekt, den du zeigst, nichts fruchtet und du nur Gewalt erntest, dann werde gewalttätig. Es bleibt nichts anderes übrig, du musst manchmal gewaltsam werden, um Abschreckung zu erzeugen. Die um dich rum müssen einsehen, dass sie es mit Soldaten zu tun haben. Sie können nicht machen, was sie wollen. In den Gebieten besteht erhöhte Gefahr, da können die Soldaten es sich nicht leisten, jemanden anzulächeln und freundlich zu behandeln, der als Nächstes einen Sprengsatz durchschleust oder einen Topf mit siedendem Öl aus dem Fenster wirft, wenn unten Soldaten an seinem Haus vorbeikommen. Zu ihrem eigenen Schutz müssen die Grenzschützer Abschreckung schaffen. Die Botschaft lautet: »Haltet einen gewissen Abstand ein, denn wir sind keine Trottel. Wenn es sein muss, gehen wir mit massiver Gewalt vor.« Ich meine,

---

31  Israelische Araber sind arabische Bürger des Staates Israel, die auf israelischem Staatsgebiet leben. Die arabische Bevölkerung macht heute etwa fünfzehn Prozent der Gesamtbevölkerung des Staates aus.

man hat Gewalt eingesetzt, um Abschreckung zu erzeugen und sich selbst zu schützen.

Ich will nicht verallgemeinern, aber zur GOLANI gehen andere Bevölkerungskreise als zum Grenzschutz. So wie auch die, die bei den Fallschirmjägern oder bei der NACHAL dienen, anders sind. Ich finde, die Grundausbildung beim Grenzschutz ist seelisch sehr schwer zu verkraften. Sie ist der dominante Teil deiner Ausbildung zum Kampfsoldaten. Du musst eine Reihe schwerster Demütigungen einstecken. Du wirst da auch mental sehr hart ausgebildet. Damit kann nicht jeder umgehen. Die Vorgesetzten sprechen dich nicht rücksichtsvoll an. Man hält dort nichts davon, einen Kämpfer, der ein bisschen sensibel ist, anders anzusprechen. Bei der Grundausbildung gibt's der Vorgesetzte jedem, dem er's geben kann. So macht man dich hart. Wenn du nach dieser Grundausbildung zum Einsatz kommst, begreifst du, dass es so sein muss, dass man hart sein muss. Kein Zweifel, Grenzschützer trainieren anders als Fallschirmjäger.

Mein Bruder hat mir erzählt, sie seien gelegentlich losgeschickt worden, um Armeejeeps aus den Gebieten zu holen. Es hieß: »Ein Armeejeep fährt rein und bekommt einen Steinhagel ab. Ein Grenzschutzjeep fährt rein, und alle Araber ziehen Leine.« Das war so ein Motto während der Intifada. Das stimmt, denn die Grenzschützer erzeugten Abschreckung durch die Art, wie sie mit den Arabern umsprangen. Sie ließen keinen einzigen Araber das Maul aufreißen. Von wegen: »Wer bist du denn, dass du mir Antwort gibst?« Sie haben ihnen keine Erklärungen abgegeben. Wenn sie meinten, ein Stand befände sich nicht dort, wo er sein sollte, haben sie ihn einfach abgeräumt. Kumpels von der Armee hätten sich solches Verhalten nicht erlaubt. Sie hätten es sich zweimal überlegt: »Moment, vielleicht bitte ich ihn darum.« Die Grenzschützer kannten diesen Begriff gar nicht: »Ich bitte ihn drum.« Sie fühlten sich als Hausherren im Dorf, denn wenn sie nicht Herr im Haus waren, gefährdeten sie ihr Leben.

Wer recht hat? Das ist eine sehr schwierige Frage. Ich habe gesehen, wie viel Grausamkeit auch von der anderen Seite ausgehen kann. Ich habe Bombenanschläge erlebt, und ich habe Dinge gesehen, bei denen du dir sagst: »Wenn die so sind, warum soll ich dann nett zu ihnen sein? Vielleicht haben sie's wirklich nicht verdient.« Ich hielt es für richtig, Respekt zu zollen und ihn erwidert zu bekommen. Wenn der Respekt nichts hilft und die Worte nichts fruchten, dann tu, was nötig ist, um das Ziel zu erreichen. Alles für die Sicherheit des Staates. Wenn du in die Gebiete kommst, betrachten sie dich immer als Feind, auch wenn du sehr nett redest, und Bitten hilft auch nichts. Du kapierst, dass Worte und Respekt – wie die Armee es propagiert – nicht funktionieren. Die Leute bringen dir keine Achtung entgegen. Die Wirklichkeit sieht so aus: Ob ich das, was die Grenzschützer machen, nun akzeptiere oder nicht – man muss wohl so handeln. Wenn sie durch ihr Vorgehen Ruhe schaffen können, dann ist es besser, man hat Ruhe und Sicherheit für den Staat, als dass man gut und nett mit Menschen umgeht, die einen nicht achten.

Ob ZAHAL absichtlich Leute aus bestimmten Bevölkerungskreisen für bestimmte Aufgaben einteilt? Vor zehn Jahren hätte ich ja gesagt. Hätte gesagt, dass Zahal zweifellos all die Deppen, die Leute, die nicht intelligent genug sind, um zu begreifen, dass das, was sie tun, ungut ist, in den Grenzschutz und in die Golani schickt. Leute, die nicht genug Verstand haben, um sich Befehlen zu widersetzen, die vom moralischen Standpunkt betrachtet problematisch sind. Dazu kommen in die Golani und in den Grenzschutz Bevölkerungsschichten, die stärker und tiefer mit dem Land verbunden sind. Das entspringt, meine ich, der Kultur der aus Äthiopien stammenden Juden, die meist im Grenzschutz dienen, oder der Juden aus Nordafrika, die im Grenzschutz oder in der Golani sind. Die, die in den Grenzschutz oder in die Golani einrücken, sind dem Staat und dem Militär gegenüber sehr loyal. Sie befolgen Befehle, weil sie von ihrer Kultur oder ihrer Mentalität her für absolute Treue eintreten und einsehen, was es bedeutet, den Staat um jeden Preis zu verteidigen.

Wir, in der äthiopischen Kultur, sind mit Gehorsam und Moral aufgewachsen, einer Haltung, wonach du Befehle von jemandem, dem du die Treue hältst, unbedingt zu befolgen hast. Das gibt es gar nicht – einen Befehl zu verweigern, den du von einem Vorgesetzten erhalten hast, einem, der über dir steht. Bei uns musst du alles ausführen, was ein Übergeordneter dir aufträgt. Manchmal tust du das automatisch. Du denkst nicht daran, dass du dich vielleicht widersetzen müsstest. Das ist Teil unseres Wesens.

Ob es unter den Äthiopiern Linke gibt? Ich bin keinen Linken begegnet. Nein. Man muss doch dran denken, warum diese Menschen ins Land gekommen sind. Meine Eltern sind drei, vier Monate zu Fuß gegangen, von Gondar bis zur sudanesischen Grenze, um ins Land einzuwandern. Menschen haben Strapazen durchgemacht, um herzukommen. Sie glauben, dass dies ihr Staat ist. Ein Teil ist unterwegs gestorben. Sie glauben, dass sie hier leben müssen. Deshalb werden sie ganz bestimmt nicht glauben, dass Araber in den Gebieten, die meinen, wir hätten ihnen den Staat besetzt, und israelische Bürger umbringen, irgendwelche Rechte haben.

Auch ich meine, dass dies unser Staat ist. Menschen haben dafür gekämpft. Jedes Volk hat das Recht, um Land zu kämpfen. Seit jeher haben Menschen um Land gekämpft. Wer stark ist und das Land besetzen kann, dem gehört es. Wenn die Araber das Land wollen, sollen sie darum kämpfen. Ich bin nicht für Kriege. Aber das ist unser Staat, wir haben darum gekämpft, und er gehört uns. Wir können nicht jedes Mal Teile von unserem Staat abgeben, von einem Staat, für den Menschen gekämpft haben und gestorben sind, um ihn zu bekommen. Bei aller Hochachtung, man kann weder die Geschichte ändern noch beschließen, dass wir den Staat weggeben, um den Menschen gekämpft haben. Wenn das Sache ist, dann können alle, die hier wohnen, ihre Koffer packen und woanders hingehen. Aber wir haben keinen anderen Ort, dies ist unser einziger Ort. Wenn wir darum kämpfen und ihn verteidigen müssen, dann werden wir darum kämpfen und ihn verteidigen.

Verweigerung von der Rechten? Es ist sehr schwer – vor allem beim Militär – gegen jemanden zu kämpfen, der wie du ist. Man bringt dir bei, hämmert dir ein, dass du deine Mitbürger schützen sollst, nicht gegen sie kämpfen. Noch schwerer fällt es Kumpels von der Rechten, Siedler aus ihren Häusern zu zerren. Das passt nicht zu den Werten, die man dir im Land und beim Militär vermittelt. Ich persönlich finde, man sollte keine Siedlungen räumen. Ich bin für die Siedlungen. Ich halte es für legitim, Räumungen zu verweigern. Ich meine, du bist zwar Soldat des Staates, aber du musst auch deinen Verstand benutzen. Du kannst nicht gegen deine Moral angehen. Das Militär muss Soldaten, die meinen, das würde sie kaputtmachen, von der Erfüllung des Räumungsbefehls freistellen. Es besteht ja nicht die Absicht, den Soldaten seelisch kaputtzumachen. Der Soldat will ja bloß auf seine Weise seinen Beitrag leisten. Man kann ihm nichts aufzwingen, was ihn seelisch kaputtmacht.

Und was mit Verweigerung von der Linken ist? Wer nicht bereit ist, in den Gebieten zu dienen, kann nicht Soldat werden. Ich finde, man darf einem Soldaten nicht durchgehen lassen, dass er die Grenzen von 1967 zu verteidigen bereit ist, aber nicht die Gebiete, die 1967 erobert wurden. So was dürfen wir nicht zulassen. Wenn wir nicht jenseits der Grenze agieren, wird auch diese Grenze fallen. In ein paar Jahren werden die Araber sie durchbrechen und innerhalb des Staates gegen uns kämpfen. Wenn du einsiehst, wie wichtig es ist, um das Land zu kämpfen, dann musst du gegen deine Feinde antreten, die, die Zivilisten wie dich umbringen. Ich würde so einen Verweigerer nehmen und ihm ein paar Familien zeigen, deren Kinder bei Bombenanschlägen ums Leben gekommen sind. Nach einem Gespräch mit so einer Mutter würde ich sehen wollen, ob er sich weigert, in den Gebieten zu dienen und gegen diese Feinde zu kämpfen.

# Eli

23-jähriger Arbeiter

Vor meiner Einberufung war ich noch nicht sicher, ob ich Bock drauf hatte oder nicht. Ich war nicht auf dem Gymnasium, hab alle möglichen Jobs gemacht. Zuerst wusste ich gar nicht, ob ich überhaupt einrücke. Ich hab nicht direkt überlegt, wie ich mich drücken könnte, aber mit der Armee hatte ich nichts im Sinn. Warum ich dann doch hingegangen bin? Weiß nicht, bloß so. Ich hab PROFIL 97. Den MANILA hab ich wohl bekommen, aber nicht ausgefüllt.

Irgendwie zufällig bin ich in der GOLANI gelandet. Hab auf einmal irgendwie meine Meinung geändert und bin eingerückt. Ich war nicht von vornherein darauf aus. Rein durch Zufall. Mein Vater war auch in der Golani, dann hab ich mir halt gedacht: »Na los, gehen wir zur Golani.« Irgendwie ist es zum Schluss so gekommen. Ich weiß nicht mehr, wie. Die meisten meiner Freunde haben sich einen leichten Job bei der Armee ausgesucht.

In den ersten Tagen nach der Einberufung haben sie uns kräftig eingestimmt, haben uns viel Motivation gegeben. Wollten uns einreden, Golani wäre erste Sahne, einsame Spitze und noch allen möglichen Quatsch. Aber später, als ich langsam begriff, was läuft, ist meine Motivation abgesackt. Bei Dienstantritt denkst du dir: »Wow, jetzt werde ich ein Kämpfer«, aber das ist reiner Blödsinn. Du hast jetzt also eine Waffe, aber das ist nichts Besonderes. Physisch gesehen bin ich echt gut zurechtgekommen. Ich war richtig fit. Immer. In dieser Hinsicht hatte ich's leicht. Ich dachte, sie würden uns wer weiß wie auf Kämpfer trimmen und all solche Märchen, die sie einem aufbinden. Mit der Zeit ist meine Begeisterung gesunken, aber ich bin dageblieben. Meine sämtlichen Freunde waren dort, bloß deswegen bin ich letzten Endes geblieben.

Nach der Grundausbildung kam ich zum Bataillon und war einfacher Kampfsoldat bis ans Dienstende. Im Bataillon wechselten wir von Standort zu Standort. Ich hatte keinerlei Absicht, auf Gruppenführerkurs zu gehen. Wollte ich überhaupt nicht. Das ist nichts für mich, Befehlshaber oder so zu sein, den Leuten sagen, was sie zu tun haben. Bei uns wird ein Gruppenführer als Maniac betrachtet, als Arschheini und so. Die waren auch Arschlöcher, weil sie entsprechende Anweisungen erhielten. Sie bekamen Anweisungen, sich wie Maniacs aufzuführen. Außerdem – wenn du Gruppenführer bist, dann bist du allein, bist nicht mehr mit deinen Kameraden zusammen. Sie sondern dich ab und schicken dich hin, wo sie wollen. Wollte ich überhaupt nicht.

Das Verhalten uns gegenüber war ekelhaft. Sie behandeln dich, als würdest du ihnen was schulden, als wärst du der letzte Idiot. Für jeden Quatsch bekamst du Strafen aufgebrummt. Du hattest was Unschönes gesagt und musstest prompt über Sabbat dableiben. Die Gruppenführer sind nur Menschen wie ich, sie hätten es übergehen können. Aber für alles, was du angestellt hast, haben sie dich an die Offiziere verpfiffen. Ich kann mich nicht erinnern, dass die Gruppenführer je was Gutes getan hätten. Es gab ein paar Vorgesetzte, die in Ordnung waren, aber das kam selten vor.

Alle paar Monate wurden wir verlegt. Wir waren an der Nordgrenze, wir waren in Gaza und wir waren im Westjordanland. Ein bisschen in Nablus, ein bisschen in Hebron. Am längsten waren wir in Gaza und im Norden. Patrouillen, Hinterhalte, Wacheschieben. Ich mochte das nicht. Kein Mensch möchte 17 Tage hintereinander[32] mit Hinterhalten und Patrouillengängen verbringen. Man tut das lustlos. In Hebron waren es Patrouillen und Pillboxen[33]. Die Zeiten, die wir ohne einen Vorgesetzten in Pillboxen verbrachten, nur ein paar Soldaten, waren lustig. Wir waren allein, schoben bloß Wache und wurden in Ruhe gelassen. Obwohl wir viel gewacht haben, war es okay.

An Kontrollpunkten haben wir fast keinen Dienst getan. Auch Festnahmen haben wir nicht viele durchgeführt; keine großen Sachen. Auch das mochte ich nicht. Warum? Weil wir nicht wirklich Terroristen festgenommen haben. Wenn wir schon mal Festnahmen machten, haben sie uns keine richtig gefährlichen Typen vorgesetzt, sondern bloß einfache Menschen, die mitkommen, ohne Probleme zu machen, bloß so armselige Menschen. Das ist nicht interessant genug, das ist reiner Frust. Das hat keinen Spaß gemacht. Für mich war das blöd. Es hieß, an die Tür klopfen, jemandem sagen: »Los, du bist verhaftet, komm mit«, und fertig.

In Hebron gab's welche, die Araber verprügelt haben, das weiß ich noch. Vielleicht haben die uns deshalb weniger Probleme gemacht. Ich kann mich nicht entsinnen, dass wir ernsthafte Probleme gehabt hätten, als wir in Hebron waren. Ob ich zugeschlagen habe? Ich persönlich kann mich nicht erinnern, dass ich jemanden verprügelt hätte. Man hörte Geschichten, dass manche

---

32 Gemeint ist ein Dienstplan (»17-4«), bei dem man siebzehn Tage Einsatz im Gelände hat und dann vier Tage zu Hause verbringen kann.

33 Ebenerdige Schutzbunker

Kumpels bei Streifengängen durch die Stadt angeblich Schläge austeilten. Aber ich glaube nicht, dass das richtig schlimme Schläge waren, mehr so niedliche. Was niedliche Schläge sind? Man sitzt nicht richtig auf jemandem und poliert ihm die Fresse, sodass er blutet und ins Krankenhaus kommt. Sie teilten ein paar Klapse, Fausthiebe aus, so was in der Art. Nicht zu viel. Warum? Vielleicht weil die Araber frech geredet hatten. Manche haben es auch nur so getan, zum Spaß, wenn jemand ihnen was Unschönes gesagt hat. Ich persönlich habe das nicht gesehen. Nein, hab ich nicht gesehen.

Ich habe Fußpatrouillen gemacht, wir sind in irgendein verlassenes Haus gegangen, haben oben einen Spähposten errichtet und fertig. Wir haben was gesucht, um uns die Zeit zu vertreiben. Du gehst in ein Haus, schläfst drinnen ein bisschen, einer hält Wache, einige schlafen. Man dreht noch eine Runde zu Fuß. Einmal haben sie uns Tee gemacht, manchmal haben wir Wasserpfeife mit denen geraucht. Ob das erlaubt ist? Nein, keineswegs. Wenn unsere Vorgesetzten das mitgekriegt hätten, hätten sie uns fertiggemacht. Mit der jüdischen Bevölkerung von Hebron habe ich nichts zu tun gehabt.

Hat mir nichts ausgemacht, den Arabern was zu tun und so. Das hat keinem was ausgemacht. Nix. Egal was man uns aufgetragen hätte. Du fragst, ob wir uns damit schwergetan haben? Überhaupt nicht. Jetzt fällt mir Gaza ein, wenn sie uns da Festgenommene brachten, damit wir sie bewachten, bis der Schabak sie zum Verhör abholte, dann haben die dort viele Schläge abbekommen. Wie das passiert ist, dass sie Schläge kriegten? Sie kriegten welche. Ob es jemanden gegeben hat, der das nicht in Ordnung fand? Von den Soldaten, meinst du? Vielleicht. Es gab welche, die einfach nicht geschlagen haben, aber keiner hat dir gesagt, hau nicht zu. Ja, das hat sich auf dem Stützpunkt abgespielt. Die Vorgesetzten wussten quasi nichts davon. Wenn sie einen auf frischer Tat ertappten, dann durfte das nicht vorkommen. Die Araber riefen »Offizier, Offizier«, wenn sie richtig harte Prügel abbekamen.

In Hebron setzte es auch Schläge, bloß hab ich es dort nicht mit eigenen Augen gesehen. Wenn ich da mehr Streifengänge und Patrouillen gemacht hätte, dann hätte ich wohl auch da solche Dinge gesehen oder hätte solche Sachen gemacht.

Ich weiß nicht, welchen Schaden ein Araber davongetragen hat, wenn er verprügelt wurde. Man hat nie einen zum Arzt gebracht und gesagt: »Er hat sich eine Rippe gebrochen oder den Schädel« oder so was. Aber sie kriegten Mordsschläge ins Gesicht, in die Rippen, in die Eier, in den Leib. Ich wusste nicht, warum der Betreffende verhaftet war. Kann sein, dass sie ihn einfach so angeschleppt hatten, aus Versehen oder weil sie sonst keinen aufgegriffen hatten und sich sagten: »Los, laden wir den mal auf.«

Wie ich heute darüber denke? Ehrlich, heute finde ich es nicht in Ordnung, dass man jemanden einfach so festnimmt, einen, der gar nichts getan hat. Damals war mir das egal, hat mich überhaupt nicht interessiert. Obwohl es uns lieber war, wenn sie niemanden festnahmen, denn dann brauchten wir keinen zu bewachen.

Du fragst, ob Prügel austeilen Spaß macht? Allgemein gesprochen, gibt das Adrenalin. Ich will nicht sagen, dass es Spaß macht, aber es hat was. Die sind gefesselt, und du kannst mit ihnen machen, was du willst. Du kannst ihnen auch die Fesseln abnehmen und auf sie einschlagen – sie werden dich nicht anrühren. Sie haben Angst vor dir. Sie sind gefesselt und mit Augenbinde. Auch wenn sie bei den Patrouillen Schläge bekamen, hatten sie Angst. Nur ein Mann schlägt zu, aber ringsum sind noch mindestens sechs andere mit Waffen – soll er da etwa zurückschlagen? Sie würden ihm die Fresse polieren. Kurz, du kannst sie dort problemlos verprügeln, kein Mensch wird zurückschlagen. Wie ich das als Schläger so sehe? Was soll ich dir sagen? Wenn du dort bist, betrachtest du die Dinge anders. Du siehst es so, als wären sie schuld daran, dass du kaum Urlaub bekommst, dass du wenig Ausgang hast und dass dein Dienst beschissen ist. Du lässt deinen Frust an ihnen aus. Man weckt dich um vier Uhr morgens, damit du den Mann bewachst, und du hast, sagen wir, nur eine Stunde geschlafen und bist müde, ein Nervenbündel, du musst dich bei jemandem abreagieren, also super – du gehst rein und versetzt ihm einen Fußtritt an den Kopf oder so was.

Es gab welche, die das nicht taten, und es gab welche, die Angst hatten oder ein bisschen mehr Herz in diesen Dingen. Aber keiner hat mir gesagt: »Nein, tu das nicht, hau nicht zu.« Wir bekamen keine Vorträge zu diesen Themen. Die Vorgesetzten haben uns nur so nebenbei gesagt: »Ihr schlagt sie nicht, ihr bewacht sie nur«, bla, bla, bla, bla, bla. Sie wussten, dass wir zuschlagen würden. Aber ich kann dir sagen, es gab auch Offiziere, die wirklich nicht wollten, dass wir schlugen.

Manchmal hat man uns, in Hebron und in Nablus, nach Unruhen oder Steinwürfen losgeschickt, um ihnen Angst einzujagen. Wir sollten Hausdurchsuchungen vornehmen. Es war verboten, ihnen was zu stehlen oder was kaputt zu machen. Die Schränke wild durchwühlen war erlaubt. Stellt ihnen das Haus auf den Kopf, aber macht nichts kaputt. Wir bekamen einen Stadtteil, in dem wir vorgeblich nach Waffen suchen sollten, aber eigentlich ging es darum, ihnen in die Häuser einzufallen und Angst einzujagen. Krach zu machen. Es kam vor, dass wir rein wahllos Häuser aufsuchten. Wir stürmten rein, riefen ihnen ein paar Worte auf Arabisch zu, dass sie das Haus verlassen sollten. Wir holten alle Familienmitglieder raus oder versammelten sie in einem Zimmer. Einer bewacht alle Hausinsassen. Die anderen suchen nach Waffen und stellen ihnen das Haus auf den Kopf. Man durfte nichts kaputt machen, hat aber trotzdem Sachen zerbrochen und zerstört, durfte sich nur nicht dabei erwischen lassen. Warum wir das zerdeppert haben? Bloß so zum Spaß.

Man hat dir eingeschärft, nichts zu stehlen, hat dir sogar gesagt, man würde dich durchsuchen, wenn du in den Stützpunkt zurückkommst, und wer was gestohlen hat, dem reißen sie die Eier ab. Es gab eigentlich nichts zu stehlen. Ich weiß noch, dass wir was gesucht haben, aber es gab nichts. Es gab welche, die was mitgehen ließen, Schmuck, Zigaretten und blöden Kram. Ja, ich hab das gesehen. Aber man hat uns immer Angst gemacht, dass wir bei der Rückkehr durchsucht werden würden. Warum ich es nicht getan habe? Ehrlich, wenn ich was Wertvolles gesehen hätte, wenn ich, sagen wir mal, Geld gesehen hätte, hätte ich es mitgehen lassen. Aber ich habe einfach nichts gesehen. Man ließ uns aber auch nicht allein im Zimmer, immer kam irgendein Vorgesetzter mit, wenn wir ein Haus durchsuchten.

Es gab Offiziere, die dagegen waren. Was soll ich dir sagen, die kriegen im Offizierslehrgang das Hirn aufgeweicht. Wenn du mich fragst, was sie mit denen im Offizierskurs anstellen, dann ist das hauptsächlich eine Gehirnwäsche, meine ich. Sie bringen ihnen dort bei, die Soldaten scheißschlecht zu behandeln, wie ein Maniac mit den Soldaten umzuspringen, loyal und zuverlässig zu sein. Wenn denen was gesagt wird, müssen sie es haargenau befolgen.

Die Grenzschützer arbeiten am meisten mit den Arabern. Wir sollen ihnen eigentlich nicht direkt gegenüberstehen. Wir sollen nicht frontal mit ihnen zusammentreffen und mit ihnen reden. Beim Grenzschutz müssen sie sich mit Arabern befassen und Kontrollpunkte errichten und Personalausweise verlangen und sich mit ihnen abgeben. Deshalb, scheint mir, versetzen ihnen die Grenzschützer die meisten Prügel, denn die haben die Schnauze am meisten voll. Ob wir was in der Mitte sind? Ich weiß nicht. Bei der NACHAL sind sie wirklich zu weich. Ich meine, wenn man Golani-Soldaten auf Dauer bei ihnen stationieren würde, würden die ihnen sogar noch mehr Prügel austeilen als die Grenzschützer. Warum? Darum. Einfach, weil sie sie hassen. Ich meine, auch die Nachal-Soldaten würden Arschlöcher werden, wenn sie die Aufgaben der Grenzschützer erhielten. Bei der Nachal ist das allerdings auch ein anderer

Menschenschlag, verglichen mit dem Grenzschutz. Aber je näher du mit denen umgehen musst, desto eher hast du genug von ihnen, hast die Schnauze gestrichen voll und bist mit den Nerven fertig.

Du hasst einen Auftrag, aber du hasst auch die Araber. Beide habe ich gehasst. Ob die Araber auch recht haben? Die Araber? Oho, darüber habe ich noch nie nachgedacht. Vielleicht kann ich ihre Seite irgendwo verstehen, aber ich weiß nicht, nein.

Politisch hab ich keine Meinungen. Nein, ich geh nicht zu den Wahlen. Geh nicht wählen. Die Gebiete zurückgeben? Nein, das will ich nicht. Warum? Darum. Ich mag Araber im Allgemeinen nicht. Ich will nicht, dass das zurückgegeben wird. Es bleibt nichts anderes übrig, wir machen so weiter. Ja, wir herrschen weiter über sie. Wenn du ihnen die Gebiete zurückgibst, werden sie, nach meiner Ansicht, den Staat unter ihre Herrschaft bringen. Wenn du sie sich selbst regieren lässt, dann horten sie Waffen, und es wird noch schlimmer. Wenn sie die Selbstverwaltung haben, werden sie letzten Endes auch über uns herrschen wollen. Die wollen ja nicht nur die Gebiete haben, die wollen doch den ganzen Staat. Wenn du mir hundertprozentig garantieren könntest, dass Frieden herrscht, sobald sie die Gebiete bekommen, und dass sie dann nicht versuchen, hier weitere Gebiete zu erobern, dann würde ich dir sagen, gib ihnen ihre Teile, die Gebiete, damit Ruhe und Frieden einziehen. Aber ich glaube nicht, dass es so kommen würde.

Wenn ich mal einen Sohn habe, lasse ich den nicht einrücken. Überhaupt nicht. Soll er den Wehrdienst umgehen, wie er will. Militärpsychologe, ärztliches Attest, aber einrücken soll er nicht. Warum? Was hätte er davon? Gar nichts. Er vergeudet drei Jahre für nichts und wieder nichts. Tatsache, dass die meisten es nicht machen. Warum sollte er es tun? Die meisten haben irgendeinen leichten Job in der Armee, und es gibt auch haufenweise welche, die sich drücken. Dann ist es auch nicht schlimm, wenn er sich drückt.

Bisher habe ich keinen Reservedienst geleistet, hab eine Freistellung erwirkt. Ich habe nicht die Absicht, Reservedienstzeiten abzuleisten.

# Ido

21-Jähriger, direkt nach dem Wehrdienst

Seit dem Vorfall mit mir sagt der Zugführer seinen Soldaten vor jeder Verhaftungsaktion, wer es wage, handgreiflich zu werden oder irgendwas zu tun, was nicht zum Einsatz gehöre, würde bestraft werden und richtig Ärger kriegen, hat man mir erzählt. Unsere Vorgesetzten unterstützten zwar Misshandlungen, wollten aber selbst keinen Ärger kriegen. Ihnen war es um ihren Ruf zu tun. Tatsache – bevor ich bei uns Probleme gemacht habe, hat sich kein Mensch darum geschert. Das Thema wurde vorher gar nicht angesprochen.

Wann ich angefangen habe, über den Wehrdienst nachzudenken? Ehrlich gesagt, denkst du mit siebzehn Jahren nicht besonders viel daran. Ich wollte quasi meinen Beitrag leisten, ein einfacher Kampfsoldat werden. Ich wollte Kampfsoldat werden, war aber nicht versessen darauf. Ich hab mir nicht zu viele Gedanken darüber gemacht. Mir war klar, dass ich Kampfsoldat werden würde und fertig. Ich hab mir nicht groß den Kopf darüber zerbrochen. Das habe ich auch gleich bei der Musterung gesagt.

Bei meinen Freunden lief das auch ähnlich ab, nicht wie mancherorts, wo das Einrücken und die Vorbereitung auf den Wehrdienst zur zweiten Religion geworden sind. Man sagte sich: Es gibt den Wehrdienst und man macht ihn. Ich habe keine älteren Geschwister, und ich weiß nicht genau, was mein Vater beim Militär gemacht hat. Er war nicht in der kämpfenden Truppe. Wir haben zu Hause nicht darüber gesprochen, abgesehen davon, dass meine Eltern mich eher nicht in der kämpfenden Truppe sehen wollten. Sie haben ein bisschen versucht, mich davon abzubringen. Ich bekam alle möglichen Einbestellungen für Computerprojekte, aber ich wollte nicht, weil ich Kampfsoldat werden wollte. Ich wollte mich echt einbringen und meinte damals, auf diesem Weg am meisten beitragen zu können. Ich dachte, der kämpfenden Truppe anzugehören wäre der beste Beitrag, der allergrößte. Sicher hat auch der Macho in mir dabei mitgespielt. Ich bekam auch Einbestellungen zum TAG DER KOMMANDOEINHEITEN und zu den Fallschirmjägern, bin aber nicht hingegangen. Schau, ich war ein Kind, Kampfsoldat werden war mir wichtig, aber ich wollte mich nicht verrückt damit machen. Kommandoeinheiten hätte bedeutet, mich für ein weiteres Jahr zu verpflichten, und ich dachte mir, ich mach meine drei

Jahre, tue was ich kann, und fertig. Ich hab mich nicht viel damit beschäftigt. Ich bin keiner dieser Aufforderungen gefolgt, und so bin ich am Einberufungstag im Einberufungszentrum gelandet.

Auf dem MANILA-Formular habe ich an erster Stelle die KFIR angegeben, mit kindlichem Leichtsinn hab ich das gemacht, ich hab dem keine Bedeutung beigemessen. Ich wusste nichts über die Kfir, als ich Kfir hingeschrieben habe. Der Name gefiel mir, das getigerte Barett fand ich super, das war quasi alles. Man hat diese Einheit als Truppe für den Antiterrorkampf vermarktet, so viel wusste ich, das hatte man mir gesagt. Man hat mir nicht gesagt, dass siebzig oder achtzig Prozent der Tätigkeit dort darin besteht, Siedler zu schützen und an Kontrollpunkten zu stehen, und zwar nicht an den Zugängen von den besetzten Gebieten nach Israel, sondern zwischen einem arabischen Dorf und dem nächsten. Wenn ich das gewusst hätte, wenn man es mir gesagt hätte, wäre ich da nicht hingegangen. Ich hatte politische Ansichten, aber die waren eher vage. Mit der Zeit habe ich wirklich klare Ansichten entwickelt. Auch mit sechzehn Jahren hatte ich schon linke Ansichten, aber nicht zu extrem. Das war auch die Einstellung bei uns zu Hause.

Ich war anfangs in Tul Karem und später in Kalkiliya stationiert. In Tul Karem haben wir vor allem Dienst an Kontrollpunkten getan. Als ich da begriff, worum es ging, hat es mich schon prinzipiell gestört. Das ist kein Kontrollpunkt zwischen den Gebieten und Israel, was legitim wäre, sondern ein Kontrollpunkt, der den Personenverkehr zwischen zwei palästinensischen Dörfern kontrolliert, mit dem Ziel, eine dazwischen liegende Siedlung zu schützen. Das hat mich sehr gestört. Ich habe meinen Vorgesetzten gesagt, dass mich das stört, und sie haben geantwortet, das sei alles unser Land, »du bewachst auch hier das Land«. Das hab ich noch geschluckt.

Eines Tages kam ein Junge von dreizehn oder vierzehn Jahren auf dem Heimweg an unseren Kontrollpunkt. Aus den Papieren ging hervor, dass er illegal israelisches Gebiet betreten hatte, und als er zurückwollte, wurde er aufgehalten. Er war wohl zur Arbeit nach Israel gegangen, besaß aber keine Erlaubnis und war deshalb illegal rüber. Wir hatten die Anordnung, sie ins Land zurückzuschicken und nicht wieder in ihr Dorf zu lassen, damit sie beim Herumfahren in Israel all das dort verdiente Geld vergeudeten. So wollte man ihnen eine Lektion erteilen. Der Junge lächelte, und der Soldat, der mit mir am Kontrollpunkt stand, sagte zu dem Jungen, den wir aufgehalten hatten, »was grinst du denn?«, und haute ihm – krach – eine rein. Als ich den Soldaten zurechtwies, antwortete er mir so was wie: »Nein, das ist gar nichts, man muss so sein, man muss hart sein, sonst tanzen sie uns auf der Nase herum.« Andere Reaktionen waren: »Das haben sie verdient, das sind keine Menschen.« Am Anfang dachte ich, es sei wichtig, dass gerade ich dort bin, weil ich vielleicht unberechtigte Gewalt verhindern könnte. Wenn einer jemanden schikanierte oder verbotene Dinge tat, habe ich ihn darauf hingewiesen.

Aber dann haben wir mit echten Einsätzen angefangen, und ich sah genau, welche Sorte Menschen festgenommen wurde und was das für Einsätze waren. Zum Beispiel flogen Steine aus irgendeinem Dorf, und statt punktuell einzugreifen, wurde das ganze Dorf kollektiv bestraft. Man verhängte eine Ausgangssperre, besetzte das Schulgebäude, und der Bataillonsführer gab den Befehl, alle Männer von 16 bis 29 Jahren festzunehmen und in das Schulgebäude zu bringen. Ich sagte meinem Vorgesetzten, diese Maßnahme sei illegal, man könne nicht einfach so Leute festnehmen. Sie haben getrickst und jeder Zugführer bekam einen Packen unterschriebener Haftbefehle, auf denen stand: »Verhaftet unter dem Verdacht der Unruhestiftung.« Nur der Name war noch nicht eingetragen. Wir gingen von Haus zu Haus durchs ganze Dorf, griffen die Männer auf, fragten nach ihren Namen und füllten dann die Haftbefehle aus, gewissermaßen einen rückwirkenden Haftbefehl. Wir kamen, fesselten ihre Hände auf dem Rücken, legten Augenbinden um und nahmen sie mit aufs Schulgelände. Ja, ich habe das gemacht. Dort haben Männer vom SCHABAK sie verhört.

Auf dem Weg zur Schule gab es alle möglichen Misshandlungen. Zum Beispiel haben die, die ihnen die Kabelbinder anlegten, sie absichtlich zu eng angezogen, damit Blutergüsse entstanden. Das ging auch in der Schule so weiter. Zum Beispiel wollte einer der Festgenommenen aufs Klo, ein Soldat hat ihn die Treppe runtergeführt und ihm einen heftigen Stoß versetzt. Das war ein Mann mit verbundenen Augen, der ist von der Wucht des Stoßes gegen die Wand geprallt. Wie ich weiß, dass sie die Kabelbinder zu fest anziehen? Weil die Soldaten darüber reden. Die Festgenommenen heulen dir richtig was vor, du siehst ihre blau angelaufenen Hände. Manchmal werden Verdächtige zum Bataillon gebracht, und in diesen Fällen untersucht der Sanitäter sie. Ich weiß, dass der Sanitäter die Soldaten darauf hingewiesen hat, dass sie die Kabelbinder zu eng anziehen. Ihre Reaktion war: »Was ist das denn für ein Linker, warum lässt er uns nicht in Ruhe.«

Manchmal erhielten wir den Befehl, Häuser nach Waffen zu durchsuchen. Wir drangen in Fünfergruppen – wenn ich mich nicht täusche – in ein Haus ein. Einer im Trupp ist der Befehlsführer, ein Offizier oder Feldwebel. Man versammelt alle Hausbewohner in einem Zimmer, einer der Soldaten bewacht sie mit entsicherter Waffe, die anderen nehmen eine Hausdurchsuchung vor. Man kann suchen, und man kann auch einfach zerstören. Die Leute, die bei mir waren, sahen in der Durchsuchung eine Gelegenheit, einfach Zerstörung anzurichten. Das gefiel ihnen. Sie redeten darüber, redeten frei darüber: »Toll, ihnen die Häuser zu verwüsten.« Das Gerede fand unter Soldaten statt, aber die Vorgesetzten sahen es auch, sahen, dass einfach nur Verwüstung in den Häusern angerichtet wurde, und verhinderten es nicht. Ich sagte ihnen was, und sie lachten nur. Sie nahmen mich nicht ernst. Glaubten nicht, dass ich es ernst meinte. Sie steckten so in ihrer Welt, dass es ihnen unlogisch vorkam, dass jemand solche Dinge ansprach. Solche Dinge passierten mehr als einmal.

Die meisten Leute, die mit mir dienten, stammten aus der Peripherie, das heißt, aus dem Süden, aus Beer Scheva, Dimona. Aus dem Landeszentrum waren keine dabei. Es gab auch viele Siedler, viele Religiöse. Die meisten wollten gerade in unserer Einheit sein. Warum? Weil sie sehr wohl wussten, was diese Brigade tut, und weil ihnen gerade das wichtig war. Ich habe das erst begriffen, als die Einsätze losgingen.

Was ich dir geschildert habe, war ein spezifischer Einsatz, für mich war es der Tropfen, der das Fass zum Überlaufen brachte. Du musst begreifen, dass diese Militärmaschinerie dir eine Gehirnwäsche verpasst, dir eintrichtert, dass sie weiß, was notwendig und was richtig, was verboten und was erlaubt ist, damit du nicht dauernd was meckerst. Meine Ansichten haben die Kameraden dort nicht gestört. Nein, sie waren nicht sauer auf mich. Sie haben mich weder gepiesackt noch ausgegrenzt, denn dafür waren wir schon zu lange zusammen. Wenn du so viele Übungs- und Ausbildungsphasen mit jemandem durchmachst, dann entsteht Kameradschaft. Es gab Diskussionen, aber auf freundschaftlicher Ebene, nicht im Streit.

Ich hatte keine Probleme mit dem der Militärdisziplin, auch nicht mit dem Zugführer, bis zu dem Zeitpunkt, in dem ich ihm erklärte, dass ich nicht mehr gewillt sei, an Festnahmen und an Kontrollpunkten mitzuwirken, außer an den Zugängen zu Israel. Ich hatte mit meinen Eltern darüber gesprochen und auch mit Freunden. Meine Eltern dachten genauso über die Einsätze, die wir machten, wollten aber, dass ich auf andere Weise rauskäme, ohne viel Wind zu machen, ohne ins Gefängnis zu gehen. Sie sind naiv, sie dachten, wenn ich höflich redete, würde man mir zuhören und mich rauslassen, in eine andere Einheit verlegen. Aber so funktioniert die Armee nicht. Es geht um Macht und Unterordnung. Die Antwort meines Zugführers war gemein, er teilte mir mit, dass ich künftig nur noch Wach- und Küchendienst leisten würde. Ich sagte ihm, ich sei nicht bereit, mich wegen meiner Ansichten abstrafen zu lassen, sei nicht bereit, vor Ort zu bleiben, sei überhaupt nicht mehr bereit, dieser Kompanie anzugehören, wolle weder Wach- noch Küchendienst leisten und auch sonst nichts, was die Arbeit der Kompanie unterstütze. Sie sei nicht in Ordnung, warum solle ich dann Wach- und Küchendienst machen? Sie sollten sich mal selbst prüfen. Seine Antwort lautete, wir seien hier beim Militär und nicht im Wunschprogramm, ich müsste seine Anweisungen befolgen, und auch künftig gelte: »Wenn ich Soldaten brauche, um eine Festnahme vorzunehmen, dann rufe ich dich.« Sie haben mir überhaupt nicht zugehört.

Am nächsten Morgen wurde ich infolge des Gesprächs mit dem Zugführer vor dem Bataillonsführer wegen Befehlsverweigerung verurteilt. Der Bataillonsführer ist ein Siedler aus Eli. Ich versuchte, das Gespräch auf die ethische Schiene zu lenken, aber er blieb beim Technischen. Ich kam für siebzehn Tage ins Militärgefängnis 6. Im Knast hatte ich kein Problem. Im Gegenteil, ich habe Mithäftlingen geholfen, allerlei Briefe zu schreiben. Es gab dort alle möglichen Leute, die es schwer haben, Neueinwanderer und andere, die sich schwer ausdrücken können. Denen habe ich geholfen. Außerdem sitzen im Gefängnis welche, die gar nicht gedient haben, wie sollen die dich kritisieren. Praktisch haben sie mir wegen guter Führung die Haftzeit verkürzt, und ich war nur zwölf Tage drin. Ich bekam einen Tag frei, ruhte mich zu Hause aus und beriet mich mit JESCH GVUL. Die hatte ich im Internet gefunden. Nun las ich von anderen Fällen, die vorgekommen waren.

Als ich zum Bataillon zurückkam, teilte mir mein Kompaniechef mit, dass ich in der Kompanie verbliebe, doch ich erklärte, in einem Brief an den Bataillonsführer und an den Kompaniechef, dass ich mich weigere, weiterhin an der Unterdrückung des palästinensischen Volkes in den besetzten Gebieten teilzunehmen, und fortan nicht mehr an Polizei- und Wacheinsätzen zum Schutz der Siedler mitwirken würde. Daraufhin beschloss der Kompanieführer, mich aus der Kompanie zu entlassen und in eine Stabskompanie zu verlegen. Dort sollte ich dem Stabsfeldwebel helfen. Für mich war das viel besser, als bei Kontrollpunkten und Festnahmen mitzumachen. Obwohl ich viel mit dem Stabsfeldwebel diskutierte, gefiel es ihm irgendwann, dass ich auf meinen Anschauungen beharrte. Es gefiel ihm, dass ich gegen den Strom schwamm und meine Ansichten mutig verteidigte. Er betrachtete das auch als Projekt, dass man ihm problematische Typen schickte und er es fertigbrachte, sie in der Truppe zu halten. Er wollte gern beweisen, dass ich bei ihm keine Probleme machen würde.

Anscheinend hatten sie Angst, seit meine Geschichte in die Medien gelangt war. Sie hatten ein Interesse daran, die Angelegenheit so schnell wie möglich vergessen zu machen. Vielleicht wäre es ihnen lieber gewesen, wenn ich zum Militärpsychologen gegangen wäre und auf diese Weise die Befreiung vom Wehrdienst erhalten hätte, aber ich wollte nicht zum Militärpsychologen. Ich wollte, dass meine Tatsachengeschichte Gehör fand. Dafür war ich bereit, »Opfer zu bringen«.

Mit der Zeit wurden meine Ansichten über die Armee extremer. Es heißt dauernd, ZAHAL sei die moralischste Armee der Welt, aber wenn du es von drinnen siehst, glaubst du einfach nicht daran. Wenn ein Palästinenser so und so sagt, dann glaubst du ihm das, weil du gesehen hast, dass Leute wirklich so handeln, dass es kein Irrsinn ist. Wenn mir als Sechzehnjährigem jemand all das erzählt hätte, hätte ich es ihm nicht geglaubt. Eine Institution, die auf Militanz setzt, ist mir ziemlich zuwider. Ich war bei der Operation GEGOSSENES BLEI zwar nicht dabei, aber ich glaube den Geschichten der Leute. Ich habe Untersuchungsberichte über Gegossenes Blei gelesen, und wenn ich von Misshandlungen lese, dann weiß ich, dass ich so was mit eigenen Augen gesehen habe. Ich weiß, das Wort »Misshandlungen« ist sehr stark, aber das hat es gegeben.

Ich weiß nicht, wie ich es erklären soll, ich hab wirklich keine Ahnung, wie man es erklären kann. Meines Erachtens sind das einfach Menschen, die aus niedrigen Schichten stammen. Ich weiß nicht, was sie zu Hause sehen, aber plötzlich haben sie eine Waffe und kriegen das Gefühl, endlich Macht zu haben. Ich bin zu Hause in dem Geist erzogen worden, dass wir alle Menschen sind, und wenn du dann diese Dinge siehst, tut es dir weh. Sie sind nicht alle schlecht, aber man hat ihnen schlichtweg das Gehirn gewaschen. Meine Freunde und ich verstehen die Lage, aber wir sind in der Minderheit. Wenn Leute, denen man beigebracht hat, dass Araber keine Menschen seien, Araber verprügeln, betrachten sie sie nicht als Menschen. Sie haben kein Schuldgefühl, wie wenn du eine Ameise tötest. Das ist die Erziehung von zu Hause, das ist der Grund. Und es ist der Job, der einen moralisch runterreißt. Die, die geschlagen und misshandelt haben, haben das als Erziehung von zu Hause mitbekommen, aber viele andere sind einfach passiv. Sie stehen weder hüben noch drüben. Sie tun, was sein muss. Manche wiederum haben eigentlich eine gute Erziehung genossen, aber die Arbeit am Kontrollpunkt hat sie moralisch abgleiten lassen. Das beginnt langsam damit, dass du einen Palästinenser um eine Zigarette bittest, und geht weiter mit Geschäftemacherei, dass du jemanden durchgehen lässt, wenn er dir dafür etwas bringt. Das kommt vor. Das macht die Waffe, du fühlst dich stark, denn die Bevölkerung dort hat große Angst vor dir, die Leute schlottern vor dir. Manchen hat das einen richtigen Kick gegeben. Bei mir ist das Gegenteil eingetreten, es hat mich angewidert, dass Leute mich fürchten. Ich will nicht, dass jemand Angst vor mir bekommt. Andere fühlten sich toll dabei. In Wahrheit bin ich mit der festen Einstellung von zu Hause gekommen, dass alle Menschen gleich sind. Ich mag gar nicht daran denken, was geschehen wäre, wenn ich nicht so erzogen worden wäre. Sehr wahrscheinlich hätte ich mich auch beeinflussen lassen und hätte auch alle möglichen Dinger gedreht. Wäre auch abgeglitten.

Ich bin völlig eins mit dem, was ich gemacht habe. Eine Zeit lang war ich sehr niedergeschlagen. Mit der Zeit habe ich mich etwas beruhigt. Es besteht kein Grund, dass ich mein Leben gefährde, um eine Gruppe von Menschen zu schützen, die auf gestohlenem Grund und Boden sitzen. Dazu bin ich nicht bereit. Schau, Zahal bewacht sogar illegale Außenposten, die angeblich nicht mal von der Regierung unterstützt werden. Ich habe nichts dagegen, die Grenzen des Landes zu schützen und wenn nötig auch in den Krieg zu ziehen, um das Land zu verteidigen. Aber die Gebiete sind nicht der Staat, und ich bin nicht bereit, sie zu verteidigen.

Die Gesellschaft wird mich als Extremisten bezeichnen. Nach meiner Ansicht sind all die anderen Extremisten, und ich bin einfach normal.

# Dor

24-Jähriger, kurz nach dem Ende seines Wehrdienstes
(drei Jahre + ein Jahr zusätzlich)

Ich lebe in einem Kibbuz, in dem Konsens ist, dass du Wehrdienst leistest und natürlich was Kämpferisches machst, so du kannst. Auch innerhalb der kämpfenden Truppe willst du Überdurchschnittliches leisten. Mein Vater hat sich in der KOMMANDOEINHEIT DES GENERALSTABS ausgezeichnet, er war ein Kriegsheld, und das spürte man zu Hause. Sein Handeln hat meine Sicht natürlich sehr beeinflusst. Aber mein Vater folgt dem Grundsatz: »Tu, was für dich gut ist.« Wir haben zu Hause nicht ständig Geschichten über seine Heldentaten in der Armee zu hören bekommen. Mein großer Bruder wollte nach ein paar Monaten raus. Das war nichts für ihn. Mein Bruder hat mich auch beeinflusst, mein Vater erst recht, und ich stand irgendwo in der Mitte.

Ich war hin- und hergerissen. Mit Eran, einem guten Freund, ging ich zu Demonstrationen von OMETZ LESAREV, zu Friedensdemos. Als wir erwachsener wurden und der Wehrdienst näher rückte, sahen wir ein, dass er an und für sich wichtig ist. Wir gehörten beide dem HASCHOMER HATZAIR an, einer sozialistischen Jugendbewegung, die den Wehrdienst weiterhin befürwortet und erklären kann, warum er wichtig ist. So war meine Geschichte mit der Armee von einem Gegensatz geprägt. Einerseits war ich, von meiner ideologischen Identität und meinen politischen Ansichten her, sehr gegen das Militär, andererseits hatte ich mir in den Kopf gesetzt, in eine äußerst kämpferische Truppe zu kommen, in eine Kommandoeinheit aufgenommen zu werden oder so was. Das hört sich eigenartig an, aber so kam es. Du hast gleichzeitig zwei Dinge im Kopf, die miteinander zusammenhängen und auch wieder nicht. Es stürzen so viele verschiedene Ideen auf dich ein, und du verinnerlichst sie allesamt. Einem Außenstehenden mag das unlogisch vorkommen, aber ich erinnere mich, dass wir im FREIWILLIGEN SOZIALEN JAHR auf alle möglichen Demos gegen ZAHAL-Maßnahmen in den Gebieten gegangen sind, und einen Monat später war ich im Auswahlverfahren für das Matkal-Kommando. Das klingt komisch, geht aber bis heute so weiter.

Beim Auswahlverfahren wurde ich nicht angenommen. Ich habe es zum Abschluss gebracht, stand aber wohl auf der Kippe oder was, und sie haben mich zum Psychologen geschickt. Der Psychologe fragte mich, wie wichtig es mir auf einer Skala von 1 bis 10 sei, in diese Einheit zu kommen, und ich habe 8 gesagt. Dann fragte er mich, was ich mir im Leben auf der Stufe 10 wünschte. Ich habe ihm geantwortet, dass ich kein Mensch der Stufe 10 sei, sondern einer mit vielen 8en. Ich wolle ein freiwilliges soziales Jahr auf Stufe 8, das sei mir wichtig, aber es sei für mich nicht das Größte auf der Welt. Ich erwähnte auch die Möglichkeit, im Rahmen einer Kerngruppe zur NACHAL zu gehen. Er wollte wissen, auf welcher Stufe, und ich sagte ihm 8. Nun hakte er nach, was ich auf Stufe 10 wollte und was auf Stufe 0. Ich antwortete ihm, so ein Typ sei ich nicht. Das war ihm wohl nicht gut genug.

Als am nächsten Morgen bekannt gegeben wurde, wer bestanden hatte, und ich nicht dazugehörte, war das für mich nicht Weltuntergang. Ich meine, das macht die Erziehung, die ich von den Eltern erhalten habe: Sie haben nicht gedrängt. Ich war nicht auf ein einziges Ziel fixiert. Wenn sie mich genommen hätten, wäre ich vermutlich hingegangen, auch weil ich das damals im Sinn hatte, weil ich Ambitionen besaß. Schon wegen meines Vaters und wegen Freunden, die hingingen, und auch in dem Gefühl, dass das irgendwie sehr angesehen ist, eine Art Eintrittskarte, meine ich, sogar auf der Statusebene, wie alles, was du erreichen möchtest. Ich hatte zwei sehr gute Freunde, von denen einer zur Matkal und der andere zur FLOTTILLE ging, ich wollte auch dazugehören, wollte auch dorthin. Natürlich glaubte ich auch, ihnen nicht gleichzukommen, wenn ich nicht hinging.

Gegen Ende der zwölften Klasse beschlossen Eran und ich, dem Staat in einem freiwilligen sozialen Jahr zu dienen. Während des sozialen Jahrs fingen wir an, darüber nachzudenken, wie es wäre, in einer Kerngruppe zur Nachal zu gehen. Ich war sehr unschlüssig, weil ich den Traum von einer Eliteeinheit, irgendeinem Kommando, nur schwer aufgeben konnte.

Ich wurde zum Interview für die EGOS, die Kommandoeinheit der GOLANI, einbestellt. Ich kam an, und gerade, als ich aufgerufen wurde, beschloss ich, dass es nicht ganz das Richtige für mich war. Hinfahren, anstehen mit all deinen Kameraden, die das Auswahlverfahren für die Kommandoeinheit des Generalstabs »beinah bestanden« hatten, und dann wegzugehen, ohne überhaupt reingegangen zu sein? Warum? Ah ... ich war vielleicht etwas in dem Vorurteil befangen, dass du beim Militär Dinge tun musst, mit denen du nicht so sehr einverstanden bist, wie zum Beispiel in den Gebieten, und das hat mich damals ein bisschen geängstigt, scheint mir. Ich dachte damals, dass Matkal nicht in den Gebieten dient. Ich dachte, wenn ich mit den Kumpels von der Kerngruppe dienen würde, wäre es besser als allein. Letzten Endes haben wohl die Freunde, die Kameraden, die mir während des freiwilligen sozialen Jahrs wichtig waren, den Ausschlag gegeben. Ich stand noch immer mit meinem ehemaligen Jugendleiter im Kibbuz in Verbindung, der war da dreißig, wir waren sehr gute Freunde. Er war Offizier bei den Fallschirmjägern und hatte mir erzählt, dass er sehr verwirrt aus dem Wehrdienst zurückgekehrt war, von dem Dienst in den Gebieten. Er nahm uns zu einem Vortrag von SCHOVRIM SCHTIKA mit. Kurz, es gab viele Dinge, die mich vom Dienst in den Gebieten abgeschreckt haben.

Heute kommt mir das wie ein ferner Traum vor, weil ich lange Zeit in den Gebieten gedient habe, okay, nicht so lange, aber ... Ich hatte damals vor allem einige Vorurteile über das Militär im Kopf, hatte Werte im Gepäck, die sprachen gegen das, was Zahal in den Gebieten macht, und daher rührte die Entscheidung, dann wenigstens mit meinen Kumpels von der Kerngruppe einzurücken. Ich habe viel mit Vater gesprochen und auch mit meinen Freunden von der Kerngruppe, und da kam klar rüber: »Geh dort nicht hin, wir gehen zusammen zur Nachal.« Als ich meinem Vater von meinem Gespräch mit dem Psychologen erzählte, sagte er mir ebenfalls: »Wenn du dir nicht sicher bist, dann bist du wohl nicht versessen genug darauf. Also lass es lieber, denn wenn du eher unentschlossen hingehst, wirst du dich dort nicht wohlfühlen.« Ich ging trotzdem zum Interview, bekam aber im letzten Moment kalte Füße und fuhr nach Hause. Ehrlich gesagt, wollte ich die Egos auch nicht so sehr, denn ich sagte mir, wenn ich schon einrücke, dann am besten zusammen mit den Freunden aus meiner Kerngruppe. Vielleicht war es mir damals nicht klar, aber im Rückblick scheint mir, dass ich an dem Punkt den Gedanken aufgegeben habe, in der Armee das zu tun, was ich anfangs wollte, und nun dem Willen folgte, der sich bei mir entwickelte. Die Geschichte mit der Nachal hat sich durchgesetzt. Wir waren fünf Freunde, die letzten Endes gemeinsam zur Nachal gegangen sind.

Verweigerung? Ich meine, je mehr wir darüber nachgedacht haben, je näher der Wehrdienst rückte, desto klarer sahen wir ein, dass Verweigerung nicht unbedingt das Richtige ist. Wir wollten furchtbar gern unseren Einfluss ausüben, wollten furchtbar gern das Gefühl bekommen, dass wir Einfluss in unsere Armee ausüben, und haben uns entschieden, das durch den Wehrdienst zu tun und nicht durch Verweigerung. Wir haben nicht ausdrücklich darüber gesprochen. Es kam nicht so weit, dass wir uns wirklich hingesetzt und es planmäßig durchdacht hätten. Es war mehr auf dem Level von: »Wir verstehen die Leute, die es gemacht haben«, hatten Verständnis für die Kumpels vom Brief der ZWÖLFTKLÄSSLER und identifizierten uns auch irgendwo mit ihnen. Aber weißt du, als wir uns die Geschichte mit der Kerngruppe in den Kopf gesetzt hatten, waren wir schon auf Einrücken gepolt. Verweigerung war keine Option. Das wurde nicht angesprochen. Beim Haschomer Hatzair hatte man entschieden, Verweigerung nicht zu unterstützen. Einer in unserer Kerngruppe hat erklärt, er würde verweigern. Er hatte beschlossen, keinen Wehrdienst zu leisten, und da wir dem nicht zustimmten, hat er die Gruppe verlassen. Ich bin dem nicht nachgegangen, vielleicht hat er verweigert, vielleicht hat er sich einfach gedrückt. Es gab ein Stadium, in dem mir das auch durch den Kopf ging, in der Zeit vor dem Wehrdienst, bevor ich verstand, was das bedeutet, als ich mich mit all den Dingen herumschlug, die von außen auf mich einstürzten, Gedanken, die von den Medien kamen und von allen möglichen Leuten, mit denen ich damals sprach. Ja, das kam auch von zu Hause. Das heißt, meine Eltern haben mir nie gesagt, warum die Armee wichtig ist, auch nicht das Gegenteil. Sie haben schlichtweg nicht darüber gesprochen. Mein Vater und ich sind gelegentlich zu Demonstrationen gegen die Besatzung gegangen.

Bewusst oder unbewusst habe ich die Dilemmas während des Wehrdienstes meist verdrängt. Was das bedeutet? Ich habe das aufgeschoben, bis es für mich aktuell werden würde. Ich ging auf einen Gruppenführerlehrgang, kam vom Kurs zurück, um Rekruten zu führen, bei der Ausbildung, nicht im Einsatz. Vier Monate später ging ich zum Offizierslehrgang. Bei Abschluss des Lehrgangs war ich an die zwei Jahre beim Militär gewesen, ohne einen einzigen Tag Einsatz in den Gebieten geleistet zu haben. Und ich war Offizier der kämpfenden Truppe. Ich war Zugführer, wieder auf dem Brigadestützpunkt für Rekrutenausbildung. Schau, Ausbilden interessierte mich, und die Gebiete lockten mich nicht. Erst nach zweieinhalb Jahren in der Armee habe ich mit der Einsatztätigkeit begonnen. Ich fing an der Nordgrenze an, dort waren wir rund anderthalb Monate. Danach war ich ein halbes Jahr in Gaza und zum Schluss drei Monate in Hebron. Ich hätte einige Zeit als Zeitsoldat weitermachen können, aber ich meinte, es sei genug.

Eran und ich hatten uns entschieden, weiter normalen Wehrdienst zu leisten und nicht mit den Kumpels, mit denen wir das freiwillige soziale Jahr absolviert hatten, auf »Projekt«[34] zu gehen. Stattdessen wurden wir Offiziere der

---

34 Diejenigen, die im Rahmen einer Nachal-Kerngruppe einrücken, können rund die Hälfte der Dienstzeit der Arbeit in einem sogenannten »Projektabschnitt«, einem Bildungsprojekt zu einem bestimmten Thema, widmen. Vgl. auch S. 108 oben (Abschnitt Omer).

Armee. Ich kann nicht hundertprozentig erklären, warum. Es hat mich einfach interessiert, das zu machen. Ich hielt das für wichtig, für sehr, sehr, sehr wichtig. Ich meinte, dort viel beitragen zu können. Auch vom Wesen her habe ich kein Problem mit Gelände und Sand und Dauerläufen und Durcheinander, was nicht für alle passt. Ich habe mich bei der Armee sehr wohlgefühlt. Ich erinnere mich, dass ich seinerzeit wirklich Lust dazu hatte, Lust, eine Führungsaufgabe in der Armee zu übernehmen, und ich wollte keinen Projektabschnitt machen. Natürlich hat auch Selbstverwirklichung eine große Rolle gespielt. Du kannst dich auch als »Moralprediger« einbringen wollen, aber damit kommst du nicht weit. Das trägt nicht lange. Ich glaube nicht, dass du Teil des Systems sein und gleichzeitig denken kannst, du würdest Welten verändern. Du änderst keine Welten, jeder ist wichtig in seinem kleinen Bereich, aber das ist auch alles. Da war aber auch die Geschichte mit den Werten, das Empfinden, dass du ein Befehlsführer in der Armee sein kannst, der die Dinge etwas anders sieht. Ich meine, man kann als Vorgesetzter viel bewirken. Manche Leute werden nicht verstehen, dass ein Offizier in der Armee sich als Erzieher sehen möchte, aber das habe ich aus dem freiwilligen sozialen Jahr mitgebracht: Erziehung mit Armeetätigkeit zu verbinden.

Zum Offizierslehrgang zu gehen, war bei uns im Haschomer Hatzair unüblich. Als ich meiner Kerngruppe sagte, dass ich zum Offizierslehrgang gehen wolle, waren sie schockiert: »Was, bist du verrückt geworden?« Gerade unser Gruppenbetreuer bestärkte mich überraschenderweise und sagte, das sei wichtig und wirkungsvoll und gehe mit den zionistischen Werten einher, die nicht nur im religiösen Zionismus vorhanden seien. Das ist nicht mehr selbstverständlich. In meinem Offizierslehrgang gab es jede Menge Religiöse. Zurzeit entspricht die Armee der Ideologie des religiösen Zionismus: Die glauben, dass man in den Gebieten bleiben muss, und sie halten das, was die Armee jetzt tut, für richtig. Erst in den Lehrgängen begriff ich, wie ausgefallen ich mit meinem Wunsch war, im Militär aufzusteigen, um erzieherisch auf andere einzuwirken, und nicht aus der Motivation, aus der der zionistisch-religiöse Kreis nach oben will.

Ich war an drei sehr unterschiedlichen Frontlinien, von denen jede völlig andere Anforderungen stellte. Die meisten Menschen hierzulande wissen wohl gar nicht, wie viel der Dienst an vorderster Front einem abverlangt. Du arbeitest zumeist rund um die Uhr. Es gibt immer mehr Aufgaben als Personal zu ihrer Bewältigung. An der Nordgrenze haben wir viele Hinterhalte gelegt und viele Patrouillen gemacht. Das ist praktisch die ruhigste Front. Du bekommst kaum je einen Feind zu sehen. Du hast die Illusion, dich auf Ausflug im Norden zu befinden. Du siehst die libanesischen Truppen. Die Hisbollah siehst du nicht. Die haben sich zurückgezogen. Mental ist diese Front am einfachsten zu bewältigen.

In Gaza ist das eine ganz andere Geschichte. In Gaza hast du einen Feind, und in Gaza begegnest du ihm auch. Obwohl es eine Grenzlinie wie im Norden ist, bist du hier viel stärker gefordert, was die Arbeitslast angeht, meine ich. Auch im Hinblick auf die seelische Belastung der Kämpfer. In Gaza sind bei mir plötzlich ein paar Groschen gefallen. Plötzlich habe ich begriffen, dass … Plötzlich hat sich für mich vieles zusammengefügt … Ich hatte das Gefühl, dass … In Gaza hatten wir viel zu tun, die Hamas hatte uns als Zielscheibe. Sie haben geschossen, Mörsergranaten, Panzerabwehrgeschosse, haben auch Sprengstoff gelegt, um unsere Patrouillen zu treffen. Die Truppen waren ständig am Zaun. Mental war es schwer, aber ideologisch war es klar. Du hast die Guten auf der einen Seite und die Bösen auf der anderen. Du hast kein großes Problem dabei, wer wer ist. Mental ist es sehr schwer, weil du ständig in der Angst lebst, im nächsten Augenblick in die Luft zu fliegen. Wir hatten dort sehr viele »Beinah-Vorfälle«. [*Der Tonfall wurde sehr viel härter und entschiedener, als er anfing, den Dienst selber und besonders den Einsatzdienst zu schildern.*]

In Gaza habe ich mich ein wenig verändert. Ich war nun überzeugter. Gab einige meiner Illusionen auf. Ich begriff, dass es Menschen gibt, die nichts anderes im Sinn haben, als Juden zu treffen, die zu treffen, die sie als ihre Feinde betrachten: Juden, Zahal, Israelis. Da habe ich umgedacht. Dinge, die ich immer gewusst, aber nie am eigenen Leib erfahren hatte, haben dort den Sinneswandel bewirkt.

Ich kann mich nicht erinnern, viele ideologische Bedenken gehabt zu haben. Wir haben ein bisschen auf Häuser geschossen. Manchmal, wenn sie auf uns schossen, haben wir auf Häuser zurückgeschossen. Auch wenn wir nicht sahen, ob dort ein Feind war oder nicht. Ich erinnere mich an einen besonderen Fall. Wir waren auf Patrouillenfahrt und eine RPG streifte beinah unser Fahrzeug. Ich hatte da einen total verrückten Ami, einen übereifrigen Amerikaner, der bloß ins Land gekommen war, um in der israelischen Armee zu dienen. Der hat dort in alle Richtungen geschossen. Ich war sein Vorgesetzter, und ich habe ihm gesagt: »Schieß in alle Richtungen.« Warum? Weil ich in dem Moment nicht viel nachgedacht habe. Man denkt nicht so viel. Zu dem Zeitpunkt meinte ich, es müsse sein, wir müssten ihnen echt tough begegnen. Wir müssten heftig auf die Dinge reagieren, die sie uns antaten, damit sie es sich das nächste Mal zweimal überlegten, ob sie gegen uns losschlagen sollten. Ich höre mich hier Dinge sagen, die ich vor dem Wehrdienst nie im Leben gesagt hätte.

Ich glaube, ich hätte viel rücksichtsloser vorgehen können, als ich es damals getan habe. Ich habe Menschen gesehen, die ihren Wertekanon dort völlig aufgegeben haben. Man muss dabei gewesen sein, um es zu verstehen. Du bist intensiv eingespannt, von deiner Ankunft bis zu dem Moment, in dem du nach Hause gehst. Du lebst das und atmest das und hast keine Gelegenheit, anzuhalten und es dir aus der Distanz zu betrachten. Es ist sehr schwierig, ein Werturteil über die Situation im laufenden Kampfgeschehen abzugeben, denn es fehlt dann die Gegenposition. Alle sind auf der Schiene: »Wir müssen's ihnen geben, *und wie wir's ihnen geben müssen.*« Und ich habe dort viele Menschen gesehen, auch unter meinen Soldaten, die ihre Wertmaßstäbe anscheinend total verloren hatten. Mir ist das nicht so passiert, echt nicht, meine Einstellung hat sich dort nicht grundlegend geändert. Ich habe einfach Dinge getan, von denen ich früher nicht gedacht hatte, dass sie mir passieren könnten.

Ob ich in Panik gehandelt habe? Zweifellos gibt es da so ein Element, es gibt ein Element der Panik im Kampfgeschehen, es ist keine Schande, das zuzugeben. Da kann man nichts machen. Ich glaube nicht, dass man dich deshalb verurteilen kann. Manche Menschen können sehr, sehr gut unter Druck handeln, andere können es etwas weniger gut. Das ist auch gut so.

Darauf kann einen keiner vorbereiten. Das ist etwas, das in dir steckt. Es gibt keinen Simulator, der dich für die Situation unter Beschuss trainiert. Du hast recht, wir haben gegen die Regeln zur Eröffnung des Feuers verstoßen. Nein, ich habe mich für die Abweichungen nicht rechtfertigen müssen. Ich bin nicht sicher, wer davon weiß. Kein Mensch hat eine Untersuchung eingeleitet und geprüft, wo wir hingeschossen haben. Wir haben das Feuer erwidert, so viel ist bekannt. Allerdings haben wir das Feuer zu stark erwidert. Wir haben noch und noch und noch auf den Punkt geschossen, von dem das Feuer nach unserer Einschätzung ausging. Nein, wir haben die Quelle des Feuers nicht sehen können. Rückblickend hat man uns unter dem professionellen Aspekt gesagt – kein Mensch hat uns moralisch was vorgeworfen –, vom professionellen Standpunkt hieß es: »Ihr habt zu viel geschossen, denn ihr hättet keine Munition mehr gehabt, falls mehr daraus geworden wäre.«

Natürlich erkenne ich sehr wohl, wie problematisch es ist, wenn wir einen Unschuldigen töten, dass die Gefahr besteht, dass die Familie des Getöteten – auch wenn sie bisher nicht gegen uns gekämpft hat – sich nun beispielsweise der Hamas anschließen könnte. Vor dem Wehrdienst konnte ich klar formulieren und erklären, warum Zahal nicht in den Gebieten sein darf. Aber dann sah ich, dass die Lage komplizierter ist, als ich gedacht hatte. Hätte das System dafür sorgen müssen, dass es bei mir nicht so weit kam? Ich meine, dieses Privileg haben wir hierzulande nicht. Das ist ein Lippenbekenntnis – nennen wir es mal so. Im Moment haben wir keine andere Lösung. Wir können nicht morgen alle Truppen abziehen, die die Grenze bewachen.

Du weißt, dass du was getan hast, was moralisch quasi nicht richtig war, aber du weißt auch, dass die Situation zum Weitermachen zwingt. Es ist ein Fehler geschehen, jeden Tagen werden an der Grenze moralische Fehler begangen. Ich bin damit nicht einverstanden, aber ich glaube nicht, dass man sich von der Grenze zurückziehen darf. Kampfsituationen sind keine sterilen Situationen, und ich bin nicht sicher, ob Kampfsoldaten ihren Wertekanon ständig einhalten können. Schau, ich bin erwachsen genug zum Militär gekommen, mit einer festen Werteordnung. Du verstehst die Extreme: von der Überlegung, den Wehrdienst zu verweigern, bis zum Offizier, der … [einen ungerechtfertigten Feuerbefehl erteilt]. Ja [*mit schwacher Stimme*].

Das ist auch eine Grauzone, denn in dem bewussten Augenblick habe ich meinen Leuten nicht befohlen: »Mäht alle Häuser des Viertels nieder«, sondern gesagt: »Vorwärts, schießen, schießen.« Und ich habe es nicht gestoppt, habe nicht gesagt, »Feuer einstellen«. Wir waren sechs Soldaten in zwei Fahrzeugen. Es gab so viel Zerstörung, weil wir zwei Maschinengewehre hatten. Beide Schützen fanden es passend, »ganz Gaza in die Luft zu sprengen«. Ich hatte hinterher eine Unterredung mit ihnen, aber weniger über Werte [*kleinlaut*], weil ich dachte, es sei nicht der richtige Ort und Zeitpunkt dafür. Die Soldaten hätten es wohl kaum verdauen können. Sie befanden sich auch in Abwehrhaltung. Nach diesem besonderen Vorfall ist einer meiner Soldaten ein bisschen durchgedreht, hat eine Macke abbekommen, jeder Lärm brachte ihn auf die Palme, und er hatte Alpträume. Da geh mal hin und sag einem Mann, der sich jeden Tag am Zaun in Gefahr bringt und schon angeschlagen ist, dass manches, was er im Eifer des Gefechts getan hat, quasi nicht richtig war. Heute geht es ihm okay.

Die Dienstvorschriften der israelischen Armee befassen sich mit dem rechtlichen Aspekt, was die Eröffnung des Feuers betrifft, es wird nie eine moralische Diskussion darüber geführt. Wie zum Beispiel, warum es nicht richtig ist, die LAW-Rakete, die wir im Fahrzeug haben, jetzt auf das Haus abzuschießen, aus dem angeblich auf uns geschossen wurde. Wir hatten mehrere dieser leichten Panzerabwehrraketen im Fahrzeug. Ich hielt es für ungerechtfertigt, sie einzusetzen, aber ein anderer Offizier hätte vielleicht anders gehandelt. Das ist alles eine Grauzone. Es gibt keine geregelte Verordnung dafür, was du unter Beschuss tust oder nicht tust. Was? Man wird dir sagen, du hättest unrichtig gehandelt? Da bin ich nicht sicher. Das ist eine Ermessensfrage.

Ich habe mich ein bisschen mit einer Freundin aus meiner Kerngruppe unterhalten, ein bisschen mit Freunden. Mit meinen Eltern habe ich nicht darüber gesprochen, weil ich dachte, sie würden das nicht verdauen, nicht verstehen können. Kein Mensch hat mich kritisiert. Auch die sehr links stehende Freundin, mit der ich geredet habe, bedauerte nur, dass ich in solch eine Situation hatte geraten müssen. Sie mochte mich deswegen nicht kritisieren. Sie hielt mich für verantwortungsbewusst genug. So habe ich auch meinen Soldaten gegenüber empfunden. Ich dachte, ich würde sie nicht mehr zum Umdenken bringen und gewiss nicht in ihrer gegenwärtigen Lage. Wenn ich selber nur mit Mühe meine moralische Richtung halten konnte, war es hier und jetzt unangebracht, ihre Selbstsicherheit zu erschüttern und ihnen zu suggerieren, sie seien vielleicht nicht in Ordnung gewesen. Allerdings habe ich nach diesem Tag die Dienstvorschrift für Feuereröffnung gründlich mit ihnen durchgenommen. Statt zurückzublicken und Sünden einzugestehen, unterrichtete ich sie für die Zukunft. Bei den folgenden Vorfällen hielten wir die Regeln und Vorschriften besser ein. Nicht, dass ich aus dem Vorfall gelernt hätte. Ich entschied mich einfach weiterzumachen, nicht zurückzublicken.

Ich hatte dort im Zug viele Jungs aus sozial sehr schwachen Schichten, viele Äthiopier, allesamt sehr rechts, der ganze Zug. Sie haben kein eigenes Wertesystem entwickelt, deshalb käuen sie Dinge wieder, die sie gehört haben. Sie werfen mit Schlagworten um sich wie: »Man muss alle Araber umbringen«, »muss ganz Gaza in die Luft sprengen«, »muss dort eindringen«. Ich weiß nicht, wo das herkommt. Ihre Einstellung lautet: »Sie hassen mich, also hasse ich sie auch. Sie wollen mich umbringen, also muss ich [*lächelt*] ihnen zuvorkommen und sie umbringen.«[35] Einmal habe ich ihnen eine Unterrichtsstunde über das Massaker in KFAR KASSEM gegeben. Die Sache explodierte, weil sie es nicht als Massaker bezeichnet haben wollten. Es entstand eine hitzige Debatte. Manchen von ihnen war der Begriff des »offensichtlich rechtswidrigen Befehls« völlig neu. Die Lektion war meine Privatinitiative. Ich war dauernd bemüht, ih-

---

35  Nach der halachischen Vorschrift: »Wenn jemand kommt und will dich töten, so stehe auf und töte ihn zuerst.«

nen pädagogische Inhalte zu vermitteln. Ich war mental stark gefordert, hatte aber auch das Gefühl, etwas sehr Wichtiges zu tun.

Aber damit ist die Geschichte noch nicht zu Ende. Von Gaza wurden wir nach Hebron verlegt. Als wir in Hebron ankamen, änderten sich die Spielregeln erneut. Dort war es nicht leicht. In Hebron hat der einfache Soldat enorm viel Macht. Früher gab es wohl weniger feste Regeln als heute. Heute ist man strenger. Und doch ist es eine Situation, in der ein Zahal-Soldat irrsinnig viel Macht über die Menschen dort besitzt. Einen Haufen Macht, den du übel ausnutzen kannst, wenn du nicht die moralische Grundlage hast, die dir sagt: »Hallo, das ist nicht in Ordnung.«

Im Prinzip finde ich, dass Juden dort nicht leben sollten. Jüdische Siedler machen den Arabern das Leben bitter. Die Juden dort sind viel extremer als die Armee. Sie hassen die Armee. Sie nennen uns Araberfreunde, weil wir die Araber quasi vor ihnen schützen. Wir sorgen dort einigermaßen für Gesetz und Ordnung. Passen auf, dass die Juden nicht brutal mit den Arabern umspringen. Das ist kein Vergnügen.

Wir haben in Hebron einen Kontrollposten zwischen dem arabischen und dem jüdischen Teil der Stadt errichtet. Tel Romema ist eine Hebroner Straße, die die Juden als Stadtviertel bezeichnen. Daran grenzt unser Stützpunkt, und wir schützen praktisch dieses Viertel. Ringsum liegt die Stadt Hebron. Es wurde dort ein steriler Bereich geschaffen, den Araber nur nach einer Kontrolle betreten dürfen. Der Zugang ist nur zu Fuß erlaubt. Das ist kein Vorort am Stadtrand, das ist mitten in der Stadt. Wenn Araber keine Kontrollpunkte passieren wollen, müssen sie Umwege machen. Es gehen aber auch sehr viele Araber durch, weil sie schlichtweg in dem Gebiet wohnen, das Zahal als sterilen Bereich abgegrenzt hat. Wenn sie ins Stadtzentrum wollen, zu ihrer Schule, zum Markt, müssen sie diesen Kontrollposten passieren. Wenn sie wieder nach Hause wollen, müssen sie wieder da durch. Das ist ein Alptraum für jemanden, der in dem sterilen Bereich wohnt.

Eines Tages stand ich mit einem meiner Soldaten am Kontrollposten, durch den sehr viele Araber kommen, darunter sehr viele Schüler. Als wir einen Jungen von sechs oder sieben Jahren kontrollierten, sahen wir, dass seine Schultasche mal der Armee gehört hatte. Mein Soldat wollte die Tasche konfiszieren. Er nahm dem Kind die Tasche weg. Ich sagte zu dem Soldaten, er solle sie nicht konfiszieren, aber mein Soldat beharrte: »Warum soll der Junge mit einer Tasche rumlaufen, die mal von Zahal geklaut wurde?« So stritten wir uns. Das sind keine gehorsamen Rekruten, sondern Soldaten, die Widerrede geben. Die

Regeln vor Ort verbieten die Beschlagnahme von Gegenständen, auch wenn es sich um Armeegegenstände handelt. Es besteht die feste Anweisung, nichts zu beschlagnahmen, außer Kriegsgerät. Der Soldat fühlte sich nicht sonderlich an die Regeln gebunden. Stimmt, er riskierte, bestraft zu werden, wenn das mit der Beschlagnahme der Tasche herauskam, aber er hätte es tun können. Vor mir hatte mein Feldwebel Dienst gehabt, der etwas weiter rechts steht als ich, und vielleicht hätte er es ihm durchgehen lassen.

Eine Viertelstunde später fühlte sich derselbe Soldat durch ein paar Kinder gestört. Sie lachten, schienen sich lustig zu machen, und er stellte sie an die Wand, um sie zu abzutasten. Das ist Routine, aber er tat es grundlos, nicht wegen eines Verdachts. Die Durchsuchung ist physisch, aber nicht gewaltsam, man untersucht den Menschen, seine Kleidertaschen, tastet den Körper ab. In unserem Bataillon hat es keine gewaltsamen Zwischenfälle gegeben. Die Soldaten wussten, dass wir es damit sehr, sehr streng nehmen. Alles in allem sind sie in Ordnung. Hör mal, wir sind ein gutes Bataillon, gute, vertrauenswürdige Leute. Ja, ich habe dir gesagt, dass ich viele rechts stehende Soldaten hatte, aber es kam bei uns nicht vor, dass sie am Kontrollpunkt auf Araber einschlugen. Warum nicht? Weil sie kapierten, dass das verboten ist und dass sie, falls sie es doch taten, was aufs Haupt bekommen würden.

Das ganze System ist sehr willkürlich. Wenn dir jemand verdächtig vorkommt, kannst du ihn zeitlich unbegrenzt zur Kontrolle aufhalten. Kein Mensch sagt dir, wie lange du jemanden aufhalten darfst. Du kannst ihn zehn Minuten aufhalten, zwanzig Minuten, eine halbe Stunde, auch eine ganze. Wenn es in Gaza moralische Dilemmas in Kampfsituationen gibt, dann gibt es sie in Hebron auch bei der Routinearbeit. Es bleibt sehr viel dem Ermessen überlassen.

Wo ich kann, versuche ich Einfluss zu nehmen: Ich bring dir ein Beispiel von einer Verhaftungsaktion, die wir durchgeführt haben. Ich habe kein Mitleid mit dem Mann, den wir verhaften [*mit leiser Stimme*]. Aber für die Familie ist das nicht angenehm. Um zwei Uhr nachts Schläge an die Tür. Wir sollten sein Haus aufsuchen, ihn verhaften, ins Fahrzeug setzen und überstellen. Ich betrat mit meinem kleinen Trupp das Haus, klopfte an die Wohnungstür, die Großmutter kam raus, ziemlich erschrocken, wusste nicht, was mitten in der Nacht über sie kam. Wir holten die ganze Familie raus, identifizierten den Mann und führten ihn ab, nachdem wir ihm ein paar Abschiedsminuten genehmigt hatten. Hier gibt es keine Prozedur der Verlesung von Rechten. Du nimmst ihn einfach mit. Das läuft ungeheuer schnell ab. Sie verstehen gar nicht, wie ihnen geschieht. Es musste keine Gewalt angewendet werden. Diese Festnahme ging glatt über die Bühne. Im Fahrzeug waren alle aufgeregt. Jemand holte eine Kamera heraus und fing an zu fotografieren … quasi zum Spaß. Der Mann war schon mit Kabelbindern und Augenbinde versehen. Ich hatte sie ihm angelegt. Ich saß vorn neben dem Fahrer, die andern saßen mit ihm hinten. Irgendwann merkte ich, dass da was abging. Sie fingen an, mit ihm für Fotos zu posieren, ihm Klapse zu geben. Ich bat den Fahrer, die Innenbeleuchtung anzuschalten, damit ich sehen konnte, was hinten vor sich ging, und sagte ihnen, dass ihn keiner anrühren dürfe. Wer ihn anrühre, bliebe übers Wochenende da usw. usf. Später sorgte ich dafür, dass ihn auf dem Weg zur Haftzelle ein politisch gemäßigter Soldat vom Zug begleitete. Ich vertraute darauf, dass er den Araber nicht schlagen würde, war mir da sicher. Ich habe also jemanden mitgeschickt, damit es im Fahrzeug keine Schläge setzte.

Das war eine Situation, die mir zumindest sehr seltsam vorkam. Ich hatte dort keine moralischen Bedenken. Ich hielt den Einsatz für richtig, für gerechtfertigt. Ist jede Festnahme gerechtfertigt? Eine schwierige Frage. Hör mal, Menschen werden nicht einfach so festgenommen. Gerechtfertigt oder ungerechtfertigt, das ist Ansichtssache, aber es geschieht nicht einfach so. Alles in allem ist eine Festnahme eine komplizierte Aktion, die unsere Soldaten gefährdet. Du dringst ins Gelände vor, in die Stadt, bist allerlei Dingen ausgesetzt. Hör mal, ich habe meine Ansichten nicht aufgegeben. Ich finde, vieles von dem, was die Armee tut, ist nicht gut. Ich sage dir unumwunden: Es ist nicht richtig, in den Gebieten zu sein. Und doch bin ich dort gewesen. Du bist im Militär und du tust Dinge, mit denen du manchmal nicht einverstanden bist. Es gibt natürlich welche, die sagen: Gerade weil ich diesen anderen Weg gehe, ist es wichtig, in der Armee zu sein.

Verweigerung? Nein. Man darf nicht verweigern. Das ist mehr eine politische Debatte. Ich halte Verweigern nicht für den richtigen Weg. Auch viele Leute von der Rechten möchten Befehle verweigern, weil Dinge geschehen, die gegen ihr Gewissen verstoßen – Siedlungen räumen. Ich meine, die Armee setzt die Entscheidungen der Regierung um, und du kannst deine politische Auffassung nicht mit deinem Wehrdienst vermengen. Sonst fällt alles auseinander, zerbröselt. Was denn? Soll jeder entscheiden, was er macht?

Das Hauptproblem besteht darin, dass die Armee heute, nach meinem Empfinden, lauter hochpolitische Dinge tut. Eine der wichtigsten Fragen hierzulande lautet heute, ob man in den Gebieten sein soll oder nicht. Das ist eine Frage, die das israelische Volk spaltet, und die Armee steht mittendrin. Und wenn du in der Armee bist, dann lebst du – ob du es wolltest oder nicht – mit in dieser Atmosphäre. Du kannst in der Armee nicht aufsteigen, ohne Teil des Systems zu sein.

Eine militärische Karriere verfolgen, ohne zu glauben, dass man in den Gebieten bleiben muss? Ich meine, du kannst es, aber das kommt nicht von selbst. Du brauchst einen sehr starken, stabilen Charakter, eine sehr starke, stabile Persönlichkeit. Man muss schon eine felsenfeste ideologische Grundlage in die Armee mitbringen, um dort nicht umzukippen. Sonst kannst du so durcheinander geraten, dass du nicht mehr weißt, was rechts und links ist. Das System verwirrt dich ungeheuer. Du erlebst viele Situationen, die dir eigentlich eine moralische Stellungnahme abverlangen, denn du tust so manches. Oft hast du kaum Zeit zum Nachdenken. Du hast was getan, und das ist praktisch … und das ist … das ist schon das, was du bist. Ich meine, wenn du gründlich suchst, wirst du den Bataillonsführer und den Brigadekommandeur finden, die nicht glauben, dass man in den Gebieten bleiben muss, aber es sind wenige, denn das kommt nicht auf natürliche Weise. Der natürliche Zustand ist, dass du an den Weg glaubst, den die Armee jetzt beschreitet. Deshalb gedeiht der religiöse Zionismus jetzt so stark in den Streitkräften.

Es gibt sehr seriöse Leute im zionistisch-religiösen Sektor, sehr ernst zu nehmende und zumeist auch – sehr wertvolle Menschen. Das heißt, nicht aus der linken Ecke, aber gute Menschen. Im Offizierslehrgang – ich habe keine Meinungsumfrage durchgeführt, aber alle, mit denen ich sprach, standen entweder weit rechts oder waren keine großen Ideologen in irgendwelcher Richtung. Viele hervorragende Menschen werden durch diesen Gegensatz verwirrt. Einerseits sind sie nicht einverstanden mit dem, was die Armee tut, andererseits wollen sie dienen und dort sein. Ich hab das auf die Reihe gekriegt. Ich habe es fertiggebracht, Kampfsoldat zu sein und doch links zu bleiben. In einem gewissen Stadium erwog ich weiterzumachen, aber dann dachte ich, dass es mir reicht. Diese Arbeit ist zwar wichtig, aber ich hatte meine Möglichkeiten ausgeschöpft und habe nicht bis zum Rang eines Kompanieführers weitergemacht. Ich hatte nicht das Gefühl, noch etwas beitragen und verändern zu können. Es kommt allein darauf an, ob du den Willen zum Bleiben hast, ob es dir dort gefällt, ob du gern mit diesen Leuten zusammen bist.

# Roy

22-jähriger Student

Bei der Musterung habe ich der Interviewerin gesagt, dass ich zur kämpfenden Truppe wollte. Warum ich das wollte? [*Lacht auf.*] Ich weiß noch, dass ich mit meiner Schwester lange Gespräche darüber geführt habe. Sie verstand nicht, warum. Warum ich mir das antun wollte. Da habe ich ihr gesagt, ich wolle mal sehen, was jeder durchmacht, jeder, der das auf sich nimmt, der in eine Kampfeinheit geht. Ich wolle der Mann in den Gebieten sein, wolle es mit eigenen Augen sehen, wolle daran teilnehmen, wolle praktisch erfahren, was ein Teil der Jugend in diesem Land durchmacht, denn das interessierte mich. Schon damals beschäftigte mich das, was in den Gebieten passiert, und ich habe viele Geschichten und Versionen gehört, von der Rechten und von der Linken. In meiner Schule gab es viele, die ihre Meinungen hatten. Ich hatte Freunde auf beiden Seiten. Jeder redete für seine Seite, und ich wollte gern wissen, was wirklich vor sich geht. Rückblickend betrachtet, meine ich, dieses Ziel auch erreicht zu haben.

Das hat mir damals vor Augen gestanden. Wenn ich mich recht erinnere, sah ich schon damals, dass dieses Thema mich noch lange beschäftigen würde. Bei uns zu Hause wurde nicht so viel darüber gesprochen. Mein Vater steht ziemlich in der Mitte, und meine Mutter rückt mit den Jahren nach links. Meine große Schwester, der ich nahestehe, tendiert auch zur Linken. Das ganze Thema von wegen, was in den Gebieten passiert, hat mich sehr neugierig gemacht. Das hat sehr in mir gearbeitet, und ich wollte Anteil daran nehmen. Wo das Interesse herkam? Aus meinem ganzen Umfeld. Meine Freundin wohnte damals in Har Gilo[36], und jedes Mal, wenn ich zu ihr fuhr, musste ich durch den Kontrollpunkt von Walladscha[37]. Das ist so eine Barriere, Betonklötze, zwei Grenzschützer gucken in den Wagen – wenn du Jude bist, wirst du durchgewinkt, und wenn du Araber bist, musst du die Kontrollprozedur durchlaufen. Ich fuhr zu ihr und blieb im Stau stecken, weil man den Palästinenser vor mir

---

36  Eine kleine Ortsgemeinde bei Jerusalem. Sie wurde 1968 auf einem Gebiet gegründet, das im Sechstagekrieg erobert worden war.

37  Walladscha ist ein arabisches Dorf bei Jerusalem.

rausholte und sein Auto durchsuchte, ihn absuchte, abtastete, das tat, was man an Kontrollpunkten tut. Ich fuhr damals oft zu ihr und habe das ständig erlebt. Das spielte sich vor meinen Augen ab.

Ich hatte Freunde, die zum Militärpsychologen gingen und nicht einrückten, die aus Gewissensgründen beschlossen, nicht einzurücken. Ein Freund von mir wollte furchtbar gern zu einer Unterhaltungsband der Armee gehen, wurde aber nicht angenommen, und nach einem Monat beim Militär ist er ausgestiegen. Das geschah ringsum. Ich hatte nichts von dem Thema gewusst, aber mit der Zeit bekam ich immer mehr davon mit, und das machte mich sehr neugierig. Vor allem wollte ich sehen, was man durchmacht.

Ich will in Israel leben, und ich will wissen, was dort vorgeht. Ich will nicht von Mythen leben, von allen möglichen linken Organisationen, die mir erzählen, was vor sich geht, oder von allen möglichen rechten Organisationen, die mir erzählen, was vor sich geht. Ich will mit eigenen Augen sehen, was vor sich geht. Was mir das Gefühl sagte? Ah … ich hatte das Gefühl, dass die Linke recht hat, dass das nicht richtig ist, was da abläuft. Ich wollte als Bürger nicht von Gerüchten leben und auch spüren, was ein Soldat fühlt. Ein Anthropologe? Anthropologe ist ein hübsches Wort.

Zusammen mit einem Freund habe ich vor dem Wehrdienst ein FREIWILLIGES SOZIALES JAHR gemacht, weil ich nicht gleich einrücken wollte. Ich wusste auch, dass mich das zur NACHAL führen würde. Als ich einrückte, dachte ich nicht, dass ich mal Gruppenführer werden würde, wirklich nicht. Ich dachte, ich würde ein normaler Soldat sein. Ich wusste nicht, was »normal« bedeutet. Aber ganz sicher dachte ich nicht daran, Vorgesetzter oder Feldwebel oder so was zu werden. Ich sah mich überhaupt nicht in dieser Stellung. Ich war dem Militär gegenüber immer zynisch, und trotzdem dachte ich in einem bestimmten Stadium, Gruppenführer könnte ein sinnvoller Posten sein. Du bekommst Leute, die neu einrücken, das hat auch was Pädagogisches. Du führst sie in die Armee ein. Wie du, zusammen mit den übrigen Gruppenführern und dem Offizier, handelst – so werden die Soldaten die Armee betrachten. Ich sah darin eine pädagogische Aufgabe.

Ich machte einen Gruppenführerlehrgang, der mir überhaupt nicht gefiel. Das war ein Schock für mich, denn ich traf da andere Soldaten und begriff, dass die absolut nichts mit der Einheit zu tun hatten, aus der ich kam. Bataillon 50 der Nachal-Brigade ist wie eine Welt für sich mitten in der Armee. Dort landen auch andere, aber hauptsächlich Leute wie ich. Das ist nicht die große Armee, das ist eine Seifenblase. Die, die meinem Befehl unterstanden, waren Hätschelkinder; sie hatten meist ein freiwilliges soziales Jahr hinter sich. Es gab kaum Schwierigkeiten. Nach dem Gruppenführerlehrgang kehrte ich zum Bataillon 50 zurück und wurde Gruppenführer für Rekruten. Dort war ich acht Monate. Danach nahm ich an einem Unteroffizierslehrgang teil. Also wieder zurück zur großen Armee. Das war ein Schock, als hätte ich in den acht Monaten bei der Nachal vergessen, was im Gruppenführerlehrgang gelaufen war. Ich erinnere mich an ein Gespräch, das ich vor der Einberufung mit einem guten Freund hatte, der zur Golani ging. Er sagte, dass bei der Golani wirklich gute Leute gebraucht würden, das sei eine interessante Einheit, wo er meine, mehr verändern zu können. Später, als ich schon Gruppenführer von Rekruten war, dachte ich mir, dass ich hier über Soldaten klagte, die mir Ärger machten, aber was ich von meinem Freund bei der Golani hörte, das war wirklich irre.

Ich liebte meine Soldaten. Liebte sie wirklich. Macht berauscht. Du sagst was, und es geschieht. Warum meinst du, gibt es Offiziere? Gewiss hat die Machtausübung mir Befriedigung gegeben. Ich habe einen Orgasmus davon bekommen. Das berauscht, da kann man nichts machen. Es ist echt berauschend, jemandem zu sagen, er dürfe jetzt pinkeln gehen. Das ist ein negatives Beispiel. Aber einem Soldaten zu sagen, er dürfe nicht pinkeln gehen, hat mir wirklich keine Befriedigung gegeben. Wenn du aber die Eroberung eines Ziels übst und entscheidest, es von links anzugehen, und deine Soldaten losschickst, dann berauscht es, dass es genau so geschieht, wie du es wolltest. Das befriedigt, weil du es gesagt hast und es geschieht. Was mich befriedigt hat, war der Gedanke: »He, das ist meine Gruppe, und die sieht so aus, wie ich aussehe.« Sie werden so aussehen, wie ich es möchte. Und ich hatte wirklich viel Spaß als Gruppenführer für Rekruten. Meine Gruppe sah genau so aus, wie ich sie haben wollte, aber ich hatte auch sehr, sehr gute Soldaten. Sie schätzten mich auch und folgten mir nicht nur wegen meines Rangs. Ich glaube kaum, dass ein Befehlsführer allein aufgrund von Autorität überleben kann. Darüber spricht man viel im Gruppenführerlehrgang: Autorität, persönliches Vorbild. Warum denkst du, gibt es Offiziere? Das macht süchtig, da kriegen sie ihren Kick. Das hat auch seine negativen Seiten.

Meine Zeit in Hebron war, meine ich, der Höhepunkt meiner Dienstzeit. Wenn es mein Ziel war, die volle Wirklichkeit zu sehen, dann hatte ich das hier. Die Zeit in Hebron – eine irrsinnige Zeit, eine Zeit, die einem die Augen öffnet, eine Zeit, nach der … Ich weiß nicht, wo beginnen. Unglaublich, was dort geschieht. Ich hatte sehen wollen, was wirklich in den Gebieten vor sich geht, und ich sah, was wirklich passiert. Es ist furchtbar.

Der Dienst in Hebron lief 17-4, das heißt siebzehn Tage dort, vier Tage zu Haus. Der verrückte Zeitplan sah nur wenige Stunden Schlaf vor, und dann dauert hier was länger und dort gibt es Alarm, so ist das an der Frontlinie. Das gilt nicht speziell für Hebron, aber in Hebron ist es besonders intensiv, denn du bist ständig von Menschen umringt. Es ist nicht wie an der Nordgrenze, wo du am Zaun patrouillierst und niemanden siehst. In Hebron siehst du dauernd Menschen, und die Menschen dort sind verrückt.

Die Siedler von Hebron sind die verrücktesten der Welt. Sie sollten ja auf unserer Seite sein, aber jedes Mal bereiten sie dir einen scheußlichen, irritierenden, wuterregenden »Empfang«. Du bist dort, um sie zu schützen, und sie behandeln dich abscheulich. Du sagst ihnen was, du bittest sie, etwas zu tun, und sie tun es nicht, weil es ihnen egal ist. Du zählst nicht für sie. Es ist zum Verrücktwerden. Die Siedlerkinder sind am allerschlimmsten. Sie haben keinen Gott. Sie tun, was sie wollen. Wenn du den Erwachsenen was sagst, hast du das Gefühl, dass sie dir zuhören oder dich wenigstens hören. Die Kinder hören dich nicht mal. Eine Geschichte: Ich war an einem Übergang, den sowohl Juden als auch Araber passieren. Neben mir stand ein Junge von etwa vierzehn Jahren, den ich »gut kannte«, mit dem ich schon geredet hatte. Er machte sich einen Zeitvertreib daraus, nachmittags anzukommen und die passierenden Palästinenser zu schikanieren. An jenem Tag war er dort, als ein Trupp Schulkinder vorbeikam. Er stand da und spuckte sie an. Er stand neben mir und spuckte sie an. Ich war unter Schock: Was ist denn los, warum spuckst du sie an? Es fruchtete nichts. Ich sagte ihm, er solle weggehen, sagte es noch einmal, und letzten Endes ging er. Aber er hatte sie angespuckt, und am nächsten Tag würde er wiederkommen und sie wieder anspucken.

Am ersten Tag nach unserer Ankunft in Hebron löste ich einen Gruppenführer von der Schimschon[38] am Kontrollposten ab. Ich hatte die erste Wache nach der Befehlsübergabe und kam etwa zwanzig Minuten früher, um zuzuschauen, einen Lagebericht von ihm zu erhalten, mich etwas einzuarbeiten. Ein kleiner Junge mit einem Einkaufsbeutel wollte durch. Er wohnte in dem Haus am Kontrollposten und ging dauernd hin und her. Der Gruppenführer von der

---

38  Zahal setzt in Hebron mehrere Infanteriebrigaden ein, die sich dort ablösen, und das menschliche Niveau der Soldaten in den verschiedenen Brigaden ist nicht einheitlich. Jede Brigade schickt Soldaten für drei bis sechs Monate nach Hebron. Der Interviewpartner bezieht sich auf die Befehlsübergabe vom Schimschon-Bataillon der Kfir-Brigade an Soldaten des Nachal-Bataillon 50.

Schimschon schnauzte den Jungen an: »Wo gehst du hin?« Und der Junge antwortete irgendwas. Darauf sagte der Gruppenführer, »komm her«, nahm ihm den Einkaufsbeutel ab und fing an, ihn zu schikanieren: »Was ist das? Wohin?« Schließlich versetzte er ihm einen Klaps auf den Kopf und entließ ihn mit einem »Jalla«[arabisch für »Mach schon!«, »weiter!«]. Du fragst, ob das wehtut? Sicher tut das weh, und nein, das war keine Extra-Vorstellung für mich. Die ganze Armee macht diese Schikanen. Das ist zum Zeitvertreib, gilt als geil.

Wir machten Patrouillen, legten Hinterhalte, schoben Wachdienst. Ich erinnere mich noch an meinen ersten Patrouillengang. Dazu gehören auch Personenkontrollen. Du bleibst irgendwo stehen und hältst jeden Vorbeikommenden an, fragst, wo er hingeht, und prüfst seinen Personalausweis, ob er gefälscht ist. Das ist eine Art Präsenzdemonstration und dient der Kontrolle, dass alles in Ordnung ist. Ich erinnere mich an das erste Mal: Du machst deinen Rundgang, siehst jemanden kommen und befiehlst ihm, auf der Stelle anzuhalten, zwanzig Meter von dir weg, damit er ein etwa mitgeführtes Messer oder was nicht zücken kann. Du stehst in zwanzig Meter Entfernung von ihm und rufst »wakif«, das heißt auf Arabisch »halt«. Die kennen das schon. Manchmal musst du ihn auffordern, sich mit dem Rücken zur Wand zu drehen, manchmal tut er es von allein. Manche, die ich angehalten habe, haben sofort die Hosen runtergelassen. Ich hatte nichts davon gesagt. Hatte »wakif« gesagt, und er ließ die Hose runter.

Hebron ist eine Art von … Hebron ist eine Hure, es kommen haufenweise Soldaten dorthin, ganze Bataillone, jedes Bataillon kommt und geht, kommt und geht. Deshalb sage ich eine Hurenstadt. Jedes Bataillon hat sein System. Die von der Golani machen es so, Schimschon anders, wir sind von der menschlichen Einstellung her gesehen dort noch am leidlichsten. Was heißt am leidlichsten, wir waren »reizend« gegen das, was da sonst abläuft.

Eine unserer Aktivitäten hieß »Kartografieren«. Der Kompaniechef befiehlt dir, während eines Patrouillengangs Häuser zu erfassen. Du kommst an, natürlich ringsum abgesichert, kommst mit fünf weiteren Soldaten – abgesichert, das heißt Waffen auf jedes Fenster gerichtet. Du klopfst an die Tür, gehst rein. Die regen sich schon nicht mehr darüber auf, dass das Militär reinplatzt. Sie finden es völlig normal, dass das Militär sie besucht. Du sagst: »Wir sind gekommen, um das Haus zu kartografieren.« Ja, auf Hebräisch, mir bleibt nichts anderes übrig. Ich kann kein Arabisch. Sie können meist Hebräisch. Nein, ich sage nicht, wir sind zum Kartografieren gekommen, ich sage: »Hol die Familie und geht bitte raus, wir wollen uns im Haus umsehen.« Das heißt, bring deine ganze Familie auf den Hof oder wohin ich dir sage und wartet dort. Ich geh unterdessen mit einem weiteren Soldaten rein, nehme im Allgemeinen auch das Familienoberhaupt mit, und wir notieren, wie das Haus von innen aussieht. Wohin jedes Fenster blickt, ob man von dort die Pillbox daneben sieht, ob man dort einen Hinterhalt legen kann, das heißt, ob wir das Haus benutzen könnten, um dort einen Hinterhalt zu legen. Der Gedanke dahinter ist, eine Datenbank anzulegen, einen Fundus an Daten und Fotos von vielen Häusern.

Kartografie ist Routine. Ich habe wohl drei Mal kartografische Erfassungen gemacht. Jede Ablösungseinheit macht das von Neuem, und ich glaube nicht, dass was damit passiert. Wenn damit was passieren würde, gäbe es eine geordnete Ablage, du solltest ja eigentlich nichts zweimal machen. Die Leute, die wir aufsuchten, sagten, es kämen alle vier Monate welche zu ihnen. Warum macht man das? Jeder Kompanieführer schickt einen seiner eigenen Gruppenführer los, um »zu sehen, was da los ist«.

Das ist ein Thema, das einem, der nicht dabei war, schwer zu vermitteln ist. Ich habe mich sehr bemüht und war frustriert, dass ich meiner Freundin schwer erklären konnte, was hier los ist. Bei manchen Gesprächen hat sie am Ende geweint, weil ich ärgerlich auf sie wurde, weil sie echt nicht begriff, was hier läuft. Ich habe sie angeschrien, wieso sie ihr Alltagsleben führen kann, während solche Dinge passieren – und während ich dort bin. Ich weiß noch, dass ich darüber auch mal ganz kurz mit zwei Jungens gesprochen habe, die mit mir auf dem Posten waren. Der eine war auch Gruppenführer. Aber in manchen Fällen sind auch meine Soldaten zu mir gekommen und haben mich gefragt: Warum?

Die erste Festnahme, die wir vorgenommen haben, war eine Scheinfestnahme. Das heißt, eine Festnahme, die keinerlei sicherheitspolitischen Wert hatte. Wir haben einen lebendigen Palästinenser rein zur Übung festgenommen. Wir waren gerade erst in Hebron angekommen, waren noch nicht trainiert. Wir haben ein paar Trockenübungen gemacht, ohne Menschen, und vor der ersten richtigen Festnahme hat uns unser Kompaniechef losgeschickt, um eine Scheinfestnahme durchzuführen. Das ist üblich. Das heißt, wir suchen keinen bestimmten Verdächtigen, sondern nehmen einen Menschen fest, um es zu üben. Es war mitten in der Nacht, wir haben einen Mann aus seinem Haus geholt. Wie wir den Betreffenden ausgewählt haben? Wir haben auf dem Stadtplan ene mene muh gemacht. Der Kompaniechef hat seinen Finger auf irgendein Haus auf dem Plan gesenkt, und wir sind mitten in der Nacht hingegangen. Wir wussten vorher nicht, wer drinnen sein würde. Das »Tolle« daran ist ja gerade, dass du keinen Grund brauchst, um eine Verhaftung vorzunehmen. Es war Mitternacht, wir haben geklopft, bis ein Mann von etwa vierzig Jahren im Pyjama, völlig schlaftrunken, zur Haustür herunterkam. Wir setzten alle, ihn und seine Frau und vier Kinder, in ein Nebenzimmer. Wir haben sie nicht ins Freie geholt, weil es in jener Nacht sehr kalt war. Wir machten einen Rundgang durchs Haus – der Gedanke dahinter war, die Absicherung zu üben, die Rund-umabsicherung, die Funkverbindung, und auch den menschlichen Umgang, das heißt, wie man die Leute anspricht, damit wir bei einem echten Einsatz schon routiniert wären. Wir machten einen Kontrollgang durch sein Haus, nahmen ihn aber nicht fest. Nicht bei jeder Verhaftungsaktion führst du zum Schluss jemanden ab.

Hinterher kamen zwei meiner Soldaten zu mir und fragten mich: Warum? Sie sagten: »Boah, das hat voll gestunken, wir haben einfach so jemanden bei Nacht aufgeweckt, das ist ein ekelhaftes Gefühl. Warum?« Ich habe ihnen ge-antwortet, ich hätte jetzt keine Zeit, und wir würden später darüber reden. Ich wusste nichts zu sagen. Hatte keine Antwort. Ich bin auf die Stube gegangen und habe darüber nachgedacht, und danach habe ich ein Gespräch mit ihnen geführt. Ich habe ihnen was Geschwollenes dahergeredet, etwas, worüber ich heute sagen würde, »was für ein Idiot«. So eine Antwort, die keine ist. So was wie: »Nichts zu machen, wir müssen das tun«, oder was ähnlich Blödes. Und damit gingen wir zur nächsten Festnahme, diesmal einer echten.

Mein Zugführer hat mir auch gesagt, das sei nicht in Ordnung, und mit meinem Kompaniechef habe ich nicht darüber gesprochen. Welche Dynamik steckt dahinter, wenn du etwas tust, das du nicht in Ordnung findest? Du sagst dir, gut, wir wollen keine Festnahme vornehmen, ohne sicher zu sein, also müs-sen wir das zu unserem eigenen Besten üben. Das hat auch eine gewisse Logik. Sieh mal, schließlich waren die meisten Dinge, die ich dort gemacht habe, viel-leicht neunzig Prozent davon, stinkig, aber letzten Endes waren sie das Richti-ge. Der Grund dafür, dass das stinkt und auch wiederum richtig ist, liegt – so meine ich – darin, dass unser ganzes Dasein, die ganze Wirklichkeit dort un-möglich ist. Die Situation dort in Hebron, in den Gebieten, stinkt zum Him-mel. Dass die Armee in den Gebieten ist, ist eine stinkende Tatsache, und egal, wie gut ich meine Aufgabe erfülle, ich kann diesen Gestank nicht loswerden. Verstehst du, diese Scheinfestnahme durchzuführen ist wichtig für mich, damit ich die echte Festnahme richtig vornehmen kann. Alles, was ich getan habe und nicht okay fand, war tatsächlich nicht in Ordnung, aber wenn deine Grundprä-misse besagt, dass es in Ordnung ist, dass die Armee dort steht, dann ist auch das, was du da tust, irgendwie in Ordnung.

Ich schäme mich für viele Dinge, die ich dort getan habe. Aber habe ich etwas Unnötiges getan? Nein, ich glaube nicht. Ich meine, ich habe alles, was ich getan habe, getan, weil ich es verstand – nein, manchmal habe ich es nicht verstanden, sondern getan, was man mir gesagt hat –, aber alles, was ich selbst initiiert habe, habe ich getan, weil ich es für das Richtige hielt. Übrigens konnte das auch etwas sein, das nach außen hin sehr stinkig aussah, wie zum Beispiel diese »Kartografie« – eine ganze Familie rausholen und ihnen sagen, sie sollten sich nicht rühren, weil ich sie fotografieren will. Ja, du fotografierst auch die Menschen.

Was in Hebron an Pessach abläuft, ist total irrsinnig. Es kommen 20.000 oder wer weiß wie viele dort an, alles wimmelt von Menschen. Es sind nicht unbedingt nur Siedler oder nur Rechte, einfach Ausflügler. Führungen durch Hebron, durch die Höhle der Patriarchen werden beworben, und das ist schlicht ein beliebtes Familienausflugsziel an Pessach. So nach dem Motto: »Was machen wir zu Pessach? Fahren wir mit den Kindern nach Hebron.« Wir sind ausstaffiert mit unseren Keramikwesten, diesen kugelsicheren Westen, die ekelhaft und bleischwer sind und unter der regulären Weste mit all den nötigen Magazinen und Ausrüstungsteilen getragen wird, dazu Knieschützer, Waffe und Helm. Das sieht aus wie im Krieg, das ist total surrealistisch. Pessach mit lauter Familien, und wir sehen aus wie *Marines* und laufen zwischen ihnen rum. Sie lachen – ich verstehe nicht, wie Menschen dort hinkommen und lachen können, ohne einen Meter nach rechts oder links zu schauen und zu sehen, was neben ihnen passiert.

Eine der Attraktionen, die es dort an Pessach gibt, ist ein Rundgang durch die Kasbah. Man muss verstehen, was ein Rundgang durch die Kasbah bedeutet. Die Kasbah liegt nicht in dem Gebiet, in dem Juden wohnen, sie erstreckt sich genau unterhalb des jüdischen Viertels und bis tief nach Hebron hinein. Vor den Unruhen von 1929[39] wohnten auch Juden in der Kasbah. Einige Häuser dort haben also früher mal Juden gehört. Es ist ein sehr dicht bevölkertes Gebiet, auch der Basar ist dort. Stell dir eine sehr überfüllte, sehr laute Gasse vor, eine richtige Marktstraße voller Menschen, voller Lärm, voll im arabischen Hebron. Mitten auf dieser Gasse geht ein Fremdenführer aus dem jüdischen Viertel von Hebron mit einem Megafon. Durch sein Megafon sagt er mitten

---

39  Eine Reihe von Unruhen und Terrorakten seitens der Araber im britischen Mandatsgebiet Palästina gegen die dort ansässigen Juden. Dabei wurden, unter anderem, in Hebron 67 Juden ermordet, darunter Frauen und Kinder.

auf dem Basar: »Hier hat Rabbi Nachman gewohnt, bla, bla, bla …« Du hast dreißig bis vierzig Besucher und dazu dreißig Soldaten zu ihrem Schutz. Eine Absicherungsaufgabe ist keine leichte Inszenierung, unter Mitwirkung von zwei, drei Teams – ein Trupp auf den Dächern, einer sichert von vorn und einer von hinten. Das ist ein irrsinniges Unternehmen. Ich war in einem der Trupps, die hinten gingen. Ich hatte es mit einer Frau zu tun, die mir dauernd Hinweise erteilte: »Achte auf die Frau am Fenster … Pass auf, da ist ein Mann … Schau auf die Ecke, da ist … Pass auf, sieht der da nicht verdächtig aus?« Wenn ich das Sagen hätte, heißt das, halt die Klappe, entschuldige mal, du bist hier auf Rundgang und sag mir nicht, was ich zu tun habe. Sag danke, dass ich dich überhaupt schütze und dich nicht auf die Straße schmeiße. Denn das hätte ich wirklich tun mögen. Der Führer mit dem Megafon erklärt die Häuser und sagt zwischendrin auch was über die Gewürze auf einem Stand, steckt dabei die Hand in einen Sack mit Körnern und verstreut sie. Der Standinhaber blickt ihn an, als wolle er sagen: »Was fasst du mir meine Ware an?« Die Markthändler waren schon gewöhnt daran, wurden nicht wütend, sie akzeptieren es irgendwie, als wäre es in Ordnung. Das ist noch was, was dich verrückt macht, wieso das in Ordnung ist, dass er vor deinen Augen Körner wegnimmt und verstreut. Die Besucher genossen den Rundgang. Neben mir lief einer, der die Stände fotografieren wollte. Der Händler bat ihn, nicht zu fotografieren, aber das störte ihn gar nicht. Ich sagte zu dem Fotografen: »Er hat dich gebeten, nicht zu fotografieren«, und die Antwort lautete: »Was denn, wer ist der denn, dass er mir was sagen könnte. Ich bin zum Fotografieren gekommen. Ich will fotografieren.« Die Leute sind so dreist. Sie gehen in die Kasbah, ohne dass es irgendwelche Berechtigung dazu gäbe, schlendern durch den Basar und halten das ganze Leben dort auf. Ich bekam gute Lust, die Waffe wegzuwerfen und nach Hause zu gehen. Was tue ich hier? Bin ich zur Armee eingerückt, um Pessach-Ausflüge durch die Kasbah zu veranstalten?

Eine weitere Geschichte: Als wir schon drei Wochen in Hebron waren, gab es Unruhen im Nachbarabschnitt, eine Demonstration. Man schickte Truppen in der Stärke von einem Zug oder zwei Gruppen oder was hin. Die Soldaten, die dorthin abkommandiert wurden, erhielten Anweisung, auf bestimmte Männer vom Knie abwärts zu schießen. Es gibt so eine Vorgehensweise: Wenn es einen sogenannten »Rädelsführer« gibt, jemanden, bei dem du praktisch siehst, dass er alle aufhetzt, dann darf man in bestimmten Fällen – das heißt, mit Genehmigung des Offiziers – auf den- oder diejenigen vom Knie abwärts schießen. Dieser Befehl ist höchst problematisch, denn auf fünfzig bis siebzig

Meter vom Knie abwärts zu zielen, dafür würde ich mein Leben nicht in die Waagschale werfen. Nicht jeder kann gut schießen, und im Prinzip sollte es nur ein Scharfschütze tun. Du kannst dir nicht vorstellen, wie begeistert die Leute hinterher waren, als sie diese Schießerei schilderten. Ich kannte diese Soldaten von ihrer Ankunft aus dem Einberufungszentrum, als Jungs, die keinen blassen Schimmer vom Militär hatten, und ein halbes Jahr später höre ich dieselben Jungs stolz erzählen, wie sie gerade Menschen in die Knie geschossen hatten. Sie waren nicht meine Soldaten, aber sie waren auch Nachal-Soldaten. Ich war entgeistert über ihre stolzen Gefühle: »Ich hab Knie abgeknallt« und das. Der Vorfall hat sich mir ins Gedächtnis gebrannt. Ich war im Schock. Sie waren wirklich stolz darauf, dass sie jemanden ins Knie geschossen hatten. Einerseits war ich entsetzt darüber, andererseits hielt ich sie nicht für böse Menschen …

Ohne ein großer Militärexperte zu sein, halte ich das für eine natürliche Reaktion. Du befindest dich in einer Konstellation, in der zählt, ob du jemanden ins Knie geschossen hast oder ob du ein X auf der Waffe hast. [*Mit leiser Stimme:*] Ein X auf der Waffe bedeutet, dass du einen Menschen getötet hast, als hättest du einen Terroristen umgebracht. Die Normen besagen, wenn du ein X hast, dann ist das super, und wenn du ein Knie abgeknallt hast, hast du Respekt verdient. Ich sage, die Lage führt dazu, dass die Normen so werden. Das ist ein Entwicklungsprozess, den alle durchmachen, die sich in solch einer Lage befinden. Das ist ein Niedergang. Du hast gefragt, ob es mir passiert ist, und ich habe das verneint.

Ich habe in Hebron nicht oft Angst gehabt, denn in Hebron bist du der Boss. Ich und meine Soldaten mit den Waffen, wir waren die Bosse. Eines Tages kam mir, auf dem Gross-Platz, einem Bereich, in dem sich eigentlich keine Palästinenser aufhalten sollten, mitten im jüdischen Viertel ein alter Araber entgegen. Plötzlich bemerkte ich diesen Araber vor mir. Er war Araber, alt, die Hände auf dem Rücken, den Kopf gesenkt. Bei jeder Simulation stellst du dir genau diese Situation vor. Ich erblickte einen Selbstmordattentäter. Ich sah ihn aus etwa zwanzig Metern Entfernung und begriff sofort, dass er nicht dort sein sollte. Ich war unten auf dem Posten. Der Soldat im Turm hatte ihn nicht gesehen. Genau an derselben Stelle war 2002 ein Selbstmordattentäter gewesen. Ich fasste mich und rief »wakif«. Er hörte mich nicht, und ich war sicher, er würde gleich explodieren und mich umreißen. Ich schrie wirklich laut, und zum Schluss habe ich ein Steinchen nach ihm geworfen, damit er mich wahrnimmt. Nach den Regeln für die Festnahme eines Verdächtigen hätte ich schon in die Luft schießen müssen, aber ich habe nicht in die Luft geschossen [*lächelt*]. Du sollst nach den Vorschriften für die Festnahme eines Verdächtigen auch dein Ermessen walten lassen, und das habe ich getan. Er kam auf mich zu. Sprach kein Wort Hebräisch. Er war wohl nicht voll da und hatte mich offenbar nicht gehört. Wie sich herausstellte, war er an die dreißig Jahre nicht mehr am Ort gewesen. Er wusste gar nicht, dass er nicht hier sein durfte. Mir war es wirklich unangenehm, dass ich ihn angeschrien hatte. Schließlich hatte er nichts getan, und ich hatte einen alten Mann angeschrien. Ich hatte ein sehr mieses Gefühl. Es endete damit, dass man ihm »kehrt Marsch« sagte, und fertig. Ob ich Angst gehabt habe? Ich meine, ich war ziemlich unter Druck, als ich einen alten Mann vor mir sah, der die Hände auf dem Rücken und den Kopf gesenkt hielt.

Einmal hatte ich wirklich Angst: Wir waren auf Patrouille, es war unsere erste Woche in Hebron, und wir sahen von Weitem ein Haus in Brand geraten. Wir kamen zu dem Haus, sahen, dass das ganze Haus in Flammen stand und es unten irgendeine Öffnung gab. Ich drang ein, zusammen mit meinem Feldwebel, mein Feldwebel führte die Patrouille. Es war tatsächlich eine Art Tunnel, wir kannten das beide aus Filmen, die Höhle des Löwen. Wir warteten darauf, zwei Araber mit Sprengsätzen zu sehen, gerade im Begriff, die Zünder anzubringen und hervorzuspringen. Wir hatten die Waffen entsichert und Wahnsinn, in der nächsten Sekunde ... Die Szenerie war echt hochbrisant, das Haus brannte ... Kurz, das war ein Moment, in dem ich Angst hatte. Ansonsten bist du der Boss, hast kaum Grund zur Angst. Du bist bewaffnet, fertig, ich habe mich nicht besonders gefürchtet.

Ich springe von einer Geschichte zur andern.

Schau, ich habe das alles sehr gefasst aufgenommen. Ich hatte eines Tages eine Ablösungspatrouille zusammen mit Kumpels von der Givati. Dabei legten die Soldaten eine Art Pause ein, lagerten auf dem Gehsteig, warteten auf die Wachablösung. Unterdessen kamen ein paar Kinder vorbei, und einer der Soldaten rief: »Hallo, hallo, hallo, hallo, komm, komm, komm, komm mal her!« Da ging es schon los. Du siehst es auch an der Körpersprache, wenn der Soldat am Zaun lehnt, mit diesem arroganten Blick: »Warum hältst du nicht an, wenn ich es dir sage? Wie oft muss ich es sagen?« Und der Soldat machte weiter: »Halt! He, ich hab dir gesagt, dass du anhalten sollst, warum bleibst du nicht stehen?«, und fing an, einen Jungen zu durchsuchen. »Hol eine Zigarette«, rief ein anderer Soldat dem Jungen zu, und der Junge brachte ihm eine Zigarette. Der Soldat schnappte ihm die ganze Schachtel weg. Nun sagten ein oder zwei andere Soldaten ihm was im Stil von: »Lass, Mosche, das gehört sich nicht.« Worauf der erste zurückgab: »Was denn, mein Bruder, der ist ein Araber«, und mit der Schachtel spielte, sie schließlich zu Boden warf. Als der Junge rankam, um sie aufzuheben, rannte der Soldat hin und trat auf die Schachtel, zerquetschte sie. Das Kind hob die Schachtel auf und flüchtete.

»Du bist ein Linker, richtig?«, antwortete mir Mosche, als ich ihn hinterher fragte, warum er das für nötig befunden habe. »Ja«, sagte ich, und damit begann das gleiche Gespräch, das ich schon x-mal mit Soldaten von anderen Bataillonen geführt hatte. »He, was denn, liebst du Araber? Warum bist du links?« Letzten Endes kommst du nicht weiter, und auch dieses Gespräch endete wieder mit, »nichts zu machen – sie sind Araber« und mit Feststellungen wie: »Sie wollen dich umbringen« und »sieh doch, was 1929 war«. Auf Mosches Bemerkung, »ein Araber ist kein Mensch«, erwiderte ich ihm, das hätten die Nazis auch über die Juden gesagt (das hatte ihm übrigens schon einer seiner Kameraden gesteckt, als er die Zigaretten schnappte), aber das kümmerte ihn gar nicht.

Du fragst, warum ich ihnen nicht gesagt habe, sie sollten damit aufhören [*lacht auf*] … Ja, warum habe ich ihnen das nicht gesagt? Mit diesen Leuten von der Givati hatte ich praktisch nichts zu tun. Ich war dort nur zwei Stunden mit ihnen zusammen. Ich war nicht sein Vorgesetzter, was hätte ich ihm also groß sagen können? Du verstehst, das ist nicht so wie im Zivilleben. Ich bemühe mich tagtäglich, ein guter Bürger und ein guter Mensch zu sein. Ich bemühe mich, richtig zu handeln. Ich schaue nicht weg. Beim Militär ist das anders. Der Mann erfüllt seine Aufgabe, und ich geh nicht hin und stelle ihn zur Rede, ob er es richtig macht. Was ich sah, waren Soldaten, die auf Ablösung warteten und sich die Zeit vertreiben wollten, und in diesen Situationen spielen sie ihre Spielchen mit den Arabern. In deren Augen sind diese Schikanen Teil der Aufgabe, oder sie sagen dir: »Nein, lass, ist doch bloß Spaß«, oder so was. Diese Sachen kommen dauernd vor.

Allein aus meiner Frage: »Wozu war das nötig?«, haben sie entnommen, dass ich links stehe. Sobald mir einer das Etikett »Linker« angeheftet hat, leben wir in zwei verschiedenen Welten. Da kommt nichts rüber. Jeder hat seine Mauer. Der eine versucht, die Mauer des anderen zu durchbrechen, aber letzten Endes passiert gar nichts.

Diese Frage, ob solches Handeln nötig ist oder nicht, ist genau der Zweifel, von dem ZAHAL so profitiert. Du kannst immer behaupten, es sei nötig. Das habe ich inzwischen auch kapiert. Ich kann dir jemanden auftreiben, der dir sagt, dieser Fausthieb sei nötig gewesen, weil die schnallen müssen, wer hier der Boss ist. Sie müssen Angst vor dir haben, du musst abschreckend wirken.

Viele sagen das. Was ich noch in Hebron verstanden habe, ist die Tatsache, dass es so was wie »Zahal«, als Ganzes, nicht gibt. Zahal ist der Offizier, den du vor Ort hast, und wenn der plötzlich Bock drauf hat, dass jeder, den du anhältst, die Hose runterlassen muss, dann geschieht das. Er braucht bloß zwei Worte zu sagen, und ganz Hebron lässt die Hosen runter. Das klingt lächerlich, aber die Macht der Offiziere ist anomal. Das sind nicht die Vorgaben von Zahal, denn die haben keine Bodenhaftung. »Was hier passiert, ist das, was nach meiner Entscheidung hier zu passieren hat und fertig.« Und weißt du, auch wenn mein Offizier mir gesagt hat, dass die Leute nicht aufgefordert werden sollten, die Hosen runterzulassen, kann ich es trotzdem befehlen, und kein Mensch wird mir was sagen. Ich habe einen Haufen Macht als Befehlsführer und auch als Soldat. Die Hierarchie reicht vom höchsten Offizier bis zu dem arabischen Jungen oder Mädchen.

Ich bin nicht sicher, ob ich der gute Soldat in einem schlechten Bataillon hätte sein können. Ich bin nicht sicher, ob es überhaupt möglich ist, der gute Soldat in einer schlechten Brigade zu sein. Ich halte diesen Satz für wirklichkeitsfremd, denn wenn du keine Gruppe hast, wenn du ein Einzelner bist, dann geht deine Stimme unter. Du wirst quasi niedergeschrien. Mehr noch, es genügen ein paar Kraftmeier, die die Normen setzen, und schon werden auch die zu Schweinen, die an sich keine sind. Das habe ich selbst gesehen. Manchmal ist es gar nicht mal der mit Charisma, manchmal tut es das Rangabzeichen auf der Schulter. Schau, es gibt Offiziere, die misshandeln. Wie zum Beispiel ein gewisser Kompaniechef, ein blonder Riese, so ein militanter Typ, der wie ein Fanatiker redet. Auf der Sitzung zur Befehlsübergabe erklärte er uns das Terrain – worauf man achten müsse, wie zu handeln sei. Sein Motto war, es ihnen ordentlich zu besorgen. Man müsse aggressiv mit den Palästinensern umspringen. Einen Gewehrkolben an den Schädel sei die Behandlung, die er einem Palästinenser, der Probleme mache, angedeihen ließe.

Die Verteilung der Soldaten auf die Einheiten erfolgt nicht zufällig. Das ist alles wohlüberlegt [*lacht auf*]. Es ist auch kein Geheimnis. Du siehst es auf den ersten Blick, sogar an der Hautfarbe. Ich behaupte nicht, dass das immer zutrifft, aber es ist kein Zufall, wer zum Grenzschutz, wer zur Golani, wer zur Nachal geht. Das ist jeweils ein anderer Menschenschlag. Bei der Nachal gibt's mehr Aschkenasen, in der Golani weniger, in der Nachal gibt's mehr Linke, in der Golani weniger, das Verhalten bei der Golani ist sehr kämpferisch und machohaft, bei der Nachal weniger. Das ist kein Geheimnis, das ist glasklar. In die Kommandoeinheiten kommen die »Nord-Tel Aviver«, die quasi wohlhabend sind, sie übernehmen die hochqualifizierten Aufgaben, und daneben hast du die Grenzschützer, die echt die unangenehmsten, langweiligsten Aufgaben versehen, die Drecksarbeit machen, und du siehst dort die passenden Leute dazu. Das ist klipp und klar. Das ist keine Meinungsäußerung, so ist es einfach.

Deswegen habe ich dir gesagt, wenn die Nachal in Hebron ist, kann eine Festnahme so aussehen, und wenn die Golani da ist, ganz anders: härter, schikanöser. Die Grenzschützer sind am schlimmsten. Neben uns waren Grenzschützer, die sind am übelsten. Eine junge Dänin, die ehrenamtlich für eine linke Organisation arbeitete, hat mir erzählt, wie die Behandlung an den Kontrollpunkten wechselte, als die Golani von uns übernam. Das erregt auch die Gemüter der Einwohner, die drei Monate die Nachal hatten, deren Leute einigermaßen in Ordnung waren, und danach die Golani-Soldaten kriegten, die dir einfach so in den Hintern treten, dir einfach so eine Zigarette wegnehmen, dich einfach so knuffen, dir einfach so den Zugangsweg auf einen Meter Breite reduzieren, während die Juden zehn Meter Breite haben. Es kann gut sein, dass einer von der Golani dir sagen würde, das sei nötig. Sie dürften nur einen Meter zum Gehen haben, denn wenn es drei Meter wären, könnte der Palästinenser dir zu nahe kommen. Man müsse ihnen einen Tritt in den Hintern geben, denn anders würden sie nicht begreifen, was Sache ist, und dann käme einer an und würde dir ein Messer in den Leib rammen. So müsse man die Dinge anpacken, würde er dir vermutlich sagen – oder einfach, dass ihm langweilig war.

Mit meinen Soldaten habe ich nicht darüber gesprochen, bloß manchmal mit dem zweiten Gruppenführer, aber ich hatte auch nicht das Bedürfnis, mit ihnen darüber zu reden. Man steckt alles weg. Wieso die Soldaten nicht untereinander darüber reden? Zunächst mal schlafen sie vier Stunden pro Nacht. Die Leute sind also ziemliche Zombies. Wenn du Freizeit hast, legst du dich entweder schlafen oder siehst dir einen Film an, du unterhältst dich nicht über die Bedeutung deines Tuns. Wenn du drinsteckst, steckst du drin, und es ist auch schwer, darüber zu reden. Ein Grund ist die körperliche Belastung, aber mehr noch: Du steckst drin und du musst das tun. Was hilft dir da das Gerede. Hör mal, vielleicht haben die Soldaten doch miteinander gesprochen, aber ich war nicht dabei.

Manchmal habe ich versucht, mit sehr engen Freunden darüber zu sprechen. So was wie: »Ihr habt keine Ahnung, was hier vor sich geht. Das ist Irrsinn, das ist unglaublich.« Irgendwie fiel es mir furchtbar schwer, Frauen zu erzählen, was ich da mache. Das war noch erniedrigender. Ich habe das meiner Freundin zu erklären versucht, aber es machte mich ganz fertig, dass sie sich all diese Dinge anhörte, ohne verrückt zu werden. Irgendwie erwarte ich von Frauen mehr Sensibilität in diesen Dingen. Vielleicht in Erwartung mütterlicher Gefühle, die sagen: »Wie kann ich mal Kinder aufziehen, wenn all das neben mir passiert?«

Bei vielen Vorfällen hier musste ich an die Schoah denken. Ich finde immer noch, dass ich nach Hebron zurückkehren müsste, um das wiedergutzumachen. Ich weiß nicht, wie. Außerdem ist mir die Stadt sehr ans Herz gewachsen. Eine unglaubliche Stadt, diese Stadt hat mich tief berührt, eine bezaubernde Stadt. Eine sehr, sehr schöne Stadt.

Ich habe keine feste Meinung über die Drückeberger. Ich habe gelernt, dass die Dinge nicht schwarz-weiß sind. Das ist hochkompliziert. Ich habe keine Patentlösung. Diese Gruppe als Gruppe – gut, dass es sie gibt, und es wäre gut, wenn es noch mehr davon gäbe, aber ich würde nicht wollen, dass morgen alle sagen, sie würden nicht einrücken. Ich finde, man braucht die Armee. Ich meine, man braucht die Armee momentan. Ich bin sehr froh, dass es einen Brief der Zwölftklässler gibt, aber es sollten nicht alle so denken. Wenn morgen alle sagen, sie gehen nicht zum Militär, haben wir ein Problem. Aber als kritische Gruppe, die die unmögliche Lage offen anspricht, sind diese Zwölftklässler ein Segen.

Schovrim Schtika – damit kann ich echt was anfangen. Denn sie legen die Wirklichkeit offen. Was mir dabei etwas Sorgen bereitet, ist die Tatsache, dass manche Leute die Wirklichkeit kennen, ohne sich daran zu stören. Das ist besorgniserregend. Die Aktivisten brechen das Schweigen, aber es kratzt niemanden. Als ich in Hebron war, glaubte ich mit Sicherheit, dass kein Mensch weiß, was dort los ist. Wenn die Mütter des Volkes Israel wüssten, was ihre Kinder anstellen, dachte ich, dann würden wir augenblicklich aus Hebron abziehen. Aber ich habe gemerkt, dass dem nicht so ist, weil viele Menschen nicht so denken. Viele, denen man es ins Gesicht sagt, stören sich nicht die Bohne daran. Ich dachte mal, es sei das Beste, das Schweigen zu brechen. Heute glaube ich immer noch, dass das gut ist und dass die Verweigerung auch eine gute Methode ist, um das Thema auf den Tisch zu bringen. Ich halte Druck aus dem Ausland für gut. Ich freue mich, wenn da Tadel kommt. Ich freue mich über den ganzen internationalen Druck. Ich meine, wenn wir unfähig sind, den Wandel selbst herbeizuführen, dann ist jedes Mittel recht. Sollen sie draußen ruhig Druck ausüben, soll Obama Druck ausüben, sollen alle Länder Druck ausüben. Sollen Soldaten, die das durchmachen, darüber reden, sollen sie es den Israelis und aller Welt offenlegen. Leider interessiert es eher die Welt als die Israelis.

Eine Woche vor der Einberufung fragte mich meine Schwester, was wäre, wenn ich im Dienst einen Befehl erhielte, den ich vom Gewissen her nicht befolgen könnte. Ich hatte großes Selbstvertrauen. Ich sagte ihr, ich wäre seelisch und moralisch gut vorbereitet. Ich hätte Grundsätze und ich sei sehr sicher, dass ich mich daran halten würde. Ich bin auch nicht abgeglitten. Ich habe immer darüber nachgedacht, ob dies oder jenes richtig ist oder nicht, ob es in Ordnung ist oder nicht, ob es nötig ist oder nicht. Dass ich das heute sage, erbringt den Beweis. Ich bin anständig durchgekommen, sogar klüger geworden.

Ich meine, es war während meiner Zeit in Hebron, als ich auf einer langen Fahrt einem guten Freund alles erzählte – es ist sehr lange her. Ich erinnere mich noch an den Kern der Sache, weiß aber nicht mehr genau, wie wir dabei angelangt sind. Schließlich haben wir gesagt, wir müssten einen Monat vor der Entlassung den Wehrdienst schmeißen. Warum? Damit der Generalstabschef die Liste auf den Tisch bekäme und sähe, dass jedes Jahr weniger Leute einrücken. Dann würde er begreifen, dass es hier ein Problem gibt. Wir müssten raus wegen der Statistik, damit man sähe, dass viele nicht zum Wehrdienst wollten. So hätten wir einerseits Wehrdienst geleistet, denn wir glaubten – und ich glaube immer noch –, dass das wichtig ist, aber beim Generalstabschef würden rote Warnlichter aufleuchten. Es ist jedoch nichts daraus geworden, wir haben den Plan nicht ausgeführt, es blieb leeres Gerede.

# Yoad

23-jähriger Student

Seit ich denken kann, habe ich darüber nachgedacht, was mein Vater beim Militär gemacht hat und was ich mal beim Militär machen würde. Ich hatte so was in Richtung von PALMACH im Sinn: Gutes tun wollen, Böse bekämpfen, mit Freunden zusammen sein. Mehr wusste ich nicht.

In der zehnten Klasse bin ich von Eilat weiter nach Norden umgezogen, und dort stieß ich zum ersten Mal auf … Linke. Eigentlich nicht wirklich Linke, aber zum ersten Mal hörte ich von der Idee, keinen Wehrdienst zu leisten. Als ich dem Warum nachging, kapierte ich endlich besser, was man beim Militär so macht. In der zehnten Klasse hörte ich von Verweigerung und in der elften Klasse, als wir den ersten Musterungsbescheid erhielten, wurde die Diskussion relevanter, man machte sich auch mehr Gedanken. Das kam wegen der Schule, die ich besuchte. Ich sah, wie Freunde sich damit beschäftigten, und fand es logisch. Für die Freunde in Eilat brachte der erste Musterungsbescheid wohl kaum so ein Dilemma mit sich. Nachdem ich mich mit dem Thema befasst hatte, traf ich meine Entscheidungen. Soweit ich mich erinnern kann, war ich ziemlich perplex. Vorher hatte ich nicht wirklich begriffen, was es mit den Gebieten auf sich hat. Es wurde dauernd darüber geredet, aber ich hab nicht richtig hingehört. Ich wusste, dass es die gibt, und ich wusste was von Intifada und von Anschlägen, begriff aber nicht, wie und warum. Heute kommt es mir etwas komisch vor, dass ich nicht nachgefragt habe. Ich hielt es für normal, dass Unklarheit herrscht und dass manche gegen den Militärdienst sind und andere hingehen und gegen die Araber kämpfen, und hab nicht nachgefragt. Ich bin bei meiner Mutter aufgewachsen, die nicht besonders politisch ist, und Eilat ist sehr unpolitisch. Kein Mensch demonstriert in Eilat, Gott sei Dank kommt auch keiner bei Anschlägen um, es ist ziemlich ruhig dort, ein bisschen wie im Ausland. Bei den Pfadfindern in Eilat haben wir auch nicht darüber gesprochen. Man redete vom Militärdienst und von einem nützlichen Beitrag zur Gesellschaft, aber nicht über eine politische Haltung, denn die Pfadfinder wollen gerade nicht politisch sein.

Ich hatte eine sehr enge Freundin, die beschloss, nicht einzurücken. Für mich war völlig klar gewesen, dass man zum Militär geht und dass es nicht in

Ordnung ist wegzubleiben. Und nun hörte sich das, was eine sagte, der ich sehr nahestand und die ich sehr schätzte, plötzlich logisch an. Ich redete auch noch mit anderen. Die Sache kam mir logisch vor, weil ich grundsätzlich der Meinung bin, dass der Staat tausend Fehler begeht. Heute habe ich schon eine gefestigtere Meinung, aber damals begriff ich zum ersten Mal, dass wir nicht unbedingt Recht haben. Dieses nationale Dilemma zwischen einem vermeidbaren und einem unvermeidbaren Krieg erlebte ich eben zum ersten Mal in der elften Klasse. Das kam von dieser Freundin und anderen Freunden, die sehr kritisch waren und Fragen stellten. Wir hatten Lehrer, die sehr liberal und pluralistisch sein wollten. Nicht offiziell, aber praktisch tendierte man zur Linken. An dieser Schule kam ich mit vielen Dingen in Berührung. Unter anderem lernte ich zum ersten Mal einen Araber kennen und unterhielt mich mit ihm.

Einer meiner besten Freunde war Musiker, der wollte nicht aufhören zu spielen. Als es dazu kam, wehrte er sich dagegen, zu einer Kampfeinheit geschickt zu werden. Und als man ihm einen anderen, völlig nutzlosen Job zuteilte, schied er aus der Armee aus. Aber seine Verweigerung beruhte nicht auf ideologischen, sondern auf egoistischen Gründen. Ich war mir auch nicht sicher, ob ich was mitmachen sollte, mit dem ich nicht hundertprozentig einverstanden war. Ich habe ernsthaft erwogen, zu verweigern und Ersatzdienst zu leisten. Für mich war letzten Endes ausschlaggebend, dass ich es unmoralisch fand, die Arbeit andern zu überlassen. Das sind keine anderen, das sind meine Kumpels. Wenn ich's nicht mache, machen's Kameraden von mir, selbst wenn ich sie nicht kenne. Ich betrachte mich als Israel-Freund. Ich mag die Leute, die ich auf der Straße sehe, und es passt mir nicht, dass sie an meiner Stelle ranmüssen, an meiner Stelle in der Armee dienen. Ich möchte dazugehören. Ich bin dem Gedanken an Verweigerung nicht sehr weit nachgegangen. Wenn ich ihn praktisch umgesetzt hätte, wäre ich auf starken Widerstand in meiner Familie gestoßen. Es wäre logisch gewesen, allein schon deshalb einzurücken, aber so weit bin ich gar nicht erst gekommen. Dabei wusste ich, wie ich es anstellen müsste, nicht eingezogen zu werden. Ich hatte Freunde, die sich schlau gemacht hatten, die zum Militärpsychologen gegangen waren und die Sache durchzogen. Ich hörte von Schleichwegen. Ich sage nicht, dass es leicht gewesen wäre, aber ich hätte bestimmt freikommen können. Ich meine, im Vergleich zu Kumpels, die mit mir in der Truppe waren, bin ich weitgehend freiwillig zum Militär gegangen.

Ich hoffte, es in eine Kommandoeinheit, eine Eliteeinheit zu schaffen. Nach einiger Zeit sah ich aber ein, dass das nichts für mich war. Warum? Da bist du in ganz anderer Gesellschaft. Wenn du in eine Eliteeinheit kommst, tust du alles, was man dir sagt, weil du keinen Rausschmiss riskieren willst. Wenn du in ein Bataillon kommst, kannst du auch mal ausrasten. Bei den Bataillonen ist die Arbeit handfester. Eine Eliteeinheit übt anderthalb Jahre, erst dann bist du Kampfsoldat, und anschließend fängst du an, für einen großen Einsatz zu üben: für etwas, von dem dir jemand was erzählt. Der große Einsatz dauert ein paar Stunden oder zwei Tage, und dann fängst du an, für den nächsten zu üben. In militärischen Begriffen sind die Leute dort spießiger. Spießig heißt, solche Weicheier, die tun, was man ihnen sagt, und total engagiert sind, aber vor allem tun, was man ihnen sagt. Schau dir alle Eliteeinheiten an, die Leute sind Weicheier, körperlich fit und all das, aber trotzdem Weicheier. Sehr gehorsam, diszipliniert.

Am Ende der Ausbildung wurden wir an der Grenze zu Gaza stationiert. In den Gebieten selbst war ich – zu meiner Freude – nicht. Nicht mit Absicht, aber immer, wenn's losgehen sollte, holten sie mich zu irgendeinem Kurs raus. Ich wurde nie an einem Kontrollposten eingesetzt. Im Gruppenführerlehrgang wurden wir zum Üben in die Westbank geschickt. Das war echt idiotisch. Ich konnte nicht die Augen davor verschließen, dass wir Leuten das Leben sauer machen, um zu üben. Wir sollten Durchsuchungen in irgendeinem beliebigen Dorf durchführen. Ohne unsere Übung hätte man dort keine Durchsuchungen vorgenommen. Wir haben nichts bei diesen Durchsuchungen gefunden und sie auch noch grottenschlecht gemacht, weil wir nicht professionell waren. Du kommst im Dorf an und siehst die Leute dort, siehst, dass deine Offiziere keine Angst haben und sich von den Durchsuchungen gar nicht versprechen, etwas zu finden. Irgendwann begriffen wir, dass es so Brauch ist, und da hat es uns nicht mehr so gestört. Das dient natürlich nicht nur der Übung, sondern auch der Abschreckung. Irgendwann hat einer einen Stein geschmissen, und wir haben eine Rauchgranate geworfen, aber wenn wir nicht reingegangen wären, wäre kein Stein geflogen. In diesem Fall waren wir es wohl, die angefangen hatten, denn man fand nichts. Okay, sie sind keine großen Israel-Freunde, aber das ist noch kein Grund, ins Dorf einzufallen und den Leuten die Häuser zu durchsuchen. Manche bei uns waren anderer Ansicht. Sie sagten: »Wir haben eine Fahne der Hamas gefunden … eine Fahne der Hisbollah, das sind Israel-Hasser, und wenn sie jetzt nichts hatten, dann haben sie nächstes Mal was. Und was schert's mich überhaupt.«

Verglichen mit der NACHAL springen tatsächlich alle anderen härter mit den Palästinensern um. Ich halte die Nachal-Soldaten für dumm und überheblich, echt wahr. Ich meine, sie können ruhig die Guten sein, aber sie dürfen andere nicht verurteilen. Das ist nicht ihre Aufgabe und es steht ihnen auch nicht zu. Ich hab kein Interesse daran, aufzuzeigen, wer der Böse ist. Ich halte es für problematisch, quasi über die ganze Welt zu urteilen. Als wir in Gaza im Einsatz waren – ich weiß nicht, ob ich mich schämen soll, das zu sagen –, als wir in Gaza waren, sah ich meine Soldaten in Häuser gehen, weißt du, meine Soldaten, das sind meine Freunde … für mich sind sie in erster Linie Freunde. Ich sah meine Soldaten Sachen aus dem Haus mitnehmen, Sachen kaputt machen, ja, Sachen mitnehmen, stehlen, ja, ja. Ich weiß nicht mehr, was sie mitgehen ließen, meist waren es keine wertvollen Sachen. Sie taten es bloß so, um sagen zu können, dass sie klauen. Ich glaube, einer hatte auch einen Geldbetrag gefunden, keinen Koffer voll Geld, einen Fünfzig-Schekel-Schein, den Leute im Haus vergessen hatten. Es kam zu Sachbeschädigungen, ich rede von Schäden, die nichts mit dem Einsatz zu tun hatten, denn wir haben das Haus ja völlig kaputt gemacht, haben es in einen Militärposten verwandelt. Aber ich meine mehr als das. Es war ein Haus, in dem wir wohnten und schliefen und das wir befestigen mussten. Die Hauseigentümer waren nicht da. Es hatte vorher Bombenbeschuss gegeben, und sie waren geflohen. Das Haus war von vornherein dazu bestimmt worden, dass wir es besetzen. Die Kumpels schrieben einfach »Tod den Arabern« an die Wände, bloß um Schaden anzurichten. Nein, als Vorgesetzter habe ich es nicht verhindert. Als Freund habe ich es versucht … Ich meine, ich hab irgendwann gesagt, sie sollten damit aufhören, aber es war nicht … Ich bin nicht dagegen eingeschritten. Es gab ein Stadium, in dem ich gesagt hab, lass man, egal.

Klar, ich hätte nicht »Tod den Arabern« hingeschrieben. Als Freund habe ich meine Meinung geäußert und gesagt, sie seien blöd, und das sei widerlich … hab quasi alles gesagt. Aber als Vorgesetzter hab ich, glaube ich, nur in einem spezifischen Fall gesagt, das ginge zu weit, kann mich aber einfach nicht mehr entsinnen, worum es ging. Was mich abhält? Zunächst mal Angst; als Vorgesetzter kennst du deine Grenzen. Wenn ich es ihnen verboten hätte, hätten sie's hinter meinem Rücken getan. Wenn wir mitten in Gaza sind und unser aller Leben gefährdet ist – man kann darüber streiten, wie sehr –, dann ist es nicht das, was mir auf den Nägeln brennt. Wenn ich während des Kampfes anfange, mit Soldaten darüber zu streiten, was sie an die Wände schreiben, dann ist das nicht die beste Vorgehensweise dort. Praktisch hat das auch was mit Überlebenstechnik zu tun. Du musst mit deinen Soldaten weiter zusammenleben. Außerdem ist das so eine Norm in der Brigade, im Bataillon. Schau, in den Gebieten, in denen sie vorher waren, hat ihnen keiner gesagt, sie sollten das lassen. Das sind Menschen, was heißt Menschen, das sind meine Freunde, die sich kein bisschen um die Außenwirkung scheren. So reden sie und so handeln sie. Ist ihnen egal. Sie scheren sich nicht um das Eigentum von Arabern, scheren sich nicht um deren Rechte, um diese Menschen.

Einen Monat früher, als wir an der Grenze saßen, hatten sie einen erwischt, der mit einem Messer über den Zaun geklettert war. Sie hielten ihn bei uns fest, bis der SCHABAK ihn abholte. Und bis dahin verdroschen sie ihn. Wer? Die Kumpels ein paar Jahrgänge über mir. Kumpels von meiner Kompanie, die haben sich abgelöst [*lacht unbehaglich*]. Der Mann war gefesselt und auch nackt, wenn ich mich recht erinnere. Der Reihe nach sind sie auf ihn los. Nein, das war keine Gruppenvergewaltigung, das war nicht *Clockwork Orange*. Aber es war ein wehrloser Mensch, den sie verprügelten. Ich sah, dass sie ihn schlugen, ihm zusetzten. Ich rede von einem Mann, der gefesselt dahockte und den sie mit Füßen traten. Aber er blutete nicht, als er rauskam.

Schau, ich bin auch nicht hundertprozentig einverstanden mit meinem Vorgehen dort, aber ziemlich einverstanden, denn ich meine, ich hatte … Schau, das war kein kleiner unschuldiger Junge, der nichts getan hatte. Deshalb hielt ich es nicht für nötig einzuschreiten. Die einzige Gefühlsregung, die ich hatte, kam als einer meiner guten Freunde mit hingehen wollte. Es tat mir leid um ihn, nicht um den Mann, den sie verdroschen. Es tat mir leid um meinen Freund, weil er hinwollte, um mitzumachen, oder auch nur, um zuzugucken und zu lachen. Das konnte ich schwer mit ansehen. Ehrlich gesagt, dachte ich in dem Moment nicht an den Gefesselten dort. Das war keiner, der mit lauteren Absichten gekommen war, das war kein Unschuldslamm. Deshalb war's mir egal, ob er ein paar Schläge mehr oder weniger abkriegte. Nicht, dass ich es für richtig hielt, und deshalb tat es mir ja weh, einen guten Freund mitmachen zu sehen, wollte es verhindern. Ich selbst hätte es nicht getan.

Ich meine, ich war der Gute in dieser Lage. Worin mein Beitrag lag, Böses zu verhindern? Ich meine darin, dass ich meinen Freund bat, nicht hinzugehen. Das ist zugegebenermaßen ein bescheidener Beitrag, aber ich meine, den konnte ich halt leisten. Hätte ich nur mehr bewirken können! Was hätte ich damals und auch heute, wenn ich daran zurückdenke, mehr tun können? Ich hätte etwas tun können, aber ich glaube nicht, dass ich Nachal-Soldaten aus uns gemacht hätte. Ich glaube nicht, dass ich die Macht gehabt hätte, alle Menschen ringsum zu ändern. Wenn die Rede darauf kam, habe ich manchmal geschwiegen und meine Meinung nicht gesagt und manchmal doch. Ich hab's nicht geschafft, was zu ändern. Hab's versucht und vielleicht ein bisschen was erreicht, hoffentlich … Es ist nicht so leicht, die von ihrer Meinung abzubringen, und andererseits liegen sie auch nicht völlig falsch. Aus meiner Sicht tun sie das Falsche, aber das ist nicht sonnenklar. Hör mal, dieser Mann [der mit dem Messer über den Zaun gegangen war] hätte wahrscheinlich jeden ermordet, der ihm unter die Augen gekommen wäre. Klar gibt es Gerichte, aber raubt es einem wirklich den Schlaf, wenn ein Mörder verprügelt wird? Das ist das Letzte, was mich um den Schlaf bringen würde.

Ich gebe zu, dass das nicht richtig ist, aber für mich gibt es viel brennendere Probleme. Zum Beispiel die Vorschriften für den Schusswaffengebrauch, die vielleicht rechtlich zulässig, aber nicht sinnvoll sind. Ich war Barrett-Scharfschütze. Das Barrett-Gewehr kann Elefanten töten, das heißt, es hat ein sehr großes Kaliber. Wenn ich auf ein Haus schieße, durchschlägt die Patrone eine Mauer, höchstwahrscheinlich zwei oder drei. Selbst wenn sie jemanden an der Hand streift, wird sie ihn wahrscheinlich umbringen. Sehr tödlich. An einem Tag gerieten wir unter Beschuss, konnten aber nicht ausmachen, woher. Also feuerten wir in die Richtung, aus der die Schüsse am Vortag gekommen waren. Wir schossen auf ein Wohnhaus, in dem aus unserer Sicht unschuldige Menschen waren. Wir erhielten den Befehl, dieses Haus unter Beschuss zu nehmen, obwohl uns allen klar war, dass keinerlei Grund bestand, darauf zu schießen. Aber … man musste das Feuer auf jemanden eröffnen, weil man auf den Beschuss der Gegenseite reagieren muss. Ich saß an jenem Tag nicht am Abzug, aber ich denke, ich hätte den Befehl befolgt. Ich bin keineswegs stolz darauf. Auf grundsätzlicher Ebene: Du musst, weil du den Befehl erhalten hast. Was dir passiert, wenn du ihn nicht ausführst? Es bleibt nicht viel Zeit, darüber zu philosophieren.

Ist das ein offensichtlich rechtswidriger Befehl? Ah … ich weiß nicht. Damals dachte ich offenbar nicht so. Natürlich wussten wir alle, was ein offensichtlich rechtswidriger Befehl ist. Ich habe das beim Militär mehrmals gehört. Aber beim Einsatz verweigerst du nicht – wegen der schlimmen Folgen, die das nach sich ziehen kann. Ich fürchtete damals um die Bewohner des Hauses, das wir beschossen, aber das waren persönliche Überlegungen, nicht etwas, was ich publik gemacht hätte.

Ja, ich denke, ich war der am weitesten links Stehende in meiner Kompanie, aber das war nicht mein Erkennungszeichen in der Truppe. Linke Ansichten sind in der Kompanie nicht gut angesehen. Ich habe mich sehr bemüht, nicht als Linker aufzufallen, denn in dem Moment, in dem alles, was du sagst, als linke

Ansichten verbucht wird … Wenn sie mich für einen Linken gehalten hätten, wären meine Ansichten von vornherein abgetan worden.

Am Anfang war ich sehr, sehr still und hatte wirklich Bedenken, meine Meinungen zu äußern, aber einige Zeit später wussten alle meine Freunde, dass zum Beispiel – das ist kein Fall, der eingetreten ist –, wenn sie einen Unschuldigen vor meinen Augen verprügelt hätten, ich dazwischengegangen wäre und es gestoppt hätte. Ich sag dir nicht, dass ich das Gewehr auf sie angelegt hätte. Aber ich war nie in einer solch eindeutigen Situation.

Wie es ist, so intensiv mit Leuten zusammenzuleben, die andere Menschen gern verprügeln? Das ist wie in Eilat, da hatte ich gute Freunde, die schwache Mitschüler schlugen. Das ist nicht in Ordnung, aber man kann nichts machen. Hier spielt jedoch noch herein, dass das Menschen sind, denen ich sehr vertraue, wenn es um mein Leben geht. Es sind Menschen, die ich gern habe, auch wenn sie ziemlich viel anstellen. Ich weiß nicht, wo die Grenze verläuft, aber es sind Menschen, die ich mehr liebe als vieles andere. Diese Zuneigung ist bei all dem entstanden, was wir gemeinsam durchgemacht haben. Wenn du in Ruhe schlafen gehst, während Avi am MG ist, dann kannst du hinterher schlecht sagen, dass du ihn hasst, weil er jemanden verprügelt hat. Das interessiert dich überhaupt nicht. Interessiert dich wirklich nicht. Du hast tausend Dinge, für die du ihm Danke sagen musst, dann soll er halt so viel prügeln, wie er will.

Als mir ein Freund erzählte, wie sie in Nablus, einfach so zum Spaß, Auspuffrohre von Autos krumm gebogen haben, hab ich ihm gesagt, er sei ein Idiot. Seinerzeit war ich nicht sein Vorgesetzter, aber ich sag dir ganz ehrlich: Auch wenn ich sein Vorgesetzter gewesen wäre, hätte ich ihn nie im Leben bestraft. Ich hätte immer wieder auf ihn eingeredet, ihm zugesetzt und ihn bekniet, aber bestraft hätte ich ihn nicht. Ob ich recht daran getan hätte, ihn nicht zu bestrafen? Ah … ZAHAL muss wollen, dass ich ihn bestrafe, aber ich sag dir von Mensch zu Mensch, dass ich es nie im Leben getan hätte. Meine Soldaten, die auch meine Freunde sind, das ist was anderes. Ich bin nicht stolz darauf, aber in der Praxis wäre das nicht geschehen. Hör mal, andere Soldaten von mir hätte ich natürlich bestraft, Soldaten, für die ich bloß der Vorgesetzte bin. Obwohl ich es auch hier mit Überzeugungsarbeit versucht hätte. Ich würde nicht sagen, dass es undurchführbar wäre, aber es ist nicht üblich. Es ist höchst unpopulär, jemanden zu bestrafen, weil er Arabern zugesetzt hat. Die übergeordneten Ränge würden von mir erwarten, dass ich ihm eine Strafe aufbrumme, und die untergeordneten würden erwarten, dass ich es nicht tue.

# Maor

Dreißigjähriger Student

Die erste Szene, die ich von GEGOSSENES BLEI, im Dezember 2008, sah, waren diese Schirme, die über Gaza aufflammten. Die Kameraeinstellung zeigte die Landschaft von Gaza, ziemlich aus der Nähe, und, zack, öffneten sich drei oder vier solcher Schirme, Phosphorschirme. Das geschah in den ersten Augenblicken der Fernsehübertragung. Meine Frau und ich hatten uns gerade einen Film angesehen. Als er zu Ende war, kamen Sondernachrichten. Ich sagte meiner Frau, das das kann nicht wahr sein, die schössen da Phosphorgranaten. Das könne nicht sein, da sei jemand durchgedreht, sie schössen Phosphorgranaten auf die Stadt Gaza. Ich habe bei der Artillerie gedient und dabei einmal Phosphorgranaten in den Libanon abgeschossen. Damals haben sie uns einen Oberst oder Brigadegeneral aus einem Munitionsdepot gebracht, der uns erklärte, wir hätten zwar gegen Konventionen verstoßen, die Israel unterzeichnet habe, aber wir müssten wissen, warum das geschehen sei, nämlich um unsere Soldaten zu schützen, die beim Abzug aus dem Libanon von hinten abgesichert werden mussten. Hör mal, habe ich ihr gesagt, hier stimmt was nicht. Es kann nicht angehen, dass sie auf Zivilisten schießen. So was schießt man auf Dornbüsche und entschuldigt sich hinterher. Aber auf Menschen schießt man keine Phosphorgranaten, das ätzt, das brennt, das ist furchtbar. Das sind kleine Kügelchen, und kleine Kinder spielen damit, und kaum hast du sie angefasst, verbrennst du dich völlig.

Im Lauf der Tage sah ich noch und noch solche Phosphorgranaten. Dass Leute am Boden getötet wurden, hat mich in dem Stadium gar nicht interessiert. Dass Menschen tatsächlich auf Menschen schossen, kümmerte mich nicht, aber das Bild der Phosphorgranaten belastete mich schwer. Nach den ersten zwei Wochen des Feldzugs wurden erstmals Reservisten einberufen. Infanterie, Pioniere, Panzertruppen und Artillerie würden mobilisiert, hieß es. In dem Moment beschloss ich, dass *ich* keine Phosphorgranaten auf Gaza schießen werde. Wenn sie mich heute einberiefen, würde ich nicht hingehen: Und wenn die ganze Welt Kopf steht – da geh ich nicht hin. Das war eine sehr emotionale Entscheidung, nicht etwas, worüber ich viel nachgedacht hätte. Mir war klar, wenn sie mich einberiefen, um Phosphorgranaten auf Gaza zu schießen, würde ich nicht hingehen. Punkt. Ich sage nichts über die Zukunft, sage nichts über die Vergangenheit, in diesem Moment Phosphor auf Gaza schie-ßen – dazu bin ich nicht bereit.

Meine Geschichte mit dem Gymnasium ist etwas seltsam. Ich war ursprünglich ein Profilnik, hatte aus verschiedenen Gründen PROFIL 64. Mir war völlig klar, dass ich nicht in eine Kampfeinheit kommen würde, wollte es auch gar nicht. Irgendwann in der Mitte der zwölften Klasse, nach einer Begegnung mit Freunden meiner Eltern, entschied ich, dass ich es doch in die kämpfende Truppe schaffen würde, egal was. Meine Mutter behauptet, sich an nichts dergleichen erinnern zu können. Ich will vorsichtig sein, vielleicht ist das eine eingebildete Erinnerung, vielleicht habe ich mir eine Geschichte ausgedacht. Aber ich erinnere mich, dass dieser Freund meiner Eltern, der früher Pilot war, mir erzählte, er habe zwei Anwärter auf einen ziemlich hohen Posten in dem Unternehmen, in dem er arbeitete, gehabt. Der eine war Offizier in der 8200[40], der andere hatte keinen Wehrdienst geleistet. Der ohne Wehrdienst passte von den nüchternen Daten her besser für die Stelle. Aber er hatte ihn nicht genommen, sondern lieber den, der Offizier in der 8200 gewesen war. Obwohl der Mann von der 8200 etwas weniger gut war, bekam er den Preis. Der Freund meiner Eltern beschloss, den Offizier zu belohnen, indem er ihm den zivilen Job gab. Er sagte noch: »Ich finde es nur schade, dass er nicht in einer Kampfeinheit war.« Ich saß mit ihnen im Wohnzimmer. Vielleicht war das Gespräch überhaupt speziell für meine Ohren bestimmt gewesen. Meine Mutter streitet diese ganze Debatte ab. Mein Vater war nicht in der kämpfenden Truppe, ich bin der älteste Sohn, und auch sonst ist bei uns keiner in der Familie Kampfsoldat gewesen. An dem Tag beschloss ich, der Offizier in der kämpfenden Truppe zu werden, der zu gegebener Zeit den bewussten Arbeitsplatz erhalten würde.

Eine Woche später begann ich, durch frisierte medizinische Unterlagen Profil 97 anzustreben. Dabei half mir unser Hausarzt, der auch Stabsarzt war. Das Ganze dauerte mehrere Monate. Meine Mutter spricht bis heute nicht mit diesem Arzt.

Mein Traumziel war die GOLANI. Ich wusste nichts über diese Einheit und informierte mich auch nicht. Das war so ein Traum, der in kurzer Zeit Gestalt annahm. Letzten Endes kam ich zur Artillerie. Das erste Jahr verlief in gere-

---

40 Die »Acht-zweihundert« ist die zentrale Einheit für das Abhören von Funksignalen (SIGINT) und Dechiffrierung.

gelten Bahnen: Grundausbildung, Spezialausbildung, Befehlsführerlehrgang, an dessen Ende ich zum Bataillon zurückkehrte. Ich versteifte mich darauf, zu meinem Bataillon zurückzugehen, obwohl man mich zum Offizierslehrgang schicken wollte. Ich kam als Teamführer zur Truppe zurück. Wir waren an der Gebirgslinie zwischen Nablus und Dschenin eingesetzt. Wir reden von der Zeit vor der [zweiten] Intifada. Es war eine sehr ruhige Linie. Es hat mir dort außerordentlich gut gefallen. Wir haben Döner auf den Dörfern gekauft. Es war eine ausgesprochen fröhliche Zeit, ganz anders als das, was nur ein Jahr später folgte. Der einzige Reibepunkt mit der Zivilbevölkerung waren ein paar Straßensperren hier und da, Kraftfahrzeugkontrollen.

Ich war auch noch das erste Jahr der Intifada im Wehrdienst. Wir standen acht Monate an den nördlichen Ausläufern von Dschenin. Nach ein paar Monaten gab es keine nördlichen Ausläufer mehr, ZAHAL hatte das ganze Gelände eingeebnet. Man hatte Straßen, Feldwege, Wellblechhütten, Olivenhaine, Gewächshäuser abrasiert, alles weg. Geländebereinigung nennt man das.

Als Schlagwort kann ich dir sagen, dass ich apathisch war. Ich sah die Palästinenser nicht. Ich achtete gar nicht auf sie. Sie interessierten mich nicht. Ich war empfindsam und habe mich immer als Linker betrachtet, der Love and Peace möchte und solche schönen Mottos. Aber Gerechtigkeit hat mich nie wirklich interessiert. Wenn die hier Juden umbringen, soll ich über Gerechtigkeit nachdenken? Das war meine Apathie. Ich bin nicht hier, um die Araber zu bemitleiden. Ich bin hier, um meinen Staat zu verteidigen – meine Eltern zu verteidigen, wenn du so willst. Ich habe unsere Einsätze dort nicht wirklich durchschaut. Beim Militär gibt es immer ein Ziel und eine Aufgabe. Das Ziel, hieß es, sei die Sicherheit des Staates Israel. Ja, so lautete der Satz, und ich habe keine Fragen gestellt. Oft heißt es nicht, »die Sicherheit des Staates Israel«, sondern »die Sicherheit des Gebietes um das Gilboa-Massiv«. Du begreifst, Dschenin ist also »Gilboa-Gebiet«, du »gibst der Stadt Afula Sicherheit«. Das ist was Bombiges. Sie vermitteln dir den Eindruck, du seist die letzte Verteidigungslinie. Ohne dich spült die Stadt Dschenin unser Afula hinweg, und Afula wird auf der Landkarte ausradiert. Wenn das Ziel derart bombastisch ist, fragst du nicht mehr nach der Aufgabe. Du hinterfragst dieses Machtspiel nicht. Es erscheint dir glasklar als Begleiterscheinung der Lage. Ich bin dort zur Verteidigung, und wenn ich deshalb schießen und töten, den Verkehr anhalten, Festnahmen durchführen und Straßen blockieren muss, dann frag ich nicht viel, sondern handle. Natürlich haben wir Festnahmen vorgenommen. Für Festnahmen mit höherem Gefahrenpotenzial wurden Kommandos beigezogen. Kommandoeinheiten haben oft Führungskräfte festgenommen, aber um einen kleinen PLO-Aktivisten nachts aus dem Bett zu holen, hat man auch uns genommen, ist doch egal. Die meiste Arbeit hat sowieso der SCHABAK-Mann getan. Wir gingen mit einem vom Schabak hin, klopften an die Tür, so ruhigere Sachen. Nein, mir war dabei nicht unbehaglich.

Du betrittst das Haus, du schnappst dir den Mann, du siehst das Drumherum nicht, und auch wenn du es siehst, behältst du's nicht in Erinnerung. Außerdem bist du sehr müde, todmüde, die ganze Zeit. Du gehst also ins Haus, du siehst nichts, Finsternis, das Nachtsichtgerät vor den Augen, du klopfst an die Tür, und drei Minuten später bist du mit dem Gefesselten schon wieder draußen. Die Frauen siehst du nicht, du siehst nur, was du sehen willst. Wenn du kein Nachtsichtgerät am Kopf hast, siehst du gar nichts, und in dem Fall macht man Licht für den kurzen Moment, in dem man ihn schnappt. Dieses ganze System – ich weiß nicht, ob es darauf angelegt ist, dass du nichts siehst, oder ob es darauf setzt, dass du nichts siehst. Du hörst Schreie, achtest aber nicht darauf. Du hörst die Schreie der Frauen und das Weinen der Kinder, aber das geht an dir vorbei, ohne einzudringen. Dafür sorgen Müdigkeit und Zielstrebigkeit und Indoktrination – die langjährige Indoktrination im Glauben an die gerechte Sache und die POLENFAHRT, dieses schreckliche Trauma, dieser irre Buckel, den wir auf dem Rücken schleppen. Wir sind hier, um das Blut unserer Großeltern zu rächen – das ist die heutige Bedeutung der Polenfahrt. Wozu führt man Kinder von sechzehn und siebzehn Jahren nach Polen? Wir sind hier, um ihr Blut zu rächen, heißt es unter anderem zur Rechtfertigung. Diese Reiseleiter sprechen mit den Schülern über Rache. Der Staat Israel ist zum Teil eine Rache für die Schoah. Das sagen sie den Kindern. Rache und Kontinuität sind die zentralen Themen, über die sie mit den Kindern sprechen.

All das bringt dich in den paar Jahren Militär so weit, dass du alles tust. Ich weiß, manche haken trotzdem nach, aber ich persönlich habe während meines Wehrdienstes keine einzige Frage gestellt. Wir waren Linke und Rechte und Rechtsextreme, alle zusammen. Beim Militär ist es am leichtesten, du hast eine Aufgabe.

Im letzten Jahr meines Grundwehrdienstes stieg ich vom Teamführer zum Kompaniefeldwebel auf. In den ersten zwei Monaten gab es Unruhen an einer Kreuzung bei uns, und um Action zu kriegen, damit es mir nicht langweilig wurde, bin ich dort runter gegangen. Du weißt schon, Gummigeschosse, Gaswerfer, sie bombardieren dich mit Steinen, und du bist rundum geschützt. Plötzlich richtig Action, einmal die Woche bin ich zum »wöchentlichen Sport«

gegangen. Ehrlich, einmal die Woche bin ich runter, für den Kick. Ich hätte nicht müssen, für die drei oder vier Stunden von dem, was ich heute scherzhaft den »wöchentlichen Sport« nenne, habe ich mit jemandem getauscht. Als Kompaniefeldwebel war ich die meisten Wochenenden nicht dort, aber wenn ich da war, bin ich runtergegangen. Warum? Als Kompaniefeldwebel bist du für die Wacheinteilungen zuständig, für die langweiligsten Dinge, Zelte mit Stromleitungen versorgen usw. Einerseits heißt es, du sollst die Sicherheit des Staates Israel gewährleisten, andererseits – was tust du da? Stromkabel zu den Zelten verlegen? Du bist ein Junge von zwanzig Jahren, und du willst spüren, dass du was tust. Du bist hier, um auf Araber zu schießen, oder? Nicht, um das Küchenzelt mit einem Abzug zu versehen. Sie kommen angelaufen, um uns mit Steinen zu bewerfen, also müssen wir unseren Beitrag leisten. Deshalb hab ich hier und da Teamführer in den Hinterhalten abgelöst oder welche, die Freitagmittag im Einsatz waren, wenn nach dem muslimischen Freitaggebet Steine flogen. Ich war heilfroh, bloß wegen des Kicks. Das ist nicht nur für das Adrenalin, du willst auch das Gefühl haben, dass du was beisteuerst. Hier leistet unser Bataillon, meine Kompanie was, ich möchte Teil davon sein, nicht bloß Hausmeister. Es geht eigentlich nicht bloß darum, auf Menschen zu schießen. Die Leute hier spucken Blut, und was tu ich – Zelte aufschlagen?

Als Reservist habe ich dreimal Dienst in den Gebieten getan. Das war verblüffend, mir kamen Zweifel in Bezug auf Festnahmen und Straßensperren. Bei Dingen, die ich als Wehrdienstleistender fraglos erledigt hatte, fragte ich jetzt nach dem Warum. Plötzlich hielt ich meine Soldaten zurück, damit gewisse Situationen nicht brenzlig wurden. Wir waren an einem Kontrollpunkt, und bei einer Kontrolle fanden wir im Kofferraum eines Wagens Plakate der Hamas. Aufgerollte Plakate. Wir sagten dem Fahrer »aussteigen«, aber er verstand kein Hebräisch. Er begriff nicht, was wir wollten. Wir sagten ihm »Motor abschalten«, aber er tat es nicht. »Aussteigen« – tat er nicht, mein Soldat hätte beinah auf ihn geschossen. Ich musste ihn zurückhalten, ihm die Waffe runterdrücken. Im Nachhinein stellte sich heraus, dass der Palästinenser leicht schwachsinnig war. Eine Situation, die gut hätte Feuer fangen können: ein fundamentalistischer Soldat, ein Siedler, sehr hart und dogmatisch, von der fundamentalistischsten Ultrarechten, und ein etwas Minderbemittelter, der kein Wort Hebräisch konnte, offenbar auch das wenige, was er verstand, nicht verstehen wollte, vielleicht auch ein bisschen provozieren wollte. Mein Soldat hätte ihm vielleicht nicht in Kopf oder Leib geschossen, aber es hätte nicht viel gefehlt, dass er in die Heckscheibe geschossen hätte, um ihn entsetzt aus dem Auto springen zu lassen. Ich stand weiter hinten, war der Befehlshaber des Kontrollpunkts und rannte hin, nahm ihm die Waffe ab. Als Wehrdienstpflichtiger hätte ich nicht eingegriffen.

Mir kamen ein paar Zweifel, aber das Verblüffende ist, dass du, sobald du Reservedienst leistest, gedanklich wieder in deine Wehrdienstzeit zurückfällst. Du bist gehorsam, völlig systemkonform, wagst nichts zu sagen. Der Armee gefällt diese Grauzone um die Frage, was »ein offensichtlich rechtswidriger Befehl« ist, sie hat es gern, dass man es für eine Geschichte aus den Fünfzigerjahren hält. Es geht um einen Befehl, den man nicht ausführt, aber schwenkt dort denn jemand eine schwarze Fahne, damit der Soldat es weiß? Der Soldat weiß bloß, dass er bei Befehlsverweigerung vor Gericht gestellt wird und dass das nicht mit einer Geldstrafe von einem Israelpfund enden wird, wie Ben-Gurion es 1956 bestimmt hat. Der Soldat weiß, dass er vor Gericht kommt, dass er richtig Probleme bekommt. Die Botschaft der Geschichte von KFAR KASSEM und dem offensichtlich rechtswidrigen Befehl ist: Verweigere nicht. Obwohl du diesen Befehl verweigern müsstest, ist allen klar – es sagt bloß keiner –, dass du keinen Befehl verweigern darfst. Obwohl es offensichtlich oder nicht offensichtlich rechtswidrige Befehle oder eine schwarze oder dunkelgraue Fahne gegeben hat, ist das unwichtig. Ich habe rechtswidrige Befehle wie der, Menschen in die Beine zu schießen, nicht verweigert. Obwohl ich schon 26 Jahre alt war. Sie haben mit Steinen geworfen, also haben wir ihnen in die Beine geschossen.

Was ich für richtig halte? Setz Gummigeschosse ein, Tränengas, Schreckschusspatronen, Rauchpatronen. Wenn man schwereres Gerät gegen eine Großdemonstration auffahren muss, holt man Stinkwagen, die schrecklichen Jauchegeruch versprühen, oder Kieswerfer oder Wasserwerfer. All das ist besser, als den Menschen in die Knie zu schießen. Als Bataillonsführer solltest du es vermeiden, deinen Soldaten zu befehlen, Menschen im Regelfall in die Beine zu schießen. Mein Bataillonsführer steht deswegen jetzt vor Gericht. Aber ich habe keine Fragen gestellt. Ich habe es mit eigenen Ohren gehört und nicht gesagt, das sei nicht in Ordnung. Ich habe nicht gesagt, dass das ein offensichtlich rechtswidriger Befehl ist, habe den Befehl nicht verweigert und nix.

Mein Vater fragt mich, warum ich jetzt verweigere: Geh in die Gebiete, sei dort der gute Soldat, wo immer du es sein kannst, der freundliche Soldat, und wenn du einen offensichtlich rechtswidrigen Befehl erhältst, dann verweigere ihn. Wenn sie dir sagen, du sollst einen humanitären Härtefall am Kontrollpunkt nicht durchlassen, wenn sie dir sagen, du sollst Menschen in die Beine schießen, dann verweigere, damit veränderst du etwas. Das ist die Logik meines Vaters. Wenn du so handelst, wird man dir zuhören. Das hier ist der gute Soldat, das ist nicht der verächtliche und gemeine Drückeberger. Das ist der gute Soldat, der am Kontrollpunkt gestanden hat – als hätte ich das nicht zehn Jahre lang getan. Aber geh hin, steh am Kontrollpunkt und verweigere den spezifischen, den punktuellen Befehl, weigere dich, Menschen in die Knie zu schießen, und geh dafür ins Gefängnis. Aber so läuft das nicht. Meine Antwort an meinen Vater lautet, dass du als Soldat – bei der Einsatzbesprechung, mit der kugelsicheren Weste und dem geladenen Gewehr – nicht mehr nachdenkst. Dann erscheint dir ein Befehl wie der, Arabern in die Knie zu schießen, durchaus plausibel, denn du bist schon in Abwehrstellung. Sobald du die Keramikweste anlegst und das Magazin einschiebst, bist du in Abwehrhaltung. Dir ist klar, dass es für dich richtig ist, auf jemand anders zu schießen.

»Bringt mir Araberknie« bedeutet, macht sie körperbehindert, aber bringt sie nicht um. Jemand hat das an eine Zeitung durchsickern lassen. Das war 2008. Er steht wegen einer anderen Affäre vor Gericht. Er sagt: »Ich habe bloß meinen Job gemacht.« Er wusste, dass es Demonstrationen im Dorf gab, daher hat er zwei Jeeps hingeschickt, um die Demonstration von vorn vermeintlich auf dem normalen Weg aufzulösen, aber dann hat er sich mit dem Voraustrupp von hinten angeschlichen und hat ihnen von hinten in die Knie geschossen. Einer, der beide Knie verloren hat, behauptet, überhaupt nicht an der Demonstration teilgenommen zu haben, und die Militärkameras belegen das. Er kam als Student gerade von der Universität zurück und hat die Armee verklagt, und jetzt läuft ein Ermittlungsverfahren der Militärkripo gegen den Bataillonsführer. Der ist zwar ein Rechter, aber ich glaube nicht, dass es damit zusammenhängt. Ich meine, ein Bataillonsführer, der Kadima, Arbeitspartei oder Meretz wählt, hätte dasselbe getan.

Es ist schwierig, das jemandem zu erklären, der es nicht hautnah miterlebt hat. Aber wenn du Helm und Schutzweste trägst – Begriffe, die uns hier und jetzt sehr trivial vorkommen, wo wir in T-Shirt und Jeans gemütlich in der Tel Aviver Universität sitzen, uns nicht die Schweißtropfen in die Augen rinnen, wir nicht vor Angst am ganzen Leib schlottern und die zittrigen Finger am Abzug halten –, wenn dir dann einer sagt, schieß auf die Knie, dann sagst du ihm nicht [*lacht verkrampft*]: »Nein, Moment, das ist eigentlich rechtswidrig.« Du schießt ihm in die Knie und interessierst dich nicht dafür, wer oder was er ist, und gar nix. Du schießt dem Mann in die Knie, weil dir der Bataillonskommandant oder der Kompaniechef oder auch nur dein direkter Vorgesetzter das gesagt hat. Ich habe in meiner ganzen Dienstzeit nie, nie erlebt, dass jemand einen Befehl aus moralischen Gründen verweigert oder auch nur diskutiert hätte. Nur Gehorsam, Gehorsam, Gehorsam, auch meinerseits. In jeder Phase, bei jedem Befehl, in jeder Sache.

Genau ein Jahr vor der Operation GEGOSSENES BLEI habe ich einen Reservedienst geleistet, der für mich seelisch sehr schwierig war, in Alfe Menasche. Mir ist keiner am Kontrollpunkt gestorben. Keiner hat an meinem Kontrollpunkt Schläge bekommen. Im Gegenteil, ich war der Soldat, der immer ein Lächeln übrig hatte, der Arabisch konnte, mit jedem redete und ihre Namen richtig ablas. Das sind Dinge, die man mir gesagt hat: Ein Palästinenser kam an den Kontrollpunkt und sagte zu mir: »Du bist der Erste, der meinen Namen richtig ausspricht, seit ich durch Kontrollpunkte muss.« Der letzte Kontrollpunkt, an dem ich war, in Ras-a-Tira, bei Alfe Menasche, wurde »Lebensbereich« genannt, so lautete die militärische Bezeichnung. Aber das war ein Kontrollpunkt, der das Leben zerstörte. Das sind Kontrollpunkte, die zwei Orte voneinander trennen, die einen Lebensbereich bilden müssten, zwei Dörfer im Fall von Ras-a-Tira, ein Dorf und seine Felder im Fall von Bil'il und Na'alin zum Beispiel. Bei Orten, deren Lebensbereich du zerstörst, nennst du den Kontrollpunkt »Lebensbereich«. An der Frontlinie bei Alfe Menasche gibt es sieben bis acht Tore, die sich zweimal am Tag öffnen. Sie gehen auf, und die Schaf- und Ziegenhirten ziehen durch zu ihrem Weideland, das quasi auf israelischem Gebiet liegt. Das nennt sich dort das blaue und das rote Gebiet, was uns und was ihnen gehört, die richtige Seite des Trennzauns und die falsche Seite des Trennzauns. Du öffnest also das Tor im Zaun, lässt den Hirten für begrenzte Zeit durch, für zehn Stunden, zwölf Stunden, und lässt ihn abends zurück. Weil ich Arabisch kann, haben sie mich tagtäglich dort an den Kontrollpunkt geschickt, der einfach das Leben zweier Dörfer kaputt machte. Das Ziel ist meines Erachtens weniger wichtig als das Ergebnis. Uns sagte man, unser Ziel sei es, Israels Sicherheit zu schützen. Damit von dort keine Terroristen hereinkämen. Ich als Neuankömmling an dieser Frontlinie und ohne alle Feldwege zu kennen, ich als einfacher Soldat habe tausend Pfade gefunden, auf denen sich der Kontrollpunkt umgehen ließ: Breschen, Gräben, eine Million Wege. Wer rüber will, kommt rüber. Der Kontrollpunkt ist da, weil jemand entschieden hat, dass dort einer hingehört, und der spezifische Kontrollpunkt, an dem ich stand, wurde vor ein paar Monaten aufgehoben. Der Zaun verläuft jetzt so, dass die Dorfbewohner ein normales Leben führen können.

Ich weiß noch, wie ich einen Schwerverletzten rübergebracht habe, einen Mann, der von der Leiter gefallen war und sich ein Bein ausgerissen hatte. Ich habe ihn mit der Schubkarre rübergefahren. Es war während der Stunden, in denen man nicht durch durfte, und ich sah dort schon die Warnleuchten der Veränderung aufblinken, die ich künftig durchmachen sollte. Ich habe mein Möglichstes getan, um trotz der Befehle freien Durchgang zu gewähren. Das war so eine graue Verweigerung. Befehlsverweigerung beim täglichen Einsatz. Wenn ich mit meinem Kompaniechef über diese Dienstzeit spreche und ihm sage, du hast doch sicher gesehen, dass ich schon damals alle möglichen Palaver gemacht habe, dass ich Befehle rechts und links liegen ließ, antwortet er mir: »Du warst der beste Befehlsführer, den ich dort hatte, der einzige Befehlsführer, bei dem ich wusste, dass er die Befehle in jedem Augenblick mustergültig ausführt. Deshalb wollte ich dich dort haben und deshalb habe ich dich auf all die anderen Einsätze mitgenommen.« Also betrachte ich meinen Dienst dort offenbar ganz anders, als er tatsächlich war. Ich lese die damalige Wirklichkeit heute mit etwas anderen Augen. Möglich, dass ich mir vier, fünf, sechs, sieben Szenen herausgreife, die sehr viel mit der neuen Zeit zu tun haben, mit der Gegenwart, und dann sage ich, diese Szene hier mit dem Mann, den ich auf der Schubkarre rübergefahren habe, das bin ich heute. Aber mein tägliches Verhalten dort war – obwohl ich freundlich lächelte und Arabisch sprach und vergleichsweise nett war – immer noch das Verhalten eines normalen Soldaten am Kontrollpunkt. Ich war ein gehorsamer, guter Soldat, ein guter Teamführer.

Für Gegossenes Blei haben sie mich letzten Endes nicht einberufen, haben mir die Probe aufs Exempel erspart. Aber ich bin mit einem sehr, sehr schlechten Gefühl herumgelaufen, bin während des Feldzugs demonstrieren gegangen, habe zwei, drei Demos mitgemacht. Eine Demonstration war von Chadasch[41] organisiert, eine weitere von LOCHAMIM le-SCHALOM [Kämpfer für den Frieden]. Ich demonstrierte dort mit all den Leuten, die heute meine guten Freunde sind. In mir brannte etwas. Ich ging demonstrieren, begann darüber zu reden, besuchte alle möglichen Treffen in Privathäusern. Ich war so ein halber Aktiver, hörte und verarbeitete noch und noch und wurde kritischer. Ich habe auch zu dem Diskurs beigetragen, der während Gegossenes Blei geführt wurde.

Ein guter Freund, der mich in diesem Stadium wohl richtig einschätzte, in dieser Gewissensnot, und schon von Anfang an bei den Kämpfern für den Frieden dabei war, sagte zu mir: »Komm mit, ich sehe ja, dass du hin und her über-

---

41 Hebräisches Akronym für »Demokratische Front für Frieden und Gleichheit«. Chadasch ist eine jüdisch-arabische Partei, deren Hauptbestandteil die Kommunistische Partei Israels ist. Bei den Wahlen von 2009 wurden vier ihrer Kandidaten in die Knesset gewählt.

legst, komm, schau dir mal eine andere Option an.« Ich steckte in einer sehr intensiven Phase. Ich war sehr kritisch, und die Kritik brannte mir ständig in den Adern, wurde immer stärker. Unterdessen hatte ich keinen Reservedienst, der mich erneut in diese inneren Konflikte gestoßen hätte. Plötzlich bekam ich das Bedürfnis, etwas zu tun, was Alternatives mitzumachen. Mir war klar, dass das zu aktiver Tätigkeit führen würde.

Ich sagte, ich wolle was anderes machen und sei bereit, den Preis dafür zu zahlen. Ich wolle an einer Alternative mitarbeiten, einer, die auf gegenseitiger Achtung und auf Gedankenaustausch basiert. Unsere ganzen Beziehungen mit den Palästinensern sind ja von Macht und Stärke geprägt. Das will ich nicht. Ich will keine Beziehungen zwischen Herr und Diener, wenn ich mit einem Palästinenser spreche. Wenn ich einen palästinensischen Freund in seinem Haus besuche, nehme ich deshalb auf dem Rückweg – obwohl er nicht dabei ist – nicht die Fahrspur der Siedler, sondern die Spur der israelischen Araber oder die der Palästinenser. Manchmal kostet mich das eine Stunde. Das ist vielleicht übertrieben tugendhaft, aber so fühle ich. Es ist unbequem, aber ich möchte auf den Machtfaktor in den Beziehungen verzichten.

Alternatives Handeln bedeutet nicht nur, eine neue Tätigkeit aufzunehmen, sondern auch, die alten Tätigkeiten aufzugeben. Mir war klar, dass ich keinen Militärdienst mehr in den Gebieten leisten würde. Ich kann nicht zwei Herren dienen: elf Monate im Jahr als Friedensaktivist helfen, protestieren und demonstrieren, und einen Monat der Soldat sein, der die Demonstrationen seiner Freunde auflöst. Einen Monat der Soldat sein, der am Kontrollpunkt steht und praktisch die ganze Wirklichkeit schafft, gegen die ich die übrigen elf Monate protestiere. Ich kann nicht elf Monate lang Demonstrationen im Dorf organisieren und dann einen Monat ins Dorf kommen, um die Demo aufzulösen, die ich selbst organisiert habe. Dazu bin ich nicht mehr bereit. Wenn ich etwas tue, dann tu ich es zwölf Monate im Jahr. Einen ganzen Jahreskreis. Ich mache nur noch bei den Kämpfern für den Frieden mit. Ich betrachte das als einen Reservedienst, den man eigentlich viel wichtiger nennen kann. Meine Verweigerung ist nicht von den Kämpfern für den Frieden ausgegangen, hatte nichts mit dem Engagement dort zu tun, aber in der Gesamtsicht hing das alles sehr wohl zusammen. Ich habe meinen Reservedienst in den Gebieten gegen etwas getauscht, das genau meinem Wunsch entsprach, gegen eine Alternative.

Als ich hörte, dass für Gegossenes Blei Truppen mobilisiert werden, habe ich gesagt, wenn sie mich einberufen, gehe ich nicht hin. Sollen sie mich meinetwegen ins Gefängnis stecken, sollen sie mich auf dem Stadtplatz aufhängen, ich geh nicht hin. Danach war das ein Entwicklungsprozess von mehreren Monaten, ich war sehr unschlüssig. Der Brief, den ich an den Bataillonskommandeur, den Kompaniechef und das Verbindungsbüro geschickt habe, bezog sich auf ein Übungsmanöver, zu dem ich einberufen wurde. Ich hatte mir viele Gedanken gemacht. Als ich den Einberufungsbefehl für die einwöchige Übung erhielt, sagte ich mir, nun sei der richtige Zeitpunkt gekommen, denn damit würde ich ihnen sagen, dass ich nur sehr selektiv zum Militärdienst bereit sei. Ich sei bereit, an der Übung teilzunehmen, aber nicht bereit, in die Gebiete zu gehen. Ich entschied mich, den Brief abzuschicken und nach Ze'elim[42] zu gehen. Damit habe ich das System irritiert. Sie wussten nicht, was sie mit mir anfangen sollten. Vier Monate nach der Übung wurde ich zum Einsatz in Bethlehem einberufen. Da ging der Wirbel los. Zwei, drei Monate vorher fingen die Telefonate an: »Was sollen wir machen? Wie gehen wir damit um? Du musst wissen, dass wir dich ins Gefängnis stecken müssen … Überleg dir das.«

Der Kompaniechef, ein guter Freund von mir, war sehr neugierig. Er ist ein netter Mann, Absolvent einer JESCHIWAT HESDER. Er wollte begreifen, was mit mir los war. Wir haben uns ein paar Mal getroffen und darüber gesprochen. Ich habe ihm die Geschichte erzählt. »Okay, und was nun?«, wollte er wissen. »Wie gehen unsere Beziehungen weiter…? Du hast gesagt, du würdest verweigern. Lass uns irgendeine Lösung für dich finden. Werde Proviantmeister der Kompanie, werde Koch, werde was weiß ich was, mach den Kannenläufer, den, der die Wachposten mit Tee versorgt. Mach irgendwas, aber bleib in der Kompanie, meinetwegen unbewaffnet.« Das war die erste Patentlösung. Danach sagte er: »Hör mal, der Kompaniefeldwebel will aufhören, komm und übernimm seinen Posten, der ist perfekt. Du brauchst keine Waffe, du bleibst bloß auf dem Stützpunkt, gehst relativ viel nach Hause. Du musst dich nur um die Schichteinteilung und die Wachlisten kümmern.« Ich fragte ihn, wo der Dienst stattfinde, und er antwortete, im Kibbuz Nativ Ha-Lamed-He, innerhalb der Staatsgrenze. Aber man ist ja nicht im Kibbuz, sondern ein paar Kilometer weiter im Gelände, auf dem Posten, der Bethlehem unter Kontrolle hält. Er verstand nicht, was das zu bedeuten hatte. Tat sich schwer damit. Wegen meiner Arabisch-Kenntnisse hatte er mir immer die heikelsten Aufgaben zugewiesen, hatte mich in gewisser Hinsicht ein wenig ausgenutzt, hatte mir Aufgaben gegeben, die schwieriger waren und länger dauerten. Das war meine Methode, die

42  Hauptübungsstützpunkt der israelischen Armee

Energien beim Dienst in positive Bahnen zu lenken – da tue ich was Gutes, an meinem Kontrollpunkt wird der Durchgang angenehm sein. So habe ich mich selbst überredet, mit seiner Hilfe, denn er wollte es tatsächlich. Ich ziehe seine Absichten nicht in Zweifel. Die meisten in meiner Kompanie kommen aus verschiedenen Jeschiwot, und ich bin sicher, dass er mich an die Kontrollpunkte stellte, weil er mich dort lieber haben wollte als einen Teamleiter von der Jeschiwa, unter dessen Befehl der Kontrollpunkt vermutlich weniger angenehm gewesen wäre. Die Beziehungen zu ihm blieben gut, sind nun aber komplizierter.

Der Tag kam. Ich ging zur Übung, die in Bet Guvrin stattfand, erschien in Zivil. Ich glaube, sie meinten, mich umstimmen zu können. Zweieinhalb Tage lang beachteten sie mich nicht, ich war einfach da. Ich wartete darauf, vom Bataillonskommandant abgeurteilt zu werden. Der Bataillonskommandant sagte mir im Vorbeigehen immer wieder: »Ja, ja, ich komm gleich zu dir, bald.« Die ganze Zeit fragten sie noch ein bisschen: Wirklich? Vielleicht doch? Und jedes Mal sagte ich ihnen, ich sei bereit, den Preis zu zahlen, auch wenn er sehr hoch sei, aber ich würde keinen Wehrdienst in den Gebieten leisten. Der Bataillonskommandant, der den Oberbefehl über die Kompanie hatte, sagte mir, es sei furchtbar dumm von mir gewesen, nicht Proviantmeister bei ihm geworden zu sein. Er sagte auch sehr harte Dinge: Ich sei ein jüdischer Antisemit, würde Israel hassen und sei schlimmer als die schlimmsten unserer Feinde. Ein lautes Wortgefecht, das zu nichts führte. Zum Schluss hatten wir ein Gespräch mit dem Bataillonskommandanten, danach einen Prozess beim Bataillonskommandanten, und ich ging ins Gefängnis. Der Beschluss vor dem Prozess hieß, dass ich 28 Tage bekäme: »Wir lieben dich sehr und wollen das gar nicht, aber mit Tränen und Trauer müssen wir dich ins Gefängnis stecken.« Doch letzten Endes gaben sie mir, weil sie mich liebten und von früher in guter Erinnerung hatten, nur vierzehn Tage.

Sie haben mich nicht aus der Einheit entfernt. Ich frage nicht nach. Solange sie mich nicht einberufen, stelle ich keine Fragen. Sie redeten seinerzeit mit mir über eine Ausbildungsaufgabe in der Kompanie und darüber, dass ich bei Bedarf als Teamleiter für die Verteidigung der Grenzen Israels dienen könnte, dass man mich an einem mir genehmen Ort einsetzen würde. Ich sollte Übungen der Kompanie leiten, so was in der Art.

Als ich anfing, über das Thema Verweigerung nachzudenken, sagte man mir: Gerade die Linken, von denen du meinst, dass sie dir nahestehen, werden sehr anti sein, denn du hältst ihnen einen Spiegel vor, zeigst ihnen, was sie tun könnten, und dann erschrecken sie auf einmal. Und gerade bei Menschen, die dir ideologisch, weltanschaulich fernstehen, wirst du auf Empathie und Sympathie stoßen. So kam es tatsächlich.

Ich mag meine Kameraden von der Einheit. Ich hab sie heute noch gern. In der Woche, in der ich auf meinen Prozess wartete, ließ man mich im Zelt bei meinen Kameraden, und ich redete und diskutierte mit Leuten von der anderen Seite. Die Hälfte der Einheit besteht aus Jeschiwa-Studenten, die meisten sind Siedler. Gerade die Jeschiwa-Leute sahen das weniger unter dem Aspekt: »Du hast uns im Stich gelassen« oder »deinetwegen haben wir einen Teamleiter weniger an der Linie«, während die Linken sagten: »Wir verstehen dich, aber du bist einen Schritt zu weit gegangen, etwas zu weit. Wir stehen ja ganz auf deiner Seite, wählen Chadasch … Wir empfinden uns manchmal nicht als Zionisten … Aber dieser Schritt der Verweigerung bringt alles zum Einstürzen, das ist Anarchismus, das ist nicht in Ordnung.« Ich halte dagegen: Wenn du mir derart nahestehst, dann handle wie ich. Wenn es ein moralisches Problem gibt und du diese Verbrechen mit eigenen Händen begehst, dann verweigere. Aber damit versetzt du den Mann in Angst, in wahre Angst vor dem Preis, dem gesellschaftlichen Preis, dem Gefängnis, nicht alle wollen das auf sich nehmen, diese gesellschaftliche Ausgrenzung.

Bis heute sagen sie mir: »Warum bist du weggegangen? Geh hin und sei der gute Soldat am Kontrollpunkt, sieh selbst, dass es auch anders geht.« Aber ich hatte ständig das Gefühl, vor allem nach Gegossenes Blei, dass ich eben nicht dorthin gehöre. Wenn ich der gute Soldat bin, dann sollte ich überhaupt nicht Soldat sein, sollte lieber die Szene verlassen und mich bemühen, eine Alternative aufzuzeigen. Sobald du am Kontrollpunkt stehst, ist es belanglos, ob du der gute Soldat bist, ob du Rosen oder Falafel an die Passierenden verteilst, das ist völlig unwichtig. Du bist immer noch Soldat, der Kriegsknecht am Kontrollpunkt. Man muss keine Menschen umbringen, verprügeln, schwangere Frauen aufhalten, sodass sie am Kontrollpunkt niederkommen, oder Kindern Schläge austeilen. Es genügt, dass du einfach dort stehst.

# Nir

Dreißigjähriger Student

Die Motivation, in den kämpferischsten Einheiten zu dienen, bekommt man im Jesreeltal von der Familie und der Schule eingeimpft. Das belegen auch die Statistiken, die über den Prozentsatz der Einrückenden veröffentlicht werden. Die Eltern meiner Jugendfreunde sind Piloten oder Veteranen des Matkal-Kommandos (KOMMANDOEINHEIT DES GENERALSTABS), die sich im Jesreel-tal niedergelassen haben. Die haben das von zu Hause mitgekriegt. So spielte sich ein interner Wettbewerb in der Gesellschaft ab. Auch der Sportlehrer un-serer Schule war in irgendeiner Kommandoeinheit und hat uns von der neunten Klasse an eingeträufelt: »In welche Einheit willst du gehen?«, und: »Komm, wir bereiten uns auf die Auswahlverfahren vor.« Das militärische Bewusstsein war stark ausgebildet, und das hat mich sehr beeindruckt. Ich war kein guter Schüler auf dem Gymnasium, hab viel geschwänzt, war ein ziemlicher Lausebengel, hab im Unterricht nicht viel geleistet und hatte deshalb wohl das Bedürfnis, mich in der Armee zu bewähren. Ich habe sehr hart trainiert für die Auswahlverfah-ren.

Ich hatte damals politische Ansichten, im Vergleich zu anderen Schülern der elften Klasse sogar ziemlich ausgereifte, meine ich. Bei uns zu Hause war man links und stark politisch engagiert. Ich weiß nicht, ob mehr als andere Familien, aber jedenfalls sehr engagiert. Damals, nach dem Rabin-Mord[43], be-kam ich zunehmend das Gefühl, Verantwortung für den Staat und seine Gren-zen und den Schutz seiner Bürger zu tragen, dieser ganze zionistische Bullshit. Dazu kam die Einsicht, dass wir uns einem anderen Volk aufzwingen und dass wir aus Judäa und Samaria abziehen müssen. Ich hatte keine Ahnung von die-sen Gebieten. Mein Vater war ein glühender Befürworter von Oslo[44]. Als Kind war ich stark beeinflusst von seinen Ansichten. Ich erinnere mich, dass mein Vater die Tageszeitung *Haaretz* abonniert hatte, und ich fing an, die Glossen von Joel Marcus und Dan Margalit zu lesen. Ich weiß noch, dass ich von Dan

---

43 Jitzchak Rabin wurde am 4. November 1995 ermordet.
44 Die Oslo-Abkommen wurden 1993 von Israel und der PLO unterzeichnet und sollten eigent-lich zu einem Friedensvertrag führen.

Margalits Stil begeistert war. Mit all dem im Kopf ging ich in die Auswahlverfahren.

Ich wurde zu einem TAG DER KOMMANDOEINHEITEN bestellt und für die FLOTTILLE angenommen. Ich machte das Auswahlverfahren für die Flottille und bestand es. Damals beendete ein Nachbar meiner Eltern gerade die Ausbildung für die DUVDEVAN. Er kam mit all den geilen Äußerlichkeiten an, die mich beeindruckt haben, das heißt mit dem roten Barett, dem Fallschirmspringerabzeichen, ohne Truppenemblem, sodass man dich nicht zuordnen kann, und dieses Nebulöse macht die Sache sexy. Dazu kommen die Pistole und die roten Stiefel. Außerdem sah er blendend aus, super geil. Das hat einen Mordseindruck auf mich gemacht. Ich hatte auch mitgekriegt, dass man bei der Flottille während der gesamten Wehrdienstzeit vielleicht nur drei Einsätze mitmacht, und ich wollte mehr. Ich fragte ihn, was die Duvdevan macht, und er sagte mir, die würden sich als Palästinenser verkleiden und unerkannt unter die Araber mischen. Hier und da würde man jemanden umlegen, und das hat mich damals ungeheuer angemacht. Dazu hatte ich Probleme auf See während des Auswahlverfahrens. Obwohl ich praktisch im Schwimmbad aufgewachsen bin und eine richtige Wasserratte war, bekam ich Angst vor der ganzen Sache. Ich mochte nicht so gern im Meer schwimmen, und diesen Abschnitt des Auswahlverfahrens mochte ich nicht. So habe ich eine Verzichtserklärung unterschrieben, um zur Duvdevan zu gehen. Bei der Marine war man stinksauer und wollte mich zum Bleiben überreden. Aber ich blieb stur und kam ins Auswahlverfahren für die Duvdevan und wurde automatisch angenommen. Und so rückte ich ein.

In den ersten Wochen nach der Ausbildung hatte ich schwerste Bedenken, die von den ersten Begegnungen mit der palästinensischen Bevölkerung bei Festnahmen herrührten. Ich erinnere mich an einen unserer ersten Einsätze im Flüchtlingslager in Dschilasun, bei Ramallah. Wir gingen ins Flüchtlingslager und nahmen Männer fest, von denen ich nicht wusste, was sie verbrochen hatten. Im Haus gab es kleine Mädchen. Sie waren so hübsch, das weiß ich noch. Den Blick des einen kleinen Mädchens habe ich bis heute nicht vergessen. Vier Jahre alt, mitten in der Nacht, in so einem verschlissenen Pyjama. Es war kalt. Ich erinnere mich, dass wir Frauen und Männer im Haus trennten, erinnere mich, dass ein Kamerad von mir dasaß, das Gewehr auf die Kleine und die anderen Kinder gerichtet, und ich ihn ansah, als wollte ich sagen: »Was machst du da? Nimm die Knarre runter. Siehst du denn nicht, dass das hier kleine Kinder sind?« Und dann hat er tatsächlich nachgedacht und die Waffe gesenkt. Du überlegst gar nicht, sondern arbeitest wie ein Roboter.

Ja, diese erste Begegnung ist mir nicht leichtgefallen. Ich war sehr aufgewühlt. Bei den meisten dieser Einsätze war ein SCHABAK-Mann dabei, und der Schabak hat uns nicht immer eingeweiht. Die Initiative kam vom Schabak, und wir haben die Festnahme durchgeführt. Meist waren die Umstände geheim, aber manchmal bekamen wir Erklärungen. Gelegentlich fehlte uns auch die Energie, Fragen zu stellen. »Los, bringen wir's hinter uns, damit wir möglichst schnell wieder bei der Einheit sind und Playstation spielen können« oder Fußball spielen oder damit wir morgen so früh wie möglich wegkommen, nach Hause. Wir haben nicht immer nachgefragt. Man muss auch wissen, dass die Arbeit in dieser Einheit damals sehr aufreibend war. Wir haben sehr viel gearbeitet, fast täglich Festnahmen gemacht. Wir kannten das Einsatzgebiet und die Dörfer gut. Wir schwammen in der Bevölkerung wie die Fische im Wasser.

Am Anfang bekommt ein junges Team weniger komplizierte Aufträge. Der Kompaniechef entscheidet, welcher Trupp was macht. Der seelische Aspekt spielt dabei überhaupt keine Rolle. Es ging nicht um Emotionen. Überhaupt nicht, kein bisschen. Ich weiß nicht, wie das heute ist. Heute nehmen alle Soldaten Festnahmen vor. Aber die heiklen Festnahmen hat nur die Duvdevan vorgenommen. Was heikel bedeutet? Wenn das Risiko eines Schusswechsels besteht, der Verdacht, dass Waffen im Spiel sind, Fluchtgefahr oder wenn in manchen Dörfern Vorsicht gegenüber der palästinensischen Polizei geboten ist, mit der man lieber nicht zusammenstoßen möchte.

Anfangs war es hart für mich. Im Team wurde nicht darüber gesprochen. Ich glaube nicht, dass ich jemals bei einem Kameraden angekommen bin und gesagt habe: »Hör mal, Mann, was wir heute gemacht haben, war nicht leicht für mich.« In meinem Tagebuch habe ich ein wenig darüber geschrieben, aber stark unter dem Gefühl, im Recht zu sein und die Sicherheit aller Bürger des Staates Israel zu wahren. Damals glaubte ich fest, dass wir uns auf dem richtigen Weg befanden. Wenn ich mir meine Tagebucheinträge heute anschaue, lache ich mich schlapp [lacht], was für hochgestochene Worte, zum Beispiel: »Heute haben wir einen Anschlag im Herzen des Landes verhindert.« Was für ein Schwulst. Man muss verstehen, dass ich fest an die Richtigkeit des Weges glaubte. Ich ging eigentlich mit einem zufriedenen Gefühl nach Hause – ich meine, wir waren eine relativ zufriedene Einheit. Ich denke wirklich, dass ich innerlich stolz nach Hause ging. Ich wusste, ich hatte einen getarnten Einsatz in Ramallah durchgeführt und einen Verdächtigen gefasst, hatte ihn in der Verkaufsbude überwältigt, und er war bewaffnet und plante einen Anschlag in Tel Aviv. Verstehst du, in manchen Fällen hat man bei uns nicht mit Informationen gespart. Und wenn du – als militärbegeisterter Junge von zwanzig Jahren – weißt, dass du so was getan hast, dann bist du innerlich echt stolz. Denn da war jemand, der tatsächlich die Absicht hatte, in Tel Aviv einen Selbstmordanschlag zu begehen.

Während des Pflichtwehrdienstes hat, meine ich, keine Dissonanz bestanden, bei aller Härte der Einsätze – schau, die tägliche Arbeit konnte sozusagen unkompliziert sein, aber die Duvdevan hatte komplizierte Einsätze. Der einzelne Soldat im Gelände hat dort einen ungeheuren Ermessensspielraum. Wirklich enorm. Wir haben die palästinensische Autonomie tatsächlich verletzt. Du tarnst dich als Einheimischer. Damit stiehlst du praktisch eine Identität. Das ist ein Schlag gegen deren Ehre. Ich komme immer wieder auf diesen Punkt zurück: Ich habe wirklich an den Zionismus geglaubt. Im Grundwehrdienst war ich innerlich ausgeglichen. Ob es Diskussionen im Team gegeben hat? Gelegentlich, meist wenn ich die anderen provozierte. Ich hatte politische Diskussionen mit einigen. Einer bei uns war religiös geworden, und mit seinen extremen Ansichten konnte ich schwer umgehen. Mit ihm hatte ich lautstarke Auseinandersetzungen, bis die Kumpels uns eines Tages beschwichtigen mussten, weil wir fast handgreiflich geworden wären. Wirklich, beinah hätten wir uns geprügelt. Das hat sich aber nicht auf die Einsätze ausgewirkt. Nein, bei denen sind wir alle gleichermaßen aggressiv. Wenn wir beim Einsatz aggressiv werden müssen, tun wir das, glaube ich, nicht unterschiedlich stark.

Ich tat mich schwer mit der ganzen Siedlungsbewegung in Judäa und Samaria während meiner Wehrdienstzeit, als ich die vielen Außenposten sah, ich tat mich schwer mit den Siedlungen. Ich betrachtete die Siedler als sehr radikale Menschen, die im Namen der Ideologie bereit sind, ein anderes Volk zu opfern. Ich weiß noch, dass ich ein ungutes Gefühl wegen all der Sicherheitsmaßnahmen hatte, die den Siedlern ein geregeltes Leben in Judäa und Samaria gewähren sollen, wofür die Bewegungsfreiheit eines anderen Volkes praktisch eingeschränkt wird.

Ob der Vormarsch von Religiösen und Rechten in den Spezialeinheiten nicht problematisch ist? Man muss das wachsende Eindringen der Siedler in diese Einheiten unter dem Gesichtspunkt prüfen, was passiert, wenn die Einsatztätigkeiten mal nicht mit ihrer Ideologie übereinstimmen. Die Frage lautet, was sie dann machen werden. Aber bei punktuellen Einsätzen gibt es, glaube ich, keine ideologiebedingten Unterschiede. Schau, ich rede von den Eliteeinheiten. In Eliteeinheiten wird ein Kämpfer, der Siedler ist, meine ich, genau so viel Aggressivität aufbringen wie einer aus Tel Aviv. Der jeweilige Einsatz fordert ihnen ohnehin hohe Aggressivität ab, und deshalb halte ich das Problem in Eliteeinheiten für weniger gravierend. Ein Soldat der Duvdevan nimmt letzten Endes einen fest, der morgen einen Anschlag in Tel Aviv verüben will. Er macht keinen Dienst an Kontrollposten.

An den Kontrollpunkten besteht durchaus ein Unterschied. Dort spielt die Einstellung der Soldaten eine gravierende Rolle. Das Problem sind die Leute, die ZAHAL auf solche Posten schickt. Es besteht eine Hierarchie innerhalb der Armee, das ist keine optische Täuschung, ich sehe das auch im Reservedienst. Genau das macht mir Sorge. Das heißt beispielsweise, dass die Sicherheitskontrollen am Kontrollpunkt in Bir Seit von Grenzschützern vorgenommen werden, und nicht umsonst hat man dort Grenzschützer hinbeordert. Ich weiß nicht, ob es wissenschaftliche Untersuchungen gibt, aber wer geht schließlich zum Grenzschutz? Das siehst du im Gelände: Leute aus sozioökonomisch niedrigen Schichten. Dort wollen sie Jasager haben, die mit der örtlichen Bevölkerung hart umspringen. Ich verallgemeinere, aber da sind Assis dabei, das ist furchtbar. Grenzschützer misshandeln systematisch Palästinenser an den Kontrollpunkten. Mehr als die normale Armee. Ich sag dir, ich komme viel rum, und ich sehe das. Das tut der Staat bewusst, völlig bewusst. Die stehen erst mal drei Jahre lang an Kontrollpunkten, und das allein reicht schon, um einen Menschen so auszulaugen, dass er mit der Zeit schreckliche Dinge tut. Die Leute, die zum Grenzschutz kommen – du siehst sie, du siehst sie auf den Stützpunkten –, das ist nicht die grün uniformierte Armee, das ist eine minderwertigere blaue Polizeitruppe. Es gibt die *Navy Seals* und es gibt die *Marines*. Das ist ein Unterschied. Es besteht ein Unterschied zwischen der KOMMANDOEINHEIT DES GENERALSTABS und einer Kompanie der GOLANI, sowohl was den Intellekt als auch was die Intelligenz angeht. Nichts zu machen.

Nach dem Wehrdienst war ich fast drei Jahre im Ausland, erst auf Reisen und dann auch zum Arbeiten. Bei meiner Entlassung glaubte ich immer noch an die Richtigkeit des Weges. Auch in Südamerika glaubte ich noch daran. Erst in Indien hat sich das ausgeglichen. Das harmonisierende Indien hat mein inneres Gleichgewicht eingependelt. Ich war sehr aggressiv, als ich die Einheit verließ. Was aggressiv bedeutet? Ich kam nach Südamerika, nach Peru. Drei Wochen später fuhren wir per Bus nach Bolivien, ich mit meiner legendären Ex. Wir hatten ein langes Seil, um unsere zwei Taschen zu vertäuen, aber der Busfahrer trennte die Taschen. Er entschied, dass meine Tasche nicht mit ihrer zusammensein sollte. Er ließ mich die beiden Taschen nicht gemeinsam verladen. Er wurde lauter. Da hab ich ihn gepackt und gegen den Bus gedrückt, ihm die Hand mit so einem Nelson-Griff auf den Rücken gedreht. Er war fürchterlich erschrocken, auch ich erschrak über meine Reaktion. Andere Israelis, die dabei waren, starrten mich entsetzt an. Meine Freundin war böse auf mich, sehr böse. Das war völlig unverhältnismäßig, unpassend. Ich hätte kurz mit ihm streiten können, ein bisschen die Stimme heben, aber er wurde aggressiv und hat mich dadurch noch aggressiver gemacht. Und da habe ich den Mann, ohne viel nachzudenken, umgedreht. Ich war sehr erschrocken über diese Reaktion. Echt erschrocken.

Ich kam in den Vereinigten Staaten an und wurde irgendwann eine Art Vorarbeiter. Auch dort reagierte ich aggressiv gegenüber den Arbeitern, die mir unterstellt waren. Ich forderte von ihnen, sich alles abzuverlangen. Sie sollten eine Waschmaschine alleine schleppen, weil sie das könnten, anderenfalls hätten sie bei mir nichts zu suchen. Ich war wirklich rücksichtslos. Und dann kam ich nach Indien und die Dinge änderten sich. Ich fing mit Yoga an. Wurde weicher. Ein Freund von mir kam ums Leben in der Zeit. Irgendwas an der Atmosphäre und im Shanti und an den Drogen besänftigte mich.

Ich kehrte nach Israel zurück, und da ging der innere Konflikt wirklich los. Solange ich keinen Reservedienst leisten musste, kümmerte ich mich weniger darum. Als ich dann zum Reservedienst einberufen wurde, überlegte ich zum ersten Mal, ob ich ihn antreten sollte oder nicht. Was meine Bedenken waren? Meine erste Sorge war gesellschaftlicher Art. Alle meine Kumpels leisten Reservedienst – wie würden sie es auffassen, wenn ich nicht hinging? Wir sind sehr gute Freunde im Zivilleben, treffen uns dauernd. Wir sind ein gut eingefahrenes Team. Aber ich war auch nicht sicher, ob es überhaupt der richtige Schritt war. Diese ethische Rechtfertigung, dass ich nicht bereit sei, als Besatzer in einer Besatzungsarmee zu kämpfen, weil das meinen Ansichten widersprach – ich war nicht sicher, dass das für sich genommen ein moralischer Standpunkt war. Im Gegenteil: Ich dachte, nicht zum Reservedienst einzurücken könnte nun gerade ein unmoralischer Akt sein.

Grundsätzlich muss man in Israel Reservedienst leisten, weil wir nicht in einem utopischen Staat leben. Das glaube ich auch heute noch. Das hört sich vielleicht sehr klischeehaft an. Ich bin heute im Reinen damit, dass ich Reservedienst leiste. Die Armee und der Schabak haben das Gelände gesäubert. Ich kann nicht sagen, dass es heute keine Terrorverdächtigen gibt, man kann nicht sagen, dass es keine Waffen gibt, aber man muss erwähnen, dass das beispiellos zurückgegangen ist [in stolzem Ton]. Und die Bevölkerung ist müde. Die palästinensische Bevölkerung ist müde. Man hat sie völlig ausgelaugt. Seit der

Operation Schutzwall 2002 sind wir so hart vorgegangen, dass sie müde sind. Deshalb gibt es weniger Anschläge und vor allem keine innerhalb Israels. Wenn es Anschläge gibt, dann eine Messerstecherei in den besetzten Gebieten.

Ich kann nicht behaupten, dass mir der Reservedienst leichtfällt, im Gegenteil, ich tue mich schwer damit. Wir errichten Kontrollpunkte, wir machen Patrouillen. Hier sieht man den Unterschied im Level an Aggressivität zwischen Religiösen und Leuten, die in Tel Aviv wohnen. Zum Beispiel war ich kürzlich im Reservedienst auf Patrouille, das war Samstagabend, und ich kam an eine Straßensperre. Es gibt eine Hauptstrecke, auf der sehr viele religiöse Siedler nach Sabbat-Ende Richtung Natania fahren. Man muss diese Straße absichern, weil Massen an Siedlerautos sie benutzen und durchaus die Möglichkeit besteht, dass mal wieder ein Palästinenser daherkommt und eine Frau ersticht, die mit ihren vier Töchtern unterwegs ist. Man verringert die Anzahl der palästinensischen Autos, um die Absicherung der jüdischen Fahrzeuge zu erleichtern. Als ich an dem Abend an die Straßensperre kam, sah ich an der Ausfahrt aus Tul Karem einen Stau, ich kann dir gar nicht beschreiben, was für einen, wahnsinnig. Ein Kamerad von mir, im Zivilleben ein Siedler aus der Gegend, war für die Straßensperre zuständig. »Sag mal, was ist denn hier los?«, hab ich ihn gefragt, und er antwortete: »Hör zu, Ausgehabend, Sabbat-Ende, man muss die Straße absichern.« Ich erklärte ihm, das sei unverhältnismäßig und für mich inakzeptabel. So solle das Verhältnis zwischen Siedlern und Palästinensern nicht aussehen. Es sei unangemessen, man könne ihnen nicht den ganzen Verkehr blockieren. Es gab eine kurze Debatte, an deren Ende ich die Barriere öffnete und die Fahrzeuge durchließ. Der Kamerad unterstand mir, sah auch meine Entschlossenheit und wollte nicht in Streit mit mir geraten. Schau, der Brigadekommandant hatte die Errichtung einer Straßensperre hier und jetzt angeordnet. Mein Kamerad hatte das in seiner Richtung ausgelegt. Der Brigadechef hatte meiner Ansicht nach keine Sperre gemeint, die den palästinensischen Verkehr dermaßen radikal reduzierte. Andererseits hatte der Befehlshaber wohl auch kaum das im Auge, was ich dann gemacht habe.

Wir begehen dort furchtbare Ungerechtigkeiten, im Namen der Sicherheit sind wir blind. Im Namen der Sicherheit sind wir bereit, Dinge zu tun, die meines Erachtens weit über das hinausgehen, was für ein vernünftiges Maß an Sicherheit erforderlich ist. Ich glaube, dass es anders geht. Du siehst das auch am Eingang von Tel Aviver Einkaufszentren: Man kramt jedem in der Handtasche herum, im Namen der Sicherheit. Dringt in die Privatsphäre jedes Einzelnen ein.

Vor anderthalb Jahren haben wir eine Kartografierungsaktion durchgeführt. Das ist ein grauenhaftes Konzept, finde ich. Der Brigadekommandeur hatte beschlossen, dass wir alle Dörfer in seinem Bereich »kartografieren«. Um zwei Uhr nachts kamen wir in einem Dorf an. Natürlich herrscht Ausgehsperre, und die Einwohner gehen am nächsten Morgen nicht zur Arbeit. Zahal dringt in ein Haus nach dem anderen ein. Frauen und Männer werden getrennt, und ein Soldat skizziert total schlampig Zimmer für Zimmer den Grundriss des Hauses. Danach bringt man so einen Stapel »Planzeichnungen« zum Nachrichtendienst der Brigade. Ich fragte den Nachrichtenoffizier, wozu diese Skizzen zu gebrauchen seien. Würde das Matkal-Kommando, wenn es ein Haus erstürmen müsste, etwa dieses Material benutzen? Er sah mich an und sagte lachend: »Im Leben nicht ... Die meisten Blätter, wenn nicht alle, werde ich schreddern.« Nein, das war nicht vom Schabak ausgegangen, sondern vom Brigadekommandeur vor Ort. Dann sag doch nicht, dass du Karten anlegen willst, gib zu, dass du jetzt eine ganze Nacht Ausgangssperre verhängst, weil die Hamas etwas erstarkt ist und du der Bevölkerung zeigen willst, wer die größeren Eier hat, der Brigadekommandeur oder der Mukhtar, der Dorfvorsteher. Sag, du willst, dass sie die Straße nicht mehr mit Steinen bombardieren, und deshalb kehrst du den starken Mann raus. Aber komm nicht mit dieser Lüge vom Kartografieren.

Ich bin zu meinem Kompaniechef gegangen und hab ihm gesagt: »Wenn du es mir befiehlst, dann mach ich das, aber du kennst meine Ansichten, und ich bitte darum, es nicht tun zu müssen.« Und natürlich hat er es mir erspart. Aber wenn ich dazu aufgefordert worden wäre, hätte ich es getan. Genau wie ein Siedler, der GUSCH KATIF räumen sollte, es nach meiner Meinung hat tun müssen.

Ich halte es für unzulässig, nicht zum Wehrdienst einzurücken oder zum Nichteinrücken aufzurufen. Wir sind kein Staat Utopia, da ist nichts zu machen. Aber ich meine, man muss gegen Zahal angehen, gegen die Methode, Grenzschützer, die aus schlechten, sozial schwierigen Wohngegenden kommen, an die Kontrollpunkte zu schicken und sie dort drei Jahre lang zu belassen, ohne vernünftige Ablösung. Denn das zermürbt sie, und diese Zermürbung kann allein schon Aggressivität und Brutalität im Dienst nach sich ziehen und die Besatzung verewigen. Man muss das gesamte System kritisieren.

Den Dienst in den Gebieten verweigern? Das ist problematisch. So kann man das Problem nicht lösen. Mir kommt es zu leicht vor, einfach zu sagen, leistet keinen Reservedienst. Warum müssen dann andere den Reservedienst

in den Gebieten leisten? Wenn sich nun einer von Tul Karem nach Natania auf-
macht und du einen punktuellen Verdacht hast und ihn festnimmst, ihn mit
dem Sprengsatz und allem erwischst? Ich halte es für zu simpel zu sagen, mach
keinen Reservedienst in den Gebieten, mach ihn in der Quartiermeisterei in
Haifa.

# Elad

24-Jähriger

Ich kann nicht sagen, wann ich das erste Mal daran gedacht habe, in einer Kampfeinheit zu dienen. Schon in der Grundschule war mir klar, dass ich in die kämpfende Truppe will. Meine Geschwister genauso – das hat mich sehr, sehr beeinflusst, sehr. Wenn meine Geschwister einen anderen Weg eingeschlagen hätten – ich weiß nicht, ob es dann anders gelaufen wäre, aber die Entwicklung wäre eine andere gewesen.

Ich habe verschiedene Einbestellungen erhalten. Bei der Vorauswahl für die Fliegerausbildung bin ich rausgeflogen. Weißt du, wir sind keine Piloten. Wollte ich nicht. Pilot zu werden hat mich nicht interessiert. Ich hatte auch eine Einbestellung für den Nachrichtendienst. Da bin ich gar nicht erst hingegangen. Man hat die Möglichkeit, es auszuschlagen. Das hat mich nicht besonders interessiert. Ich habe nicht zu viele Gedanken darauf verschwendet. Ich wollte woanders hin.

Ich hatte seinerzeit eine Freundin, deren Cousin, den ich sehr, sehr gern mag, Offizier bei der DUVDEVAN war. Als er hörte, dass ich mich dafür interessierte, hat er sie mir als exzellente Einheit gepriesen und mir eingehämmert, dass es dort echt gut sei. Damals lernte ich auch, über Freunde, die Familie von Roi Dror[45] kennen. Rois Geschichte hat mich sehr interessiert. Ich habe mich ein bisschen über ihn informiert, mit der Familie gesprochen, über ihn gelesen. Er war ein Mensch, der sich besonders ausgezeichnet hatte, sehr erfolgreich war, und er fand die Armee sehr mittelmäßig. Ich achtete ihn dafür, dass er eigene Meinungen hatte, und später stimmte ich seinen Meinungen auch zu. Das hat mir eine Richtung gegeben, denn ich wusste nicht, wohin. Ich habe lange sein Bild und seine Geschichte in der Tasche getragen. Beim Auswahlverfahren für das MATKAL-KOMMANDO musst du ein paar Minuten vor Leuten sprechen. Ich habe über Roi Dror gesprochen, über ihn als Mensch, über Themen, mit denen er sich beschäftigte, über Worte, die er vor seinem Tod gesagt hat, und darüber, was er von der Armee hielt. Ich habe das Auswahlverfahren

---

45  Ein Soldat der Duvdevan, der bei einer Übung einem Hitzschlag erlag.

abgeschlossen, aber nicht bestanden. Auch das Auswahlverfahren für die 669 habe ich abgeschlossen und nicht bestanden.

Ich hatte einen Freund in der Duvdevan, dort arbeitet man in kleinen Teams, und ein Bruder von mir war in einem Fallschirmjägerbataillon. So konnte ich Vergleiche anstellen. Ich wurde für die Fallschirmjäger angenommen, wollte aber lieber bei einem kleineren Team mitmachen. Die Auswahlverfahren mochte ich nicht, weil ich da keinen Erfolg hatte, aber nach zwei Wochen, in denen ich eine Vorstufe zur Grundausbildung absolvierte, gab es noch ein Auswahlverfahren, das für Fallschirmjägerkommandos, MAGLAN usw., aussiebte, und diesmal kam ich durch. Zuerst boten sie mir die Maglan an, und ich habe mich dagegen entschieden. Ich habe keine Ahnung, was die bei der Maglan machen, keinen Schimmer, ich wollte einfach nicht. Ich versteifte mich auf die Duvdevan, war ziemlich stur, und das war recht unwissenschaftlich, denn auch über die Duvdevan wusste ich herzlich wenig. Ich wusste nicht, worin sich die Duvdevan von den Fallschirmjägerkommandos unterscheidet. Das ist nicht so allgemein bekannt. Ich weiß auch nicht viel über andere Einheiten, die quasi begehrt sind. Einheiten, in denen ich nicht diene, interessieren mich nicht besonders. Das hilft mir, mich auf das Wesentliche zu konzentrieren.

Wenn ich zurückblicke, bin ich an der richtigen Stelle gelandet. Ich bin ein ziemlicher Chaot und habe eine Einheit gefunden, in die ich mich leicht einfügen konnte. Die Dinge sind gut gelaufen, haben sich so geordnet, dass sie mir Halt gaben. In einem einheitenübergreifenden Kurs habe ich Leute von der Panzertruppe und von der Infanterie kennengelernt und hab mir gesagt: »Na, das hätte ich im Leben nicht machen können.« Im Panzerkorps fährst du den ganzen Tag im Panzer herum und schießt, todlangweilig. Wie dem auch sei, für mich ist das einfach nicht dasselbe.

Ich habe die Grundausbildung gemacht, Fortgeschrittenenübung und noch etwa acht Monate Spezialausbildung, alles in allem fast anderthalb Jahre. Danach war ich anderthalb Jahre Kampfsoldat in der Einheit. Als meine Dienstzeit zu Ende ging, begann sich meine Gruppe aufzulösen, aber ich war nicht so erpicht darauf, entlassen zu werden. Ich suchte eine Richtung, und als man mir einen Offizierslehrgang anbot, für den ich mich drei weitere Jahre verpflichten musste, hab ich das angenommen.

Du fragst, ob ich ein Problem damit hatte, dauernd Festnahmen für den SCHABAK durchzuführen? Ich versteh die Frage nicht. Ob ich Probleme mit den Aufträgen hatte, die wir erhielten? Was für ein Problem? Im Gegenteil, das hat mir sehr gelegen. Ja, wir sind eine Einheit, die Festnahmen durchführt, und ja, die Armee arbeitet mit dem Schabak zusammen. Wenn ich in den Einsatz gehe, dann weiß ich, wen ich festnehmen soll, und ich weiß, warum. Dass all das gelogen oder verfälscht sein könnte? Ich prüf das nicht nach. Was denn, wenn du im Supermarkt einkaufst und Wechselgeld rausbekommst – denkst du dann darüber nach, ob das Wechselgeld vielleicht gestohlen ist? Ich sehe nicht, dass jemand irgendwem was anzuhängen versucht. Es ist nicht meine Sache, das Gesamtbild einzuschätzen. Mag sein, dass da krumme Dinge gedreht werden, aber es gibt nun mal welche, die für die Ausführung zuständig sind, und andere, die entscheiden. Ich als Ausübender erhalte Befehle, bekomme Gründe genannt. Ich prüfe die Umstände des Einsatzes, der mir aufgetragen wird. Ich stelle Fragen. Ich ziehe Dinge in Zweifel und geh erst in den Einsatz, wenn ich alle Fragen gestellt und beantwortet bekommen habe.

Jede Festnahme oder andere Aufgabe, die einem zugeteilt wird, hat ihre Gründe. Ich gebe zu, dass man nicht alles sagen kann. Aber ich traue der Sache. Mir sind nie irgendwelche Bedenken oder auch nur Zweifel über ihre Berechtigung gekommen. Zumal ich die Leute, die wir festnehmen, vorher nicht selbst beschatte und auch nicht mitkriege, was eine Woche später mit ihnen ist. Das ist nicht meine Sache. Das wäre ungesund. Es gibt eine gewisse Grenze, die ich nicht überschreite. Außerdem schade ich bei meinen Einsätzen weder einem unschuldigen Menschen noch ganzen Bevölkerungsgruppen. Das ist sehr punktuell. Ich habe das Ergebnis vor Augen. Ich stehe nicht zwölf Stunden pro Tag am Kontrollpunkt. Dort zu stehen ist zweifellos schwieriger. Da gibt es mehr moralische Probleme. Dienst an Kontrollpunkten habe ich fast keinen gemacht. Gelegentlich mal, für eine Woche, aber nur als Truppenverstärkung. Unser Dienst ist interessant und daher weniger aufreibend. In Kampfeinheiten sieht man das Ergebnis. Physisch. Was du auch tust, du siehst, was dabei herauskommt.

Wenn keine Einsätze anstehen, sag ich auch nicht etwa, Mist, nichts zu tun. Ich bin hier, um die Arbeit zu machen. Ich tue sie nicht für mich, um einen Kick zu kriegen, denn aufregend ist es schon, das steigert das Adrenalin. Aber wenn ich einen Einsatz auf den Tisch gelegt bekomme, dann mach ich ihn, führe ihn so gut wie möglich aus. Ich will ihn nicht aus persönlichen Gründen, das entspricht auch nicht meinen politischen Ansichten. Versuche, das auch gar nicht zu verbinden.

Ich glaube kaum, dass ich mich künftig mal unbehaglich fühlen werde wegen dem, was ich beim Militär gemacht habe. Ich halte unsere Gewaltanwendung für fair. Es ist ein begrenzter Konflikt. Es geht dabei nicht gegen einen

Staat, es geht gegen Organisationen. Der Einsatz von Gewalt ist minimal, so gering wie möglich. Ich sehe die Anstrengungen, die unternommen werden, um Gewaltanwendung zu vermeiden. Gewaltanwendung ist ja die leichtere Lösung – leichter in der Praxis, schwieriger hinterher zu erklären. Aus meiner Sicht erfolgt die Gewaltanwendung auf sehr moralische Weise. Vielleicht sogar etwas zu moralisch. Ich glaube nicht, dass ich was verdränge. Ich denke darüber nach. Ich trage das mit mir selbst aus. Wir sprechen unter Freunden darüber. Ich meine, wir kämpfen auf die beste, zielgenauste, fairste Weise gegen eine Situation, die nicht ideal ist, nicht so, wie wir sie gern hätten. Nichts zu machen.

Mitten in der Nacht anzukommen und eine ganze Familie in Angst zu versetzen, weil einer beim Schabak mal jemanden verhören will, vielleicht auch ohne dass der was verbrochen hat? Ob es dann in Ordnung ist, dass seine Kinder weinen? Ich habe nicht gesagt, es sei in Ordnung, dass seine Kinder weinen. Vielleicht ist es auch nicht in Ordnung, Angst zu verbreiten. Im Ernst, mein Ziel ist nicht, ihnen Angst zu machen. Ich mach auch nicht buh zu ihnen und versuche möglichst wenig zu machen, nehme sogar Bonbons mit und geb sie ihnen. Einer der Befehlshaber pflegte das zu tun [Bonbons verteilen usw.], und ich finde das total in Ordnung, sehr schön. Man muss verstehen, dass es mir nicht darum geht, Leuten Schaden zuzufügen. Wenn ich durch die Tür eintreten kann und kein Fenster einschlagen muss, geh ich durch die Tür.

Wir müssen immer überlegen, ob wir durch die Festnahme eines Verdächtigen oder sonstige Militäraktionen weitere Terroristen schaffen. Durch die Maßnahmen, die mir zufallen, gelingt es uns meines Erachtens, die Zahl der Terroristen zu senken. Sicher, das ist nie sauber. Es ist keine schöne Arbeit. Der Bruder des Verdächtigen oder sein Vater oder seine Mutter nehmen das sicher sehr schwer, und das zu recht, aber das wird möglichst minimal gehalten. Sobald es umgekehrt wäre und es aufgrund unserer Arbeit mehr Verdächtige gäbe, würde es problematisch. Auch wenn du einen Mann »mit Blut an den Händen« festnimmst, wäscht er sich ja die Hände. Er ist ein normaler Mensch. Hat seine Tat begangen. Hat seinen Glauben. Ich bin nicht sicher, dass seine Lage sehr rosig ist. Es ist keine Frage der Moral.

Ich glaube, dass die Mehrheit der palästinensischen Bevölkerung den Terror nicht will. Sie leiden ja wie wir darunter. Ich sehe auch, dass sie viel besser leben, wenn wir ihnen helfen, das Übel auszurotten, das auch ihnen zusetzt. In vielen Städten des Westjordanlands ist die Lage, die jetzt entstanden ist, offenbar gut für alle, das sieht man. Schau, die Armee hat das Ziel, abzuziehen, nicht weiter einzudringen. Aber man muss klug abziehen, nicht so wie früher, als wir schmerzliche Erfahrungen damit gemacht haben. Wenn palästinensische Häftlinge zurückkehren, sind sie mal stärker gefestigt, mal weniger. Sie haben eine Basis, ein Netzwerk in den Städten, und sie sind besser ausgebildet, man hilft ihnen voranzukommen. Man kann es auch so betrachten: Wenn wir nicht dort wären, gäbe es viel mehr Kriminalität und Chaos.

Der ganze Wehrdienst beruht auf der Einsicht, dass ich jetzt an der Reihe bin. Das heißt nicht, den Verbleib in den Gebieten zu rechtfertigen. Solange wir in den Gebieten sind, müssen unsere Einsätze sein. Das hat nichts mit Politik zu tun. Bei uns dienen Leute von der Linken, und es gibt keine politischen Diskussionen über die Arbeit. Ich tue nichts aus politischen Gründen. Tatsache, ich wähle an der Urne das eine und tue was anderes, tue das, was nach gesundem Menschenverstand nötig ist. Eine gesunde Logik. Ich habe keine feste Meinung von wegen links oder rechts, aber ich tendiere nicht nach rechts, das ist sicher. Ich glaube, dass man hier und da nachgeben muss. Aber du erfüllst die Anweisungen der Regierung, auch wenn die Regierung rechts ist. Links und rechts hat nichts mit der Armeetätigkeit zu tun. Ich nehme einen Verdächtigen fest, weil er die Sicherheit des Staates beeinträchtigen möchte. Die Armee zur Räumung von Siedlungen einzusetzen ist tatsächlich problematisch, aber wenn es beschlossen wird, mache ich es. Für einen Menschen, der rechts steht? Das ist hart. Es gibt Siedlungen, mit deren Räumung ich einverstanden bin, und andere, bei denen das nicht der Fall ist, aber wenn die Entscheidung fällt, führe ich sie aus.

# Or

Dreißigjähriger Beamter und Student

Schon mitten auf dem Gymnasium, so in der elften Klasse, begannen einschlägige Gespräche in der Pfadfindergruppe. Ich denke, man beschäftigt sich überall damit. Die mir wichtigste Clique war der Pfadfinderstamm, die sind auch heute noch meine Freunde. Dort war von vornherein alles klar, die Frage lautete nur, wie geht's am stärksten, am höchsten, wie schaffst du's in die bestmögliche Einheit. Der Gedanke, vielleicht nicht einzurücken, kam gar nicht erst auf. Dir war klar, und in deinem Kreis war klar, dass du in der kämpfenden Truppe dienen und dein Möglichstes geben würdest. Es ging nicht darum, dem Staat zu dienen, das war zu hochtrabend. Es war mehr dein persönliches Projekt, und da ging es zweifellos um die Einsicht, dass du was machst, das nicht nur dir selbst und deinem Ansehen dient.

Es gibt Kurse zur Vorbereitung auf den Wehrdienst. Ich hab ein bisschen daran teilgenommen, aber nicht richtig. Obwohl meine Freunde sie gemacht haben, hab ich es nicht getan. Das war mir zu anstrengend. Ich hab es versucht, bin ein paar Mal mitgegangen, gewissermaßen der Geselligkeit halber, weniger für die Armee. Es ist mir auch physisch schwergefallen, schon die ganze Situation. Es hat mir nicht gepasst, neben dem Gymnasium diesen Kurs zu machen, obwohl ich immer gesagt habe, ich würde es ins Fallschirmjägerkommando schaffen. Ich wusste, dass ich ins Fallschirmjägerkommando wollte. Ich hatte keinerlei Grund, ich kannte keinen, der im Fallschirmjägerkommando war, ich wollte einfach dorthin. Kommandoeinheit *und* Fallschirmjäger. Auch Äußerlichkeiten haben wohl mitgespielt.

Ich kam nicht ins Fallschirmjägerkommando, weil sie mich beim Auswahlverfahren schon für die DUVDEVAN bestimmt haben. Die Duvdevan war nicht das, was ich wollte. Ich wusste auch nicht, was das ist, nur ein bisschen. Von jeder Gruppe im Auswahlverfahren gehen die zwei besten oder geeignetsten zur Duvdevan. Wieso ich fit genug war, die Auswahlverfahren durchzustehen, wenn mir der Vorbereitungskurs schwergefallen war? Ich hatte Probleme, es ist mir schwergefallen, aber es war jetzt ernst. Es war keine Vorbereitung mehr, ich wusste, dass ich es durchstehen musste. Ich wollte es unbedingt schaffen, ich wusste, ich würde mich auszeichnen, es so gut wie möglich machen.

Wenn ich mir heute die Einheit aussuchen könnte, in der ich dienen wollte? Die Armee sorgt dafür, dass du, egal wo du gelandet bist, letztes Endes das Gefühl hast, den besten Platz erreicht zu haben. Das ist ein Erfolg der Armee. Du fragst, was der Rekrut über die Duvdevan und über die 669 weiß – über die Duvdevan, wo man Festnahmen durchführt, mit der ganzen Problematik, im Vergleich zur 669, die eine Rettungs- und Evakuierungseinheit ist? Der Rekrut kann noch nicht so weit denken, er ist mit einfacheren Überlegungen beschäftigt. Die meisten Menschen halten die 669 für edler und würden sie vorziehen. Andere würden sagen, dass die 669 weniger ernst zu nehmen ist oder dass man bei der 669 hauptsächlich in einer Unterstützungsfunktion tätig ist. Die Ausbildung ist zwar hart, aber es kommt nicht so zu Kämpfen wie bei der Duvdevan. Bei der Duvdevan bereitest du dich dauernd auf einen bestimmten Einsatz vor, und du machst wichtige Einsätze, was die von der 669 nicht tun. Aber sehr wenige Menschen denken so.

Von uns zehn Kameraden sind zwei zur 669 gelangt. Das hat schon ein enormes Prestige. Warum? Es kommt alles auf die Spezialausbildung an, die du durchläufst, welches Auswahlverfahren du dafür bestanden hast, wie viele Anwärter während der Ausbildung ausgeschieden sind. Es ist nicht das Heroische des Rettungsaktes. Es ist das Auswahlverfahren, das hart ist und an einem harten Ort stattfindet, und die Spezialausbildung, die schwer ist, und danach das besondere Abzeichen deiner Einheit, das du bekommst, und dann gehst du noch mit diesen tollen Stiefeln. Für die meisten Leute liegt die Aura nicht in der Aufgabe, sondern in dem schwierigen Weg dorthin, in der Härte und in den Äußerlichkeiten. Moralische Fragen? Vor der Einberufung war ich gerade mal ein Junge von achtzehn Jahren, ich machte mir keine Gedanken über die Inhalte, über moralische Fragen, nein. Auch heute macht es mir nichts aus, Gutes über die Einheit zu sagen.

Später, während der Dienstzeit, gab es Situationen, in denen ich gesagt habe, ich hätte es nicht so gemacht. Es gab Fälle, in denen ich die Ermessensentscheidungen der Befehlsgeber oder ihrer Vorgesetzten in Zweifel zog. Aber nein, es gab nichts, bei dem ich sagte, das hätte ich nicht gemacht. Ich habe alles überdacht und bekam auch den Mund auf, wenn ich was für nicht richtig hielt. Im Verlauf der Spezialausbildung sagen manche: »Nein, da will ich nicht dabei sein, das ist nichts für mich.« Aber wer die Ausbildung abschloss, wollte sehr wohl dabei sein – abgesehen von Ausnahmefällen, wenn jemand die Dinge etwas zu schwernahm oder das eine oder andere Trauma hatte und dann irgendwie ausschied. Aber nicht aus moralischen Bedenken. Natürlich hat man uns in manchen Situationen vor ein moralisches Dilemma gestellt. Ich bin mit Werten aufgewachsen. Ich kann mich nicht mehr gut genug erinnern, um dir zu sagen, vor welche Situationen ich gestellt wurde. Ich nehme an, es gibt Grenzen, rote Linien, die man nicht überschreitet. Ich würde keinen Hilflosen angreifen oder so was. Ich habe unangenehme Situationen erlebt, dass Kinder was abbekommen, aber es gab einen Grund dafür.

Die politische Einstellung? Sie spielt insoweit eine Rolle, als dir gewisse Dinge schwererfallen als einem Falken[46]. Du tust dich bei einigen Dingen schwerer. Noch einmal: Sie widersprechen nicht völlig deiner Weltanschauung. Letzten Endes bist du dort, um die Bürger des Staates Israel zu schützen. Das ist die herrschende Meinung, so läuft es. Zweifellos gerätst du in manchen Fällen in Dilemmas, mit denen du dich schwertust. Ich zumindest – ich bin nicht extrem links – hatte es nicht besonders schwer. Ich nehme an, ein Anarchist, der nur an die Besatzung denkt und an das, was der Staat Israel alles tut, wird nicht da landen, wo ich gelandet bin. Bei uns werden Linke und Anarchisten gleichgesetzt.

Ich habe einen Freund, der weit links steht, und der hat es neulich im Reservedienst sehr schwer gehabt. Beim letzten Reservedienst war ich nicht dabei, war freigestellt, aber es gibt so eine Militäraktion. Das ganze Dorf wird unter Ausgangssperre gestellt, und dann klopfen Soldaten an die Haustüren und überprüfen alles, nehmen eine Volkszählung vor. Schrecklich, eine schreckliche Angelegenheit. Du belegst alle mit Ausgangssperre, gehst rein, kontrollierst die Fenster, kontrollierst alles, füllst ein Formular aus. Als würde man uns sagen: Bleibt zu Hause, wie viele Leute wohnen hier? Die Armee geht rein, dabei hast du gar nichts getan. Das hat der Freund abgelehnt. Als Reservesoldat darfst du Nein sagen. Du kannst sagen, jemand anders von deinen Kameraden soll das machen und du … Also hat er es nicht getan. Ich weiß auch nicht, ob ich es getan hätte. Das hätte nicht zu mir gepasst.

Sieh mal, ich bin ein denkender Mensch und ein arbeitender Mensch. Ich weiß, was los ist, und habe sehr feste Ansichten, aber ich habe einen Einberufungsbefehl zum Reservedienst für die nächste Woche erhalten, und ich werde hingehen. Ich glaube, man befasst sich nicht übermäßig viel mit seinen Prinzipien. Es gibt rote Linien, die ich nicht überschreiten werde. Und es gibt solche

---

46 Bezeichnung für einen Hardliner von der politischen Rechten (vgl. Einleitung, Anmerkung 16)

Linien wie die, um fünf Uhr früh an die Türen von Familien zu klopfen, die nichts getan haben. Das ist auch was, mit dem ich gar nicht einverstanden bin. Vielleicht werde ich es doch tun, wenn ich schon mal beim Militär bin und den Reservedienst angetreten habe, ihn mit leichter Dissonanz leiste, aber doch mache. Aber vielleicht sage ich auch nach dem ersten Anklopfen an die Tür: Hört mal, das hier ist nichts für mich. Ich mach kein Geschrei oder was, ich trete einfach beiseite. Das hier tue ich nicht, oder ich tue es und lege mir dabei eine Maske an oder hülle mich irgendwie in Gleichgültigkeit, die charakteristisch für einen Soldaten in Uniform ist. Das ist was Normales im Leben, bei uns in Israel. Ich mache jedes Jahr einen Monat Reservedienst. Das ist total verrückt, aber du machst es.

Beiseite treten und sagen, das soll jemand anders machen, geht auch im Pflichtwehrdienst. Ich mochte nicht in die Häuser anderer Leute gehen, mochte es gar nicht, das hat mir ein ungutes Gefühl gegeben. Also habe ich es nicht gemacht. Wir haben in einem Team von zehn Mann gearbeitet. Ich war der Befehlshaber, also war ich draußen verantwortlich, musste nicht reingehen. Die andern wussten, dass ich das nicht tun würde. Keiner hat mich mehr dazu aufgefordert. Stimmt, du lässt es jemand anders machen, du lässt die Handlung zu. Ja, eindeutig. Du findest es einfach weniger angenehm, es selbst zu tun. Du bist dort, du siehst, was vor sich geht. Du verhinderst es nicht, du verhinderst gar nichts. Die meisten Dinge müssen auch getan werden, dir fällt es einfach schwerer, sie auszuführen. Über so eine Volkszählung gibt es verschiedene Ansichten. Letzten Endes ist es gut, dass die Armee diese Aufstellungen zur Verfügung hat. Ob es richtig ist, das zu tun, ob es unmoralisch ist, ob ich das nicht mitmachen will, das ist schon eine andere Frage. Vom Ergebnis her betrachtet – wenn du losgehen und einen abholen musst und bekannt ist, dass er sich in einem bestimmten Haus aufhält, dann ist es durchaus nützlich, dass man die Einzelheiten des Hauses kennt und weiß, wie viele Fenster und wie viele Zimmer es hat.

Verweigerung? Ich habe schon gelernt: Es gibt kein Richtig oder Falsch. Das ist Israel, so leben wir, hier geht nicht alles nach deinen Wünschen und danach, ob du es so machen würdest. Ich meine, was würde ein weiterer Brief der ZWÖLFTKLÄSSLER an den Ministerpräsidenten ausrichten? Gar nichts. Mit deinem Handeln, deinem tagtäglichen Tun und Reden kannst du mehr verändern, als es dieser oder jener Brief von Zwölftklässlern vermag oder ein Brief von Schülern der VORMILITÄRISCHEN AKADEMIEN, die dem Ministerpräsidenten schreiben, er solle nicht nachgeben. Na was, wen interessiert das denn?

Wenn du willst, tu's, wenn du nicht willst, tu's nicht. Ich habe keine Probleme mit Leuten, die verweigern.

Der Sohn von Nachbarn aus unserer Straße wollte zur Unterhaltungsband der Armee. Sie haben ihn nicht angenommen, er hat kurz versucht, was anderes zu machen, und dann hat er aufgegeben und ist raus. Ich weiß nicht, wie man rauskommt, scheint ja nicht besonders kompliziert zu sein. Ich bin nie so tief gesunken, zu fragen, wie man aus dem Wehrdienst freikommt. Das ist sicher etwas schwierig, aber wenn du willst, findest du das heraus. Heute macht er zwei oder drei Mal die Woche freiwillig irgendwas mit alten Leuten, ich weiß nicht genau, was. Das ist für mich in Ordnung. Das ist besser, als drei Jahre im Hauptquartier zu sitzen und nichts zu tun. Oder jemand, der Ersatzdienst leistet, das ist hervorragend, fantastisch, finde ich, das ist kein Problem. Hör mal, es gibt welche, die nicht in eine Kampfeinheit passen, da kann man nichts machen. Ist dann egal, was sie machen. Ich finde, jeder muss einen Beitrag für den Staat leisten, und wenn es freiwilliger Dienst mit Kindern oder Senioren ist. Etwas für den Staat tun, nicht unbedingt Dienst in der kämpfenden Truppe, das akzeptiere ich. Ich habe selbst gesehen, dass das für manche nichts ist. Also gut, sie werden keine Kampfsoldaten, aber sie tun was. Ich rede davon, richtig was zu tun, nicht einfach im Hauptquartier rumzusitzen, sondern freiwilligen Dienst zu leisten. Mit Kindern arbeiten oder mit Zurückgebliebenen, das ist schwerer, als im Hauptquartier zu sitzen und Kaffee zu servieren oder Papiere abzuheften.

Politische Verweigerung ist was anderes. Verweigerung mit dem Ziel, die Lage zu ändern, ist in einer demokratischen Gesellschaft nicht zulässig. Verweigerung aus persönlichen Gründen wegen fehlender Eignung, das ist legitim, aber aus politischen Gründen – das verstößt gegen elementare Regeln der Demokratie. Das ist eindeutig inakzeptabel. Für mich zumindest. Das ist so wie keine Einkommensteuer zu zahlen. Es gibt angemessene Verhaltensnormen für einen aufgeklärten, kultivierten Staat, und an die muss man sich halten, die muss man befolgen. Noch einmal: Ich bin sehr konservativ.

Das Gefühl, etwas für den Staat geleistet zu haben, ist wichtig. Ich bin bis heute stolz darauf, dass ich in der kämpfenden Truppe gedient habe. Ich bin nicht mehr in dem Alter, dass ich damit angebe, aber wenn ich gefragt werde, wo ich in der Armee war, dann sage ich es gern. Ich hab was empfunden, erlebt, gegeben. Ich bin persönlich stolz und auch, weil ich etwas gegeben habe. Bin froh, dass ich mich verwirklicht, mir was abverlangt, meine Schwierigkeiten überwunden habe. Ich habe irgendwelche Interessen vertreten, und ich bin auch stolz, etwas für den Staat getan zu haben. Außerdem begleitet mich der Armee-dienst bis heute, tagtäglich: Wenn ich was machen will, dann zieh ich das auch durch, denn ich weiß, dass ich schon schwierige Dinge gemeistert habe. Der Dienst war eindrucksvoll, und es waren wichtige Jahre für meine Entwicklung.

# Ronen

Dreißigjähriger, das Studium beendet, junger Unternehmer


Ich meine, ich hätte im Alter von zehn Jahren der ganzen Familie verkündet, ich würde mal Kartoffelschäler beim Militär. Ich nehme an, das war ein Witz, aber ich war zehn, und ich weiß nicht, warum ich das gesagt habe. In meiner Familie und auch im Freundeskreis bestand gar kein Zweifel, ob man zum Militär geht oder nicht. Es war klar, dass man hinging. Ich habe nicht darüber nachgedacht, warum. Ich wusste, das ist eine der natürlichen Phasen, die ein Mensch im Leben durchläuft. Mit den Jahren, im Alter von vierzehn oder fünfzehn, wusste ich, dass ich was Anspruchsvolles anstrebte, möglichst etwas, das mein Umkreis für wichtig hält. So empfand ich in dieser Sache. Ich würde echter Frontkämpfer sein oder in einer Eliteeinheit. Ich beschloss, mich nach bestem Wissen und Vermögen einzubringen, und das hieß bei uns, in der kämpfenden Truppe zu dienen und dort in einer möglichst kämpferischen Einheit. Das war das Ideal. Ich schätze, in dem Stadium hatte das nichts mit Ideologie oder Patriotismus zu tun. Es hatte eher mit Selbstverwirklichung zu tun und mit einem Standard, von dem ich meinte, dass meine Eltern ihn setzten, die Umgebung ihn setzte, dass das von mir erwartet wurde.

Mir wurde die Lotar angeboten, was ich schließlich auch gemacht habe; Lotar bedeutet »Schule für Terrorbekämpfung«. Das beginnt mit einem äußerst intensiven Kurs in Kleinkampf, eigentlich der Traum jedes Jungen, der sich amerikanische SWAT[47]-Filme anschaut. Am Ende sollst du Ausbilder werden. Dazu gehört eine bestimmte Einsatztätigkeit, über die ich damals nichts Näheres wusste, aber es hieß, man würde im Libanon und in den Gebieten eingesetzt. Mehr erfuhr man nicht. Seinerzeit genügte mir das: die Verbindung von sehr intensiver und interessanter Ausbildung mit der Möglichkeit, Einsätze durchzuführen. An die Ausbildertätigkeit habe ich weniger gedacht, obwohl ich rückblickend verstehe, dass das das Wesentliche an der Aufgabe war, aber das hatte ich nicht im Sinn. Kurz bevor ich anfing, gab es einen großen Bericht im Fernsehen, einen ganz großen, der die Trainingsmethoden in

---

47   SWAT steht für *Special Weapons and Tactics*.

der Lotar enthüllte, genau in dem Kurs, den ich beginnen wollte, K.-o.-Schläge und alle möglichen Misshandlungen, und das hat mir erst ordentlich Motivation gegeben [*lächelt*]. Ich war ungeheuer stolz, diese Serie von Misshandlungen einzustecken, das zu schlucken und die Ausbildung durchzumachen. Das war filmreif, echt Hollywood, so hat mein Kopf damals gearbeitet, in den Begriffen habe ich gedacht. Diese harten Ausbildungsgänge, die du im Fernsehen siehst, und ich bin mit dabei und kann alles machen, bin für alles ausgebildet. So tickte ich damals.

Einerseits ist das ein äußerst interessanter Kurs, weil du alles lernst. Du lernst alles, was man als Soldat im Kleinkampf tun kann. Du seilst dich von Dächern ab, du schießt mit allen Waffen, lernst alle möglichen Methoden des Anschleichens, Tarnens – großartig. Andererseits ist es sehr hart, körperlich und seelisch. Einmal am Tag stehst du vor dem Zusammenbruch. Jeden Tag kommt ein Moment, in dem du meinst, du könntest nicht mehr. Jeden Tag passiert dir das. Ehrlich.

Was dann Gutes passiert ist – gut für mich, gewiss nicht gut allgemein gesehen –, das war die zweite Intifada[48]. Wir waren eine Gruppe von Scharfschützen für Spezialeinsätze.

ZAHAL ist eine moralisch sehr hochstehende Armee. Bei allen Entscheidungen, die eigentlich zur täglichen Routine gehören, bemüht man sich unglaublich, bis hin zur Aufopferung – nicht der Opferung von Soldaten, aber unter hoher Gefährdung unserer Soldaten –, jeden Fehler zu vermeiden, jeden Schlag, der die Falschen treffen könnte, nur ja keine Zivilisten zu treffen, sogar Ehrverletzungen zu vermeiden, echt. Das hat mich damals sehr beeindruckt, und ich habe tatsächlich danach gehandelt. Was mich weniger beeindruckt, ja sogar schockiert hat, war die Gleichgültigkeit, die Soldaten und Vorgesetzte diesen Werten entgegenbrachten. Sie haben keine. Ach, ich will nicht sagen, dass sie sich nicht an die Regeln halten, aber sie möchten sie nicht einhalten. Und dann halten sie sich manchmal auch nicht daran, scheren sich im Eifer des Gefechts nicht darum. Bei Ermittlungsverfahren werden die Vorgehensweisen nach den vorgeschriebenen Werten beurteilt, und die Leute kommen ins Gefängnis oder erhalten Verweise. Aber im Gelände siehst du sie in einer ganz anderen Gemütsverfassung, im Kriegseifer: Da ist der Feind, und sonst interes-

---

48  Die zweite Intifada, auch als El-Aqsa-Intifada bekannt, begann im Jahr 2000 und ebbte nach Jassir Arafats Tod 2004 und dem israelischen Abzug aus dem Gazastreifen 2005 ab.

siert sie nichts. Es gab nur vereinzelt Leute, die bei ihren alltäglichen Entscheidungen wirklich ständig diese Ethik und diese Werte im Kopf behielten, die Zahal durchzusetzen versucht. Ich? Ich habe mich bis zum Schluss genau daran gehalten. Warum ich anders gewesen bin? Darauf habe ich keine Antwort. Das sind meine Werte, so bin ich.

Ich nenn dir ein Beispiel: Soldaten vom Grenzschutz meldeten, sie hätten einen Terroristen gesehen [*hebt die Brauen*] – es war immer ein Terrorist – mit einem Molotow-Cocktail. Ich weiß nicht, wie sich das für Außenstehende anhört, aber das ist höchst gefährlich. Das Ding wird auf Posten geworfen, die zur Tarnung immer mit Stoff umwickelt sind, das tötet immer. Also selbst, wenn es sehr laienhaft und blödsinnig aussieht, gerät man massiv unter Druck, und das zu Recht. Also hat der Brigadekommandeur mich losgeschickt, damit ich mich darum kümmere. Man hat mir eine Beschreibung des Mannes geliefert, ich habe zwei Mann zur Absicherung mitgenommen, bin mit dem Jeep in das bezeichnete Gebiet gefahren. Was es heißt, sich darum zu kümmern? Töten, obwohl es auch dafür Vorschriften gibt. Im Fall eines Molotow-Cocktails – wenn jemand ihn einfach hält, schießt du, um ihn zu verletzen, und wenn jemand eine Bewegung macht, um den Sprengsatz zu zünden oder zu werfen, dann tust du, was du kannst, um es zu verhindern: Das bedeutet, schießen, um zu töten. Das war in meinen Augen legitim. Der Brigadechef hat mir gesagt, ich solle den Mann stoppen, das heißt, ihn entweder verletzen oder, wenn er eine Regung macht, die Flasche werfen will, töten.

Ich fuhr hin, bezog Stellung, sah ihn und kam zu dem Schluss, dass das ein Junge von vielleicht dreizehn Jahren war. Er war dreizehn Jahre alt, hielt aber immerhin einen Molotow-Cocktail in der Hand. Natürlich lief kein »harmloser« Zivilist auf den Straßen um unsere Posten herum. Wer sich dort herumtrieb, wollte entweder demonstrieren oder Steine werfen oder schießen oder Sprengsätze schleudern. Sonst ließ sich dort keiner blicken. Es gab keine »Zivilisten«, obwohl dort alle Zivilisten sind, sie sind keine Armeeangehörigen, aber es gab keine harmlosen Menschen. Er ist also dort rumgelaufen, zwischen den Häusern, hat sich versteckt, Steine geworfen, geschrien. Es gibt viele solcher Leute, die meisten werfen nur Steine, und denen haben wir nichts getan. Aber sobald einer einen Molotow-Cocktail hat, unternimmst du was. Also wurde ich losgeschickt, was zu unternehmen. Ich sah, dass er allein war, und schätzte ihn eben auf dreizehn Jahre. Er verhielt sich sehr aggressiv, und es war ein Molotow-Cocktail. Es bestand kein Zweifel, dass der Junge Zahal-Soldaten treffen wollte, in der Hoffnung zu töten. Er suchte eine Gelegenheit, ungeschoren davonzukommen, denn er wusste, dass man auf ihn schießen würde, wenn er mit einem Sprengsatz herumlief. Als ich sah, dass er zwölf, dreizehn Jahre alt war, schickte ich eine Meldung an den Brigadechef, dass er dreizehn war, ein Kind von dreizehn Jahren. Ich weiß es nicht, aber ich nehme an, der Brigadechef blickte in die Nachrichtendienstmeldung, die er vorher erhalten hatte. Er sagte: »Er ist als gefährlich eingestuft. Mach es.« Er sagte nicht wörtlich: »Töte ihn«, befahl mir aber, wie üblich zu verfahren. Ich konnte verstehen, wie es dazu kam. Er erhält jeden Tag Hunderte von nachrichtendienstlichen Meldungen und muss sich darum kümmern. Er kann sich nicht mit allem aufhalten. Aber ich beharrte noch immer und sagte: »Hör mal, ich glaube nicht, dass man ihn töten muss.« Das war ein unerhörter Satz. Das war der Brigadekommandeur, da sagt man so was nicht. In meiner Umgebung hat das keiner zu keinem gesagt. Ich habe es trotzdem gesagt. Er war mit irgendeinem Vorfall beschäftigt und sehr kurz angebunden, sagte nur: »Hör zu, mach ihn flach.« »Mach ihn flach«, hieß es, meine ich. Da habe ich gesagt, »ich kriege ihn momentan nicht in die Schusslinie«, und er sagte, ich solle Meldung machen, wenn ich sie hätte. Ich wartete ein paar Minuten und meldete mich wieder mit »ich kriege ihn nicht in die Schusslinie«. Er beorderte mich zurück zum Posten. Ich dachte, er würde mich wegen Befehlsverweigerung verurteilen, würde erkennen, dass ich alles bloß so gesagt hatte. Und das stimmt, ich habe es gesagt, obwohl ich schon hätte schießen können.

Ich fuhr zum Posten zurück, und der Brigadekommandeur hatte sich mittlerweile wohl Zeit genommen, darüber nachzudenken. Er ignorierte die Sache völlig, und ich habe nie wieder was davon gehört. Das war ein Dilemma, in dem ich steckte: Befehlsverweigerung oder etwas tun, mit dem ich nicht einverstanden war. Wenn ich gedacht hätte, dass der Brigadechef vielleicht falsche Erwägungen angestellt hatte, hätte ich vielleicht sogar was in der Sache unternommen, ich weiß es nicht. Aber das dachte ich nicht, ich begriff die Situation, in der er sich befand. Er steht vor nüchternen Daten, er sieht nicht den Menschen von dreizehn Jahren.

Ob es eine Lösung gibt? Wenn ein Kind von dreizehn mich töten will? Dafür gibt es keine Lösung. Nein, gibt es nicht. Wenn ich gesehen hätte, dass der Junge eine Flasche wirft, hätte ich auf ihn geschossen. Wenn ich ihn beim Abwurf gesehen hätte – ich hab das schon ein paar Mal getan, bin zum Glück gut genug darin, aber es ist schwierig, wenn du plötzlich einen Menschen siehst, der mit einem Molotow-Cocktail rennt –, dann hätte ich den Betreffenden gestoppt, ohne auch nur nachzudenken. Auch wenn ich bei diesem Dreizehnjährigen gesehen hätte, dass er offensichtlich gleich Soldaten verletzt oder tötet, dann hätte ich das als echte Gefährdung erkannt und nicht bloß als Spiel, dann hätte ich es getan. Und wie es ausgegangen ist? Er hat nichts gemacht. Zumindest an dem Tag hat er nichts gemacht. Am nächsten Tag vielleicht ja.

# Daniel

29-jähriger Student

Der Sechstagekrieg hat mich ungeheuer begeistert. Ich habe viele Bücher über den Krieg gelesen, allerlei Siegesalben, Bücher, die Soldaten und alle möglichen Offiziere geschrieben haben, über die Eroberung der Golanhöhen, die Eroberung Jerusalems, solche Dinge. Ich spreche von der Zeit, in der ich vierzehn, fünfzehn war. Damals bin ich mit diesem Ethos aufgewachsen. Das waren die Bücher, die ich gelesen habe, solche Militärbücher, Erinnerungsbände. Deshalb meine ich, mein Interesse am Wehrdienst hat da irgendwo angefangen. Das waren die Bücher, die bei uns zu Hause standen. Mein Vater hat diese Bücher gelesen. Er war kein hoher Militär, er war einfacher Soldat bei der Flugabwehr. Ich habe einen großen Bruder, der eine ruhige Kugel beim Militär geschoben hat.

Wenn ich heute meine damaligen Einstellungen definieren soll, würde ich sie als linkszionistisch bezeichnen. Das heißt, aus den Gebieten abziehen, aber stark sein und es ihnen zeigen, so was in der Art. Ich war in »Eine ganze Generation fordert Frieden«[49] und in der MERETZ-JUGEND. Ich bin nicht sicher, dass ich damals wusste, was das bedeutet, aber ich war dort überall Mitglied. Ich hatte sehr feste Ansichten, mir war sehr klar, was ich dachte. Ich ging zu Dialogen mit religiösen Jugendlichen »zur Überbrückung der Unterschiede«. Ich war sehr aktiv in all diesen Bereichen, politischen wie gesellschaftlichen.

Mit etwa sechzehn Jahren gehen die Vorbereitungen auf den Wehrdienst los. Ich begann mit Vorauswahlen für die besten Einheiten – Vorauswahl für die Fliegerausbildung, Vorauswahl für die Kommandos. Aus der Zeit vor dem Militärdienst erinnere ich mich, dass mein Vater mich fragte, was ich werden wollte, und ich ihm – obwohl ich für die Fliegerausbildung angenommen war und vor dem Fliegerkurs stand – sagte, ich wolle Bataillonskommandeur in der Panzertruppe werden. Ich wollte ein paar Jahre in der Armee bleiben, bis zum Bataillonsführer aufsteigen, und dann wäre es genug für mich. So sah mein Plan aus. Ich weiß nicht, woher das kam. Auch heute habe ich keine Ahnung.

---

49 Hebräisch: Dor schalem doresch Schalom – eine gesellschaftspolitische Bewegung, die 1995, nach der Ermordung Rabins, gegründet wurde. Nach einigen Jahren wurde die Bewegung richtungslos und 2009 wegen Bankrotts aufgelöst.

Aber es war mir ganz ernst damit. Ich sah mich zur Armee einrücken und dort bleiben. Mein Vater fand es nett, dass sein siebzehnjähriger Sohn Bataillonskommandeur bei der Panzertruppe werden wollte. Warum auch nicht? Heute führen wir sehr erbitterte Gespräche. Er ist mit meiner Linie nicht einverstanden. Politisch sind meine Eltern Arbeitspartei, haben bei den letzten Wahlen jedoch Kadima gewählt.

Zum Auswahlverfahren für die Pilotenausbildung gingen knapp zwanzig aus unserem Jahrgang. Ich kam als einziger durch. Ich war also praktisch der Vertreter der Klassenstufe im Fliegerlehrgang, dem angesehensten Kurs überhaupt usw. usf., mit allem, was das bedeutet. Daher gab es auch so ein Sendungsbewusstsein – ich komme aus einem kleinen Ort, die Jugendbewegung, die Schule, unsere gemeinsamen Unternehmungen. Mit all dem bin ich also zum Militär gegangen. Ich war auch für die Kommandoeinheiten vorgesehen. Beim Tag der Kommandoeinheiten wurde ich für die Marine angenommen, aber ich ging zu den Fliegern. Mir war von Beginn der Ausbildung klar, dass ich zu den Fliegern gehe. Es bestand kein Zweifel, dass ich dahin muss, dass das am besten und tollsten ist. Mit diesem Gedanken im Kopf bin ich eingerückt.

Ich ging also zur Luftwaffe. Das lief nicht so gut. Ich war beinah ein halbes Jahr in der Pilotenausbildung, habe die Grundausbildung gemacht, einen Teil der Unterrichtseinheiten absolviert, und bei den Flügen bin ich rausgeflogen. Beim Check 10. Du sollst Pilot werden, du sollst ein Solist sein, du sollst ein starker Mensch sein, dauernd allein, das ist der Typ, den sie suchen, glaube ich. Vielleicht war ich nicht konkurrenzfreudig genug. Letzten Endes bin ich rausgeflogen, weil ich fachlich nicht gut genug war.

Nach dem Rauswurf kehrte ich zum Einberufungszentrum zurück, und dort bot man mir die Marine an. Ich wollte nicht zur Marine, wollte nie Matrose werden. In der Kommandantur der Landstreitkräfte hatten sie nur Bataillone für mich: Panzertruppe, Artillerie, Pioniere. Rund zwei Wochen stritt ich mich mit dem zuständigen Offizier. In der Absicht, weiter der Beste, Bestmögliche, Höchstqualifizierte, Erfolgreichste zu sein, strebte ich eine Kommandoeinheit an. In der Armee wollten sie mich für die sogenannte »Aufwertung der Bataillone«[50] gewinnen. Ich hatte einen Freund in der Adjutantur der Kom-

---

50  Zuteilung von hoch qualifizierten Rekruten, die auch in Kommando- und Eliteeinheiten aufgenommen werden könnten, an normale Truppenteile, um die Qualität des Personals dort »aufzubessern«.

MANDOEINHEIT DES GENERALSTABS, und der sagte mir, er würde mir helfen, aber das nützte natürlich nichts. Was kann ein achtzehnjähriger Soldat in der Adjutantur schon ausrichten, auch wenn er im Matkal-Kommando sitzt? Damals dachten wir, der könnte das, heute kommt mir das dumm vor. Du willst in die Matkal, weil es die größte Ehre ist, dort zu dienen. Du hast ein T-Shirt des Kommandos, und wenn du das deiner Freundin schenkst, ist das überhaupt super. Wenn sie mit deinem T-Shirt in der Kneipe sitzt, ist das das Höchste, wie ein Pfau. Du bekommst zwei Preise: die Einheit und eine Freundin, die zu Hause auf dich wartet. Der Wunsch, im Matkal-Kommando und nicht in den Bataillonen zu sein, wird als Zionismus gewertet. Wenn du es schaffst. Wenn du es nicht schaffst, dann geh zum Bataillon. Vielleicht irre ich mich. Das sind wirklich gute Kumpels, auf hohem Niveau.

Ich landete in der Panzertruppe, auf deren Rekrutenstützpunkt, der wirklich weit abliegt, eine halbe Stunde von Eilat an der Grenze zu Ägypten. Das war anfangs sehr schwer. Ich war deprimiert, total down, das war ein ziemlich steiler Absturz, der größte Absturz, der einem passieren kann. Panzersoldaten sind ein hartes Volk. Die Fliegerausbildung ist die einsame Spitze der Streitkräfte. Dort hat man uns ja so was von verwöhnt. Wir hatten Auftritte von Stand-up-Comedians, haben Maccabi[51] im Kinosaal gesehen, und wenn du Ausgang hast, kriegst du als Pilotenanwärter viel Respekt. In der Panzertruppe landest du bei den Frustrierten der Streitkräfte. Beim ganzen übrigen Militär ging man Do-Frei-Sa auf Urlaub, bei der Panzertruppe Freitag, Samstag. Warum? Darum. Damals war Hightech ganz groß, und die Leute wollten beim Militär unbedingt was machen, das mit Computern zu tun hatte, damit sie einen Tag nach der Wehrentlassung einen 10.000-Schekel-Job bekamen. Bei der Panzertruppe bist du nicht Infanterie, aber du bist auch nicht Hightech, du hast nicht den Ruhm der Kommandoeinheiten, aber du bist ein Kampfsoldat, das bedeutet Schwerstarbeit. Du verlierst auf der ganzen Linie.

Nach der Eingewöhnungsphase ging es mir gut, ich mochte die Arbeit, mochte die Panzer. Wenn du achtzehn Jahre alt bist, macht es Spaß, einen Panzer zu lenken, super Fahrzeug. Panzerfahrer bedeutet Panzermechaniker, und das habe ich geliebt, die Schmiermittel, die Fahrzeugpflege. Ich liebe Handwerkszeug. Es war in Ordnung. Hat ein bisschen gedauert, aber ich hab mich dran gewöhnt, hab die Kumpels kennengelernt, war in Ordnung für mich.

---

51 Fernsehübertragungen von Spielen des Basketball-Teams Maccabi Tel Aviv.

Wir waren im Training, als die [zweite] Intifada losging, sie haben unser Training abgesetzt und uns in die Gebiete geschickt. Die Streitkräfte waren überhaupt nicht vorbereitet. Es gab ein Mordschaos. Wir wurden beschossen, mit Steinen bombardiert, aber es wurde echt kämpferisch, war richtig nett, wir waren total zufrieden. Zuerst waren wir in Jericho, haben das Casino in die Luft gesprengt. Das heißt, wir haben es nicht physisch gesprengt, wir haben dagesessen, und die Hubschrauber haben das Casino zerstört. War echt nett. Warum nett? Hör mal, Action, Krieg. Panzertruppe ist eine harte Angelegenheit: Appelle, Strammstehen. Dinge, die woanders in der Armee schnell aufhören, gehen in der Panzertruppe weiter. Wir waren noch in der Ausbildung, und da herrschte große Distanz. Die Disziplin war hart. Wenn du in den Kriegszustand trittst, ändert sich das. Du nennst die Vorgesetzten beim Vornamen, du schläfst plötzlich mit ihnen in einem Raum. Da verschwinden diese Schranken. Man beschäftigt sich nicht mehr mit Blödsinn, sondern mit der Hauptsache.

Allerdings waren wir nicht mit Panzern unterwegs, sondern mit Jeeps. Wir fuhren Patrouillen. Wir waren noch keine richtigen Einsatzkräfte, man nahm uns als Verstärkung. Wir sicherten Ortschaften, fuhren die Straße in der Jordansenke mit dem Jeep ab, erwarteten, unter Beschuss zu geraten. Ob ich Angst gehabt habe? Ich kann mich nicht erinnern, Angst empfunden zu haben. Wir erhielten Meldungen über Häuser, aus denen man Schüsse erwartete, und wir parkten vor diesen Häusern. Wir schliefen im Jeep, im Dorf, acht Stunden im Jeep. Du wirst müde und legst dich schlafen. Es war zu Beginn der Intifada, und kein Mensch hatte eine Ahnung, was vor sich geht. Es war noch vor dem Lynchmord in Ramallah[52], ehe die schweren Gewalttätigkeiten ausbrachen. Wir sind uns nicht bewusst gewesen, dass sie uns jeden Augenblick umbringen könnten. Nein, ich hatte keine Angst. Panzersoldaten sind sowieso ein Volk, das sterben muss. In der Panzertruppe wächst du mit dem Ethos auf, dass dieser Truppenteil die meisten Soldaten verloren hat. Unser Kosename war *Chipsim*[53]. Meine Eltern hatten viel mehr Angst. Ich musste sie dauernd anrufen, nach jeder Patrouille. Damals hatte ich schon ein Handy.

---

52  Ein Mord, der im Oktober 2000 in der Polizeiwache von Ramallah an zwei israelischen Reservesoldaten begangen wurde. Die Tat geschah, nachdem die beiden Soldaten, die sich verfahren hatten und mit ihrem Privatfahrzeug in Ramallah gelandet waren, von einem palästinensischen Mob angehalten wurden. Die Leichen der Israelis wurden aus einem Fenster des Polizeigebäudes der tobenden Menge zugeworfen, die sich an ihnen verging.

53  »Pommes« – in den Panzern verbrannt.

Nach dem Wehrdienst war ich zum Studium in Deutschland. In Europa leben die Menschen anders, sie sind nicht ihrem Staat verfallen. Sie wählen das Leben und nicht den Tod. Heiligen das Leben und nicht den Tod. Das hat mich stark beschäftigt. Hier haben wir uns dauernd mit Werten und mit Militär und mit unserer Mission befasst, und alles ist von kritischer Bedeutung und furchtbar wichtig. Aber das ist gar nicht so, nicht überall. Ich habe mir nichts anderes gewünscht, als ein normales Leben zu führen, ohne eine Mission. Ich meine, wir sind dem Militär verfallen, werden regiert von Politikern, die ihre Stellung dadurch zementieren, dass sie Kriege führen, und letzten Endes muss ich in den Krieg ziehen und sterben. Das beschäftigt mich sehr. Als ich in Berlin war, gab es den Libanon-Krieg. Ich war sicher, man würde uns einberufen, aber sie haben uns nicht einberufen, hatten Angst, wir würden sterben in unseren maroden Panzern. In meinem Bataillon gibt es solche alten Panzer, Pattons. Das hat mich beschäftigt. Sterben für Unsinn. Aber wenn ich einen Befehl 8 [54] erhalten hätte, wäre ich hingegangen. Warum? Darum. Schwer zu erklären, es ist nicht sehr logisch. Ich habe heute das Empfinden, dass der Reservedienst die einzige Verbindung ist, die ich noch zum Staat habe, abgesehen von der Familie und den Freunden. Mein Reservedienst ist nicht der Kern des Übels. Die Militärmanie des Staates ist der Kern des Übels. Wir in Israel lieben Kriege. Ich persönlich liebe Kriege nicht so sehr. Ich habe ursprünglich tatsächlich Kriege geliebt, richtig als Hobby, als Militärgeschichte, ja, ehrlich.

In Deutschland hat man mir beigebracht, wie gefährlich Nationalstolz ist. Nationalstolz, Nationalismus. Ich glaube nicht, dass wir in Gefahr sind, Nazideutschland zu werden, aber wir befinden uns auf keinem guten Weg. Wirklich nicht. Ich habe mich in Deutschland auch mit radikalen Linken getroffen, sie haben mich nicht überzeugt, aber es ist durchaus eine horizonterweiternde Perspektive. Aber auch der deutsche Mainstream sagt, dass Nationalstolz gefährlich ist.

Ich bin nach Israel zurückgekehrt und habe die Dinge in eine andere Perspektive gerückt. Man kann anders leben. Ein vernünftigeres, normaleres, weniger militantes Leben führen. Nach der hiesigen Darstellung gibt es nur die eine Wahrheit in Bezug auf diesen Konflikt. Das glaube ich nicht. Auch wenn du, sagen wir mal, ein Linker bist, gibt es für dich im Großen und Ganzen nur einen Weg. Auch wenn du meinst, man müsste aus den Gebieten abziehen,

54 Einberufung bei Notstand

denkst du, man müsste Menschen in ihrer Bewegungsfreiheit einschränken, um die Sicherheit des Staates zu garantieren. Die Sicherheit des Staates als Ein und Alles.

Wenn ich Reservedienst mache, rede ich sehr viel. Meine Anwesenheit ist provozierend, wird aber auch geachtet, denn es ist keineswegs selbstverständlich, dass ich komme. Ich diskutiere mit den Offizieren, streite mich mit ihnen. Ich streite mich über Politik, aber auch über die Einsätze selbst. Ich meine, einen mäßigenden Einfluss auf das Verhalten meiner Einheit zu haben. Ich meine, ein Offizier, der mit mir auf Einsatz geht, weiß, dass ich ihm zusetzen werde. Ich glaube, dass sie meinetwegen mehr nachdenken. Der Kompaniechef, der eine Kippa trägt, schickt mich nicht auf gewisse Einsätze. Er ist klug genug, mich in Ruhe zu lassen, obwohl er verlangen könnte, dass ich alles mache wie die anderen auch. Letzthin habe ich den Kompaniechef angerufen und ihm gesagt, dass ich gar nichts mit der Bevölkerung zu tun haben möchte, von mir aus könnte ich den ganzen Tag in der Küche verbringen. Er sagte mir: »Gebongt, komm, geht in Ordnung.« Andernfalls hätte er mich wohl als Soldat verloren. Also sagt er nichts. Er respektiert mich und schätzt mich, und tatsächlich habe ich die meiste Zeit mit Wachdienst oder Deckung verbracht. Sagen wir an einem Kontrollpunkt, da steht jemand oben mit einer Waffe, zur Deckung für den Fall, dass was passiert. Rede mit niemandem, kontrolliere keine Ausweise, nix. Ob das in Ordnung ist? Es ist das kleinere Übel. Meine ich. Es ist eine Art Kompromiss. Wenn es nach mir ginge, bräuchten wir nicht dort zu sein. Diesen spezifischen Kontrollpunkt hätte ich nicht aufgehoben, weil er zwischen den Gebieten und dem Kernland steht. Nichts zu machen, es gibt nun mal Terroristen, die sich im Land in die Luft sprengen wollen. Aber ich will nicht mit Leuten reden, will keine Ausweise von Palästinensern kontrollieren, will keinen aufhalten, will gar nichts. Mir ist es lieber, das macht jemand anders, ja, ein anderer. Ich könnte diese Aufgabe wirklich nicht richtig erfüllen. Ich würde mich und andere in Gefahr bringen. Man muss ihre Autos durchsuchen, ich kann und will das nicht. Dann ist es besser, ich tue es nicht.

Die Kameraden sind keine schlechten Menschen. Sie sind Menschen, die anders denken als ich. Hör mal, es sind Reservisten, keiner von denen misshandelt Palästinenser am Kontrollpunkt. Falls was Ungehöriges vorkommt, bin ich da, um sicherzustellen, dass nichts passiert. Aber ich habe nie eingreifen müssen. Reservisten sind wirklich total in Ordnung. Ich will einfach keinen direkten Kontakt. Das passt nicht zu meinem Wesen. Bei meinem letzten Reserveeinsatz war ich in der Kommandozentrale, saß am Funkgerät. Man hat mir Achtung entgegengebracht. Man schätzt, dass ich komme, denn es ist nicht selbstverständlich, dass jemand zum Reservedienst antritt, unabhängig von seinen politischen Ansichten. Es hat einen Bewusstseinswandel gegeben, und heute bringt man Reservisten Respekt entgegen.

Die Frontlinie, an der ich zuletzt war, hat echt mit der Besatzung in den Gebieten zu tun: Jeeps in den Dörfern. Offiziere gehen den Palästinensern einfach so in die Häuser. Warum? Um Präsenz zu demonstrieren. Ich weiß, dass das der ganze Grund ist. Man sagte: »Es hat Schüsse aus der Gegend gegeben. Wir gehen jetzt in alle Häuser, damit sie sich merken, dass mit ZAHAL nicht zu spaßen ist.« Ja, das sind meine Kumpels, Reservisten, und sie finden das toll, spielen Soldaten. Das ist nicht Misshandeln, das ist Besatzung. Diese Sachen habe ich nicht gemacht. Sie haben mich überhaupt nicht aus dem Stützpunkt geschickt. Auch früher habe ich die Lage manchmal zum Kotzen gefunden. Nicht das, was ich persönlich getan habe. Ich hab das vermeiden können. Gott sei Dank habe ich auf keinen schießen müssen. Ich weiß nicht, was wird, wenn ich mal auf jemanden schießen muss. Was ist hinterher, nachdem ich geschossen habe?

An meinem letzten Einsatzort sind Kumpels mit Tränengas gegen Demonstrationen angeblicher Linksaktivisten am Trennzaun[55] vorgegangen. Die Armee hat Reservisten hingeschickt, um eine Demonstration von palästinensischen Einwohnern und israelischen Zivilisten aufzulösen. Keiner hat sich geweigert. Kein einziger. Ob sie sich mit der Sache identifiziert haben? Einige identifizieren sich, anderen ist es völlig egal. Sie sind total apathisch. Mit denen ist nicht zu reden – es interessiert sie gar nicht. Die einzigen, mit denen du diskutieren kannst, sind die Religiösen und die Siedler, die eine eigene Meinung haben. Die meisten halten sich an die Parole: »Lass es mich in Ruhe hinter mich bringen, bis ich wieder nach Hause komme.« Es sind intelligente Leute, allesamt, sie sind an der Lage verzweifelt, total resigniert, es geschieht nichts, die Lage bleibt immer die gleiche. Das sind quasi Linke, Akademiker, kommen zum Dienst, machen die Arbeit, gehen heil nach Hause, mehr wollen sie nicht.

---

55 Der Trennzaun ist eine Anlage mit Befestigungen und Hindernissen, die Israel 2002 zu errichten begonnen hat, um das Eindringen palästinensischer Terroristen in die israelischen Bevölkerungszentren zu verhindern. Daneben dient der Zaun aber auch dazu, Fakten in Form von Gebietsannexionen und Siedlungserweiterungen zu schaffen. In vielen Fällen schneidet der Zaun palästinensische Bauern von ihren Feldern ab. Israelische Linksaktivisten, die gegen den Zaun sind, organisieren gemeinsam mit den palästinensischen Anwohnern Demonstrationen und andere Protestaktionen, die manchmal in Gewalt ausarten.

Bei jedem Reservedienst überlege ich mir sehr gründlich, ob ich hingehen soll, und gehe zum Schluss doch. Hör mal, nichts zu machen, das tue ich schon der Kameradschaft wegen. Letzten Endes macht es Spaß, mit meinen Kumpels zusammen zu sein, das sind meine Kameraden, Kameraden im Reservedienst. Dies Motiv ist durchaus vorhanden. Und dann ist da noch die Sache mit dem Krieg. Das macht mir sehr zu schaffen, ich hab Angst davor, und wenn es Krieg gibt, will ich vorbereitet sein. Ich möchte einen Panzer fahren können. Das spielt auch mit. Und dann der Dienst selbst, äh … Das hat damit zu tun, dass ich, im Kriegsfall, hingehen werde, zweifellos. Ich lass alles stehen und liegen und geh hin. Auch wenn sie mich nach Gaza einberufen hätten, wäre ich gegangen, auch ohne damit einverstanden gewesen zu sein, wäre ich gegangen. Warum? Darum. Weil ich nicht in Deutschland lebe, ich lebe in Israel. Wenn ich mich beschweren will, muss ich mir das Recht dazu erwerben, meine ich.

Früher mal habe ich gedacht, es wäre es wert, für den Staat zu sterben. Heute nicht mehr. Ich will nicht wirklich dazu aufrufen, nicht zu dienen, bloß halb im Scherz. Als ich eingezogen wurde, dachte ich: »Es ist gut, für unser Land zu sterben.«[56] Ich bin mit Trumpeldor und Massada[57] und so weiter groß geworden. Ich finde das furchtbar. Man darf nicht mit diesem Konsens um den Tod aufwachsen. Wir wachsen auf wie in Sparta. Die Helden von Massada sind unsere Helden. Ich bin wirklich mit diesem Ethos groß geworden. Ausflüge nach Massada, mit der berühmten Rede, die dort verlesen wurde. Es ist grauenhaft, mit dem Gedanken aufzuwachsen, dass man für den Staat sterben muss. Man soll für den Staat leben, darum geht es. Man muss Bürger großziehen, die in ihm leben wollen, nicht in ihm sterben. Also versuche ich, den jungen Leuten, die bei mir an der Bar sitzen, beizubringen, dass es sich nicht lohnt zu sterben. Du wirst kein wirklicher Held, wenn du beim Militär bist. Das denkst du nur. Es sind Leute wie ich, gute Leute aus dem Jesreeltal, Kampfsoldaten, Offizie-

---

56 Ein Satz, der Josef Trumpeldor zugeschrieben wird, einem Pionier und Kämpfer, der 1920 bei der Verteidigung von Tel Chai im Norden des Landes gegen aufständische Araber fiel. Die Geschichte um Trumpeldors Heldenhaftigkeit und Tod wurde zum Mythos vom mustergültigen Helden, der stets bereit ist, sich fürs Vaterland aufzuopfern. Generationen junger Israelis wurden in diesem Ethos erzogen.

57 Ein Bergzug im Osten der judäischen Wüste, der das Tote Meer überblickt. Er diente den jüdischen Aufständischen bei der großen Revolte gegen die Römer in den Jahren 66 bis 73 als letzte Bastion. Die Geschichte der römischen Belagerung von Massada, die mit dem Massenselbstmord der jüdischen Verteidiger endete, da sie nicht lebend den Römern in die Hände fallen wollten, wurde für die jüdische Bevölkerung des Landes schon vor der Staatsgründung zum Mythos von Standfestigkeit und Heldentum.

re. Im Jesreeltal wird es keinen Brief der Zwölftklässler geben. Ja, auch jemand, der sich als links bezeichnet, würde den nicht unterschreiben. Er möchte raus aus den Gebieten, aber Wehrdienst leisten muss man. Das soll man nicht in Frage stellen, nicht anzweifeln.

Wenn ein Jugendlicher mich fragen würde, ob er einrücken soll? Ich weiß nicht, was ich ihm sagen würde. Er soll tun, was er für richtig hält. Ich würde ihn fragen, was er möchte, denn mich hat man nicht danach gefragt, was ich wollte. Ich bin mit dem aufgewachsen, was meine Eltern wollten und die Schule und die Klassenlehrerin, danach habe ich mich gerichtet, aber was ich wollte, habe ich nicht getan. Ich weiß nicht, was ich damals wollte. Das kann ich dir nicht sagen. Mir meine eigenen Gedanken zu machen stand gar nicht zur Wahl. In ideologischer Hinsicht war das unmöglich. Die jungen Leute von heute – gerade mal zehn Jahre jünger als ich –, das ist eine gänzlich andere Welt. Sie sind viel größere Individualisten. Ich kann dir keine Antwort geben. Nichts zu machen. Zu meinem größten Bedauern muss man Wehrdienst leisten. Das ist ein Problem. Nicht alle lieben uns hier in der Gegend. Auch die Arglosigkeit hat ihre Grenzen. Was kann man machen. Sollen 5.000 Verweigerer eine andere Politik vorschreiben? Das ist nicht der richtige Weg, finde ich. Vielleicht würde das die Lage verschärfen. Man würde dieses Phänomen nicht durchgehen lassen. Das würde den Staat nur noch extremer machen, meine ich.

Ob ich hier leben möchte? Ich schwanke, ob ich hier leben möchte. Deshalb bemühe ich mich, wieder Fuß zu fassen. Alle Werte, die ich mal hatte, sind restlos verflogen. Ich habe sie allesamt über Bord geworfen, sie interessieren mich nicht mehr. Ich habe entdeckt, dass die einzigen Werte, die ich heute habe, ökologischer Natur sind – Umweltschutz, Schutz der Meeresstrände usw. Das hat gewissermaßen die ganze Politik, den Zionismus ersetzt. Aber das genügt nicht, das ist nichts, denn es versteht sich ja von selbst. Natürlich muss man die Umwelt schützen und Energie sparen und all das. Das ist selbstverständlich, das ist inhaltslos. Es ist schwer für mich, so völlig losgelöst zu sein, denn das hier ist mein Land, hier fühle ich mich wohl, trotz allem, bei allen Schwierigkeiten. Ich weiß nicht, mag sein, dass ich wegziehen muss, trotz aller Schwierigkeiten. Wenn ich hier nicht die Familie und die Freunde hätte, würde ich vielleicht wieder weggehen. Würde nach Deutschland zurückkehren, denn dort lebt es sich besser. Leichter. Dort tue ich mich leichter mit der Kultur. Die Leute sind ruhiger, höflicher. Und dort bin ich auch losgelöst. Einem Land nicht verpflichtet zu sein ist herrlich.

# Schluss

## Sagen sie dir die Wahrheit?

Dies ist eine der Fragen, die man sich stellt, wenn man eine qualitative Studie durchführt – über dieses Thema wurde viel geschrieben und diskutiert. Ohne in die komplizierte Frage, was Wahrheit ist, eintauchen zu wollen, fragte ich mich hier und da tatsächlich, ob einiges von dem, was meine Interviewpartner gesagt haben, nicht komplett gelogen war. Golda Meir soll angeblich zu Ägyptens Präsident Anwar Sadat gesagt haben: »Wir können Ihnen vergeben, dass Sie unsere Söhne getötet haben. Aber wir werden Ihnen niemals vergeben, dass Sie uns dazu gebracht haben, Ihre zu töten.« War das die Wahrheit? Hat Frau Meir dies gesagt, obwohl sie wusste, dass es nicht der Wahrheit entsprach? Wollte sie kurz vor den Friedensgesprächen dem ägyptischen Präsidenten Israels moralische Überlegenheit über die Araber demonstrieren? Ich glaube eigentlich, dass Frau Meir gesagt hat, was sie fühlte und was zu sagen sie für angemessen hielt. Es klang nicht nur sentimental, sondern hätte wahrscheinlich auch einem gründlichen Kreuzverhör nicht standgehalten, und doch war es keine Lüge.

Einer der Interviewten erzählte mir von einem Gespräch mit einem Armeefreund, der bei ihm und seiner Schwester zu Besuch war. In einer Diskussion versuchte seine Schwester seinem Freund ein schlechtes Gewissen zu machen, weil dieser gerne seinen Militärdienst versah. Der Freund verteidigte sich und erklärte, dass ihm Schießen keine Freude bereite, aber dass es darum ginge, »das Land zu verteidigen«. Nachdem die Schwester gegangen war, gab der Freund zu, dass dies nicht ganz der Wahrheit entspräche und dass in Wirklichkeit durch das Kämpfen das Adrenalin angeregt werde und dass man als Soldat tatsächlich darauf scharf sei, etwas an »Action« zu erleben.

Generell gehe ich davon aus, dass die Leute das gesagt haben, was sie sagen wollten, und dass dies zu diesem Zeitpunkt ihre »Wahrheit« war. Ich vermute, dass in einigen Fällen Interviewpartner das Gefühl hatten, sie müssten jetzt

»repräsentativ« sein. Das war wahrscheinlich am ehesten bei politisch links stehenden Soldaten der Fall. Dadurch, dass sie ihre Handlungen vor einem Außenstehenden rechtfertigen, kommen sie möglicherweise mit der Dissonanz zwischen diesen Taten und ihren eigenen Werten besser zurecht. Ein nach eigener Aussage links stehender Interviewpartner erwähnte einen Vorfall nicht, der kurz vor unserem Gespräch stattgefunden hat, bei dem er auf Palästinenser geschossen, diese verwundet und möglicherweise auch getötet hatte. Ein anderer Interviewpartner erklärte, dass es »möglicherweise noch schwierigere Sachverhalte gab; ich würde lieber nicht sagen, dass ich diese Erinnerungen unterdrückt habe, aber es gibt vielleicht Dinge, an die ich mich nicht erinnere«.


## Motivationen

### Überleben

In der Phase, die zum Sechstagekrieg führte, gab es in Israel echte Angst. In der Sprache, die von Ägypten und Syrien verwendet wurde, war sehr viel von der Zerstörung des jüdischen Staats die Rede. Israelis hatten keinen Anlass, Nasser nicht zu glauben, als dieser im Mai 1967 sagte: »Das arabische Volk will kämpfen. […] Wir werden kein […] Zusammenleben mit Israel akzeptieren. […] Heute geht es nicht um die Herstellung eines Friedens zwischen den arabischen Staaten und Israel. […] Unser hauptsächliches Ziel wird die Zerstörung Israels sein.«[1] Ein erfolgreicher Präventivschlag beendete die Angst und setzte an ihre Stelle Israels Hybris. Sechs Jahre darauf wurde Israel von Ägypten und Syrien angegriffen, der Beginn des später so bezeichneten Jom-Kippur-Kriegs. Dieser Krieg überraschte Israel, und es dauerte sechzehn Tage, bis die israelische Armee das Blatt wenden konnte. Hier war, viel mehr als 1967, Existenzangst weit verbreitet. Der Fortbestand Israels war infrage gestellt.

Der Jom-Kippur-Krieg 1973 war das letzte Mal, dass Israelis um ihr Überleben kämpfen mussten. Der Libanon-Krieg, der von Israels Premierminister Begin und seinem Verteidigungsminister Scharon 1982 begonnen wurde und aus dem sich Israel erst nach achtzehn Jahren herauswinden konnte, war kein Überlebenskrieg, ebenso wenig wie der zweite Libanon-Krieg, angefangen von

---

1  http://www.sixdaywar.org/content/threats.asp

Premierminister Olmert 2006, der glücklicherweise sehr viel kürzer war. Bei militärischen Operationen wie GEGOSSENES BLEI im Dezember 2008 ging es niemals um das Überleben Israels.

Friedensverträge mit Ägypten und Jordanien und die Tatsache, dass seit 1973 kein wichtiger Krieg mehr stattgefunden hat, haben für eine Weile die Angst gedämpft. Waren vormals Israels unmittelbare Nachbarn die Bedrohung, ist diese Rolle nun vom Iran übernommen worden, der regelmäßig verspricht, den jüdischen Staat zu vernichten. Es ist allerdings unwahrscheinlich, dass eine militärische Lösung des Konflikts mit dem Iran die gesamte Armee einbeziehen würde. Deshalb ist es nicht einfach, das Gefühl aufrechtzuerhalten, dass, wenn ein junger Mann nicht kämpft, sein Land nicht fortbestehen wird oder er und seine Familie nicht überleben werden. Und doch wird allgemein akzeptiert, dass der Wehrdienst entscheidend ist für die weitere Existenz des Staats. Nofar, eine Soldatin, die ihren Militärdienst bei der Grenzpolizei abgeleistet hat[2], beschreibt, wie sie sich vor ihrer Einberufung fühlte: »Ich wollte wirklich draußen im Gelände sein und die Bürger Israels verteidigen. Ins Gelände gehen und sie schützen – ich wusste nicht so genau, was das bedeutete.«

Der achtzehnjährige Nadav, der vor seiner Einberufung steht, stellt fest: »Mir war klar [...], dass es natürlich furchtbar wichtig ist, einzurücken, um den Staat und seine Einwohner zu verteidigen. Schau, man hat uns unseren Staat nicht auf dem Silbertablett serviert. [...] Unsere Väter und Großväter haben knochenhart für diesen Staat gearbeitet. Haben gekämpft und ihr Leben hingegeben.« In einer vom achtzehnjährigen Nadav und seinen Schulfreunden organisierten Petition, die ihren Widerstand gegen einen offenen Brief der ZWÖLFTKLÄSSLER zum Ausdruck bringen sollte, hieß es: »Wir betrachten den Wehrdienst als existenzielle Notwendigkeit und sehen ein, dass sich die Sicherheit und Unabhängigkeit des jüdischen Volks im Land Israel ohne Hilfe der Verteidigungsarmee unter keinen Umständen garantieren lässt. Wir möchten die Angehörigen der Streitkräfte, die uns schützen, unserer Unterstützung versichern und zu gegebener Zeit auch selbst in ihre Reihen einrücken, in dem ehrlichen Willen, uns freiwillig für den Staat einzusetzen und nebenbei Moral, Ethik und Humanismus hochzuhalten.« Der Brief der Zwölftklässler führte dazu, dass mehrere patriotische Petitionen abgefasst wurden; in einer davon er-

---

2 Da eine wichtige Aufgabe der Grenzpolizei darin besteht, der Armee zu helfen, insbesondere in den besetzten Gebieten, versorgt Zahal sie mit Personal.

klärten die Unterzeichner, Gymnasialschüler: »Wenn wir nicht kämpfen, wird niemand für uns kämpfen.« Interessanterweise räumt sogar ein Kriegsdienstverweigerer aus Gewissensgründen wie Noa ein: »Ich sage nicht, man sollte die Armee auflösen, das würde unsere Existenz gefährden.« Und ein Drückeberger wie Amir erklärt: »Ich sage nicht, dass ich antimilitaristisch bin und dafür eintrete, die Armee aufzulösen und zu sagen, es langt. Ich glaube nicht, dass Israel ohne Streitkräfte existieren kann. […] Ich sage nicht allen: Werft die Waffen weg. Ich sage nur, dass ich die Waffe wegwerfe. Was passieren würde, wenn alle die Waffen wegwerfen würden? Das ist eine gute Frage.« Ähnlich äußert sich Omer, der der Armee als Wehrdienstverweigerer den Rücken gekehrt hatte, seine Meinung seitdem jedoch geändert hat: »Im Moment muss man zum Schutz Israels handeln und zum Schutz der Menschen, die hier leben.« Ein Befragter, der aufgrund seiner doppelten Staatsbürgerschaft eine kurze Zeit lang – als Achtzehnjähriger – darüber nachdachte, in New York zu bleiben und nicht zur Armee zu gehen, sagt über Pazifisten nun: »Schwachsinn, Schwachsinn […] da kommen alle Araber und bringen uns um […]«

Einige der Befragten sprachen von der Unumgänglichkeit unangenehmer und Not hervorrufender Tätigkeiten, so wie Ronen, der erklärt, wieso Kontrollpunkte nötig sind: »Ohne die Kontrollposten wird es hier 1.000 Tote mehr geben.« Nir, dem seine Überzeugung von damals heute peinlich ist, diente in der Eliteeinheit DUVDEVAN. Er zitiert eine Stelle aus seinem Tagebuch: »Wir haben einen Anschlag im Herzen des Lands verhindert«, und kommentiert sie heute so: »Was für ein Schwulst. Man muss verstehen, dass ich fest an die Richtigkeit des Wegs glaubte. […] Ich denke wirklich, dass ich innerlich stolz nach Hause ging. Ich wusste, ich hatte einen getarnten Einsatz in Ramallah durchgeführt und einen Verdächtigen gefasst, hatte ihn in der Verkaufsbude überwältigt, und er war bewaffnet und plante einen Anschlag in Tel Aviv.« Elad, ein weiterer Duvdevan-Kämpfer, sagt: »Ich nehme einen Verdächtigen fest, weil er die Sicherheit des Staats beeinträchtigen möchte.« Und Alon erläutert: »[…] mir ist im Verlauf des Diensts klar geworden, dass das, was ich mache, sein muss. Unter Feuer und auch allein mit wenigen Kämpfern in feindlichem Gebiet war mir klar: »Wenn ich es nicht tue, dann kommt der nächste Anschlag in Tel Aviv oder in Natania. Mir war klar, dass das, was ich tue, das Richtigste ist – seelisch, moralisch, geistig, in jeder Hinsicht. Auch wenn du weißt, […] dass du dich vielleicht selbst aufopferst – mir war klar, warum ich es tue. Auch als Ehemann, der eine Frau zu Haus hat, war es mir klar. Ich hatte nie ein Problem.«

## Ideologien

Die Bereitschaft, auf gewisse Bequemlichkeiten zu verzichten und das eigene Lebensrisiko dadurch zu erhöhen, dass man freiwillig in einer Kampfeinheit dient, wenn es nicht um das Überleben geht, ist manchmal auf ideologische Gründe zurückzuführen. Gruppen wie die Hisbollah oder die Hamas-Kämpfer – was immer man auch über ihre Werte und ihre Moral denkt – handeln aus ideologischem Eifer. Ideologische Motive entstammen häufig der Liebe zu seinem Land und können sehr emotional sein. Im Falle Israels ist es für einige die Liebe zum »Land Israel« geworden – ein Begriff, der auch Gebiete jenseits der international anerkannten Grenzen des Staates Israel umfasst.

Die andauernde Besetzung des Westjordanlands und die Überwachung der palästinensischen Zivilbevölkerung sind zu einem zentralen Thema in der öffentlichen Diskussion in Israel geworden. Das Problem spaltet das Land, und viele sind in dieser Angelegenheit ideologisch motiviert. Die Grundlage ist für viele die Religion: Sie glauben, dass die Gebiete, die 1967 besetzt wurden, Teil des Lands bilden, das den Juden von Gott versprochen wurde und das deshalb nicht aufgegeben werden darf. Andere führen zwar kein orthodoxes Leben, teilen aber den Glauben, dass die besetzten Gebiete tatsächlich Teil ihres Lands sind.

Orthodoxe Juden sind derzeit der motivierteste Teil der israelischen Gesellschaft. Umfragen haben ergeben, dass bei den Ultraorthodoxen wie auch beim Rest der religiösen Bevölkerung erheblich größere Einwände gegen jegliche Gebietszugeständnisse an die Palästinenser bestehen als bei den Säkularen, die befragt wurden, oder sogar bei denen, die sich selbst als Traditionalisten[3] beschreiben. Ähnliche Ergebnisse wurden hinsichtlich der Frage eines palästinensischen Staats festgestellt.[4]

Ähnlich wies eine Umfrage, die die Ansichten von Elft- und Zwölftklässlern bezüglich des Wehrdiensts untersuchte, eine sehr viel höhere Motivation religiöser männlicher Jugendlicher, in der Armee zu dienen, als bei den säku-

---

3  Juden, die aus Traditionsgründen einen Teil der religiösen Gebräuche einhalten.
4  Laut einer Umfrage von 2006 sind 84 Prozent der Ultraorthodoxen und 79 Prozent der Religiösen gegen Gebietszugeständnisse an die Palästinenser; bei den Traditionalisten sind es 46 Prozent und bei den Säkularen 37 Prozent der Befragten. Ähnlich stimmten 21 Prozent der Ultraorthodoxen und 36 Prozent der Religiösen für einen palästinensischen Staat, während 51 Prozent der befragten traditionell Religiösen, 67 Prozent der traditionell Nichtreligiösen und 76 Prozent der Säkularen dafür waren (www.inss.org.il/ipo.php).

laren männlichen Jugendlichen nach.[5] Dies war nicht immer der Fall. 1990 waren lediglich 2,5 Prozent der Kadetten an der Infanterieoffiziersschule von ZAHAL religiös; diese Zahl ist auf 31 Prozent im Jahr 2007 gestiegen.

Ein religiöser Jugendlicher, der während seines Jahrs in der vormilitärischen Akademie interviewt wurde, erklärt: »Soldat zu sein ist eine Mizwa, eine religiöse Pflicht.« Und Lior, ein Offizier in der Panzertruppe, spricht über die Unterschiede zwischen religiösen und nicht religiösen Rekruten. Der Vorteil von Religiösen gegenüber Nichtreligiösen, sagt er, sei, dass »ein religiöser Mensch eine sehr starke Bindung an das Land hat. Sein Glaube führt ihn dazu, den Staat zu schützen [...]. Du siehst es seinen Augen an. Es ist der Glaube daran, dass es unser Staat ist. Nicht wegen der Kippa, sondern wegen der Werte, mit denen sie aufwachsen. Im Gegensatz zur religiösen Jugend, die mit Ausflügen, Heimatliebe, Thora aufgewachsen ist, wächst die säkulare Jugend mit Reality-Serien, mit ›Big Brother‹ auf [...] Du siehst junge Rekruten zur Grundausbildung antreten, diejenigen von den Jeschiwot und die, die woanders herkommen – meist siegen die Religiösen. Was heißt siegen? Bei denen sind die Werte selbstverständlicher, tiefer verwurzelt, sie wissen, was sie sich im Leben abverlangen wollen. Du siehst die säkulare Jugend ankommen und vor deinen Augen zusammenbrechen. Du musst sie neu formen.« Alon, ein religiöser Offizier in einer der Sondereinsatztruppen, ist der gleichen Meinung: »Religiöse Jugend hat mehr Motivation. Das sieht man sehr stark in der Armee. [...] Religiöse sind eher bereit, persönliche Opfer zu bringen. [...] Wir glauben, dass dieser Staat uns gehört und dass er für das jüdische Volk Bedeutung besitzt. Der Staat ist bedeutsam als integraler Bestandteil von Thora und Glauben. [...] Das hängt ohnehin mit dem Schutz und der Verteidigung des Staats, der Heimat, des Volks zusammen.«

Im Gefolge der Operation Gegossenes Blei in Gaza 2008 wurde allgemein bekannt, dass das Militärrabbinat eifrig bemüht war, Soldaten anzufeuern, die auf dem Weg in den Kampf waren. Alon verteidigt dies: »Wenn ein Soldat in den Kampf zieht und sieht, dass sein Rabbiner zu ihm runter auf den Sammelplatz kommt, bewegt das was bei ihm. In biblischen Zeiten ist das praktisch genau so abgelaufen. Ein Priester hat den Krieg gesegnet. Auch das Gefecht ging so vor sich – die Bundeslade kam herab und zog den Truppen voraus.«

---

5  Soen, Dan: All Able-Bodies, to Arms. In: European Journal of Social Sciences, Vol. 6, Nr. 4, 2008.

In der Erklärung von Nofar, einer äthiopischen Jüdin, findet sich ein weiterer ideologischer Aspekt. Sie berichtet: »Meine Eltern sind drei, vier Monate zu Fuß gegangen, von Gondar bis zur sudanesischen Grenze, um ins Land einzuwandern. Menschen haben Strapazen durchgemacht, um herzukommen. Sie glauben, dass dies ihr Staat ist. Ein Teil ist unterwegs gestorben. Sie glauben, dass sie hier leben müssen. Deshalb werden sie ganz bestimmt nicht glauben, dass Araber in den Gebieten, die meinen, wir hätten ihren Staat besetzt, und israelische Bürger umbringen, irgendwelche Rechte haben.«

Sogar Amir, ein Drückeberger, äußert seinen Wunsch, einen Beitrag zu leisten: »Es war mir aber wichtig, einen Beitrag für den Staat zu leisten. Ich betrachte das nicht als Pflicht, es entspricht meinem Willen, mich einzubringen.« Amir meldete sich freiwillig, um zwei Jahre in einem zivilen Ersatzdienst zu arbeiten.

Eine der Maßnahmen, die Zahal ergriff, um auf die abnehmende ideologische Motivation zu reagieren, war die Ausdehnung des Netzwerks vormilitärischer Akademien für säkulare Jugendliche beider Geschlechter. Diese Akademien waren zunächst für junge religiöse Männer ins Leben gerufen worden. Die religiöse Führung war besorgt, der Wehrdienst in Kampfeinheiten würde die orthodoxen jungen Männer von ihrem religiösen Lebensstil und ihrem Glauben entfernen. Die VORMILITÄRISCHEN LEHRGÄNGE dienten dazu, den jüdischen Glauben der Jugendlichen vor ihrer Einberufung zu stärken; in der Folge erhöhte sich der Zulauf religiöser Männer zu den Kampfeinheiten.

## Normen

Was früher als Ideologie wirksam war, wandelt sich manchmal zu Trends oder zu einer Mode. Dies kann auch der Fall sein bei der Motivation, in der Armee zu dienen: Sie stellt zum Beispiel den Rest einer vorangegangenen Überlebensmotivation dar, die selbst nicht länger erforderlich oder gerechtfertigt ist.

Or sprach von der vorherrschenden Norm unter seinen Freunden bei den Pfadfindern, seiner engsten Bezugsgruppe: »Die mir wichtigste Clique war der Pfadfinderstamm, die sind auch heute noch meine Freunde. Dort war von vornherein alles klar, die Frage lautete nur, wie geht's am stärksten, am höchsten, wie schaffst du's in die bestmögliche Einheit. Der Gedanke, vielleicht nicht einzurücken, kam gar nicht erst auf. Dir war klar, und in deinem Kreis war klar, dass du in der kämpfenden Truppe dienen und dein Möglichstes geben würdest. Es ging nicht darum, dem Staat zu dienen, das war zu hochtrabend. Es war mehr dein persönliches Projekt, und da ging es zweifellos um die Einsicht, dass du was machst, das nicht nur dir selbst und deinem Ansehen dient.«

Mehrere Befragte sprachen von dem Einfluss, den der Unterricht über das Vermächtnis vergangener Schlachten auf ihre Motivation hatte. Das israelische Bildungssystem sieht nicht nur die Abhaltung von Erinnerungszeremonien für gefallene Soldaten vor, sondern auch Lektionen über ihre Tapferkeit; insofern spielt es eine wichtige Rolle dabei, Respekt für Zahal einzuflößen und die Fortführung eines militärischen Ethos zu sichern. »Geschichten über Kriege, Kämpfer und das Vermächtnis vergangener Schlachten im Geschichts- und Heimatunterricht in der Schule« hatten dazu beigetragen, dass bei einem Befragten der Ehrgeiz geweckt wurde, Kampfsoldat zu werden. Er erklärt: »Du wächst auf mit diesen geilen Geschichten über Heldentum, die du im Unterricht über die Geschichte deines Lands erfährst.« »Die Motivation, in den kämpferischsten Einheiten zu dienen, bekommt man […] von der Familie und der Schule eingeimpft«, so stellt Nir die Formierung des Gemütszustandes junger Israelis dar.

Kibbuzim standen einst an der Spitze des säkularen, linksgerichteten ideologisch motivierten Engagements in Israel. Die Norm in Kibbuzim erforderte nicht nur die Motivation zu dienen, sondern auch die Motivation, in einer Kampfeinheit zu dienen. Der Wunsch, Militärdienst zu leisten, ist infolge der rechten Agenda, der das Land in stetig zunehmendem Maße gefolgt ist und die den meisten Kibbuzim fremd ist, in Kibbuzim gesunken. Wenn es jedoch tatsächlich zur Einberufung kommt und der Dienst in Kampfeinheiten ansteht, sind Kibbuz-Jugendliche weiterhin hoch motiviert und gehen in höherer Zahl zur Armee als Jugendliche aus der Stadt.[6] Ein Kibbuznik sagt: »Ich wusste, dass ich ein Kämpfer sein würde, da dies praktisch die Norm in den Kibbuzim ist.« Ähnlich berichtet Dor: »Ich lebe in einem Kibbuz, in dem Konsens ist, dass du Wehrdienst leistest und natürlich was Kämpferisches machst, so du kannst. Auch innerhalb der kämpfenden Truppe willst du Überdurchschnittliches leisten.«

Häufig spielt die Familientradition eine Rolle; gelegentlich übt die Familie sogar Druck aus. Ronen, dessen Vater und älterer Bruder Fallschirmjäger waren, erzählt: »In meiner Familie und auch im Freundeskreis bestand gar

6  Soen, Dan (wie Anm. 5)

kein Zweifel, ob man zum Militär geht oder nicht. Es war klar, dass man hinging. […] im Alter von vierzehn oder fünfzehn wusste ich, dass ich was Anspruchsvolles anstrebte, möglichst etwas, das mein Umkreis für wichtig hält. So empfand ich in dieser Sache. Ich würde echter Frontkämpfer sein oder in einer Eliteeinheit. […] Das war das Ideal. Ich schätze, in dem Stadium hatte das nichts mit Ideologie oder Patriotismus zu tun. Es hatte eher mit Selbstverwirklichung zu tun und mit einem Standard, von dem ich meinte, dass meine Eltern ihn setzten, die Umgebung ihn setzte, dass das von mir erwartet wurde.«

Elad äußert sich über den Einfluss, den der Umstand auf ihn hatte, dass seine älteren Brüder in Kampfeinheiten dienten: »Schon in der Grundschule war mir klar, dass ich in die kämpfende Truppe will. […] Wenn meine Geschwister einen anderen Weg eingeschlagen hätten – ich weiß nicht, ob es dann anders gelaufen wäre, aber die Entwicklung wäre eine andere gewesen.« Gal erklärt: »Der Wille, Kampfsoldat zu werden, […] lag auch an meinem Bruder, der in der FLOTTILLE 13 war, und zuerst wollte ich auch gern zur Flottille 13.« Ebenso führt ein Soldat, der Fallschirmjäger wurde, aus: »Es war sehr wichtig für mich, zu einer Kampfeinheit zu gehen, da sowohl mein älterer Bruder als auch mein Vater dies getan hatten und mein Großvater bei der PALMACH gewesen war. Ich hatte das Gefühl, dass jeder einmal an die Reihe kommt und dann sein Möglichstes tun muss, und ich hatte das Gefühl, dass dies das Möglichste sein würde, das ich tun konnte.«

Wie wichtig Familien für die Motivationsbildung sind, wurde von General Jaffe, dem Oberkommandierenden der Zahal-Artillerie, bestätigt. Er erläuterte, wie es der Artillerie, die auf der Wunschliste von Rekruten nicht gerade oben stand, gelang, ihr Image zu ändern. In einem Interview beschrieb er, wie Artillerieoffiziere jeden Rekruten, der der Artillerietruppe zugeteilt ist, zu Hause besuchen, noch bevor er einrückt. Der General fügte hinzu: »Wir haben festgestellt, dass die Familie sehr wichtig für die Motivation ist. Nach einem solchen Besuch kommt das Kind viel besser vorbereitet zur Armee.«

Wichtig ist ebenso der Eindruck, den man auf seine Freunde macht. Ein Befragter, der im Ausbildungszentrum für Terrorbekämpfung gedient hatte, erklärt: »Du möchtest das Ansehen, du möchtest den Ruhm, du möchtest am Wochenende mit der [richtigen] Uniform, dem Abzeichen, der Pistole nach Hause kommen, um dich wie ein Mann zu fühlen, um dich gut zu fühlen […] wenn man nach Hause kommt und ein Bier trinkt und gefragt wird, wo man dient, und man MATKAL-KOMMANDO sagt, und sie Wow sagen. Das ist der Ruhm, darum geht's.« Daniel nennt es den neuen Zionismus. »Du willst in die

Matkal, weil es die größte Ehre ist, dort zu dienen. Du hast ein T-Shirt des Kommandos, und wenn du das deiner Freundin schenkst, ist das überhaupt super. Wenn sie mit deinem T-Shirt in der Kneipe sitzt, ist das das Höchste, wie ein Pfau. Du bekommst zwei Preise: die Einheit und eine Freundin, die zu Hause auf dich wartet.«

In ähnlicher Weise erläutert Or, dass der Nimbus nicht von den Einsätzen herrührt, sondern davon, wie schwer es ist, in die Einheit zu kommen: »Es kommt alles auf die Spezialausbildung an, die du durchläufst, welches Auswahlverfahren du dafür bestanden hast, wie viele Anwärter während der Ausbildung ausgeschieden sind. [...] und danach das besondere Abzeichen deiner Einheit, das du bekommst, und dann gehst du noch mit diesen tollen Stiefeln. Für die meisten Leute liegt die Aura nicht in der Aufgabe, sondern in dem schwierigen Weg dorthin, in der Härte und in den Äußerlichkeiten.«

## Individualisten

Das Rekrutierungsverfahren der Armee fängt früh an, ein bis eineinhalb Jahre vor der Einberufung. Das Verfahren ist mittlerweile so gut organisiert, dass die meisten Soldaten nur ein paar Stunden im Empfangs- und Auswahlbereich verbringen – ein Aufenthalt, der in der Vergangenheit Tage und manchmal sogar Wochen gedauert hat. Die von Zahal eingeführte Vorauswahl erspart der Armee Zeit, da die meisten Schritte schon erfolgen, während die Rekruten noch Zivilisten sind. Sie führt außerdem zu mehr passenden Zuteilungen zu den verschiedenen Einheiten, da die Auswahl mit weniger Eile getroffen wird. Ein weiterer wichtiger Vorteil für die Armee ist, dass es ihr gelungen ist, das Verfahren aufzumöbeln und eine Nachfrage unter Rekruten nach »speziellen« Einheiten zu schaffen. Eine ganze Reihe von Prüfungen und Auswahlverfahren, die der Rekrut bestehen muss, um in eine Sondereinheit aufgenommen zu werden, lässt das Ziel besonders attraktiv erscheinen. Die Armee hat auch die Zahl solcher Eliteeinheiten erhöht, um der Nachfrage nach speziellen statt der üblichen Einheiten gerecht zu werden.

Um ihre Erfolgschancen zu verbessern, nehmen viele Israelis an privaten KAMPFFITNESSKURSEN teil. Mehr als die Hälfte der Interviewten berichteten, sie hätten an solch einem privaten Training teilgenommen. Einige dieser Kurse sind ziemlich teuer, und junge Männer verbringen viele Monate, manchmal sogar mehr als ein Jahr damit, sich zwei oder drei Nachmittage pro Woche für die verschiedenen Tests und Auswahlverfahren vorzubereiten. Einer, der den Prozess durchlaufen hat, erklärt: »Du kommst zum Auswahlverfahren und findest dort 500 Jungens vor, die für dieses Verfahren ausgewählt wurden, und sie alle wollen so gerne ihr Ziel erreichen und kämpfen um etwa dreißig Plätze. Wenn du es schaffst, bleibst du nicht der, der du warst …« Ein anderer, Gal, sagt: »Nachdem ich […] in das Auswahlverfahren für das Matkal-Kommando kam, […] hab (ich) mir gesagt: Los, peilen wir das an, und wie toll, und das ist wirklich eine hervorragende Wahl. Bei der Matkal ist das meiste geheim, im Prinzip weißt du gar nichts und hast keine Ahnung, was die so machen. Ich weiß, die Einheit führt Einsätze durch, und ich weiß, dass sie dort haufenweise Lehrgänge haben, worauf ich besonders scharf war. […] Ich kann's nicht erklären, aber das hat mich gereizt.«

Eine erfrischend aufrichtige Erklärung für seine persönliche Motivation lieferte Guy: »Man muss bedenken, dass die Armee die größte Organisation im Land und dass sie dort tatsächlich das nötige Geld haben, um was in dich zu investieren. Sie können dir Kurse und Erfahrungen bieten, an die du sonst im Leben nicht rankommst, egal wo du bist. Wer hätte denn gedacht, dass du in drei Jahren tauchen können wirst, Fallschirmspringen, Snappling, oder dass du dann Sanitäter sein wirst, wer hätte das geahnt? […] man sollte das ausnutzen […] Ich gehe von der Annahme aus: Super, ich steuer was für den Staat bei, ich gebe meine drei Jahre, aber ich will auch mein volles Potenzial verwirklichen, ich möchte in dieser Zeit vorankommen. […] Ich betrachte es echt nicht als Zeitverschwendung. Du gehst hin und benutzt die Armee, und die will auch, dass du sie ausnutzt.«

Ein Interviewpartner beschreibt seine Enttäuschung darüber, dass er nicht zur Offiziersausbildung geschickt wurde, und sagt: »Ich bin zur Armee gegangen, nicht nur um zu geben, sondern um bis zu einem gewissen Grad auch etwas zu bekommen.« Ofer spricht von der persönlichen Entwicklung, die er sich von dem Militärdienst erhofft: »Zahal macht dich reifer, darüber hinaus ist es eine riesige Erfahrung – schwierig, aber positiv. Ein weiterer Aspekt sind die Freundschaften, die man während des Armeedienstes schließt; das sind Freundschaften fürs Leben.« Ein anderer spricht von der Erfahrung eines Lebens draußen im Freien und im Feld und von seinem Wunsch nach Selbstverwirklichung. Shay, dem es nicht gelang, in die Ausbildung zum Piloten zu kommen, erklärt: »Ich wollte kein Kampfsoldat werden. Ich wollte das Prestige des Piloten haben und hoffte, als Bordtechniker wenigstens durch die Hintertür reinzukommen.« Nir beschreibt, wie er sich als Teenager von der sexy Uniform und dem ganzen Beiwerk angezogen fühlte: »ein Nachbar [...] kam mit all den geilen Äußerlichkeiten an, [...] das heißt mit dem roten Barett, dem Fallschirmspringerabzeichen, ohne Truppenemblem, sodass man dich nicht zuordnen kann, und dieses Nebulöse macht die Sache sexy. Dazu kommen die Pistole und die roten Stiefel. Außerdem sah er blendend aus, super geil. Das hat einen Mordseindruck auf mich gemacht.«

Ein Rekrut, dem ein Wehrdienst als Techniker angeboten worden war, erklärt, wieso er lieber in einer Kampfeinheit sein wollte: »Ich habe nach etwas gesucht, durch das sich meine Persönlichkeit entwickeln würde [...] du verlässt dein Elternhaus [...] du wirst zu einem unabhängigen Menschen, der mit schwierigen Situationen umgehen kann [...] Es gibt auch einen Vorteil, wenn du in einer Technikeinheit dienst; es schenkt dir praktische Erfahrungen fürs Leben. Aber danach habe ich nicht gesucht.«

Was ich als »hormonell« bezeichnen würde – die Sehnsucht eines jungen Manns, ein Kämpfer zu sein – lässt sich am besten durch die Worte eines Soldaten deutlich machen, der als Einzelkind – sehr zu seiner Enttäuschung – nicht in einer Kampfeinheit aufgenommen wurde: »Jeder junge Mann will ein Kämpfer sein [...] wenn du Leuten sagst, dass du ein *Jobnik*, ein nicht kämpfender Soldat, warst, zählt es nicht genauso viel.«

Mehrere der Befragten besuchten vormilitärische Akademien, deren Programm auch die Vorbereitung auf soziale Führung umfasst. Teilnehmer werden ermuntert, ihr Ego außer Acht zu lassen, selbst wenn sie die Möglichkeit erhalten, in einer Eliteeinheit zu dienen, und ihren Pflichtwehrdienst in regulären Bataillonen und Einheiten zu absolvieren, die eine Unterstützung durch »qualitativ hochwertigere« Soldaten nötig haben. Allerdings ist der Wunsch nach Selbstverwirklichung der Jugendlichen häufig stärker als die Ideale, die ihnen beigebracht werden.

So berichtet Ofer, »aufgrund des Lehrgangs erwäge ich jetzt einen Richtungswechsel, denke an was anderes, nicht an Kommandoeinheiten. Denn jetzt meine ich, dass es kein Problem sein dürfte, in eine Kommandoeinheit zu gelangen, aber dass es doch eigentlich darauf ankommt, was für die Armee wichtig ist. [...] Ich hab angefangen, darüber nachzudenken. [...] Ich hab mir gesagt, vielleicht ist es gar nicht meine Aufgabe, ganz nach oben zu kommen, vielleicht sollte ich lieber unten sein, um die, die unten sind, nach oben zu bringen. Vielleicht sollte ich diejenigen führen, die eigentlich gar nicht einrücken wollen, ihnen meine Motivation vermitteln und sie in den Kampf führen. Vielleicht sollte ich deshalb zur Infanterie einrücken. Ich geh trotzdem noch zum Tag der Kommandoeinheiten, aber ich meine, auch wenn ich ein Auswahlverfahren bestehe und was bekomme, unterschreibe ich eine Verzichtserklärung. [...] Ein Freund von mir hat mich auf die Idee mit der Kfir oder der Givati gebracht. Es ist bekannt, dass die Bataillone dieser beiden Brigaden, Kfir und Givati, einen grottenschlechten Ruf haben.« Doch Ofers Ego war stärker als die Ideale, die während des Lehrgangs vermittelt wurden: »Ich habe die Idee von den Fallschirmjägern ins Spiel gebracht. Du hast recht, Fallschirmjägerbataillone – das sind nicht gerade unmotivierte Leute. Wir denken jetzt im Lehrgang daran, als Gruppe einzurücken. Wir sind qualifizierte Leute, also setzen wir doch auf Führungspositionen mit annehmbaren Dienstbedingungen. Wir strengen uns hier schließlich nicht für nichts und wieder nichts an. Wir wollen es weit bringen, und wir wollen unsere Untergebenen sehr weit bringen. Da verdienen wir schließlich…« Am Ende versuchte Ofer, in eine der Spezialeinheiten zu gelangen.

Ein anderer Jugendlicher, der während seines Jahrs auf einer vormilitärischen Akademie interviewt wurde, sagt: »Ich beschloss, es bei einem Auswahlverfahren für die Sondereinheiten zu versuchen und nur dann den [regulären] Bataillonen beizutreten, wenn ich beim Auswahlverfahren durchfalle. Klar, das ist nicht das Grundprinzip des Lehrgangs, aber von diesem Prinzip bin ich nicht überzeugt. Ich denke, dass es nur natürlich ist zu versuchen, in die für einen bestmögliche Einheit zu gelangen, und wenn man es in eine Einheit schafft, zu der man wirklich will, wird deine Motivation sehr viel höher sein.«

## Moralische Bedenken – vor, während und danach

Jugendliche, die sich entschließen, nicht zur Armee zu gehen, sei es als Wehrdienstverweigerer oder als Drückeberger, machen damit eine Aussage. Doch was ist mit den anderen – der Mehrheit der jungen Israelis –, wie viele Gedanken machen sie sich darüber, welche moralischen Probleme es bei ihrem Wehrdienst geben könnte?

Ein intelligenter Interviewpartner, der zum Zeitpunkt des Interviews eine vormilitärische Akademie besuchte, die großes Gewicht auf Ethik und soziale Verantwortung legte, gibt eine typische Antwort auf die Frage, ob es irgendetwas gäbe, das er aus politischen oder moralischen Gründen nicht zu tun gewillt sei: »Nein, schließlich ist es die Armee. Wenn es Verfehlungen gibt, müssen sie diskutiert werden, aber niemand sollte gegen die Armee sein, das wäre falsch.« Ein anderer, dessen Ansichten stärker rechtsgerichtet sind, erklärt: »Du tust, was du tun musst. Es stört mich nicht allzu sehr.«

Die allgemeine Einstellung scheint der von Ofer zu entsprechen, der über die Schwierigkeit, Siedler zu vertreiben, sagt: »Ich finde, dass ich nicht genug weiß, um zu beschließen, nicht mit der Armee übereinzustimmen.«

Bis 1967 bestand der Hauptzweck des regulären Militärdiensts darin, Soldaten auf einen möglichen Krieg vorzubereiten und eine ausgebildete Reservearmee aufzubauen. Israels Entscheidung, an den Gebieten, die es im Sechstagekrieg besetzt hat, festzuhalten und diese zu besiedeln, sowie der Aufstand und bewaffnete Widerstand der Palästinenser haben die Rolle, die Soldaten heute spielen müssen, verändert.

Die Soldaten, denen beigebracht wird, wie man tötet, und denen die wirkungsvollsten Waffen gegeben werden, schickt man dann in palästinensische Städte und Dörfer, um sich mit Steine werfenden palästinensischen Jugendlichen auseinanderzusetzen. Die Soldaten sind dazu ausgebildet, extreme Gewalt anzuwenden, um Schlachten zu gewinnen. Diese Gewalt so zu dosieren, dass man eine zivile Bevölkerung im Zaum halten kann, die deren Präsenz ablehnt, ist nicht einfach. Tatsächlich hat Zahal hierbei versagt – wie das wahrscheinlich auch bei den meisten anderen Armeen der Fall wäre. Ein offenes Eingeständnis kam vom Brigadekommandeur und den Bataillonskommandeuren von Oberleutnant Adam Malul, der von einem Militärgericht wegen des Schlagens palästinensischer Häftlinge während des Verhörs schuldig gesprochen worden war. Oberst Virob, der Kommandeur der Kfir-Brigade, erklärte: »Wir werden jeden festnehmen, verhören und unter angemessenen physischen Druck setzen, um an den einzelnen Terroristen heranzukommen. Von allen Druckmitteln, die wir einsetzen, richtet sich der Hauptteil gegen unbeteiligte Menschen: die Checkpoints, das Durchkämmen ganzer Viertel, die Befragung von Passanten […] sie vor eine Mauer stellen, herumschubsen, ein Schlag, der keine Verletzung hervorruft. Das sind Dinge, von denen sicher gemeinhin Gebrauch gemacht wird in dem Versuch, diesen Auftrag zu erfüllen.« Sein Bataillonskommandeur fügt hinzu: »Ich verlasse mich auf das Urteilsvermögen der [untergeordneten] Kommandeure – […] ein leichter Schlag oder Hieb, um Informationen herauszubekommen […] Es gibt keine Regel, nichts Schriftliches.«[7] Für sein offenes Eingeständnis eines Sachverhalts, von dem alle schon immer wussten, der aber

---

7  Roi Sharon, in: Maariv, 15.5.2009; siehe auch: www.nrg.co.il/online/1/ART1/890/990.html

nie zuvor zugegeben worden war, wurde Oberst Virob von seinem Kommandeur gerügt.

Kann man von Achtzehnjährigen die Reife erwarten, solche moralischen Dilemmas in der rechten Weise abzuwägen? Möchte die israelische Gesellschaft, dass ihre Söhne diese Situationen als Dilemmas betrachten? Welche Mittel stehen ihnen zur Verfügung? Die meisten Israelis wissen, dass »offensichtlich rechtswidrige Befehle« verweigert werden müssen. Und trotzdem weiß kaum jemand wirklich, was ein offensichtlich rechtswidriger Befehl ist. Der Begriff geht zurück auf den KFAR-KASSEM-Vorfall von 1956, bei dem 47 israelische Araber von Zahal getötet wurden. In den Tagen vor dem Sinai-Feldzug ordnete die israelische Armee eine Sperrstunde für alle israelisch-arabischen Dörfer nahe der jordanischen Grenze an. Die israelischen Grenzschutzsoldaten erhielten den Befehl, bevor die meisten Araber aus den Dörfern – von denen viele zu diesem Zeitpunkt bei der Arbeit waren – informiert werden konnten. Als die Dorfbewohner von der Arbeit nach Hause zurückkehrten, eröffneten einige israelische Soldaten das Feuer auf sie. In seinem Urteil beschrieb der Richter, der die Soldaten vor Gericht stellte, den Befehl als einen offensichtlich rechtswidrigen Befehl, der verweigert werden musste.

Obwohl der Vorfall von Kfar Kassem und seine Bedeutung im Schulunterricht behandelt werden, waren die meisten Befragten außerstande, eine klare Definition zu geben, als sie auf die offensichtlich rechtswidrigen Befehle angesprochen wurden. Ein Absolvent einer vormilitärischen Akademie, der bestätigte, dass das Thema während des Lehrgangs durchgenommen worden war, hatte Schwierigkeiten, genau zu erklären, worum es sich hierbei handelt: »Es ist etwas, das nicht moralisch ist; es ist schwer zu erläutern. Wir haben eigentlich viel damit zu tun. Ich kann Ihnen die Definition geben […] Ich kann es nicht genau erklären, es ist etwas, das dir ins Auge sticht und dir das Herz zerdrückt. Aber die Definition lautet, dass wenn dir etwas befohlen wird, das verstößt … gegen Grundwerte, Ehre und das Leben. Wenn ich in einer solchen Situation bin, werde ich es nicht tun.« Ofer, ein weiterer Lehrgangsteilnehmer, wusste alles über offensichtlich rechtswidrige Befehle und erwähnte sofort Kfar Kassem. Er gab an, dass die Situation unklar sei und fügte hinzu: »Ein offensichtlich rechtswidriger Befehl ist … ein Befehl, der wirklich die rote Linie überschreitet. Diese Linie ist sehr nebulös. Man soll sie angeblich kennen. Weil man es nicht erklären kann, weil alle möglichen Situationen eintreten können, sollte man genau wissen, wann ein Befehl die rote Linie überschreitet.« Auf die Frage nach einem Beispiel, das näher an der aktuellen Situation ist wie etwa Rabins

Befehl während der ersten Intifada, die Hände und Beine von Steinewerfern zu brechen, sagt Ofer, er wisse nicht, ob dies offensichtlich rechtswidrig war. Es hat den Anschein, als wäre es für israelische Schulen und Zahal sehr viel bequemer, sich an die eine Geschichte von 1956 zu klammern, statt Beispiele aus dem aktuellen Konflikt anzuführen. Ein dritter Teilnehmer der Akademie erklärte ebenfalls, dass ein offensichtlich rechtswidriger Befehl »ein Befehl sei, der gegen grundlegende Menschenrechte verstoße«, und fügte hinzu: »Aber ich bin mir nicht sicher, ob dies stimmt. Es ist eine Sache von Fall zu Fall, es ist kompliziert.«

Im interessanten Gegensatz zu diesen Jugendlichen, die an Diskussionen über offensichtlich rechtswidrige Befehle teilgenommen hatten, haben jene, die gesellschaftlich und wirtschaftlich benachteiligt sind, oft eine andere Weltanschauung. Dor, ein junger Oberleutnant, beschreibt seinen Versuch, seine Soldaten über die Bedeutung von Kfar Kassem aufzuklären: »Die Sache explodierte, weil sie es nicht als Massaker bezeichnet haben wollten. Es entstand eine hitzige Debatte. Manchen von ihnen war der Begriff des ›offensichtlich rechtswidrigen Befehls‹ völlig neu. Die Lektion war meine Privatinitiative.«

Ohne Zweifel will die Armee nicht, dass ihre Soldaten Illegales tun und dadurch Probleme entstehen. Doch eine Armee kann nicht funktionieren, wenn jeder Soldat den ihm eben erteilten Befehl auf seine Rechtmäßigkeit hin abwägt. Deshalb kommt diese unklare Situation Zahal höchstwahrscheinlich entgegen. Wenn intelligente Abiturienten, die zusätzlich an einer vormilitärischen Führungsschulung teilnehmen, schon nicht in der Lage sind, genau zu bestimmen, wo sie die Grenze ziehen sollen, wie kann man dann erwarten, dass der »einfache Soldat« das weiß?

Die Konfrontation zwischen der Loyalität gegenüber Freunden und der Loyalität gegenüber Werten ist ein weiterer Bereich, in dem Zahal-Soldaten in ein moralisches Dilemma geraten können. Ein sehr gewissenhafter junger Mann beschreibt einen Vorfall: »Einige der Soldaten in unserer Einheit waren riesig, echte Gorillas. Eines Tages, während einer ›Störung des Friedens‹[8], griff einer dieser Gorillas einen Zivilisten an und machte ihn richtig fertig. Keiner der Anwesenden, auch nicht sein Vorgesetzter, hielt ihn davon ab, bis klar wurde, dass das Opfer kurz davor war zu sterben. Der Soldat wurde vor das Mi-

---

8 »Störung des Friedens« ist ein allgemeiner Begriff, der verwendet wird, um unruhiges Verhalten von Palästinensern an einem Kontrollpunkt der Armee oder sonst wo zu beschreiben.

litärgericht gestellt. Ich hatte viel mit diesem Kerl erlebt, und plötzlich wurde er zu diesem Psycho. Ich habe mich gefragt, ob ich weiterhin sein Freund sein könnte. Von jenem Tag an war es schwer.«

Die Vorstellung, seine Freunde zu verraten, ist schwer erträglich. SCHOVRIM SCHTIKA (»Das Schweigen brechen«), gegründet 2004, ist eine Organisation von israelischen Veteranen, die Aussagen von Soldaten sammelt, die in den besetzten Gebieten gedient haben. Ein Interviewpartner, der Feldwebel in der Infanterie gewesen war, kritisierte heftig ehemalige Soldaten von ihm, die laut und deutlich über »Unregelmäßigkeiten« während der Operation Gegossenes Blei gesprochen hatten, einer Operation, an der er nicht teilgenommen hatte. Die Aussagen dieser Soldaten waren an die Presse geraten, dadurch kam es zu internen Untersuchungen, die disziplinarische sowie gerichtliche Verfahren zur Folge hatten. Dieser ehemalige Feldwebel kannte und schätzte auch die Organisation »Das Schweigen brechen« von einem Info-Meeting, bei dem er vor seinem Eintritt in die Armee war. Und doch kam er nicht damit klar, dass seine Soldaten geredet hatten. Zweifelsohne billigt er in keinem Fall ein Fehlverhalten, doch hätte er es vorgezogen, wenn die Angelegenheit »betriebsintern«, ohne in die Öffentlichkeit zu kommen, diskutiert worden wäre.

Ein Besucher einer vormilitärischen Akademie antwortet – in einem theoretischen Diskurs – auf die Frage, was er tun würde, wenn er an einem Kontrollpunkt Zeuge von Misshandlung eines Palästinensers durch einen Soldaten wäre: »Mein erster Instinkt wäre, den Soldaten aufzuhalten und ihn zu melden, da es unmoralisch ist. Andererseits ist dieser Soldat jemand, mit dem ich lebe, zusammen mit den anderen Männern. Es ist eine sehr heikle Angelegenheit und ich würde versuchen, es zu regeln, indem ich zunächst mit ihm rede. In extremen Fällen würde ich, glaube ich, die Wahrheit der Freundschaft vorziehen. Aber das ist nur Gerede. Ich war noch nie in einer solchen Lage. Wir haben über solche Zwickmühlen auf unserer vormilitärischen Akademie gesprochen, und das Ziel ist zweifelsohne, sich für die Wahrheit zu entscheiden. Ich weiß, was ich tun will, ich weiß, was ist.«

Das Problem ist: Wo zieht man die Grenze? Ein Großteil der Schikanierung von Palästinensern ist nicht rechtswidrig, sondern einfach ekelhaft und unmoralisch. Roy erzählt, dass er mehrfach dabei gewesen war, als Soldaten aus einer anderen Brigade palästinensische Kinder drangsalierten. Als ich ihn fragte, warum er sie nicht aufgehalten hatte, erklärte er: »Ich war nicht ihr Vorgesetzter, was hätte ich ihnen also groß sagen können? Du verstehst, das ist nicht so wie im Zivilleben. Ich bemühe mich täglich, ein guter Bürger und ein guter

Mensch zu sein. Ich bemühe mich, richtig zu handeln. Ich schaue nicht weg. Beim Militär ist das anders. Ein Mann erfüllt seine Aufgabe, und ich gehe nicht hin und stelle ihn zur Rede, ob er es richtig macht.«

Was moralische Probleme betrifft oder das Unbehagen bei bestimmten Aufgaben und wann man Nein sagt, ist das Gesetz eindeutig: Soldaten dürfen nur Befehle ablehnen, die offensichtlich rechtswidrig sind; diese müssen sie tatsächlich verweigern, sonst werden sie vor das Kriegsgericht gestellt. Alle anderen Befehle müssen befolgt werden. Ein Soldat darf sich beschweren, aber er muss gehorchen. Vorausgesetzt, dass sie keine politische Angelegenheit daraus machen, versucht die Armee, jenen Soldaten entgegenzukommen, die gewisse Aufgaben »unangenehm« finden. Die Armee ist in dieser Beziehung besonders nachsichtig mit Reservesoldaten, zum Teil auch deshalb, weil es nicht schwer ist, sich dem Reservedienst zu entziehen, und die Armee allen dankbar ist, die dies nicht tun. Daniel hatte seinem Kompaniechef vor der Einberufung zum Reservedienst, der auch den Einsatz an Kontrollpunkten für Palästinenser beinhaltete, gesagt, »dass ich gar nichts mit der Bevölkerung zu tun haben möchte, von mir aus könnte ich den ganzen Tag in der Küche verbringen.[9] […] Rede mit niemandem, kontrolliere keine Ausweise, nix. Ob das in Ordnung ist? Es ist das kleinere Übel«. Sein Kompaniechef ist religiös, und Daniel schließt daraus, dass er in seinen Ansichten höchstwahrscheinlich rechtsgerichtet ist: »[Er] schickt mich nicht auf gewisse Einsätze. Er ist klug genug, mich in Ruhe zu lassen, obwohl er verlangen könnte, dass ich alles mache wie die anderen auch. […] Andernfalls hätte er mich wohl als Soldaten verloren. Also sagt er nichts. Er respektiert mich und schätzt mich […].«

Maor, der als Reservesoldat aufgrund seiner Weigerung, in den besetzten Gebieten zu dienen, ins Gefängnis musste, berichtet, wie sein Kompaniechef versucht hat, eine Lösung zu finden, die er mit seinem Gewissen vereinbaren konnte. Er sagte zu Maor: »Du hast gesagt, du würdest verweigern. Lass uns irgendeine Lösung für dich finden. Werde Proviantmeister der Kompanie, werde Koch, werde was weiß ich was, mach den Kannenläufer, den, der die Wachposten mit Tee versorgt. Mach irgendwas, aber bleib in der Kompanie, meinetwegen unbewaffnet.«

Or beschreibt freimütig, wie er als Leiter eines Teams, das Palästinenser verhaftete, vermieden hat, in ihre Häuser einzudringen: »Ich mochte nicht in

---

9 Küchendienst ist unbeliebt und wird normalerweise von Soldaten gemieden.

die Häuser anderer Leute gehen, mochte es gar nicht, das hat mir ein ungutes Gefühl gegeben. [...] Die anderen wussten, dass ich das nicht tun würde. Keiner hat mich mehr dazu aufgefordert. Stimmt, du lässt es jemand anders machen. [...] Du bist dort, du siehst, was vor sich geht. Du verhinderst es nicht, du verhinderst gar nichts. Die meisten Dinge müssen auch getan werden, dir fällt es einfach schwerer, sie auszuführen.«

Or schildert auch, was manchmal in uniformierten Männern vorgeht: Ihre Uniform scheint ihre Herzen zu verschließen: »[...] ich tue es und lege mir dabei eine Maske an oder ich hülle mich irgendwie in Gleichgültigkeit, die charakteristisch für einen Soldaten in Uniform ist.« Dies ist eine interessante Verwendung des Worts Maske durch einen Mann, in dessen Einheit die Soldaten sich während ihrer Einsätze häufig als Araber verkleiden. Professor Eyal Ben-Ari weist bei der Schilderung seines eigenen Reservedienstes auf die Tatsache hin, dass einige seiner Freunde bei der Armee »das Tragen von Uniformen am ersten Tag ihres Reservedienstes als das Anlegen von Verkleidungen, als das Tragen von Masken bezeichnen«. Ben-Ari erläutert, was dahinter steht: »[...], denn die Verwendung von Masken oder Verkleidungen beinhaltet ein besonderes Potenzial für ein Verhalten, das vom zivilen Leben abweicht und dabei zur gleichen Zeit eine Norm setzt und in einem speziellen Sinne auch nicht maßgebend ist.«[10]


## Wehrdienstverweigerer, Refuseniks, Drückeberger

Wehrdienstverweigerung und Drückebergertum sind brisante Themen in der israelischen Gesellschaft. Es gibt kaum jemanden, der hierzu keine Meinung hat. Auch viele der Interviewpartner setzten sich mit der Frage auseinander, inwieweit es moralisch ist, in der Armee zu dienen oder den Dienst zu verweigern.

Die Armee möchte, dass das Problem nicht in die Öffentlichkeit kommt, und Jugendliche, die wissen, wie das System funktioniert, schaffen es, sich der Einberufung zu entziehen. Amir erzählt, wie er seine Freistellung erreichte: »Ehrlich gesagt, hatte ich nicht gedacht, dass es so glatt gehen würde. [...] Ich

---

10 Ben-Ari, Eyal: Masks and Soldiering. In: The Military and Militarism in Israeli Society, SUNY, Albany, 1999, S. 176

bin da ziemlich verblüfft weggegangen, weil alles so schnell überstanden war.« Ähnliches berichtet Matan: »Ich bin zum Militärpsychologen gegangen, habe ihm gesagt, ich sei durcheinander, hab einen Brief geschickt und dann wurde ich freigestellt. Es ist recht einfach. Wenn man sich stark genug gegen das System stemmt, wird man freigegeben.« Und Mosche erklärt: »Ich hab mich ein bisschen als Spinner verkleidet.«

Mit denjenigen hingegen, die wie Noa als Wehrdienstverweigerer einen Antrag auf Befreiung vom Militärdienst stellen, geht man ziemlich schroff um. Noa beschreibt ihre Qual vor der Gewissenskommission: »Die Kommission war furchtbar. Es war beleidigend, mehr als das, demütigend.« Zahal hält sich strikt an den Grundsatz, Verweigerung aus ideologischen Gründen nicht als Wehrdienstverweigerung aus Gewissensgründen zu akzeptieren. Somit fällt jeder, der wegen der Besatzung nicht dienen will, nicht in den von der Armee selbst eingerichteten Zuständigkeitsbereich.

Ziemlich viele der Interviewpartner erwähnten – befragt über Themen, die ein moralisches Problem für sie darstellen würden – die Schwierigkeit, Siedler »zwangszuevakuieren«. Das war nicht überraschend, wenn es von religiösen oder säkularen rechtsgerichteten Interviewpartnern vorgebracht wurde. Der achtzehnjährige Gal, der sich selbst als rechts stehend bezeichnet, war aufgeschlossen genug, um zu akzeptieren, dass es Menschen gebe, die aus Gewissensgründen nicht in den besetzten Gebieten dienen wollen – vorausgesetzt, dass sie dann woanders dienten. Genauso fand er, »wenn jemand auf der anderen Seite wirklich sagt, ich kann keine Siedlungen räumen[11], sagen wir ein Religiöser, der Verwandte in den Außenposten hat und Siedlungen räumen muss wie beim Abzug aus dem Gazastreifen[12], und das nicht kann, dann ist das in Ordnung, völlig okay, aber er soll weiter dienen und seine drei Jahre ableisten«. Lior, ein junger Offizier, der rechtsgerichtet ist und denkt, dass es falsch ist, die jüdischen Siedlungen aufzulösen, blieb unerbittlich: »Verweigerung von der Rechten, wenn es darum geht, Siedlungen zu räumen, muss man mit der Wurzel ausrotten. Ich bin nicht für die Räumung jüdischer Siedlungen, aber wenn ich in eine solche Situation käme, würde ich den Befehl ausführen, mit Tränen in den Augen, aber ausführen. […] Es kann nicht jeder Soldat herkom-

---

11  Gemeint ist der Beschluss der Regierung, jüdische Siedlungen zu räumen. Wo die Siedler sich der Räumung physisch widersetzen, wird die Armee eingesetzt, um den Beschluss mit Gewalt zu vollstrecken.
12  Siehe im Glossar unter GUSCH KATIF.

men und bestimmen, was er macht und was nicht. […] Wo führt das hin? Zur Spaltung.«

Nofar, eine Soldatin in einer Kampfeinheit, die gegen jegliche Auflösung von Siedlungen ist, sagt: »Ich halte es für legitim, Räumungen zu verweigern. Ich meine, du bist zwar Soldat des Staats, aber du musst auch deinen Verstand benutzen. Du kannst nicht gegen deine Moral angehen. Das Militär muss Soldaten, die meinen, das würde sie kaputtmachen, von der Erfüllung des Räumungsbefehls freistellen.« Den Linksgerichteten gegenüber war sie nicht so nachsichtig: »Wer nicht bereit ist, in den Gebieten zu dienen, kann nicht Soldat werden. Ich finde, man darf einem Soldaten nicht durchgehen lassen, dass er die Grenzen von 1967 zu verteidigen bereit ist, aber nicht die Gebiete, die 1967 erobert wurden.«

Besonders interessant ist die Einstellung gegenüber der Kriegsdienstverweigerung bei den Soldaten, die nicht nur aus links stehenden Elternhäusern stammen, sondern auch ihre eigenen Ansichten als linksgerichtet bezeichnen, Soldaten, die es falsch finden, an den besetzten Gebieten festzuhalten, und der Meinung sind, dass die Siedlungen aufgelöst werden sollten. Eran beschreibt, wie sich seine Haltung vor der Einberufung gebildet hat: »Auch wenn ich daran dachte, nicht einzurücken, war ich wohl in keinem Augenblick drauf und dran, tatsächlich zu verweigern, wenn ich es rückblickend betrachte. […] Ich wusste also, dass ich einrücken würde, hatte aber ein Problem damit. […] Da war auch die Frage, welches Echo das auslösen würde: Wie würde es aufgenommen werden, wenn ich glaubte, dass die Armee dort nicht sein sollte, und deshalb nicht hinging – abgesehen davon, dass ich dann mit mir im Reinen wäre. Das ging mir durch den Kopf, obwohl ich nicht verweigert hätte. […] mir war unbehaglich wegen der Besatzung, doch letzten Endes fand ich, dass nicht in der Armee zu dienen die Sache nicht voranbringt.«

Dor äußert sich über die Demonstrationen der Bewegung Ometz LeSarev (»Mut zu verweigern«), zu denen er während seines letzten Schuljahrs ging: »Einerseits war ich, von meiner ideologischen Identität und meinen politischen Ansichten her, sehr gegen das Militär, andererseits hatte ich mir in den Kopf gesetzt, in eine äußerst kämpferische Truppe zu kommen, in eine Kommandoeinheit aufgenommen zu werden oder so was.« Im Folgenden beschreibt er sein nahezu schizophrenes Verhalten: »Ich erinnere mich, dass wir im freiwilligen sozialen Jahr auf alle möglichen Demos gegen Zahal-Maßnahmen in den Gebieten gegangen sind, und einen Monat später war ich im Auswahlverfahren für das Matkal-Kommando.« Dor versteht, »dass die Armee heute, nach meinem Empfinden, lauter hochpolitische Dinge tut. Eine der wichtigsten Fragen hierzulande lautet heute, ob man in den Gebieten sein soll oder nicht. Das ist eine Frage, die das israelische Volk spaltet, und die Armee steht mittendrin«. Sein Urteil ist recht eindeutig: »Man darf nicht verweigern. Das ist mehr eine politische Debatte. Ich halte verweigern nicht für den richtigen Weg. Auch viele Leute von der Rechten möchten Befehle verweigern, weil Dinge geschehen, die gegen ihr Gewissen verstoßen – Siedlungen räumen. [...] Sonst fällt alles auseinander, zerbröselt. Was denn? Soll jeder entscheiden, was er macht?«

Wenn man nicht völlig desillusioniert wird, wie es einige der Interviewpartner beschreiben (Nir, Ido, Daniel, Maor), hat der Dienst in einer Armee, die als Besatzungsmacht agiert, häufig den gegenteiligen Effekt: Er sorgt dafür, dass man mehr nach rechts rückt. Ein Interviewpartner, frisch aus der Armee entlassen nach drei Jahren in einer hoch angesehenen Kampfeinheit, der während seines Dienstes eine beträchtliche Zeit in den besetzten Gebieten mit ziemlich vielen Einsätzen an Straßensperren und Kontrollpunkten verbrachte[13], antwortete auf die Frage, ob er sich selbst als linksgerichtet bezeichnet: »Ich komme aus einer links stehenden Familie und ich habe mich selbst stets als linksgerichtet betrachtet. Auf dem Gymnasium war ich politisch nicht interessiert, aber ich war für die Koexistenz offener, als ich es jetzt bin. Ich dachte damals: ›Zeigen wir ihnen [den Palästinensern] unseren guten Willen, und wir werden zu einer Übereinkunft kommen.‹ Doch ich habe erfahren, dass ihre Forderungen endlos sind. Ich habe [in der Armee] gedient, und ich habe Situationen erlebt, in denen ich nicht nur die gute Seite, sondern auch die äußerst hässliche Seite der Palästinenser gesehen habe. Es gab Zeiten, in denen ich Mitleid mit ihrer Situation hatte, und andere Male hat mich die Art, wie sie uns behandelten, angewidert. [...] Ich mache ihnen keine Vorwürfe; ich kann ihre Logik nachvollziehen, aber ich habe zu viele hässliche Seiten von ihnen gesehen, um sie unterstützen zu können. Ja, ich möchte, dass es ein Zusammenleben gibt, aber ich habe meine Einstellung geändert. Ich bin nicht gewillt, irgendein Gebiet aufzugeben. Früher war ich es.«

Ein ehemaliger Fallschirmjäger, der einige Jahre älter ist, erzählte: »Ich habe eine lange Zeit in der Gegend von Bethlehem verbracht; wir haben an den Absperrungen Dienst geleistet, wo die Araber kontrolliert werden, die zum Ar-

---

13  Viele der Gesprächspartner bezeichneten den Dienst an den Kontrollpunkten als die härteste und die aufreibendste Aufgabe.

beiten nach Israel fahren und abends wieder zurückkommen. […] Du schießt,
auf dich wird geschossen […]« und erklärte: »Wenn du mich fragst, haben alle
Soldaten, insbesondere aber jene, die in Kampfeinheiten dienen, eher rechtsgerichtete Ansichten. Durch die Armee driftest du mehr nach rechts, als du
vor dem Einrücken warst. Weißt du, wenn du in die Kampfeinheit eintrittst,
lernst du nicht nur, wie man kämpft, sondern du wirst auch mit Geschichten
über Schlachten und Heldentaten gefüttert. Als Fallschirmjäger wirst du stolz
auf das rote Barett, auf berühmte Schlachten, wie die Eroberung Jerusalems,
an denen die Fallschirmjäger teilgenommen haben. Jetzt, fünf Jahre nach Beendigung meines Wehrdiensts, sind meine Ansichten wieder ausgewogener.
Obwohl, über die Gebiete habe ich immer noch keine klare Meinung.«


## Und das Fazit

Der Nahe Osten geht durch eine Phase zunehmender Volatilität. Es ist fast trivial festzustellen, dass Israels militärische Situation in hohem Maße von den
Entwicklungen in den benachbarten Ländern abhängt. In solchen Zeiten fühlen sich Israelis weniger sicher, und das Bedürfnis nach einer starken Armee ist
besonders ausgeprägt.

   Israelische Regierungen haben sich seit vielen Jahren erfolgreich darum
bemüht, einen Konsens über die unbestreitbare Notwendigkeit, in der Armee
zu dienen, aufrechtzuerhalten. Dieser Konsens gründete auf der Vorstellung
eines jüdischen Staates, der umgeben ist von Arabern, die ihn vernichten wollen. Diese Schwarz-Weiß-Malerei darf seit einiger Zeit infrage gestellt werden.
Doch Erans Worte bringen es wohl noch immer auf den Punkt: »[…]du wächst
hierzulande in dem Bewusstsein auf, dass es falsch ist, nicht zur Armee zu gehen.«

# Glossar

BNE AKIVA: Nationalreligiöse Jugendbewegung.

BRIGADE-SPEZIALEINHEITEN (Jechidot Chativatiot): Aufklärungs-, Pionier-
und Panzerabwehreinheiten, die innerhalb ihrer Brigade eine gewisse Ei-
genständigkeit besitzen. Sie sind beliebt, weil der Dienst hier in kleineren,
»fachspezifischen« Gruppen erfolgt, während der Einzelne sich im Bataillon eher in der Menge verliert. Anwärter für die Brigade-Spezialeinheiten
müssen ein Auswahlverfahren und Eignungstests bestehen, was allein
schon für erhöhtes Ansehen sorgt. Das Auswahlverfahren wird in der spezifischen Brigade-Spezialeinheit vorgenommen.

B'TSELEM: Israelisches Informationszentrum für Menschenrechte in den besetzten Gebieten (Judäa und Samaria), gegründet 1989 von Akademikern,
Juristen, Ärzten, Journalisten und Knesset-Abgeordneten. Die Organisation sieht ihre Aufgabe vor allem darin, gegen Menschenrechtsverletzungen
in den Gebieten vorzugehen, indem sie entsprechende Fälle dokumentiert
und einer breiten Öffentlichkeit und den politischen Entscheidungsträgern
zugänglich macht. Außerdem kämpft sie gegen die Verdrängungs- und
Leugnungsmechanismen der israelischen Gesellschaft und für die Wahrung der Menschenrechte in Israel.

DUVDEVAN (»Kirsche«): Eliteeinheit der israelischen Armee, die mit dem Inlandsgeheimdienst (Schabak) zusammenarbeitet, um nach Verdächtigen
im Gebiet des Westjordanlands (Judäa und Samaria) zu fahnden. Ihre
Hauptaufgabe besteht darin, Terrorismusverdächtige tief im Feindesland
aufzuspüren. Dazu tarnen sich die Soldaten häufig als arabische Passanten.

EGOS (»Nuss«): Kommandoeinheit, die auf den Kleinkrieg gegen Guerilla-
kämpfer spezialisiert ist.

ERSATZDIENST (wörtlich Scherut Le'umi – »Nationaler Dienst«): Laut Gesetz
kann jeder, der eine Freistellung vom Militärdienst erhalten hat, sich frei-

willig zum Ersatzdienst melden. Das gilt für Araber, für Ultraorthodoxe, für religiöse Frauen und für Personen, die aus gesundheitlichen oder anderen speziellen Gründen nicht eingezogen werden. Religiöse junge Frauen, die aus Glaubensgründen vom Wehrdienst befreit wurden, stellen den Hauptanteil der Ersatzdienstleistenden.

FLOTTILLE (Schajetet) 13: Die Kampfschwimmer. Kommandoeinheit der israelischen Marine.

FREIWILLIGES SOZIALES JAHR (Schnat Scherut): Ein Jahr gemeinnütziger, ehrenamtlicher Tätigkeit, das manche junge Israelis vor ihrer Einberufung zum Wehrdienst ableisten.

GADNA TAUCHEN: Einwöchiger Tauchkurs für Absolventen der elften Klasse, die zum Marinekommando wollen, der auf dem Stützpunkt des Marinekommandos (Flottille 13) stattfindet. Wer den Kurs erfolgreich abschließt, wird zum Auswahlverfahren für die Flottille 13 zugelassen.

GEGOSSENES BLEI: Militärische Operation der israelischen Armee im Gazastreifen vom 27. Dezember 2008 bis 18. Januar 2009.

GIVATI: Eine Infanteriebrigade.

GOLANI: Eine Infanteriebrigade.

GUSCH KATIF: Block jüdischer Siedlungen, die seit 1968 von israelischen Regierungen, oder mit deren Unterstützung, im Süden des Gazastreifens errichtet wurden. Der Gazastreifen war 1967 im Sechstagekrieg von Ägypten erobert worden. Die Gesamtzahl jüdischer Einwohner dort belief sich 2005, in dem Jahr, in dem Israel die 21 jüdischen Siedlungen und die Militärstützpunkte im Gazastreifen räumte, auf 8.600 (darunter 3.500 Kinder). Der Siedlerlobby gelang es, den Eindruck zu erwecken, es seien weit mehr Menschen betroffen. Kurz vor dem israelischen Rückzug aus dem Gazastreifen sickerten Tausende von Juden in die jüdischen Siedlungen ein, um deren Bewohner im Kampf gegen den Räumungsbeschluss der Regierung zu unterstützen.

HASCHOMER HATZAIR (»Der junge Wächter«): Zionistische und sozialistische Pionierjugendbewegung. Ihre Mitglieder gründeten rund 85 Kibbuzim. Vor dem Niedergang der Kibbuzbewegung forderte dieser Jugendbund, der mit der Sozialistischen Partei (Mapam) assoziiert war, einen hohen Grad an kollektivem Denken und gefestigter Ideologie.

JESCH GVUL (»Es gibt eine Grenze«): Diese Organisation wurde zu Beginn des ersten Libanon-Kriegs von einer Gruppe Reservisten gegründet, die in einem Memorandum an den Ministerpräsidenten und den Verteidigungsminister darum ersuchten, ihren Reservedienst innerhalb der Grenzen des Staates Israel und nicht auf libanesischem Boden ableisten zu dürfen. Die Organisation unterstützt Soldaten, die erwägen, den Wehrdienst außerhalb der Landesgrenzen zu verweigern, oder sich bereits dazu entschlossen haben, und ihre Familien. Jesch Gvul unterhält eine Notrufnummer, über die Anrufer sich mit Reservisten, die bereits verweigert haben, über die Bedeutung dieses Schritts beraten, praktische Hinweise über das Verhalten der Armee gegenüber Verweigerern einholen oder erfahren können, was man für einen Aufenthalt in Militärgefängnissen mitnehmen sollte.

JESCHIWAT HESDER: Jeschiwa, deren Studenten Talmudstudium mit verkürztem Militärdienst in religiösem Rahmen verbinden. Diese Talmudhochschulen gehören der nationalreligiösen Richtung an, die für die Teilnahme der Orthodoxen am Leben der israelischen Gesamtgesellschaft eintritt. Rund fünfzig solcher Einrichtungen sind landesweit tätig.

KAMPFFITNESSKURSE: Verschiedene Einrichtungen veranstalten Kurse zur Verbesserung der körperlichen und seelischen Einsatzfähigkeit junger Wehrdienstanwärter. Meist handelt es sich um zwei Stunden Fitnessunterricht zweimal die Woche. Die Kurse sind vornehmlich für diejenigen Jugendlichen gedacht, die den Dienst in Kampfeinheiten anstreben und dazu Fitness und Ausdauer aufbauen möchten. Die Teilnehmer versprechen sich meist bessere Chancen in den Auswahlverfahren und Eignungstests, die die israelische Armee (Zahal) vor der Einberufung durchführt, speziell für die Aufnahme in Kommandoeinheiten und andere Elitetruppen.

KFAR KASSEM, Massaker von: Das arabische Dorf Kfar Kassem war 1956 Schauplatz eines Massakers, begangen von Grenzschutzsoldaten, die 43 Dorfbewohner erschossen. Die von den Feldern heimkehrenden Opfer hatten nichts davon gewusst, dass in ihrer Abwesenheit eine Ausgangssperre über das Dorf verhängt worden war. Elf Offiziere und Soldaten wurden vor Gericht gestellt und für schuldig befunden, aber umgehend begnadigt. Der zuständige Brigadeführer wurde von der Anklage des Mordes freigesprochen und lediglich der Überschreitung seiner Befugnisse für schuldig befunden. Deshalb lautete das Urteil nur auf einen Verweis und eine symbolische Geldstrafe von zehn Prutot (im Cent-Bereich). Das Gericht prägte dabei den Begriff »offensichtlich rechtswidriger Befehl«. Gemeint ist ein Befehl, dem jeder vernünftige Mensch auf Anhieb ansieht, dass er unzulässig ist und seine Ausführung ein krimineller Akt sein würde. Auf einem solchen Befehl wehe eine schwarze Fahne, heißt es.

KFIR (»Junger Löwe«): Infanteriebrigade, die speziell für den Dienst in den besetzten Gebieten (Westjordanland) aufgestellt wurde. Die Medien veröffentlichten wiederholt Deklarationen von Soldaten der Kfir-Brigade, die Befehlsverweigerung für den Fall ankündigten, dass sie jüdische Siedler aus Siedlungen zwangsevakuieren sollten, deren Räumung die Regierung beschließen würde. Besondere Aufregung erregten einige Rekruten der Kfir-Brigade, als sie beim feierlichen Gelöbnis an der Klagemauer im Oktober 2009 Schilder schwenkten, auf denen zur Verweigerung von Siedlungsräumungen aufgerufen wurde.

KIPPOT SRUGOT (»Häkelkäppchen«): Übliche Bezeichnung für nationalreligiöse Juden in Israel, weil viele der Männer und Jungen eine gehäkelte Kippa tragen. Diese Gruppe legt höchsten Wert auf die Einhaltung der religiösen Gebote und der jüdischen Tradition, tritt aber auch für den Zionismus und das aktive Engagement in der israelischen Gesamtgesellschaft ein – eine Einstellung, die von bestimmten Gruppen der Ultraorthodoxen nicht geteilt wird (vgl. Einleitung).

»KNOCHEN BRECHEN«: Der Ausdruck bezieht sich auf schwerwiegende Vorfälle aus dem Jahr 1988. Es war die Zeit der ersten Intifada, als palästinensische Aktivisten die Atmosphäre anheizten, unter anderem durch die Bombardierung israelischer Soldaten mit Steinen und den Einsatz von Molotow-Cocktails. Aufgrund einer mündlichen Anweisung des damaligen Verteidigungsministers Jitzchak Rabin, den Steinewerfern »die Knochen zu brechen«, gab es Fälle, in denen Palästinensern Arme und Beine gebrochen wurden. Die Auswahl der Opfer erfolgte unter anderem anhand von Listen aktiver Teilnehmer am gewaltsamen Aufstand, die der Inlandsgeheimdienst (Schabak) für die israelische Armee anfertigte.

KOMMANDOEINHEIT DES GENERALSTABS (Sajeret Matkal): Aufklärungseinheit des militärischen Nachrichtendienstes (Aman) mit dem Auftrag, jenseits der feindlichen Grenzen Informationen zu sammeln. Die Kommandoeinheit des Generalstabs entspricht in etwa dem deutschen Kommando Spezialkräfte (KSK) und gilt als *die* Eliteeinheit der israelischen Armee. Berühmt wurde sie unter anderem durch die Befreiung der 1976 nach Entebbe entführten Geiseln und durch den Umstand, dass zwei ihrer Veteranen Ministerpräsident wurden – Ehud Barak und Benjamin Netanjahu.

LOCHAMIM LE-SCHALOM (»Combatants for Peace« – »Kämpfer für den Frieden«): Eine 2005 gegründete Gruppe von Israelis, die in Kampfeinheiten gedient, und von Palästinensern, die aktiv gegen die israelische Besatzung gekämpft hatten, und gemeinsam zu dem Schluss gelangt waren, dass es keine militärische Lösung für den Konflikt geben könne.

MACHSOM WATCH (oder »Checkpoint Watch« – »Kontrollpunkt-Beobachter«): Diese Organisation mit dem offiziellen Namen »Frauen für Menschenrechte« ist eine Vereinigung ehrenamtlich tätiger Frauen, die sich gegen das Vorgehen der israelischen Armee an den Kontrollpunkten im Westjordanland richtet. Die Organisation wurde 2001 gegründet, um den Palästinensern den Übergang an den Kontrollpunkten zu erleichtern. Die Aktivistinnen beobachten und dokumentieren das Verhalten der Soldaten und Polizisten an den Sperren.

MAGLAN (»Ibis«): Spezialeinheit für Aufklärung und Nahkampf.

MANILA: Fragebogen, in dem der Wehrdienstanwärter die vorgeschlagenen Fachgebiete und Aufgabenbereiche nach seinen Präferenzen ankreuzt. Dieser Fragebogen wird den Kandidaten circa ein halbes Jahr vor der Einberufung zugesandt.

MATKAL-KOMMANDO: siehe KOMMANDOEINHEIT DES GENERALSTABS

MERETZ-JUGEND (Noar Meretz): Kaum noch aktive Jugendbewegung, die mit der kleinen Linkspartei Meretz verbunden ist. Die Meretz-Jugend stand manchmal links von ihrer Mutterpartei.

NACHAL: Die Nachal-Brigade ist eine Infanteriebrigade des israelischen Heeres. In deren Bataillon 50, einer Spezialeinheit, besteht die Möglichkeit, als »Kerngruppe« einberufen zu werden, deren Mitglieder einen Teil ihres Wehrdienstes mit Bildungsprojekten für die Randgruppen der israelischen Gesellschaft ableisten. Deshalb und wegen des Umstands, dass in der Nachal viele Kibbuz- und Moschaw-Mitglieder dienen, genießt sie einen höheren Ruf als andere Infanteriebrigaden.

OMETZ LESAREV (»Mut zu verweigern«): Bewegung, die im Januar 2002 entstand, als über 600 Kampfsoldaten der Reserve in einem Brief erklärten, sie ständen für jeden Einsatz bereit, der die Sicherheit des Staates Israel zum Ziel habe, verweigerten jedoch die Teilnahme an Einsätzen, die der Verewigung der Besatzung dienten, und würden deshalb keinen Reservedienst in den besetzten Gebieten leisten. Etwa 250 Unterzeichner haben wegen Dienstverweigerung in den Gebieten im Gefängnis gesessen.

OREV (»Rabe«): Deckname für Einheiten, die auf den Einsatz von Panzerabwehrraketen spezialisiert sind.

PALMACH: Die Palmach (»Sturmtruppe«) wurde 1941 gegründet, um die jüdische Bevölkerung des damaligen britischen Mandatsgebiets Palästina/

Erez Israel gegen einen eventuellen deutschen Angriff zu verteidigen. Sie sollte als Guerillatruppe hinter den deutschen Linien tätig werden. Als die Gefahr eines deutschen Angriffs nicht mehr bestand, führte die Palmach Militäroperationen durch, die dazu beitragen sollten, das britische Mandat in Palästina zu beenden. So wurde die Palmach Basis der im Aufbau befindlichen israelischen Streitkräfte. Unmittelbar nach Staatsgründung 1948 löste David Ben-Gurion die mit der politischen Linken assoziierte Elitetruppe auf und integrierte ihre Mitglieder in die israelische Armee.

POLENFAHRT: Die meisten israelischen Schulen schicken Schülergruppen der zwölften Klassen auf eine Fahrt nach Polen. In diesem Rahmen besuchen die Jugendlichen ehemalige Konzentrationslager und Ghettos sowie Orte jüdischen Lebens vor der Schoah. Diese Exkursionen sollen, laut Erziehungsministerium, »der Stärkung des nationalen Zugehörigkeitsgefühls sowie des Geschichts- und Traditionsbewusstseins« dienen.

PROFIL: Die israelische Armee klassifiziert die medizinische Wehrtauglichkeit mit einer Zahl, die dem Wort »Profil« angefügt wird. Profil 97 ist die höchste Tauglichkeitsstufe. Wer ein hohes Profil erreicht, kann als Kampfsoldat in einer Kampfeinheit dienen. Profil 21 ist die niedrigste militärische Tauglichkeitsstufe. Sie wird aufgrund physischer oder psychischer Befunde vergeben und schließt den Betreffenden vom Wehrdienst aus.

PROFIL CHADASCH (»Neues Profil«): Radikalfeministische Bewegung, mit vollem Namen »Neues Profil – Bewegung für eine zivilere israelische Gesellschaft«. Sie entstand 1998 und möchte die Wehrpflicht abschaffen. Polizeiliche Ermittlungen, die wegen Aufhetzung zur Wehrdienstverweigerung gegen Mitglieder der Bewegung aufgenommen wurden, mussten mangels Beweisen eingestellt werden.

SCHABAK (Scherut haBitachon haKlali, wörtlich »Allgemeiner Sicherheitsdienst«): Israelischer Inlandsgeheimdienst, auch Schin Bet genannt.

SCHALDAG (»Eisvogel«): Kommandoeinheit, die der Luftwaffe unterstellt ist.

»SCHILDER SCHWENKEN«: Während des feierlichen Gelöbnisses im Oktober 2009 an der Klagemauer schwenkten Soldaten der Kfir-Brigade Schilder, auf denen sie verkündeten, sie würden sich weigern, an der Räumung von Siedlungen mitzuwirken, falls die Regierung beschließen sollte, sie aufzugeben.

SCHOVRIM SCHTIKA (»Das Schweigen brechen«): Eine Veteranenorganisation, die Aussagen aktiver Soldaten über Fälle von Misshandlungen, Plünderungen und Sachbeschädigungen sammelt.

TAG DER KOMMANDOEINHEITEN: Tag der ersten Vorauswahlen für die Aufnahme in Kommandoeinheiten. Erfolgreiche Bewerber durchlaufen in den folgenden zwölf Monaten weitere Auswahlverfahren für die einzelnen Spezialeinheiten. Zum Tag der Kommandoeinheiten werden kampfkräftige junge Leute um die siebzehn Jahre eingeladen, deren psychotechnische Voraussetzungen und allgemeine Verhaltensweisen ihnen eine hohe Gesamtnote, einen hohen Verwendungsgrad verschaffen.

VORMILITÄRISCHER LEHRGANG: Vorbereitungsakademie für künftige Rekruten, um sie für den eigentlichen Wehrdienst fit zu machen und zu sozialem und zivilem Engagement zu erziehen. Einige dieser Akademien sind speziell für religiöse Jugendliche ausgelegt. Junge Leute, die am Ende der zwölften Schulklasse an einem Lehrgang teilnehmen, schieben ihren Wehrdienst um ein Jahr (manchmal auch länger) auf. Die vormilitärischen Lehrgänge erhalten erhebliche staatliche Subventionen.

ZAHAL: Akronym für Zva Hagana Le-Israel – Israelische Verteidigungsarmee, die israelischen Streitkräfte.

ZIVIL-WACHE: Verband zur Koordination ehrenamtlicher Einsatzkräfte, die der israelischen Polizei zur Seite stehen. Die Zivil-Wache versieht vor allem die Aufgabe, ein möglichst engmaschiges Netzwerk zur Vermeidung von Terroranschlägen zu unterhalten.

ZWÖLFTKLÄSSLER, Brief der: 1970 schickte eine Gruppe von Oberschülern, die vor der Einberufung standen, einen Brief an Golda Meir, die damalige Ministerpräsidentin, in dem sie sich von der Okkupation der besetzten Gebiete, dem Zermürbungskrieg (1969–1970) und der Untätigkeit der Regierung distanzierten, die keine Schritte zur Beendigung der Kampfhandlungen einleitete. Seither legen alle paar Jahre neue Zwölftklässler ihre Version dieses Briefes vor. Im Brief der Zwölftklässler von 2009 heißt es unter anderem: »Wir, jüdische und arabische Schülerinnen und Schüler aus allen Landesteilen, erklären, dass wir gegen die Unterdrückungspolitik der israelischen Regierung in den besetzten Gebieten und im Bereich des Staates Israel agieren und uns daher weigern, an entsprechenden Maßnahmen teilzunehmen, die in unserem Namen von der Israelischen Verteidigungsarmee durchgeführt werden.« Einige Unterzeichner des Briefes verweigern den Wehrdienst und sitzen im Gefängnis, bis das Militär sie entlässt.

669: Rettungs- und Evakuierungseinheit der israelischen Luftwaffe. Sie gilt als hoch angesehene Spezialeinheit.

© 2011 Nicolaische Verlagsbuchhandlung GmbH, Berlin
© 2011 für die Texte: David Ranan
Übersetzungen: Ruth Achlama (Monologe), Gaja Busch (Einleitung, Schluss)
Lektorat: Diethelm Kaiser, Berlin
Gestaltung: Marta Cyrocki, Berlin
Satz: typegerecht berlin

Printed in EU

ISBN 978-3-89479-689-1

Besuchen Sie uns im Internet unter www.nicolai-verlag.de und
www.facebook.com/nicolai.verlag.de!